Debates Contemporâneos
Economia Social e do Trabalho

9

Trabalho em Pequenos Negócios no Brasil:
impactos da crise do final do século XX

Campinas
Universidade Estadual de Campinas — Unicamp
Instituto de Economia — IE
Centro de Estudos Sindicais e do Trabalho — CESIT
2013

UNICAMP

Reitor
Fernando Ferreira Costa

Vice-Reitor
Edgar Salvadori de Decca

INSTITUTO DE ECONOMIA

Diretor
Fernando Sarti

Diretor Associado
Marcelo Weishaupt Proni

CESIT

Diretor Executivo
José Dari Krein

Diretor-adjunto
Anselmo Luis dos Santos

UNICAMP
Universidade Estadual de Campinas
Instituto de Economia <www.eco.unicamp.br>

CESIT
Centro de Estudos e de Economia do Trabalho
<www.eco.unicamp.br/cesit>
Caixa Postal 6135   (019) 3521-5720
cesit@eco.unicamp.br
13083-970 — Campinas, São Paulo — Brasil

DEBATES CONTEMPORÂNEOS
ECONOMIA SOCIAL E DO TRABALHO
Organizador: Eduardo Fagnani

9

Trabalho em Pequenos Negócios no Brasil:
impactos da crise do final do século XX

ANSELMO LUÍS DO SANTOS

EDITORA LTDA.

© Todos os direitos reservados

Rua Jaguaribe, 571
CEP 01224-001
São Paulo, SP — Brasil
Fone (11) 2167-1101
www.ltr.com.br

Produção Gráfica e Editoração Eletrônica: RLUX
Projeto de capa: FÁBIO GIGLIO
Impressão: HR GRÁFICA E EDITORA

LTr 4659.3
Fevereiro, 2013

Dados Internacionais de Catalogação na Publicação (CIP)
(Câmara Brasileira do Livro, SP, Brasil)

Santos, Anselmo Luís dos
  Debates contemporâneos economia social e do trabalho, 9 : trabalho em pequenos negócios no Brasil : impactos da crise do final do século XX / Anselmo Luís dos Santos ; organizador Eduardo Fagnani. — São Paulo : LTr, 2013.

  Bibliografia
  ISBN 978-85-361-2377-6

  1. Capitalismo 2. Desemprego 3. Emprego (Teoria econômica) 4. Mercado de trabalho 5. Pequenas e médias empresas 6. Políticas públicas 7. Trabalho e classes trabalhadoras I. Fagnani, Eduardo. II. Título.

12-14937   CDD-331

Índice para catálogo sistemático:

1. Pequenos negócios no Brasil : Economia do trabalho   331

*À
Julia, Giovanna e Luciana,
com amor e gratidão.*

Agradecimentos

Aos mestres, colegas de trabalho e amigos, minha profunda gratidão por todo o apoio nessa tarefa:

Prof. Carlos Alonso Barbosa de Oliveira, Prof. João Manuel Cardoso de Mello, Prof. Paulo Baltar, Prof. Valdir Quadros, Prof. Davi José Nardy Antunes, Prof. Marcelo Proni, Prof. Márcio Pochmann, Professora Maria Carolina de Souza, Prof. Eduardo Fagnani, Professora Eugênia Leone, Gori, Alice, Licério, Suzete, Leandro, Ricardo, Eliane, Alberto, Cida e Regina.

Aos professores e pesquisadores, colegas do grupo de trabalho de pesquisa "MPE", cujas pesquisas e ideias foram valiosas para enriquecer este trabalho:

Denis Maracci Gimenez, José Dari Krein, Ana Carla Magni, Magda Biavaschi, Mariana Mei, Cássio Calveti, Amilton Moretto, Hildeberto Nobre Junior, Viviane Forte e Bruno Magalhães.

Um agradecimento especial a outros amigos que acompanharam a trajetória deste trabalho:

Eder Luiz Martins — o "Zumba", Rita, Tininha, Carlos Drummond, Fabiano, Denise, Arlei, José Mauro, Nina, Giovanna.

À Dona Irene, Gil, Cecília, Vanje, Sérgio, Márcia, Rubinho, Bruna, Vitor, Ingrid e Carol, gratidão pelo eterno apoio e carinho que sempre me deram.

A meu pai, distante, pela trajetória de luta que me ensinou.

Sumário

Lista de Abreviaturas.. 11

Introdução... 13

Capítulo 1
Transformações nos pequenos negócios no capitalismo contemporâneo: impactos sobre o mundo do trabalho

1.1. Introdução... 31

1.2. Reestruturação econômica e neoliberalismo: impactos sobre a dinâmica de organização empresarial capitalista e sobre o segmento de pequenos negócios... 36

1.3. Determinantes da expansão da ocupação em pequenos negócios.... 54

    1.3.1. Mudanças tecnológicas e nas estratégias de organização e de concorrência: impactos sobre a ocupação em pequenos negócios... 54

    1.3.2. Desenvolvimento capitalista e mudanças estruturais: impactos sobre os pequenos negócios.. 67

    1.3.3. Desemprego e características do mercado de trabalho: as relações com os pequenos negócios no capitalismo contemporâneo............... 75

1.4. A heterogeneidade do universo de ocupados em pequenos negócios: uma proposta de tipologia... 84

    1.4.1. Trabalho nas pequenas unidades independentes em mercados competitivos.. 91

    1.4.2. Trabalho nas pequenas unidades independentes concorrentes com médias e grandes empresas.. 99

    1.4.3. Trabalho nas pequenas empresas em relação de dependência e interdependência... 101

Capítulo 2
Trabalho em Pequenos Negócios no Brasil: o saldo da década perdida

2.1. Impactos da estagnação econômica sobre a ocupação no segmento de pequenos negócios no Brasil.. 107

    2.1.1. Impactos da industrialização e do rápido crescimento sobre os pequenos negócios no Brasil... 113

2.2. A ruptura na trajetória de crescimento econômico elevado e os impactos sobre o mundo do trabalho nos pequenos negócios.......................... 119

2.3. Emprego assalariado em pequenos negócios no Brasil 134

    2.3.1. A expansão do emprego formal em micro e pequenas empresas 134

    2.3.2. A expansão do emprego sem carteira nas micro e pequenas empresas 149

2.4. A expansão do trabalho por conta própria e dos empregadores nos anos 1980.. 158

Capítulo 3
Mudanças estruturais num contexto de baixo crescimento: impactos sobre a ocupação nos pequenos negócios

3.1. A expansão da ocupação dos pequenos negócios no período 1990-2004........ 167

3.2. Estagnação e reorganização econômica no Brasil: impactos sobre o universo de pequenos negócios.. 174

3.3. Expansão do emprego assalariado em pequenos negócios 192

    3.3.1. O emprego assalariado em pequenos negócios no setor Secundário 203

    3.3.2. O emprego assalariado em pequenos negócios no setor Terciário 212

3.4. Empregadores e trabalhadores por conta própria: empreendedores e estratégia de sobrevivência 238

Capítulo 4
Ocupação em pequenos negócios no Brasil: deterioração da estrutura ocupacional, problemas trabalhistas e possibilidades de políticas públicas

4.1. O significado das mudanças na estrutura ocupacional dos pequenos negócios num período de estagnação e mudanças estruturais 270

4.2. Problemas trabalhistas no segmento de pequenos negócios 276

4.3. Problemas trabalhistas, reformas e políticas públicas: o debate em torno da questão trabalhista nos pequenos negócios 282

Capítulo 5
Considerações Finais.. 301

Referências Bibliográficas 307

Lista de siglas e abreviaturas

BNDES	Banco Nacional de Desenvolvimento Econômico e Social
CAGED	Cadastro Geral de Empregados e Desempregados
CCQs	Centro(s) de Controle de Qualidade
CEMPRE	Cadastro Central de Empresas (IBGE)
CEPAL	Comissão Econômica para a América Latina
CESIT	Centro de Estudos Sindicais e de Economia do Trabalho
CLT	Consolidação das Leis do Trabalho
CNI	Confederação Nacional da Indústria
DIEESE	Departamento Intersindical de Estudos Socieconômicos e de Estatística
ECINF	Pesquisa da Economia Informal Urbana
EF	Especialização Flexível
EPP	Empresa(s) de Pequeno Porte
EUROSTAT	*European Estatistics*
FACE	Fundação Administração do Ceará
FAT	Fundo de Amparo ao Trabalhador
FGTS	Fundo de Garantia por Tempo de Serviço
FIESP	Federação das Indústrias do Estado de São Paulo
GE(s)	Grande(s) Empresa(s)
IBGE	Instituto Brasileiro de Geografia e Estatística
IPCA	Índice de Preços ao Consumidor Amplo
IPEA	Instituto de Pesquisas Econômicas Aplicadas
IPEADATA	Banco de Dados do IPEA
LSE	*Larges Enterprises*
ME	Microempresa(s)
MGE	Média e Grande Empresas
MPEs	Micro e Pequena(s) Empresa(s)
MPMEs	Micro Pequena(s) e Média(s) Empresa(s)
MTB	Ministério do Trabalho
MTE	Ministério do Trabalho e Emprego
NEIT	Núcleo de Estudos da Indústria e Tecnologia (Instituto de Economia — UNICAMP)

OCDE	Organização para a Cooperação e Desenvolvimento Econômico
OECD	*Organization Economic Cooperation and Development*
OIT	Organização Internacional do Trabalho
PE(s)	Pequena(s) Empresa(s)
PEA	População Economicamente Ativa
PED	Pesquisa de Emprego e Desemprego
PIA	População em Idade Ativa
PIB	Produto Interno Bruto
PLR	Participação nos Lucros e nos Resultados
PME	Pesquisa Mensal de Emprego
PME(s)	Pequena e Microempresas
PNAD	Pesquisa Nacional por Amostra de Domicílios
PND	Plano Nacional de Desenvolvimento
RAIS	Relação Anual de Informações Sociais
RM(s)	Região(ões) Metropolitana(s)
RMBH	Região Metropolitana de Belo Horizonte
RMCU	Região Metropolitana de Curitiba
RMPOA	Região Metropolitana de Porto Alegre
RMRE	Região Metropolitana de Recife
RMRJ	Região Metropolitana do Rio de Janeiro
RMSA	Região Metropolitana de Salvador
RMSP	Região Metropolitana de São Paulo
SBS	*Structural Business Statistics*
SEADE	Sistema Estadual de Análise de Dados e Estatísticas (Estado de São Paulo)
SEBRAE	Serviço Brasileiro de Apoio às Micro e Pequenas Empresas
SIDRA	Sistema de Recuperação de Registros (IBGE)
SIMPLES	Sistema Simplificado de Pagamento de Tributos
SMA	*Small Business Administration*
SME	*Small and Medium Enterprises*
SST	Saúde e Segurança no Trabalho

Introdução

Apesar das diversas polêmicas estabelecidas em torno da atual importância do segmento dos pequenos negócios nas economias capitalistas, desenvolvidas ou em desenvolvimento, principalmente no que se refere ao seu papel como gerador de empregos e de novas formas de organização do trabalho, é um fato incontestável que nas últimas décadas inverteu-se a tendência de crescente elevação do peso das grandes empresas na ocupação total de vários países. Este espaço na estrutura ocupacional deixado pelas grandes empresas tem sido ocupado pelos postos de trabalho gerados em unidades produtivas menores: médias, pequenas e microempresas e também pelo trabalho por conta própria. Nesse movimento observa-se a emergência de novas, diferentes e surpreendentes formas de ocupação, de novos setores e tipos de atividades, que também manifestam-se em formas e ritmos diferenciados de expansão nas menores unidades produtivas de diversos países.

Isso não significa, entretanto, que estas unidades produtivas menores tenham compensado, em quantidade e qualidade, os postos de trabalho que têm sido eliminados nas médias e grandes empresas. É fato fartamente documentado que nas últimas décadas delineou-se uma tendência de elevação do desemprego e de precarização dos mercados e das relações de trabalho, em várias economias desenvolvidas e em desenvolvimento. Além de um padrão mais desregulado e de reafirmação da ideologia liberal nas políticas macroeconômicas, na maioria dos países capitalistas mais importantes, e de seus desdobramentos em termos de menores taxas de crescimento econômico e de políticas de flexibilização das relações de trabalho, as diversas formas de reação e reorganização das maiores empresas também têm contribuído para a elevação do desemprego e para a precarização das relações e condições de trabalho.

Essas transformações já seriam suficientes como justificativas para eleger as questões relacionadas ao trabalho no universo das pequenas unidades produtivas como objeto de investigação de um livro. A escolha do tema, *Trabalho em Pequenos Negócios no Brasil*, como objeto de investigação deste livro, parece ganhar uma justificativa adicional quando os recortes espaciais e temporais apresentam o Brasil dos últimos 25 anos como o objeto central de análise. As características da estrutura produtiva e ocupacional brasileiras são decisivamente diferentes das economias desenvolvidas, fato indissociável das especificidades históricas do desenvolvimento capitalista no Brasil.

Nem mesmo após o período de industrialização e de acelerado e elevado ritmo de crescimento econômico, o peso do emprego na grande empresa e do trabalho assalariado, no Brasil, ganhou relevância semelhante ao dos países desenvolvidos. Ao lado de outras características importantes do nosso processo de desenvolvimento, as transformações provocadas pelo período de industrialização não foram suficientes para evitar a constituição de um segmento expressivo de pequenos negócios no meio urbano brasileiro, do qual passaram a depender milhões de trabalhadores. Desde as micro e pequenas empresas mais estruturadas, com elevada importância do trabalho assalariado, localizadas nas atividades industriais, na Construção Civil e nas diversas atividades do setor Terciário, até as atividades organizadas pelo trabalho familiar ou apenas pelo proprietário, com reduzido grau de utilização de trabalho assalariado — principalmente do emprego formal — contribuíram para ampliar o número de atividades organizadas em pequena escala no meio urbano. Também foi importante o processo de proliferação de trabalhadores por conta própria, segmento muito heterogêneo em termos de localização setorial, de instrução formal e qualificação profissional, de níveis de rendimentos e condições de trabalho, cujas características permitem associar pelo menos uma parte expressiva dos trabalhadores deste segmento aos problemas decorrentes da estrutura produtiva, social e política brasileira.

Esses problemas não somente resultaram na impossibilidade de sobrevivência de milhões de trabalhadores como produtores independentes, proprietários ou assalariados no meio rural, como também impediram a incorporação de uma enorme parcela da população brasileira ao emprego assalariado no meio urbano. Restou a um universo de milhões de trabalhadores desenvolver estratégias de sobrevivência no meio urbano, num contexto de intensa e rápida migração rural-urbana e de mercantilização e monetização das formas de acesso às condições para a satisfação das suas necessidades básicas. Apesar de todas as dificuldades e precariedades, essas estratégias de sobrevivência foram, em geral, mais exitosas quanto maior foi o ritmo de crescimento econômico e a expansão da renda urbana, e menor o volume das pessoas que delas dependiam para sobreviver. O processo de industrialização e o rápido e sustentado crescimento econômico e a urbanização cumpriram, portanto, um papel importante para amenizar essas dificuldades e o peso deste universo na estrutura ocupacional.

Portanto, a heterogeneidade da estrutura produtiva brasileira, a expressiva parcela de determinados tipos de ocupações urbanas que passaram a ser consideradas, por distintos critérios, como constitutivas do "setor informal" — assalariados sem carteira, trabalhadores por conta própria, empregados domésticos ocupados em pequenas unidades e atividades não regularizadas etc. — eram características já marcantes da economia e da sociedade brasileiras no final da etapa da industrialização pesada. A presença dessa problemática, diante da insuficiência das teorias para explicá-las — em especial daquelas que versavam sobre o desenvolvimento e as que buscavam explicar as formas de permanência dos pequenos negócios no capitalismo —, contribuiu para o desenvolvimento de teorias por diversos autores, principalmente latino-americanos, que buscaram explicar essas situações de "marginalidade" ou de "informalidade", contemplando as especificidades históricas e as situações concretas de estruturas produtivas, demográficas e socioculturais semelhantes à brasileira.

Por outro lado, ainda que se deva considerar, para o caso brasileiro, a mesma tendência de elevação do peso da grande empresa e dos trabalhadores nelas ocupados, ao longo do nosso processo de industrialização, deve-se ressaltar que eram essencialmente distintas as características apresentadas pela estrutura produtiva e social e pelo mercado de trabalho brasileiros, no momento em que a economia mundial passou a enfrentar um conjunto de profundas transformações — em termos da concorrência internacional, de inovações tecnológicas, de redefinição da organização e das estratégias de concorrência das grandes empresas e também da busca de novas formas de organização do trabalho. Os resultados desse novo contexto econômico, social e político também conformaram uma tendência de elevação, no Brasil, da participação dos ocupados no universo de pequenos negócios, mas certamente a dinâmica de sua expansão e os impactos deste processo sobre a estrutura produtiva, ocupacional e social foram expressivamente distintos dos verificados em muitos outros países, em especial, nas economias mais desenvolvidas.

Dessa forma, é fundamental destacar que as características da estrutura produtiva e social brasileira — em termos de diversos aspectos qualitativos e quantitativos relativos ao segmento de pequenos negócios e ao universo de pessoas nele ocupadas —, são muito distintas das economias mais desenvolvidas e daquelas que não alcançaram um grau de industrialização e de diversificação da estrutura produtiva e social como o Brasil: diferentes, por exemplo, das situações verificadas na Alemanha, Estados Unidos, Japão e mesmo Coreia do Sul, mas também de Bangladesh, Bolívia, Etiópia e Haiti. Esse aspecto é, obviamente, relevante para a elaboração de qualquer diagnóstico consistente dos problemas relacionados ao universo de pequenos negócios no Brasil, como deveria ser também óbvio a consideração dessas especificidades no desenho das políticas públicas voltadas para enfrentar os problemas identificados. Entretanto, não é isso que se verifica nas propostas de políticas públicas sugeridas por organismos multilaterais, como o Banco Mundial, cujas especificidades não são levadas em conta, resultando em propostas gerais recomendadas tanto para o caso brasileiro, como para países com estruturas produtivas e sociais muito distintas, geralmente países muito menos desenvolvidos da América Latina, da África e da Ásia. É emblemático, nesse sentido, as propostas de "bancos do povo" e créditos populares, programas de apoio de ensino profissionalizante, como formas de fomentar e de melhorar as diversas potencialidades em termos de iniciativa, criatividade e alguns meios objetivos — geralmente o microcrédito — para apoiar o "empreendedorismo" dos pobres, assim como outros programas sugeridos para distintos países no sentido de implementar Arranjos Produtivos Locais, sem considerar adequadamente as especificidades de cada país, em termos de estrutura produtiva e social e das distintas dinâmicas atuais de crescimento econômico, inserção internacional e desenvolvimento capitalista.

No contexto do início deste processo de transformações das últimas décadas, não somente o ponto de partida do peso das pequenas unidades produtivas na estrutura produtiva e ocupacional brasileiras já apontava uma importância muito maior, relativamente aos países desenvolvidos, como o país passou a enfrentar a mais longa crise econômica da história do Brasil urbano e industrial, perdendo o principal mecanismo com o qual vinha conseguindo modernizar sua estrutura produtiva e elevar o peso do trabalho assalariado formalizado e da grande empresa na estrutura ocupacional: o crescimento econômico acelerado e sustentado.

Nos últimos 25 anos, a relativa estagnação econômica brasileira contribuiu para aumentar, de forma expressiva, o peso das ocupações em pequenas unidades produtivas no meio urbano, das localizadas em setores modernos e dinâmicos e, especialmente, daquelas mais precárias — nas quais o grau de assalariamento é menor e geralmente também é rebaixado o padrão de utilização do trabalho assalariado. Num contexto de enorme desemprego, de mudanças nas estruturas organizacionais e nas estratégias de concorrência das médias e grandes empresas e de fortes impactos negativos sobre o mercado e as relações de trabalho, ampliaram-se as velhas e surgiram novas formas de trabalho por conta própria, como decorrência da necessidade de milhões de trabalhadores encontrarem formas de sobrevivência no meio urbano.

Não é surpreendente, portanto, que o Brasil fosse classificado, nesse contexto, numa posição destacada entre os países mais "empreendedores" do mundo. As instituições internacionais responsáveis por esses tipos de pesquisas e classificações, geralmente inclinadas a fazer apologia à livre-iniciativa e ao espírito empreendedor, enfatizam as estatísticas quantitativas sobre a abertura de novas unidades produtivas e/ou empreendedores autônomos. No entanto, não discutem as questões de maior importância e profundidade; ou seja, as questões relacionadas ao significado e motivação da expansão do "empreendedorismo", seja em termos das diferentes dinâmicas que explicam os movimentos de expansão em cada país, dos seus resultados diferenciados ou, em muitos casos, dos traços comuns observados em vários países, geralmente negativos e associados à precarização do mercado e das relações de trabalho. Considerar estes aspectos é uma tarefa decisiva para compreender os resultados que já têm sido verificados e para refletir em que sentido e com quais qualificações eles podem ser projetados para o futuro das condições de trabalho e de vida em diferentes sociedades.

Ainda que, de alguma forma, já seja esclarecedor apontar a reversão da tendência expressa pelo fato de as menores unidades produtivas ganharem maior participação na estrutura ocupacional diante das grandes empresas, não é suficiente definir o universo de pequenas unidades produtivas, de pequenas empresas ou de pequenos negócios em oposição ao universo das grandes, ou seja, como um conceito definido na negativa. Isso poderia tornar mais fácil a interpretação dos dados relativos ao comportamento da estrutura ocupacional em várias economias capitalistas nos últimos 30 anos, pois apesar de toda a polêmica existente em torno da questão do potencial de geração de empregos das menores empresas e das tendências erráticas quando são consideradas as situações de diferentes economias em termos de ocupação das menores unidades produtivas, uma tendência quase generalizada é a redução da participação dos ocupados em grandes estabelecimentos.

Entretanto, a partir dessa constatação surge um conjunto de questões, cujo enfrentamento requer um adequado rigor conceitual na definição do objeto que se pretende analisar, além de procedimentos metodológicos e estatísticos compatíveis, nem sempre fáceis de alcançar. Assim, por exemplo, antes mesmo dos problemas colocados pela possibilidade de utilização de distintos critérios de conceituação e classificação das unidades produtivas por porte ou tamanho, surgem problemas metodológicos, estatísticos e associados às fontes de dados disponíveis que dificultam a operacionalização da análise do objeto de investigação: utilizar informações referentes ao universo de empresas, aos estabelecimentos e também à posição na ocupação? Como enfrentar os problemas decorrentes da opção por uma dessas possibilidades, da tentativa de composição das informações de diferentes pesquisas e metodologias, das suas incompatibilidades ou da simples impossibilidade de contar com informações adequadas?

Ao considerar como objeto de estudo a empresa, por exemplo, são evidentes os problemas que adviriam da enorme probabilidade de subestimar ou desconsiderar os importantes impactos recentes das reorganizações produtiva, tecnológica e gerencial das empresas, das redefinições de suas estratégias de concorrência e das novas formas de relações entre suas diferentes unidades de produção, seja em termos de localização geográfica ou setorial, e para o caso do presente tema, principalmente, em termos das novas possibilidades de produção eficiente em unidades de distintos portes. A tendência seria não perceber ou subestimar os impactos de mudanças qualitativas em termos do número e tamanho das unidades de produção, da diversificação setorial e de atividades, e de especialização de unidades em determinados produtos, processos e formas de organização do trabalho. Nesse caso, trabalhar com as informações agregadas para as empresas poderia tornar mais difícil a compreensão do significado do peso — maior ou menor — da ocupação das grandes empresas em termos dos tipos de ocupação em expansão ou retração, da qualidade dos postos de trabalho, dos níveis de rendimentos, das mudanças nas formas de organização do trabalho, dos impactos sobre a organização sindical etc.

Por outro lado, a utilização da categoria empresa pode eliminar a possibilidade de que apareça como redução do emprego nas maiores empresas os efeitos decorrentes dos processos de desverticalização e de diversificação da produção, sem, no entanto, impedir que muitas das novas empresas criadas com pessoa jurídica própria, mas sob o comando de grandes grupos econômicos, possam ser classificadas como empresas novas e independentes e estatisticamente interpretadas como unidades que estão ampliando os universos de médias ou pequenas empresas. Portanto, a utilização da categoria empresa parece possibilitar a construção de uma base estatística mais apropriada para compreender o peso relativo das maiores empresas ou grupos, relativamente aos menores, no sentido de sua autonomia na dinâmica de investimento, na produção de valor, na geração de empregos, no processo de inovação tecnológica e de criação de novos produtos e processos de produção. Entretanto, mesmo sua utilização para esse fim somente pode ser estatisticamente adequada na medida em que os indicadores sejam capazes de revelar as relações de propriedade ou comando existentes entre as empresas, que podem ser juridicamente distintas mas economicamente estar submetidas ao controle de uma mesma empresa ou grupo econômico. Em alguns casos, a utilização da empresa como unidade de análise poderia apresentar algumas vantagens para a compreensão de algumas questões relacionadas ao mundo do trabalho, numa análise por porte ou tamanho. Casos como os de bancos ou grandes redes (de lojas, supermercados, farmácias, comércios de alimentos, entre outros) poderiam, por exemplo, aparecer nas estatísticas como grandes unidades empregadoras e seus trabalhadores como empregados de grandes ou médias empresas; já no caso da utilização da unidade estabelecimento, os trabalhadores seriam apresentados como empregados de médias, pequenas ou microunidades produtivas.

Fica já evidente que a utilização do estabelecimento como unidade de análise também apresenta seus aspectos positivos e negativos. Neste caso, por exemplo, capta-se melhor o porte das unidades em que as atividades são efetivamente desenvolvidas e isso é relevante para entender um conjunto importante de implicações sobre as condições de trabalho, de remuneração e benefícios trabalhistas, assim como sobre as possibilidades de organização no local de trabalho e estruturação dos sindicatos.

Em geral, os pequenos estabelecimentos estão muito mais associados ao pequeno capital, às empresas de menor poder de mercado, atuando em setores mais competitivos em preços e utilizando trabalho com menor qualificação e remuneração, com padrões tecnológicos e de gestão inferiores, que resultam em níveis de produtividade também menores. Entretanto, parcela dos pequenos negócios, que provavelmente é muito mais significativa nos países mais desenvolvidos, tem sua dinâmica e trajetória dependentes das grandes empresas, em relações de subordinação maior ou menor e graus diferenciados de estruturação organizacional, tecnológica e de utilização do trabalho. Em muitos casos, estes padrões podem ser mais elevados em função das exigências das grandes empresas. Existem pequenas empresas independentes, mas em relações de cooperação com outras pequenas empresas em aglomerações setoriais, cujos padrões de organização também podem ser muito distintos. Outra parcela de pequenas empresas autônomas — localizadas em setores modernos e dinâmicos, utilizando tecnologia sofisticada ou inseridas em mercados em que produzem bens de luxo ou prestam serviços para as camadas de alta renda — pode também utilizar profissionais altamente qualificados e/ou gerar elevada remuneração e boas condições e relações de trabalho.

Por tudo isso, não se pode afirmar que uma tendência de elevação da participação de menores estabelecimentos ou empresas na estrutura produtiva e ocupacional seja, necessariamente, motivo ou expressão de uma tendência de elevação de unidades menos eficientes, com menor produtividade e padrão mais rebaixado de utilização da força de trabalho. Essa conclusão exigiria a comprovação da hipótese de que o conjunto dos novos estabelecimentos apresenta um grau de eficiência incapaz de contribuir para a elevação da produtividade média da estrutura produtiva, principalmente considerando que as grandes empresas, em seus processos de reestruturação e de transferência de parcela da produção e do emprego para as pequenas, estão geralmente elevando seus padrões de produtividade. Considerando ainda que a rotatividade do universo dos pequenos negócios é muito elevada, é preciso considerar a produtividade média das pequenas empresas que nascem ou que permanecem no mercado, diante da produtividade média daquelas que vão sendo destruídas. São aspectos complexos que requerem análises para cada caso e momento específico, considerando também as profundas transformações recentes nos padrões de organização das médias e grandes empresas, em suas relações com as pequenas e nas possibilidades de estas últimas aproveitarem novas oportunidades de organização decorrentes das mudanças colocadas pela Terceira Revolução Industrial e Tecnológica. Dependendo da situação econômica e das mudanças ocorridas em cada economia, pode ser mais ou menos expressiva, no universo adicional de pequenos estabelecimentos e em termos de impactos sobre o conjunto do universo existente de pequenos negócios, a parcela de atividades mais estruturadas, organizadas, eficientes. Além disso, as especificidades de cada caso são relevantes em outros aspectos, porque um pequeno negócio mais estruturado ou eficiente — no sentido de obter melhor capacidade de se manter no mercado — não significa, necessariamente, a melhoria no padrão de utilização da força de trabalho. A expansão, por exemplo, de restaurantes sofisticados com boas perspectivas de lucratividade no atendimento das camadas de alta renda, num país com elevada concentração de renda, não significa, necessariamente, uma expressiva alteração no padrão de utilização do trabalho assalariado, num país marcado por elevado desemprego e baixos salários, como é o caso brasileiro.

A perda de participação do emprego no conjunto dos grandes estabelecimentos é compatível com a elevação da eficiência e produtividade nestas unidades. A produtividade média do conjunto de cada economia, neste caso, depende muito do resultado, em termos de produtividade média, do restante dos estabelecimentos da estrutura produtiva, ou seja, do resultado do processo de destruição e de criação dos pequenos negócios, cujos espaços são, em grande medida, abertos e fechados pelo grande capital, mas não exclusivamente determinados pela sua lógica direta e abstrata.

Os espaços concretos de surgimento e de permanência para muitos pequenos negócios resultam também das contínuas mudanças na estrutura produtiva e social, dos padrões socioculturais e de renda média *per capita* que promovem modificações nas formas de sociabilidade e nos padrões de consumo. Essas mudanças contribuem para alterar lentamente o perfil de gastos das pessoas e das famílias, em termos quantitativos e qualitativos, com a aquisição de mais produtos ou de novos produtos, com formas diferenciadas de consumo de antigos produtos ou serviços, com a incorporação de bens e serviços mais sofisticados na estrutura de consumo e no modo de vida das camadas mais abastadas. Mas também com a incorporação de serviços ligados à existência de maior tempo livre para as camadas médias e populares — que as sociedades capitalistas mais desenvolvidas alcançaram desde o auge do período dos "anos dourados" —, viabilizando o consumo de serviços nas áreas de turismo, lazer, informação, cultura, esportes, entretenimento, eventos etc. E nessas atividades têm sido abertas inúmeras possibilidades de produção em pequena escala em atividades modernas, estruturadas e eficientes, não necessariamente ligadas ao aumento da concentração de renda, do consumismo ou do utilitarismo das sociedades capitalistas contemporâneas, mas também de atitudes de resistência a essas tendências.

A literatura que tratou da "problemática dos pequenos negócios", desde o final do século XIX, marxistas e neoclássicos, em análises dinâmicas ou estáticas, macro ou microeconômicas, em geral não apontaram de que forma as distintas situações concretas e as especificidades do desenvolvimento capitalista nas diferentes nações e em diferentes contextos socioeconômicos afetam, de forma decisiva, as possibilidades de surgimento, permanência e as distintas trajetórias possíveis dos diversos tipos de pequenos negócios.

Atualmente, no entanto, o reconhecimento da enorme heterogeneidade deste universo e de que o tratamento deste segmento não pode ser feito como uma questão geral, mas buscando caracterizar as diferenças nas estruturas e nas dinâmicas de funcionamento dos diferentes tipos de pequenos negócios, apontou a importância de tratar o segmento a partir da construção de tipologias dos pequenos negócios. A contemplação das especificidades de cada contexto e momento histórico, seja na estrutura ou na dinâmica de movimento e transformação destes segmentos, permite uma abordagem metodológica mais apropriada, principalmente para casos como o do Brasil. E a consideração dessa heterogeneidade e a construção de tipologias para refletir sobre as condições de trabalho nos pequenos negócios também devem ser consideradas como uma tentativa de avanço metodológico para compreender a dinâmica de ocupação e das condições e das relações de trabalho, num segmento que tem importância crescente na estrutura ocupacional da maioria dos países desenvolvidos e em desenvolvimento.

Esse segmento heterogêneo apresenta características muito distintas entre as economias desenvolvidas e as em desenvolvimento ou menos desenvolvidas. Nos países desenvolvidos é muito comum o tratamento conjunto do segmento de médias, pequenas e microempresas (MPME), onde o segmento de pequenos negócios apresenta, em geral, um grau muito mais elevado de estruturação, de pequenas empresas mais capitalizadas, exportadoras e com um grau mais elevado de assalariamento. Em países como o Brasil, o segmento de pequenos negócios apresenta uma enorme parcela de empresas sem um mínimo de estruturação, com reduzido capital, voltadas exclusivamente para o mercado interno, com reduzida produtividade e eficiência, com baixa participação do trabalho assalariado e maior participação relativa do trabalho do empresário e familiar. É elevada a importância destes tipos no interior do segmento de pequenos negócios no Brasil e suas diferenças são até mais marcantes em relação às pequenas empresas mais estruturadas do que em relação a muitas atividades desenvolvidas pelos trabalhadores por conta própria.

Várias de suas características não os diferenciam significativamente de parcela dos trabalhadores autônomos: ambos desenvolvem atividades com baixa utilização de capital, para ambos a presença de trabalho assalariado não é relevante, a qualificação profissional e a tecnologia utilizada também não são os diferenciais mais importantes de suas atividades e são reduzidos os rendimentos. De fato, apresentam em comum uma relação com a necessidade de encontrar uma estratégia de sobrevivência diante do desemprego e da incapacidade de a estrutura produtiva ofertar bons postos de trabalho e rendimentos. Ou seja, diferem entre si pela utilização ou não de um estabelecimento fixo, pelo trabalho no próprio domicílio ou no domicílio do tomador, por ter empresa constituída juridicamente ou não, pelo trabalho de comerciantes e prestadores de serviços com ou sem estabelecimento, pela utilização um pouco maior ou menor de ajudantes ou de empregados. Entretanto, em muitos casos, os rendimentos, a jornada e as condições de trabalho são muito parecidas. Muitos pequenos empregadores com empresas juridicamente constituídas não desenvolvem suas atividades em estabelecimento próprio, assim como muitos trabalhadores por conta própria trabalham no próprio domicílio e, em alguns casos, em estabelecimento específico para o desenvolvimento de sua atividade. Muitas empresas juridicamente constituídas não apresentam nenhum empregado, enquanto muitos trabalhadores autônomos trabalham com ajudantes, com a família e mesmo com alguns empregados.

Por esses motivos, a utilização da expressão "pequenos negócios" está sendo utilizada neste trabalho com o objetivo de abarcar todas as atividades desenvolvidas em pequena escala e incorporadas nos circuitos mercantis urbanos; com o objetivo de transcender o conceito de micro e pequena empresa, que geralmente, no Brasil, está associado à ideia de uma atividade mais estruturada, com alguma organização jurídica e, ao mesmo tempo, com a utilização de estabelecimento e a presença de empregadores e de empregados. Neste sentido, a expressão pequenos negócios será utilizada, neste trabalho, como forma de referir-se a um universo que compreende tanto as micro e pequenas empresas juridicamente constituídas, com estabelecimentos e empregados, como aquelas atividades desenvolvidas sem estabelecimento específico, sem constituição jurídica e sem empregados. É, portanto, uma abordagem conceitual que visa a incorporar, num mesmo universo de análise, todos os trabalhadores ocupados em atividades de produção em pequena escala — pequenos empregadores, seus empregados e os trabalhadores por conta própria —, cujas características da produção, da organização do trabalho, da inserção nas estruturas de concorrência, de acumulação de capital e inovação tecnológica as diferenciam significativamente da produção e das relações de trabalho subjacentes às formas especificamente capitalistas de produção.

Abordagem metodológica semelhante foi desenvolvida pela Organização Internacional do Trabalho (OIT), para definir o universo dos empreendimentos informais urbanos. Nesta abordagem não interessa a presença ou não de estabelecimentos, de empregados e de constituição jurídica do empreendimento, mas a sua escala de produção no meio urbano. Este universo é constituído por empreendimentos com até cinco pessoas ocupadas no meio urbano, independentemente de outras condições. Nesta perspectiva, o Instituto Brasileiro de Geografia e Estatística (IBGE) utiliza a mesma abordagem conceitual para desenvolver sua Pesquisa sobre a Economia Informal Urbana

(ECINF), desde 1997. São perspectivas conceituais e metodológicas, entretanto, ainda marcadas pelas ideias de "setor informal", "economia informal", "trabalho informal", mas avançam conceitualmente para a utilização do critério de produção em pequena escala como principal forma de caracterizar essas situações de informalidade.

Neste trabalho, é também enfatizada, conceitualmente, a ideia de produção em pequena escala para definir o universo do objeto de estudo. Esta abordagem conceitual é, no entanto, diferente: não está limitada pela ideia de informalidade; tenta reunir num mesmo universo as atividades não tipicamente capitalistas, as atividades subordinadas e cujos espaços de existência são fortemente determinados pela lógica do grande capital, reconhecendo a importância da heterogeneidade que aproxima uma parcela dos pequenos negócios às atividades especificamente capitalistas, por um lado, e que apresenta um conjunto de situações assemelhadas ao desemprego disfarçado, por outro. Mas tem como critério de unidade o fato de que as condições e relações de trabalho, assim como as possibilidades de organização sindical, remuneração, os benefícios trabalhistas e a proteção social e previdenciária são, em geral, muito piores neste universo de "pequenos negócios" do que nas formas especificamente capitalistas de produção, ou seja, nas médias e grandes empresas. E esse critério ganha relevância, no presente contexto, nacional e internacional, em que este universo de pequenos negócios tem aumentado sua importância relativa na estrutura ocupacional.

Se em vários países mais desenvolvidos a constituição de um universo de análise das atividades desenvolvidas em menor escala é feita a partir das unidades que empregam até 250 empregados, utilizando o conceito de médias, pequenas e microempresas, isso reflete em alguma medida tanto o maior peso das grandes empresas — das quais se pretende separar o outro universo — como o fato de que o universo de produção em menor escala é mais estruturado e conta com um grau mais elevado de assalariamento naqueles países. No Brasil, tradicionalmente, o universo de micro e pequenas empresas nas atividades não agrícolas é definido como aquele que compreende as unidades produtivas com até 99 ocupados no conjunto das atividades industriais e na Construção Civil e até 49 nas atividades do setor Terciário. Considerando as especificidades da estrutura produtiva e do mercado de trabalho brasileiro, esses critérios conformam um universo cujo volume de ocupados tem crescido de importância nas últimas décadas e que nele são muito expressivas as atividades que poderiam ser consideradas não tipicamente capitalistas[1].

---

(1) De qualquer forma, esse critério de classificação de micro e pequenas unidades produtivas apresenta, como no caso dos países desenvolvidos, um significativo grau de arbitrariedade. Neste sentido, como observou o Prof. Paulo Eduardo de Andrade Baltar, é recomendável o aprofundamento de pesquisas no sentido de ampliar e/ou tornar mais consistentes as justificativas para a utilização de determinados critérios de classificação desses universos.

Neste trabalho, portanto, o universo de pequenos negócios é definido com os mesmos critérios acima para a classificação dos ocupados no meio urbano, incluindo as atividades não agrícolas desenvolvidas em pequena escala pelos empregadores, empregados e trabalhadores por conta própria em unidades com até 49 ocupados no setor Terciário e 99 no setor Secundário[2]. O interesse nas atividades dos pequenos negócios no meio urbano também resultou na exclusão, como objeto de análise, do universo de pequenos negócios ou pequenas unidades produtivas agrícolas. O universo de análise deste trabalho, portanto, são os ocupados em pequenos negócios do setor privado não agrícola.

No Brasil, as melhores e mais abrangentes fontes de informações para estudos que consideram o porte das unidades produtivas, segundo o número de ocupados, oferecem principalmente informações para a categoria "estabelecimentos"; tais como as informações da Relação Anual de Informações Sociais (RAIS/MTE), das antigas Pesquisas dos Censos Econômicos (IBGE), das recentes Pesquisas Anual do Comércio, dos Serviços e da Indústria (PAC, PAS, PIA, todas do IBGE). Outras informações obtidas a partir de pesquisas domiciliares, como os Censos Demográficos (IBGE), a Pesquisa Nacional por Amostra de Domicílios (PNAD/IBGE), a Pesquisa Mensal de Emprego (IBGE), a Pesquisa da Economia Informal Urbana (ECINF), a Pesquisa de Emprego e Desemprego (PED-DIEESE/SEADE), também são importantes para este tipo de análise, já que quase todas elas também apresentam informações, captadas indiretamente dos entrevistados, sobre o porte dos estabelecimentos em que trabalham. Os problemas, entretanto, são há muito tempo conhecidos: a RAIS somente capta os estabelecimentos formais e os trabalhadores e empregadores com carteira assinada; os Censo Econômicos deixaram de ser realizados; a PAC, PAS e PIA apresentam uma série histórica relativamente recente; os Censos Demográficos somente apresentam informações mais detalhadas para o universo de estabelecimentos com até 10 empregados (até cinco, e seis a nove empregados), e não há detalhamento do porte de estabelecimentos para os ocupados em estabelecimentos com 11 ou mais ocupados; a PNAD tem as mesmas restrições dos Censos e, além disso, as modificações metodológicas têm dificultado a elaboração de séries históricas compatíveis; a PED apresenta informações mais detalhadas, segundo o número de empregados nos estabelecimentos, mas somente para algumas regiões metropolitanas e as informações são resultados de pesquisas domiciliares. A ECINF concentra sua amostra para os ocupados em estabelecimentos com até cinco ocupados.

---

(2) Este conceito poderia incluir também os empregados domésticos no universo de ocupados em pequenos negócios, mas em função das especificidades do emprego doméstico, das tradicionais análises e dos diversos estudos sobre esta ocupação, este segmento não será incorporado neste trabalho. Os funcionários públicos e militares também não farão parte do objeto de análise deste estudo, por entender que estas ocupações estão associadas à dinâmica de organização de grandes estruturas; no entanto, serão incorporados os trabalhadores ocupados em pequenas unidades privadas que prestam serviços ao setor público.

Tudo isso dificulta em demasia a análise da estrutura ocupacional e das condições de trabalho segundo o porte dos estabelecimentos ou empresas. A composição das informações permite alguns avanços nas análises, mas também coloca um conjunto de restrições, dentre as quais deve-se destacar as dificuldades da própria operacionalização do conceito de pequenos negócios[3]. Essa situação permite a conclusão de que a importância desse tipo de análise para a compreensão dos problemas do mundo do trabalho contemporâneo exige uma reflexão acerca das necessidades e das possibilidades de melhorar os conceitos, as pesquisas e os indicadores, segundo o tamanho das empresas ou estabelecimentos, da mesma forma que tem sido importante repensar conceitos e indicadores sobre o mundo do trabalho no Brasil, diante das recentes tendências de profundas modificações no mundo do trabalho.

A análise do trabalho em pequenos negócios tem como recorte temporal o meio urbano brasileiro nos últimos 25 anos, ou seja, compreende concretamente o período 1980-2004, para o qual há mais informações disponíveis. É um período relativamente longo, considerando o conjunto de mudanças ocorridas e as decorrentes descontinuidades temporais, que são necessárias considerar e periodizar. Entretanto, o período parece ainda mais longo quando considera-se a precariedade das séries temporais, suas insuficiências e incompatibilidades por conta das mudanças metodológicas.

Este livro tem como objetivo avaliar as mudanças ocorridas no universo do trabalho em pequenos negócios no conjunto do período 1980-2005, o que justifica-se também pela importância de compreender os impactos desse longo período de relativa estagnação econômica, marcado ainda pelas importantes mudanças estruturais dos anos 1990, sobre um segmento no qual está ocupada mais da metade da população urbana brasileira. Sua importância insere-se no mesmo contexto que tornou relevante investigar os impactos deste longo período de estagnação econômica sobre o conjunto do mercado de trabalho e sobre a estrutura social brasileira, aspectos que são objetos de estudo de um amplo projeto de pesquisa do Centro de Estudos Sindicais e de Economia do Trabalho — CESIT.

Um conjunto de dificuldades, no entanto, principalmente relativos às informações disponíveis, mas também à maior importância de investigar as importantes mudanças ocorridas nos anos 1990 e os atuais problemas do mundo do trabalho no universo dos pequenos negócios, resultou na maior ênfase e detalhamento da análise para o período 1990-2004, a partir da qual é

---

(3) Esta observação foi feita pelo Prof. Paulo Eduardo de Andrade Baltar, que também chamou a atenção para as dificuldades de conceituar empresa, pequena empresa e atividades que podem ser definidas como estratégias de sobrevivência. Avanços nesta perspectiva conceitual e na separação de distintas categorias podem, portanto, melhorar as possibilidades metodológicas de análise dos segmentos de pequenas empresas, das atividades de estratégias de sobrevivência, e dar um sentido mais preciso ao conceito de pequenos negócios.

formada também a expectativa de entender algumas questões relacionadas às possibilidades de enfrentar e superar alguns dos problemas diagnosticados neste universo.

O objetivo deste trabalho, portanto, é investigar as modificações na estrutura ocupacional dos pequenos negócios, inclusive analisando a evolução de alguns aspectos das condições de trabalho deste segmento, no contexto da relativa estagnação econômica e das mudanças estruturais que marcaram esse período dos últimos 25 anos. A hipótese a ser avaliada é que o reduzido ritmo de crescimento econômico, o elevado desemprego e um importante conjunto de mudanças estruturais, com seus maiores impactos principalmente nos anos 1990, contribuíram para ampliar a importância das ocupações em pequenos negócios na estrutura ocupacional brasileira. E que essa ampliação contribuiu para tornar ainda mais precárias as condições de trabalho e de rendimentos do universo de ocupados neste segmento, o que pode ser interpretado, em grande medida, como resultado e expressão do processo de desestruturação do mercado e das relações de trabalho que caracterizam a tendência do conjunto deste período.

Esse objetivo é dificultado, em alguma medida, não somente pelas limitações das fontes de dados, mas também pela sua amplitude. A análise está limitada pelas dificuldades inerentes às especificidades dessa tarefa. O sentido da análise da evolução e das modificações na estrutura ocupacional no segmento de pequenos negócios nem sempre pode ser apreendido sem considerar os movimentos do conjunto da estrutura ocupacional ou das tendências verificadas nas médias e grandes empresas. Por outro lado, a busca da caracterização da precarização das condições de trabalho neste segmento da estrutura ocupacional, em princípio, exige análises em relação aos rendimentos, benefícios trabalhistas e diversos aspectos das condições de trabalho, que também devem ser cotejados com o universo das grandes e médias empresas, o que torna essa tarefa ainda mais difícil e extensa. Desses problemas resulta parcela expressiva das limitações que, nesse sentido, marcam o desenvolvimento deste trabalho. Limitações que também se estendem às dificuldades de dar conta da extensa bibliografia internacional e, em menor medida, nacional, para refletir sobre um conjunto de temas relacionados a esse objetivo, como, por exemplo, a relevante e crescente importância das mudanças na estrutura ocupacional no setor Terciário e suas determinações.

A tentativa de iniciar um campo de análise que contemple a heterogeneidade das situações dos ocupados em pequenos negócios no Brasil, por meio de uma proposta de tipologia de pequenos negócios orientada para a compreensão dos problemas associados ao trabalho e à estrutura ocupacional e não a diversos aspectos da estrutura organizacional das pequenas empresas, também apresenta um evidente conjunto de limitações, principalmente no que se refere às dificuldades para sua operacionalização no sentido de compreender os problemas associados ao caso brasileiro nos últimos 25 anos. Como uma primeira tentativa de compreender o sentido das transformações do mundo do trabalho no segmento de pequenos negócios, neste longo período, espera-se que essas tarefas sejam também formas de apontar para diversos temas e questões específicas que devem requerer um conjunto diversificado de novas pesquisas e abordagens.

Neste trabalho, buscou-se, no primeiro capítulo, refletir sobre as mudanças ocorridas no segmento dos pequenos negócios no capitalismo contemporâneo, no contexto da reorganização econômica e da hegemonia do neoliberalismo nas últimas décadas. Como ponto de partida considerou-se um conjunto de trabalhos que analisaram a problemática dos pequenos negócios no capitalismo, em especial o trabalho de Ademar Sato, desenvolvido nessa "casa", ainda situada no IFCH, nos anos 1970, que resultou em grande contribuição para a compreensão dos impactos da lógica mais geral do desenvolvimento capitalista sobre as pequenas unidades produtivas. Da mesma forma, foi uma obra fundamental para a compreensão dos impactos das transformações do capitalismo contemporâneo sobre as pequenas empresas a tese de doutoramento da Professora Maria Carolina de Souza, também desenvolvida nesse Instituto nos anos 1990, que entre as diversas contribuições do seu importante trabalho sobre este segmento no Brasil, incorporadas neste trabalho, vale destacar o papel especial que teve para a formulação da tipologia proposta neste trabalho.

A reflexão sobre a literatura internacional teve como objetivo compreender as tendências das principais transformações que vêm ocorrendo em diversos países, principalmente nos mais desenvolvidos, o que foi fundamental para tornar mais evidente a importância de contemplar nesta análise as especificidades do caso brasileiro. Apesar das valiosas contribuições para dar suporte à interpretação desenvolvida, neste livro, sobre o caso brasileiro nos últimos 25 anos, cabe destacar que também foram identificadas diversas insuficiências para tal fim.

No segundo capítulo deste livro, buscou-se avaliar as modificações na estrutura ocupacional e em alguns aspectos das condições de trabalho do segmento de pequenos negócios no Brasil nos anos 1980. Apesar de o objetivo geral deste livro ser a compreensão do sentido mais geral das transformações ocorridas no conjunto do período 1980-2005, este recorte temporal foi necessário para separar períodos com comportamentos distintos: o primeiro muito mais marcado pelos impactos sobre o segmento de pequenos negócios decorrentes do baixo crescimento econômico e da ruptura com a trajetória anterior de crescimento sustentado; o segundo marcado também por um ritmo de crescimento ainda menor, que esteve ainda associado aos importantes impactos negativos das profundas mudanças estruturais sobre o segmento dos pequenos negócios. A importância desta ruptura com a trajetória anterior de crescimento elevado e sustentado é um aspecto decisivo para compreender o sentido geral das transformações no universo dos ocupados no segmento de pequenos negócios, não somente nos anos 1980, mas também no período seguinte, assunto que foi brevemente tratado na segunda seção do capítulo 2. A terceira seção deste capítulo conta ainda com uma análise da evolução e da importância do emprego assalariado — com e sem carteira de trabalho assinada —, na estrutura ocupacional dos pequenos negócios nos anos 1980. Na última seção, foram analisadas as mudanças e apresentadas as principais tendências em relação ao universo de empregadores e de trabalhadores por conta própria.

No capítulo 3, a estrutura de análise é muito semelhante à do capítulo 2. Entretanto, o período de análise considerado é mais extenso: 1990--2005. Mas a ênfase da análise é dada ao período 1994-2004, em função dos importantes impactos da abertura comercial com valorização cambial — além dos impactos das privatizações e terceirizações no setor público — no período 1994-1999, que foram decisivas para determinar impactos distintos, neste período, em relação ao período 1999-2004. Dessa forma, as análises realizadas no capítulo 3 estão também marcadas pela busca frequente da diferenciação e comparação dos impactos destes dois momentos sobre a ocupação e algumas condições de trabalho no universo de pequenos negócios. Na primeira seção, são apresentadas as principais mudanças ocorridas no segmento de ocupados em pequenos negócios. Na segunda seção, busca-se uma reflexão sobre as determinações destas mudanças no contexto da relativa estagnação econômica, em meio às profundas mudanças estruturais no período 1994-1999 e sobre as importantes mudanças advindas no período seguinte, principalmente decorrentes da desvalorização cambial e do maior dinamismo do comércio internacional, da maior expansão relativa das exportações do que das importações. Na seção 3 são analisadas as mudanças no emprego assalariado no universo dos pequenos negócios, com ênfase para o emprego formal, cujas estatísticas permitem uma análise com um melhor grau de diferenciação segundo o porte dos estabelecimentos. Na seção 4 são analisadas as tendências de transformações no universo de empregadores e de trabalhadores por conta própria, na qual são aproveitadas as informações da Pesquisa da Economia Informal Urbana, realizada em dois levantamentos, em 1997 e 2003, pelo IBGE.

No capítulo 4, buscou-se realizar, na primeira seção, uma reflexão sobre o significado das transformações ocorridas no universo de ocupados em pequenos negócios no conjunto deste longo período de estagnação, crises econômicas e transformações estruturais — que foram tratadas separadamente para os anos 1980, no capítulo 2, e para o período 1990-2005, no capítulo 3. Na segunda seção, foi desenvolvida uma breve reflexão sobre o significado destas transformações para o conjunto da estrutura ocupacional e das condições e relações de trabalho no Brasil contemporâneo, com o objetivo de identificar os aspectos mais importantes dos problemas do mundo do trabalho nos pequenos negócios, inclusive daqueles que podem ser alvos de novas políticas públicas. Na última seção, foi realizada uma breve reflexão sobre as possibilidades de enfrentamento destes problemas com determinadas políticas públicas voltadas para o segmento dos pequenos negócios. As considerações finais foram apresentadas separadamente no capítulo 5.

Transformações nos pequenos negócios no capitalismo contemporâneo: impactos sobre o mundo do trabalho

1.1. Introdução

Ao longo do processo de surgimento e consolidação do capitalismo como modo de produção dominante, assim como nas suas distintas etapas de desenvolvimento nos séculos XIX e XX, ao lado da tendência à concentração de capitais e da crescente importância da grande empresa, observa-se a permanência continuada das pequenas unidades produtivas nas distintas economias nacionais, desenvolvidas ou subdesenvolvidas. A presença continuada e expressiva desse segmento produtivo e sua elevada dispersão setorial são fatos incontestáveis, não somente nas estruturas produtivas do capitalismo nos séculos XIX e XX, mas também no capitalismo contemporâneo. A tendência à concentração e centralização do capital, as vantagens competitivas associadas às economias de escala e a importância decisiva da grande empresa nas economias capitalistas já foram exaustivamente destacadas por diversos autores[4]. Entretanto, da tendência do desenvolvimento capitalista e do avanço do processo de concentração e centralização do capital não resulta uma tendência de extinção do segmento de pequenos negócios nas economias capitalistas (SATO, 1977).

As profundas transformações verificadas nas economias capitalistas, nos últimos 30 anos, provocaram importantes modificações no ambiente econômico e nas possibilidades de surgimento e de sobrevivência de pequenos negócios, contexto que contribuiu para revigorar o debate acerca da relação entre a dinâmica de desenvolvimento capitalista e esse segmento produtivo, de seu

---

(4) No que se refere ao processo de concentração de capital e à sua relação com a hegemonia da grande empresa e com a dinâmica e formas de permanência dos pequenos negócios são importantes as análises de Karl Marx (1985) e de diversos marxistas, principalmente as de Lenin (1991) e Hilferding (1963). Também são importantes as contribuições de Alfred Marshall (1982) e de diversos marshallianos, assim como de J. Steindl (1983; 1990) e de J.A. Hobson (1993). Apesar da existência de diversos e importantes pontos de divergência entre eles, pode-se afirmar que a problemática dos pequenos negócios não é exclusiva de uma determinada etapa do desenvolvimento capitalista, nem dos países pobres ou subdesenvolvidos e que ela deve ser compreendida como um processo inerente à própria lógica de desenvolvimento capitalista. Sobre este aspecto veja Ademar Sato (1977).

papel e de sua importância na estrutura produtiva e ocupacional. Entretanto, as tendências de concentração, de centralização e de hegemonia da grande empresa e do grande capital foram mantidas e reforçadas em diversas formas.

Não obstante o aumento progressivo da importância da concentração de capital, das economias de escalas, das grandes unidades produtivas, dos grandes blocos de capitais, dos oligopólios e cartéis e dos processos de incorporação ou destruição das pequenas unidades produtivas pelas grandes empresas, a continuada permanência dos pequenos negócios na estrutura produtiva das economias capitalistas deve ser vista como resultado mais geral do próprio processo de acumulação capitalista[5]. Ou seja, são as determinações mais gerais da lógica e das tendências de desenvolvimento capitalista as principais responsáveis pela delimitação da dinâmica de organização e dos espaços de sobrevivência dos pequenos negócios, em termos de restrição, manutenção ou ampliação de seus espaços e modificações nas suas formas de permanência. Os pequenos negócios somente desaparecem enquanto unidades isoladas, mas permanecem enquanto segmento, que têm seus espaços, em grande medida, delimitados pela dinâmica da grande empresa capitalista e pelo seu poder de mercado (oligopólios, oligopsônios, *trusts*, cartéis etc.)[6].

As tendências à concentração e à centralização de capital, à cartelização e à eliminação ou incorporação das pequenas unidades produtivas pelas grandes empresas não são incompatíveis com o recorrente surgimento de pequenos negócios em novos setores, novos mercados; ao contrário, garantem a permanência continuada desse segmento (SATO, 1977: 113). Sua permanência está associada à ideia da existência de uma tendência à dispersão dos capitais, como parte do mesmo processo contraditório que leva também à concentração.

SATO (1977), ao analisar as contradições do processo de acumulação de capital, na sua tendência de concentrar/dispersar/centralizar/concentrar, mostra que o desdobramento desse processo é a recriação de pequenos e

---

(5) Deve-se ressaltar que até a consolidação do modo especificamente capitalista de produção, da maquinaria e da grande indústria, da subordinação real do trabalhador ao processo de produção — que se transforma num processo de valorização do capital —, a destruição das pequenas unidades de produção é a destruição de formas distintas tecnicamente, e inferiores do ponto de vista da potência produtiva e das relações no processo de divisão técnica e social do trabalho. A partir daí, trata-se de novas formas de criação e destruição das unidades produtivas, da expropriação de capitalistas pelos próprios capitalistas, em processos determinados pelas formas de concorrência de uma estrutura produtiva marcada pela hegemonia, liderança e dominação das formas especificamente capitalistas de produção, ou seja, pela estratégia de concorrência da grande empresa. A esse respeito veja, por exemplo, Hilferding (1985) e Sato (1977).

(6) Assim, apesar da indiscutível tendência à concentração/centralização do capital, expressa pela hegemonia do grande capital e pela intensificação dos processos de fusões e de concentração de capital, a permanência das PMEs foi marcante no período pós segunda guerra mundial na estrutura produtiva de todos os países capitalistas.

médios capitais no mesmo processo de concentração e sob a dominância do processo de centralização de capitais:

> "... a concepção original de Marx sobre acumulação de capital compreende, numa progressão dialética, a tendência à concentração, a sua negação que é a dispersão, e a negação da negação que é a centralização de capitais." (...) Se o entendimento da formulação de Marx sobre acumulação de capital ficasse limitado apenas ao fenômeno da concentração, a conclusão lógica seria o desaparecimento das pequenas escalas econômicas. No entanto, a dispersão de capitais é engendrada no próprio processo de acumulação de capital, justamente como a contrapartida da concentração. (...) Nessas condições, o fenômeno do reaparecimento contínuo de pequenas e médias empresas estaria justificado como uma decorrência da dispersão de capitais, um processo permanente a acompanhar a própria acumulação de capital. (...) Em síntese, o que se poderia deduzir das palavras de Marx sobre acumulação de capital para tentar interpretar a problemática das pequenas e médias empresas é o seguinte: **assistimos ao renascimento contínuo de pequenas e médias empresas, apesar da centralização crescente, por causa da dispersão de capitais que antecede à própria centralização, sendo ambas engendradas pelo mesmo processo de acumulação de capital.**" (Grifos nossos).

A intensificação do processo de concentração de capital e a elevação de sua composição orgânica não elimina o segmento dos pequenos negócios, em função dos novos capitais recriados com a dispersão de capitais resultante do próprio processo de acumulação de capital. Esses capitais dispersos são passíveis de desaparecerem em novos processos de centralização de capital, que impulsionariam a acumulação e a concentração de capital, assim como um novo processo de dispersão. No entanto, a permanência do segmento de pequenos negócios supõe, como condição necessária, a existência de possibilidades de funcionamento da parcela de pequenos capitais desalojados pela cartelização e concorrência das grandes empresas e dos novos capitais resultantes do movimento de dispersão. Exige, assim, a manutenção de segmentos produtivos não totalmente cartelizados e/ou o surgimento de novos ramos de atividade adequados ao funcionamento e permanência de pequenos negócios[7]. Da mesma forma que a expropriação e a aglutinação de pequenos

---

(7) "(...) na medida em que a centralização de capitais reforça e acelera a acumulação — pois o seu raio de ação não está limitado pelo incremento do nível absoluto da riqueza social ou pelas fronteiras absolutas da acumulação — intensifica-se a concentração e se amplia o consequente movimento contrário que é a dispersão. Portanto, assiste-se ao renascimento de pequenas e médias empresas, uma vez que tanto o capital primitivo continua reproduzindo-se e produzindo mais-valia adicional, como também os capitais de nova formação: os capitais individuais são distribuídos entre muitos capitalistas que se enfrentam entre si como produtores de mercadorias, situados em esferas concretas de produção" (SATO, 1977 p. 122).

capitais acumulados são fontes de expansão da concentração e do grande capital, a dinâmica e a liderança desse último promovem transformações na estrutura produtiva, tecnológica, de rendimentos e de consumo que terminam por viabilizar novos espaços para a operação dos pequenos capitais. Esse mesmo processo promove a recriação dos pequenos e médios capitais, por meio da tendência à dispersão de capitais e das recorrentes transformações tecnológicas, produtivas, em produtos, mercados, processos, formas de organização etc.

A permanência do segmento de pequenos negócios deve ser vista, portanto, como resultado da própria lógica mais geral da acumulação capitalista e não somente como resultado de alguns aspectos (imperfeições de mercado, irrelevância das economias de escala em alguns segmentos etc.) que já foram destacados exaustivamente por vários autores, principalmente para o caso da produção industrial[8]. Entretanto, as diferentes formas e situações concretas em que o segmento de pequenos negócios permanece e transforma-se estão, geralmente, associadas às características específicas, historicamente determinadas, das estruturas produtiva, social e econômica das diferentes economias nacionais, que têm implicações sobre as formas como se constituem as diferentes estruturas de mercados, sobre os diferentes tipos e peso dos produtos (bens e serviços) mais relevantes e de seu processo técnico de produção, e sobre as estratégias de organização e de concorrência das grandes empresas.

Nesse sentido, é importante considerar os diversos elementos que estão associados à determinação dessas formas concretas de existência dos pequenos negócios — social e historicamente determinadas — para entender como essa dinâmica de dispersão dos capitais pode ser viabilizada em cada momento e contexto histórico específico. A materialização desses capitais dispersos depende de movimentos reais que também são influenciados pelas características peculiares das estruturas econômicas, sociais e políticas de diferentes nações e em diferentes momentos históricos. Essas características vão influenciar as formas concretas em que esses capitais encontram seus espaços de permanência e/ou de valorização: em atividades ou setores tradicionais não cartelizados e em expansão; em novos ramos de atividades, na produção de novos produtos e serviços resultantes da dinâmica capitalista que transforma recorrentemente a estrutura produtiva e de consumo, modifica a estrutura social, destruindo e criando determinadas formas e espaços concretos onde permanecem

---

(8) Pode-se destacar pelo menos três agrupamentos de motivações que nesta linha de argumentação garantiriam a presença continuada dos pequenos negócios: nos casos associados à irrelevância ou ausência de economias de escala e às imperfeições de mercado; nos casos de relações de dependência e associação às grandes empresas; nos casos de utilização de trabalho domiciliar, artesanal, ou com padrão rebaixado de remuneração.

os pequenos negócios. E nesse processo de recriação de espaços, muitos pequenos negócios podem continuar sendo liderados, dominados e esmagados pelo grande capital — mesmo em novos segmentos, modernos e dinâmicos, ou nos atrasados e tradicionais — em espaços criados pelas formas específicas em que ocorrem as transformações capitalistas em cada nação e em cada momento histórico[9].

Portanto, se do ponto de vista mais geral da lógica da acumulação capitalista deve-se considerar a tendência à concentração e dispersão de capitais como forma de compreender o recorrente surgimento de pequenos negócios e sua permanência continuada enquanto segmento, por outro lado, por meio de análises menos abstratas e históricas é possível compreender os espaços em que esses pequenos capitais podem concretizar-se em empreendimentos com maior ou menor grau de viabilidade de se manter no mercado, maior ou menor organização e eficiência econômica etc.

Neste capítulo, o objetivo é sistematizar as discussões que procuraram investigar os impactos das transformações das últimas três décadas sobre as formas de permanência dos pequenos negócios, tendo em vista principalmente considerar as prováveis tendências em termos de impactos sobre a estrutura ocupacional e as condições de trabalho no próprio segmento de pequenos negócios. Essa análise contribuirá também para compreender importantes transformações ocorridas nos mundos do trabalho no capitalismo contemporâneo.

A consideração das principais transformações do capitalismo mundial nos parece um ponto de partida fundamental para compreender as importantes mudanças ocorridas no segmento dos pequenos negócios e no mundo do trabalho no Brasil nos últimos 25 anos e, portanto, para o desenvolvimento do objetivo maior deste trabalho. A importância dessa análise não reside apenas na identificação de tendências mais gerais de transformações do capitalismo contemporâneo que sejam comuns ao caso brasileiro, mas também para identificar as diferenças das transformações no segmento de pequenos negócios e no mundo do trabalho no Brasil, à medida que nos capítulos seguintes serão consideradas as especificidades brasileiras das suas estruturas social, econômica e ocupacional, assim como do seu segmento de pequenos negócios.

---

(9) Também apontando a tendência à concentração do capital, à elevação das escalas de produção e a importância da grande empresa, J. Steindl (1952; 1990) destacou que as pequenas empresas, marcadas por elevadas taxas de rotatividade, dificilmente podem crescer até transformarem-se em grandes. Em meio ao crescente poder das grandes empresas e do segmento cartelizado, podem até ter sua expansão quantitativa ou importância qualitativa reduzida em determinados momentos históricos e diferentes estruturas produtivas, principalmente em determinados ramos de atividade.

Na segunda seção deste capítulo, buscou-se realizar uma sistematização que aponte as tendências mais gerais das transformações técnico-produtivas, nas formas de organização das empresas e suas inter-relações com as mudanças na dinâmica de concorrência capitalista, no contexto de uma nova revolução industrial e tecnológica e de profundas mudanças na dinâmica de funcionamento do capitalismo mundial. A partir dessas considerações, são investigados os principais impactos dessas transformações sobre as formas de organização e de permanência do segmento de pequenos negócios, considerando seus impactos sobre a estrutura produtiva e seus processos dominantes sobre a Indústria e o setor Terciário. Na terceira seção, buscou-se realizar uma reflexão sobre os determinantes da expansão dos pequenos negócios nas últimas três décadas, com ênfase nas suas relações com os mercados de trabalho.

Na quarta seção, considerando a heterogeneidade das formas de existência dos pequenos negócios, suas distintas formas de inserção na estrutura de concorrência capitalista e as diferentes associações com o nível de emprego e com as condições e as relações de trabalho, são analisados os impactos mais importantes das transformações recentes sobre o mundo do trabalho nos pequenos negócios. Essa análise busca explorar também a relação entre a magnitude e as formas de permanência das pequenas unidades e as características dos mercados de trabalho, assim como a relevância do grau de estruturação ou desestruturação dos mercados de trabalho na determinação das condições de sobrevivência e expansão de determinados pequenos negócios, e também a relação entre a existência de determinadas formas de pequenos negócios e sua compatibilidade com o avanço da estruturação dos mercados de trabalho — com a elevação das remunerações dos trabalhadores e o cumprimento de um conjunto de direitos sociais e trabalhistas. Nessa seção, buscou-se propor uma tipologia dos pequenos negócios, com a qual espera-se alcançar melhores condições para avaliar a estrutura e a dinâmica de transformações da ocupação em pequenos negócios.

1.2. Reestruturação Econômica e Neoliberalismo: impactos sobre a dinâmica de organização empresarial capitalista e sobre o segmento de pequenos negócios

Já no final da década de 1960, observa-se sinais de esgotamento do padrão de crescimento das economias capitalistas do pós segunda guerra mundial, que se expressam, no início dos anos 1970, principalmente na desaceleração do ritmo de crescimento econômico e elevação da inflação em várias economias nacionais. Essa situação de crise internacional, agravada ainda com o choque do petróleo e, principalmente, por mudanças nas políticas cambiais e monetárias, foi conformando um contexto de crescente instabilidade econômica, de elevação da percepção do risco e da incerteza.

No período pós segunda guerra mundial, dos "anos dourados", foi sendo consolidado um padrão que, do ponto de vista da organização produtiva, foi chamado de padrão "taylorista-fordista", cujas principais características eram as seguintes: aceleração do processo de concentração industrial, principalmente nos setores de bens de capital e intermediários nos EUA, destacando-se o dinamismo das indústrias básicas, a importância dos produtos homogêneos e a liderança de oligopólios concentrados americanos no imediato pós guerra. A tecnologia foi em grande medida definida pela dinâmica desses principais ramos de atividades, pelo grau de concentração e pela dimensão dos mercados, de tal forma que a dinâmica de inovações tecnológicas era, em grande medida, direcionada para a produção em larga escala e apoiada no princípio das economias de escala. Do ponto de vista mais geral do comportamento do sistema econômico como um todo, da ordem internacional e das políticas macroeconômicas, pode ser caracterizado brevemente como um padrão de capitalismo regulado, com grande participação estatal direta (na produção) ou indireta (na regulação e distribuição); regulação dos mercados financeiros, monetários e cambiais — nos planos nacional e internacional; regulação do mercado e das relações de trabalho e promoção de um conjunto de direitos e de políticas sociais e trabalhistas.

Nesse contexto, estabeleceu-se um ciclo virtuoso de crescimento elevado e sustentado nas economias capitalistas avançadas, com apoio e articulação de diversos Estados nacionais às empresas líderes, altas taxas de investimento e de crescimento da produtividade, que praticamente eliminou o desemprego nas economias capitalistas avançadas, permitiu elevação real dos salários (e redução da jornada de trabalho) e provocou modificações importantes na estrutura ocupacional e no padrão de consumo, reduzindo a pobreza e a desigualdade social. Nesse período de praticamente 30 anos de crescimento econômico sustentado e elevado, a estrutura ocupacional modificou-se sensivelmente nas economias capitalistas desenvolvidas. As atividades agrícolas continuaram perdendo peso na estrutura ocupacional, a Indústria apresentou importante participação na estrutura ocupacional e cresceu, de forma expressiva, a participação do emprego das atividades do setor Terciário no conjunto da estrutura de emprego, com destaque para a elevação da participação do emprego público.

Por outro lado, no novo contexto econômico e político que foi sendo conformado desde a crise do início dos anos 1970, foram progressivamente questionadas as diversas formas de regulação e coordenação estatal, nos planos nacional e internacional, subjacentes ao padrão de organização capitalista do período anterior. Os desdobramentos econômicos e políticos da crise resultaram na promoção de medidas desregulamentadoras nas políticas cambiais, nas possibilidades de movimentação dos fluxos de capitais e menores restrições ao comércio internacional, assim como promoveram mudanças nas diversas formas de regulação estatal e a redução da participação estatal na produção, por meio da redução ou controle dos gastos públicos, de privatizações, de reformas nas políticas sociais e no mercado de trabalho (medidas flexibilizadoras). Progressivamente foi sendo constituído um novo padrão de organização capitalista, mais desregulamentado, que tem buscado reafirmar os princípios do liberalismo e uma política pró-mercado (*market friendly*) e que vem contribuindo para consolidar um padrão de reduzido crescimento econômico, em várias economias nacionais, de acirramento da concorrência internacional e de maior instabilidade do nível de atividade econômica e das atividades financeiras.

Nesse contexto, observa-se também o surgimento e a crescente importância de um conjunto de transformações produtivas e de inovações tecnológicas nas áreas de microeletrônica, informática, nas tecnologias de informação e de comunicação, engenharia genética, novos processos e materiais, que contribuiu para transformar a base técnica de produção, processo que foi também denominado de Terceira Revolução Industrial e Tecnológica, provocando uma elevação crescente do peso do complexo eletrônico na estrutura produtiva[10].

Esse poderoso conjunto de inovações permitiu a emergência de um novo paradigma na produção industrial: a especialização flexível. Os processos de automação flexível viabilizaram o surgimento de novas formas de organização produtiva, novos espaços para a atuação e redefinição das formas de articulação entre pequenas, médias e grandes empresas, criando novas bases para a competitividade, inclusive permitindo redefinir a competição a partir de novas alianças tecnológicas. As empresas se defrontaram com esse conjunto de transformações — um contexto de estreitamento dos mercados, de

---

(10) "Seu ponto nuclear reside no desenvolvimento, desde a década de 1960, da microeletrônica e, particularmente, desde a década de 1970, dos microprocessadores. Em seu processo de difusão, ao atingir e permitir a alteração da base técnica da indústria de máquinas-ferramentas, a 'mecatrônica' abre, ao mesmo tempo, novos espaços para a reestruturação da organização da produção; viabilidade da combinação, fabricação em pequenos lotes/alta rentabilidade; diversificação da linha de produtos, cujos ciclos de vida são encurtados etc. Enfim, a mecatrônica abre espaço para a redefinição das estratégias competitivas." (SOUZA, 1995:60). Segundo Luciano Coutinho (1992: 70/71), "a formação desse poderoso *cluster* de inovações capazes de penetrar amplamente (uso generalizado), direta ou indiretamente, todos os setores da economia configura a formação de um novo paradigma tecnológico no mais puro sentido neosschumpeteriano".

acirramento da concorrência internacional e nacional, de maior instabilidade financeira e do nível de atividade e de profundas mudanças tecnológicas —, o que exigia a redefinição nas suas estratégias de concorrência. As bases para a tomada de decisões, diante da incerteza e de um ambiente econômico em processo de rápidas modificações, ficaram ainda mais problematizadas, ampliando o risco e levando as empresas a buscar novas estratégias organizacionais e competitivas:

> "A evolução das novas formas flexíveis de produção; a necessidade de garantir e ampliar fatias de mercado através da oferta de bens diferenciados ou 'customizados', a preços cadentes acessíveis às classes médias abastadas das sociedades desenvolvidas; a possibilidade de montar redes internas computadorizadas para centralizar a gestão, vendas, compras, estoques, finanças, produção, se necessário em tempo real; a possibilidade de estabelecer novas relações proveitosas com fornecedores, clientes, prestadores de serviços, institutos de pesquisa, universidades, ou mesmo com concorrentes tradicionais, em certas áreas — tudo isso vem induzindo modificações relevantes nas estruturas e nas estratégias empresariais."(COUTINHO, 1992: 76)

Esse contexto de elevação da percepção do risco e da incerteza não foi amenizado, mas agravado com o avanço de propostas e de medidas fundadas novamente nos princípios liberais. Paralelamente ao avanço desse conjunto de inovações e de mudanças organizativas, gerenciais e nas estratégias de competição empresarial, observa-se uma tendência à desregulamentação dos mercados financeiros, de bens, serviços, câmbio, capitais e de trabalho. Foram redefinidas as formas de organização da concorrência internacional entre as empresas e entre as nações, a partir de estratégias globais de localização da produção, de compra de insumos, partes componentes e de exploração dos mercados compradores. Um novo ambiente competitivo em âmbito mundial foi se impondo com os impactos das inovações tecnológicas e com as mudanças promovidas no sentido de superar um padrão de capitalismo regulado e estabelecer um padrão de capitalismo novamente desregulado ou neoliberal.

Diante da recessão, das maiores flutuações do nível de atividade, da maior abertura comercial, as empresas passaram a definir novas estratégias competitivas, privilegiando arranjos que lhes dessem maior flexibilidade diante do cenário econômico caracterizado por maior instabilidade, mutabilidade e incerteza. A busca de maior flexibilidade surge como um importante movimento de ajuste das empresas a essa percepção de maior risco e de incerteza em relação ao futuro, diante da intensificação da concorrência e das novas possibilidades abertas para a redefinição das estratégias de competição, tornando-se um ingrediente ainda mais importante nas estratégias competitivas empresariais[11].

O conjunto de mudanças tecnológicas contribuiu para ampliar a flexibilidade almejada e mais valorizada nesse cenário de profundas transformações e para a constituição de um modelo alternativo:

> "Diante desse intenso processo de mudanças, um traço comum é o da busca de maior flexibilidade (ou fuga da rigidez) por parte dos agentes econômicos. De fato, é essa característica que serve para fundamentar uma das principais vertentes de análise desse conjunto de transformações que o veem como a transição do chamado modelo 'taylorista-fordista' de produção — centrado na produção em massa de produtos padronizados — para um modelo alternativo, o de 'especialização flexível' (EF) — sistema mais inovativo e flexível em termos de máquinas, produtos e trabalhadores, em condições, portanto, de responder mais facilmente às incessantes mudanças, por pressupor uma estratégia de permanente inovação... ." (SOUZA, 1995)

O conjunto de inovações tecnológicas viabilizou o avanço de sistemas de produção flexíveis e ampliou as possibilidades de exploração de determinados processos produtivos, na fabricação de novos bens e também na prestação de serviços. Com essas mudanças, a magnitude das escalas eficientes de produção pôde ser reduzida em algumas atividades, abrindo espaços para maior diversificação da produção (com preços diferenciados e "customizados") no interior das unidades de produção, inclusive com a produção de novos produtos anteriormente inviáveis, permitindo a criação de novas formas de relação com clientes e acesso a novos mercados. Foram viabilizadas também novas formas de articulação entre unidades de produção ou empresas diferentes e de distintos portes, inclusive com a possibilidade de criação de novas e menores plantas, unidades e empresas, ou seja, aumentando a interdependência entre as diferentes unidades/empresas.

---

(11) Souza (1995: 70) esclarece questões importantes acerca do significado dessa nova flexibilidade: "a noção de flexibilidade, hoje considerada um ponto-chave da reestruturação industrial, tem seu escopo ampliado. Não basta associá-las à superação dos aspectos rígidos (*rigidities*) do modelo fordista de produção. Flexibilidade deve englobar a habilidade para lidar não apenas com as flutuações de demanda, mas com todas as formas de turbulência no ambiente. Isto porque 'flutuações na demanda representam apenas um aspecto do ambiente das empresas que exige flexibilidade. Mudanças no mercado de produtos da empresa podem ocorrer em razão da mudança tecnológica: novos produtos podem surgir, assim como melhorias nos produtos já existentes na forma de maior qualidade, novas variedades ....'. Esse conteúdo da flexibilidade torna-a adequada à noção de eficiência dinâmica da firma, em oposição è eficiência de gerar novas ideias e/ou responder rapidamente 'a novas ideias, onde quer que elas tenham se originado, de forma a construir vantagens a partir delas, antecipando--se aos concorrentes.' (Carlsson, 1982)".

Tudo isso contribuiu para que fossem revistas as anteriores vantagens competitivas associadas às grandes escalas, especialmente nas plantas marcadas por uma integração vertical, colocando no centro da definição das estratégias das empresas a consideração das inter-relações da cadeia produtiva, como aspecto importante na obtenção de vantagens competitivas nesse contexto de necessidade de reorganização dos processos produtivos. Em muitos casos, esse processo colocou em questão as vantagens competitivas das grandes plantas integradas, abrindo possibilidades para a superação do padrão de produção eficiente realizada em apenas uma planta ou uma empresa (SOUZA, 1995)[12]. Outros autores apontaram como motivos para a promoção da desverticalização "o aumento da complexidade dos produtos, a maior eficiência em determinadas etapas do processo de produção e as deseconomias de escala" (PUGA, 2000).

Na busca por maior flexibilidade, as empresas realizaram diversas formas de ajuste: racionalização do emprego; desverticalização da produção e promoção de novas redes de fornecedores; criação de novos mercados; fragmentação e relocalização espacial da produção; maior utilização de métodos e técnicas com vistas à maior racionalização, modernização e redução de custos, mudanças no perfil de aplicações patrimoniais. As empresas modificaram também as suas relações com parceiros e clientes (fornecedores, compradores, consumidores finais), as formas de distribuição dos produtos e as relações com os mercados[13].

---

(12) O modelo de especialização flexível é geralmente caracterizado por sua maior flexibilidade na utilização e combinação de máquinas, na organização do trabalho e dos processos produtivos, na produção dos produtos e na relação com o atendimento da demanda de clientes, assim como por suas potencialidades de promover frequentes inovações. Entretanto, algumas das mais importantes concepções desse modelo têm recebido críticas importantes. Segundo Souza (1995), "na concepção de Piore & Sabel, o modelo de EF {Especialização Flexível} abrange formas de organização de empresas como as dos distritos industriais na Itália (redes de PMEs independentes) e formas de organização como as firmas-redes no Japão (PMEs articuladas, pela complementaridade, a uma GE). Os elementos comuns às duas formas são: integração (entre PMEs no primeiro caso; entre PMEs e uma GE no segundo) e especialização. Apesar desses elementos comuns, a inclusão dessas duas formas em um só conceito — EF — é criticada na medida em que, para os autores, a EF é a alternativa ao modelo de produção em massa. No entanto, ocorre que, no caso dos distritos industriais na Itália, a flexibilidade pode ser amplamente associada a um rompimento com o Fordismo. Essa é a especificidade desses distritos. No caso do Japão, entretanto, a flexibilidade dos fornecedores, isto é, sua capacidade de responder rapidamente a exigências de mudanças da esfera da produção e na esfera do mercado, convive perfeitamente com a introdução de várias características do Fordismo na fabricação de componentes específicos .... Trata-se, portanto, de modalidades diferentes de flexibilidade" (SOUZA, 1995: 80).

(13) "As novas tecnologias, em geral, e a propagação de máquinas e equipamentos de multiuso, em particular, para o consumidor significam a oportunidade de ter acesso mais fácil ao consumo de produtos cada vez mais diversificados e capazes de atender a exigências e preferências específicas, acelerando a vivificação de necessidades latentes. A concorrência via preços, os fatores que envolvem a diferenciação de produtos, a concepção de moda e marca e a noção de lealdade do consumidor devem ser reavaliadas. A 'customização', com qualidade, invade espaços dos produtos padronizados. Isso exige a reestruturação dos sistemas de comercialização" (SOUZA, 1995: 118).

Tais mudanças significaram reorganizações nas estruturas das empresas, nas suas formas de organização interna, nas estratégias de gestão, como formas de respostas a esse cenário de mudanças tecnológicas, econômicas e institucionais. Na organização do processo produtivo industrial, observa-se a introdução de novos métodos, como o *just in time*, as células de produção, tecnologias de grupo, novas formas de controle da produção e da qualidade dos produtos. Mudanças que exigiam ou que ocorriam paralelamente às mudanças nas relações de trabalho (maior participação, autonomia e poder decisório do trabalhador no processo produtivo, grupos autônomos de trabalho, aprimoramento e qualificação da força de trabalho, redução das barreiras entre os níveis de administração e o chão de fábrica) e administrativas (redução dos níveis hierárquicos, maior participação e integração dos recursos humanos no processo administrativo, descentralização de decisões e grupos de trabalho, CCQs, administração participativa, unidade de negócios "independentes"). Desenvolveram-se estratégias voltadas para a redução de custos (eliminação de tempos improdutivos), melhoria na qualidade dos processos e produtos, flexibilidade produtiva e organizacional, como um esforço de reestruturação diante do aprofundamento das mudanças, em especial dos processos de abertura comercial e concorrência global.

Assim, esse conjunto de transformações teve diversos impactos sobre a estrutura econômica das economias nacionais, sobre os mercados e os processos produtivos, modificando a divisão internacional do trabalho e imprimindo uma dinâmica de reorganização das formas de concorrência. Esse ambiente econômico de contínua transformação impôs diferentes lógicas de atuação e de interação entre os diversos agentes econômicos (empresas de diferentes portes e formas de inserção nos mercados, consumidores, trabalhadores, diversas instituições). Ou seja, promoveu alterações expressivas nas relações entre as empresas (contratantes, subcontratadas, fornecedoras, compradoras, clientes e concorrentes) e entre elas e seus trabalhadores.

Dessa forma, a definição de novas estratégias competitivas, priorizando formas mais flexíveis de produção e organização, modificou o conjunto de formas de relações entre as empresas. Nesse processo, a articulação entre elas passou a ser um elemento fundamental na determinação da competitividade, por meio de decisões empresariais que visam a minimizar e compartilhar riscos e custos do trabalho (reduzindo a "rigidez") e investimentos (irreversíveis e diante de um processo de rápidas mudanças e obsolescência)[14].

(14) "A intensificação do movimento de formação de redes e a multiplicação de alianças entre empresas são sintomas do avanço da interdependência de decisões. Elas conferem novas feições aos vínculos entre empresas; evidenciam suas limitações como unidades isoladas (mesmo as de grande porte); provocam alterações na relação custo de coordenação interna/custo de coordenação externa; obrigam a inclusão de novas variáveis nas análises concernentes às inter-relações internas e/ou externas, verticais e/ou horizontais" (SOUZA, 1995: 119/120; 158).

A complexidade das mudanças revela, em muitos casos, as insuficiências da empresa individual nesse contexto de reestruturação, promovendo mudanças qualitativas nas relações, com a valorização de ações coletivas e o aprofundamento da interdependência entre elas:

> "A reestruturação industrial aumenta a concorrência e impõe desafios. Lidar com eles, em alguns casos, significa admitir (mesmo para as GEs) a insuficiência da empresa individual, que pode traduzir-se em termos de acesso à tecnologia, aos recursos humanos, aos recursos financeiros, de impossibilidade de sozinha vencer as barreiras à entrada em um determinado mercado, enfrentar e ocupar espaços de um concorrente internacional, recuperar espaços perdidos etc. Assim, colocada em questão a autossuficiência, mesmo das gigantes, para dar conta de todos os aspectos impostos pela nova realidade da economia mundial, o movimento de ações coletivas de diversas naturezas tende a intensificar-se." (SOUZA, 1995: 119/120)

> "A interação entre empresas e as novas formas de interdependência podem se dar pelo avanço do processo de concentração (aquisições, fusões, participação acionária, *joint ventures*, consórcios, alianças e acordos de cooperação e transferência tecnológica), decorrente das estratégias de alianças das GEs, na busca de elevação de suas vantagens competitivas, de forma que 'as ligações cruzadas entre empresas tendem a multiplicar-se; as fronteiras entre os domínios das empresas tendem a ficar mais difusas. No contexto da reestruturação industrial, a noção de grande grupo e suas vantagens devem ser reavaliadas'." (SOUZA, 1995: 123/124).

Por outro lado, na redefinição das estratégias de alianças e na busca de vantagens competitivas, por meio de processos de interação, novas relações entre grandes, médias e pequenas empresas surgem como trajetórias possíveis, já que as mudanças tecnológicas exigem reavaliações em relação aos ganhos de economias de escala[15]. Assim, as novas formas de interação entre empresas e as estratégias das grandes empresas na busca por maior flexibilidade abrem novos espaços de inserção para as PMEs, por meio da subcontratação de empresas especializadas, pela terceirização, franquias etc., na busca de aproveitamento de conhecimento e experiência acumulada

---

(15) "Ao produtor, as novas tecnologias facilitam a ampliação do leque de produtos, aceleram sua renovação ou substituição, propiciam a oferta de produtos com qualidade padronizada e o alcance a parcelas da demanda que antes eram tidas como antieconômicas pela escala de produção. A associação grandes empresas/grandes plantas é descaracterizada; o conceito de vantagens competitivas derivados de economias de escala e de grandes plantas produtivas verticalizadas deve ser reavaliado." (SOUZA, 1995: 118/119).

em outras empresas, ou também como resultado da lógica de externalizar e minimizar riscos e custos.

Esse conjunto de transformações também conformou um cenário de rápida obsolescência técnica de equipamentos, de processos e de produtos. Foram promovidas importantes modificações nos padrões de consumo com o surgimento de novos bens e serviços e barateamento de vários produtos tradicionais. Tudo isso teve importantes repercussões na estrutura produtiva e industrial, com o enfraquecimento de antigos segmentos industriais e a criação de novos, com mudanças qualitativas nas atividades de comercialização e distribuição, na prestação de serviços de transporte, comunicações, cultura, lazer e entretenimento, entre outras, que diversificaram as atividades e ampliaram a importância do conjunto do setor de serviços.

Essas mudanças contribuíram tanto para a expansão dos pequenos negócios nas atividades do comércio e da prestação de serviços, como promoveram importantes modificações na estrutura ocupacional, nos processos e nas relações de trabalho, nas formas de organização e no poder sindical, em geral, adversas ao volume de emprego e às condições de trabalho e de remuneração. Em muitos casos, a busca de flexibilidade tornou-se ainda mais importante para as empresas que enfrentavam sindicatos mais fortes e organizados e elevado peso dos encargos sociais.

Nesse contexto, observa-se a implementação, em vários países, de diversas formas de flexibilidade relativas às relações de trabalho: dos salários, do volume de trabalho (mobilidade), de tarefas, na organização do tempo de trabalho, nas contribuições sociais e fiscais. Além dessas, as empresas passaram a priorizar a flexibilidade técnico-organizacional, a flexibilidade operacional e as flexibilidades tática e estratégica. Com o objetivo de reduzir custos do trabalho, evitar a pressão dos grandes sindicatos, concentrar os esforços nas principais atividades e externalizar as demais etapas do processo produtivo por meio de subcontratações e terceirizações, o conjunto dos resultados foi também a promoção de uma situação de maior precariedade ao mundo do trabalho.

Nesse quadro, ganharam relevância a pesquisa e o debate acerca dos determinantes da permanência e o papel dos pequenos negócios num ambiente econômico (e também político e institucional) bastante distinto daquele de relativa estabilidade da organização produtiva e maturidade do padrão tecnológico do período dos "anos dourados", com seu elevado e sustentado ritmo de crescimento econômico[16]. Em geral, essa maior

---

(16) "Enquanto ninguém argumentaria que as novas firmas [pequenas] são responsáveis por todo o crescimento das ocupações, toda a inovação, todas as novas opções de carreiras, ou toda a prosperidade regional, seu profundo envolvimento nesses quatro aspectos positivos sugere que elas

preocupação com o segmento dos pequenos negócios aparece associada às seguintes questões: a maior participação relativa no universo total de empresas e de ocupados e o seu potencial de geração de novos empregos, em função das possibilidades de absorção da força de trabalho liberada pelas mudanças nas grandes empresas ou pelo próprio crescimento das já existentes ou aumento do número de pequenas empresas; às suas possibilidades de atuar como efeito amortecedor ao desemprego e das flutuações do nível de atividade econômica; às possibilidades de gestação de relações de trabalho mais ou menos harmoniosas; às possibilidades de desenvolvimento regional e local e/ou descentralização regional da produção; às questões ligadas ao desenvolvimento e introdução de novas tecnologias (SOUZA, 1995). Portanto, diversos estudos ocuparam-se dos impactos desse contexto sobre as pequenas empresas — com suas características históricas de simplicidade e flexibilidade —, sobre suas relações e suas formas de ajuste diante da crise e das importantes mudanças tecnológicas e na organização produtiva, que poderiam estar trazendo alternativas promissoras a esse segmento produtivo.

Para alguns autores, a crescente importância das micro, pequenas e médias empresas nas economias dos países avançados, pelo menos em termos de número de unidades e de ocupados, têm sido vista como expressão dos resultados favoráveis decorrentes desse novo padrão tecnológico e de organização capitalista. Alguns autores argumentam no sentido de mostrar a maior capacidade e eficiência das pequenas empresas em determinadas atividades:

> "Em diversos setores, as MPMEs produziram um volume maior de inovações do que as grandes empresas e provaram ser flexíveis e capazes de se adaptar rapidamente às mudanças tecnológicas. Nos Estados Unidos, o crescimento das pequenas empresas de informática tem sido extraordinário. Em Taiwan, apesar da predominância de MPMEs, o país compete com sucesso no mercado internacional de computadores, componentes essenciais e serviços intensivos em tecnologia (Ernst, 1999). Na Itália, as MPMEs localizadas em distritos industriais foram responsáveis por uma parcela bastante significativa das exportações de têxteis, peles, cerâmicas, joias e máquinas agrícolas." (PUGA, 1999: 4).

---

são a maior fonte de uma vida econômica melhor para muitos." Cf. REYNOLDS, P. D.; STOREY, D. J. *Regional Characteristics Affecting Small Business Formation*. A Cross-national Comparison. ILE Notebook, number 18, Local. Initiatives for Employment Creation Programme. OECD, Paris, 1993 Apontando que o recente aumento da participação do emprego em pequenos estabelecimentos varia de forma considerável entre os países, Loveman e Sengenberger argumentam que a importância desse movimento é a reversão da tendência de declínio da participação do emprego em pequenos negócios na virada dos anos 1960 para os anos 1970. Veja LOVEMAN. G. and SENGENBERGER, W. *The Re-emergence of Small-Scale Production*: An International Comparison. Small Business Economics, Vol. 3. n. 1. *Apud Key Issues for Labour Markets and social Policies*. OECD, 1991.

Nesses estudos, dentre os diferentes temas, abordagens e perspectivas das pesquisas, alguns parecem superestimar as potencialidades criadas pelo contexto atual em relação à capacidade de as pequenas empresas (com suas históricas e conhecidas limitações) apropriarem-se de vantagens competitivas, que em alguns casos aparecem como uma apologia ao *"small is beautiful"*[17]. Nas últimas três décadas, parte expressiva da vasta produção sobre o desempenho dos pequenos negócios não deixa de expressar certo otimismo em relação às novas oportunidades e supostas vantagens a eles oferecidas nesse novo padrão produtivo e tecnológico. Apesar das inúmeras e conhecidas desvantagens competitivas, é comum encontrar em diversos trabalhos referências sobre as funcionalidades (para a atividade econômica e industrial) e as virtuais vantagens dos pequenos negócios — flexibilidade, simplicidade, capacidade de rápido ajustamento às mudanças —, como forma de lembrar suas possibilidades de inserção positiva e de sua capacidade de desempenhar novos papéis nesse contexto de profundas modificações (REYNOLDS e STOREY, 1993; PUGA, 2000)[18].

A questão dos pequenos negócios foi recolocada, nesse contexto, pelo menos para as economias desenvolvidas, como uma indagação a respeito dos motivos de *"sua vitalidade aparentemente renovada sob os efeitos das estratégias de reestruturação"* (SOUZA, 1995:25). É evidente que o conjunto de transformações econômicas e técnico-produtivas, comandado principalmente pela lógica da grande empresa, tem promovido profundas modificações nos espaços e nas condições em que podem sobreviver os pequenos negócios, mas isso não significa uma tendência à redução do tamanho das empresas e nem de seu papel primordial no processo de acumulação capitalista e de inovação

---

(17) Como bem destacou Souza (1995:59), algumas análises chegam a "incluir sugestões do tipo 'uma cultura de PMEs': a multiplicação dos estudos sobre o desempenho das PMEs no contexto das transformações recentes é sintetizada em termos como: redescobrimento das PMEs, renascimento das PMEs, novo dinamismo das PMEs, rejuvenescimento das PMEs etc." [Grifos do autor] (SOUZA, 1995:24). Essas referências evidenciam que a questão "Afinal, por que as pequenas empresas?" — não é novidade na literatura econômica e que, ao longo do processo de concentração de capital, as PMEs, em nenhum momento, deixaram de existir (RAINNIE, 1989). A esse respeito, observe-se: "as desvantagens competitivas da pequena empresa são tão consideráveis que os economistas parecem haver considerado necessário explicar sua sobrevivência" (PENROSE, 1959: 238) e "a observação empírica do aumento, em termos absolutos, do número de pequenas e médias unidades produtivas, em pleno processo de industrialização oligopolista, colocou a problemática das PMEs de novo no centro das polêmicas dos economistas (RATTNER, 1985: 49)." Cf. SOUZA, 1995: 24.

(18) Vários problemas no segmento de pequenas empresas são comuns em diversos países: baixa intensidade de capital, menor produtividade; falta de capital de giro e de recursos adequados para compra de bens de capital modernos; problemas de acesso ao crédito; problemas na gestão, reduzida capacidade própria na produção ou no acesso à pesquisa e desenvolvimento tecnológico; reduzidos ganhos de economias internas de escala e menores benefícios relativos às escala externas; dificuldades de informatização; problemas associados à representação de interesses e à desarticulação dos empresários nos planos produtivos, social e político etc.

tecnológica. Ou seja, a lógica do grande capital continua criando, destruindo e recriando esses espaços[19]. Entretanto, é fundamental verificar de que forma as mudanças das últimas décadas afetaram o segmento de pequenos negócios e discutir os motivos e de que forma essas mudanças beneficiaram ou deram um papel mais relevante às MPEs.

O conjunto de transformações, apontadas anteriormente, determinou um contexto no qual o ritmo de crescimento econômico foi bem menor do que o verificado no período 1945-1975. Isso tem contribuído não somente para restringir a expansão dos espaços e das atividades já existentes, como para reduzir alguns espaços de sobrevivência dos pequenos negócios, ou ainda mitigar o ritmo de expansão de novos espaços criados para os pequenos negócios. Ainda que este universo de unidades produtivas tenha elevado sua participação na estrutura ocupacional, isso se deu em meio a uma expressiva elevação do desemprego e precarização das relações e das condições de trabalho em diversos países de capitalismo avançado e em desenvolvimento, num contexto que ficou conhecido como produtor de uma verdadeira e nova "desordem no mundo do trabalho" (MATTOSO, 1994).

Em geral, nas discussões recentes sobre o papel dos pequenos negócios no contexto das profundas transformações no capitalismo mundial, não há polêmica em relação ao fato de que esse segmento tem um papel importante na estrutura produtiva e ocupacional. Os dados recentes mostram uma destacada importância das pequenas empresas. Assim, por exemplo, de um total de 115 milhões de empregados nas empresas americanas em 1998, cerca de 50 milhões ou 43% trabalhavam em empresas com até 99 empregados. Na União Europeia, aproximadamente 57% dos empregados encontravam-se, em 2003, ocupados em micro e pequenas empresas. Considerando o maior número de empresas e de empregados, observa-se que as micro e pequenas empresas apresentam relevante contribuição ao emprego e ao valor agregado destes países (veja Quadro 1).

As maiores polêmicas têm sido estabelecidas, nas últimas décadas, em torno da viabilidade econômica das pequenas empresas e em torno da sua recente contribuição à geração líquida de empregos. O crescimento do número de pequenos negócios e da participação no total do emprego gerado seriam evidências de que esse conjunto de mudanças estaria favorecendo a ampliação de seus espaços de sobrevivência.

---

(19) "Também a flexibilidade exigida (e possibilitada) nesse novo cenário de concorrência internacional, ao favorecer a eficiência e o sucesso de estruturas mais flexíveis, não significa uma reversão na importância das grandes empresas, ou seja, esse processo 'não pode ser interpretado como possível reversão da contínua e crescente importância das grandes corporações, principalmente considerando-se a evidente concentração dos capitais internacionais no período recente'." (NEIT, 1998: 6/7).

Quadro 1
Indicadores selecionados, segundo porte das empresas.
Conjunto de 19 países da União Europeia, 2003.

Características das Empresas	Micro	Pequena	Média	Grande	Total
Número de empresas (em 1.000)	17.820	1.260	180	40	19.310
Número de ocupados (em 1.000) Participação relativa (%)	55.040 (39,4)	24.280 (17,4)	18.100 (13,0)	42.300 (30,2)	139.710 (100,0)
Pessoas ocupadas por empresa	3	19	98	1.052	7
Valor adicionado por empresa (1.000 euros)	120	1.180	8.860	126.030	540
Valor adicionado por pessoa ocupada (1.000 euros)	40	60	90	120	75
Participação do custo do trabalho no valor adicionado (em %)	57	57	55	47	52

Fonte: Estimado por EIM Business & Policy Research. Estimativas baseadas na Eurostat's Structural Business Statistics and Eurostat's SME Database e também na European Economy, Supplement A, May 2003, and OECD: Economic Outlook, n. 71, June 2003.

Nota: Microempresa: menos que 10 pessoas ocupadas; pequena empresa: entre 10 e 50 pessoas ocupadas; média empresa: entre 50 e 250 pessoas ocupadas; grande empresa: 250 ou mais pessoas ocupadas.

Quadro 2
Empregados, por classe de tamanho de empresas. Países e anos selecionados
(% do total dos empregados da indústria manufatureira).

	Participação no total de empresas ou estabelecimento, segundo número de empregados					
	0 a 9	10 a 19	20 a 49	50 a 99	100 a 499	500 e mais
França						
1962	-	4,7	10,0	8,8	24,5	51,9
1990	-	5,7	13,4	10,4	25,7	44,7
Alemanha						
1967	3,9	-	6,2	7,5	25,2	57,2
1990	4,7	-	6,8	7,8	24,1	56,6
Reino Unido						
1968	6,8	-	4,2	8,0	31,6	49,5
1990	5,8	4,4	9,6	9,3	30,0	40,9
Japão						
1967	16,4	11,2	14,3	11,3	22,1	24,8
1990	17,6	10,1	17,0	12,2	23,1	20,0

Participação no total de empresas ou estabelecimento, segundo número de empregados						
	0 a 9	10 a 19	20 a 49	50 a 99	100 a 499	500 e mais
Estados Unidos						
1967	2,5	3,1	8,3	9,4	31,1	45,5
1987	3,7	4,5	10,2	11,1	34,5	36,0

Fonte: OECD, Paris, 1996. Economics Department, Working Papers n. 166. IN: SIZE DISTRIBUTION OF OUTPUT AND EMPLOYMENT: A DATA SET FOR MANUFACTURING INDUSTRIES IN FIVE OECD COUNTRIES, 1960--1990. Bart van Ark and Erik Monnikhof. Nota: França, Alemanha e Reino Unido são empresas. Japão e Estados Unidos são estabelecimentos. França: apenas unidades com 10 ou mais empregados. Reino Unido: para 1968, na coluna 20 a 49 empregados os dados são referentes a 25 a 49 empregados, na coluna 10 a 19 empregados os dados são para 0 a 24 empregados. Japão: os dados são para 25 a 49 empregados e não para 29 a 49 empregados.

De fato, entre o final dos anos 1960 e o início dos anos 1990, ocorreu uma perda de importância do emprego industrial nas maiores empresas, principalmente nas grandes, em várias economias capitalistas, tanto desenvolvidas como em desenvolvimento. Isso não tem significado, entretanto, uma tendência generalizada de forte expansão do emprego nas menores unidades — nas microempresas. Em alguns países, a queda do peso do emprego na grande empresa industrial tem tido como contrapartida o aumento do peso do emprego tanto nas micro, como nas pequenas e também nas médias empresas, casos mais claros nos Estados Unidos, França e Japão. No Reino Unido, além das grandes, as médias empresas perderam participação no total do emprego. Em geral, observa-se a elevação do peso do emprego da pequena empresa industrial, de forma mais expressiva, nas pequenas do que nas microempresas (veja Quadro 2).

No conjunto do setor privado não agrícola, observa-se também a elevação da participação do emprego das pequenas empresas (até 99 empregados) e a queda da participação do emprego na grande empresa, em várias economias desenvolvidas. Apenas no período 1988-1991, em vários países desenvolvidos, ocorreu uma importante elevação do peso do emprego das pequenas empresas, principalmente nos Estados Unidos, Canadá, Espanha e Reino Unido e, em menor medida, na França e na Bélgica. Com exceção da Espanha, nestes países também foi reduzido o peso do emprego da grande empresa no total. Entretanto, neste período, na Alemanha e no Japão, ocorreram reduções do peso do emprego das pequenas empresas e elevou-se o das grandes (veja Quadro 3).

Estimativas realizadas a partir dos dados da OCDE (EUROSTAT) mostram que nos anos 1990, o crescimento do emprego nas micro, pequenas e médias empresas tem sido maior do que nas grandes empresas, no conjunto de 19 países da União Europeia, ao longo de todo o período 1988-2003 (AUDRETSCH et alli, 2003), conforme mostra o Gráfico 1.[20]

QUADRO 3
Distribuição do emprego do setor privado não agrícola por tamanho de empresa.
Países e anos selecionados.

Países/Tamanho	Micro e Pequena	Grande
	Até 99 empregados	500 e mais empregados
Estados Unidos 1988	34,8	50,2
1991	43,4	43,1
Canadá 1988	44,0	38,8
1991	49,5	34,6
Reino Unido 1988	47,1	35,2
1991	49,1	33,8
Espanha 1988	60,4	19,7
1991	65,4	20,0
França 1988	49,4	35,3
1990	50,1	33,7
Bélgica 1988	45,1	35,7
1991	46,0	34,9
Alemanha 1988	45,9	36,1
1990	44,6	37,2
Japão 1988	55,6	26,7
1992	54,1	27,6

Fontes: OECD. In: MONNIKHOF. E. e ARK, B. Size Distribution of output and employment: a data set for manufacturing industries in five OECD countries, 1960-1990. OECD, Paris, 1996. Nota: estão excluídos deste universo: o setor primário — exceto indústria extrativa; a administração pública; serviços não mercantilizados (serviços de educação e saúde, emprego de instituições de previdência e assistência social); trabalhadores por conta própria e empregados domésticos.

(20) No Gráfico 1 e Quadro 4 são consideradas microempresas aquelas com menos de 10 ocupados; pequenas empresas, com 10 a 50 ocupados; média empresa, com 50 a 250 ocupados; e grande empresa, com 250 ou mais ocupados.

GRÁFICO 1
Evolução do emprego por tamanho de empresa. Europa — 19. Índice 1988 = 100.

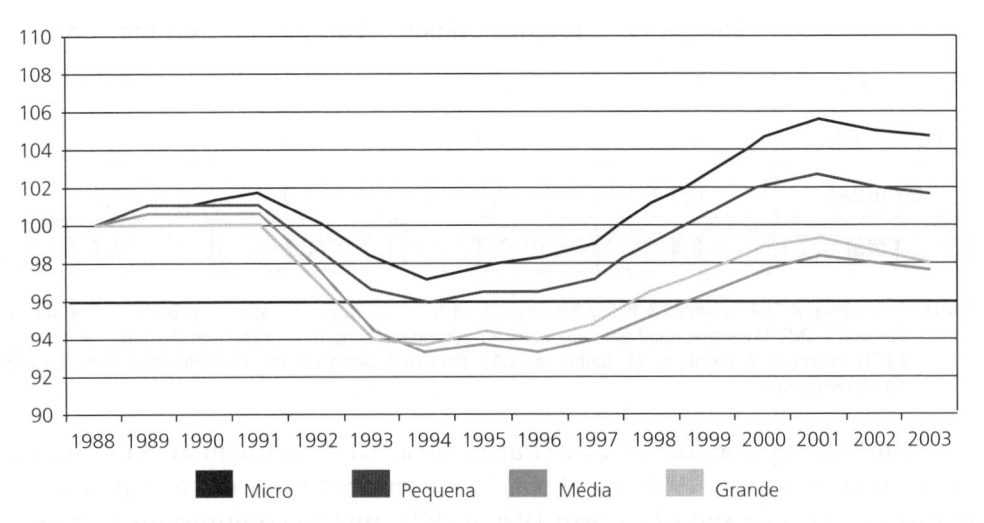

Fonte: Estimado por EIM Business & Policy Research; estimativas baseadas nos dados da EUROSTAT. Eurostat´s Structural Business Statistics and Eurostat's SME Database. Também baseados em European Economy, Supplement A, maio de 2003; e OECD: Economic Outlook. n. 71, junho de 2003, *apud* SMES in Europe, 2003.

Entretanto, nos Estados Unidos, ao contrário do comportamento do período 1988-1991, o crescimento do emprego foi bem maior nas grandes empresas (veja Quadro 4). Esses dados mostram, portanto, que há uma tendência mais forte no conjunto da União Europeia de redução do emprego da grande empresa e maior crescimento do emprego nas pequenas. Para o caso dos Estados Unidos, as tendências não são claras, principalmente pelo comportamento do crescimento do emprego nos anos 1990, cujo ritmo de expansão foi mais acentuado nas grandes empresas[21].

QUADRO 4
Taxa de variação média anual do emprego por tamanho de empresa.
Europa — 19 e Estados Unidos, 1993-1998 e 1998-2001.

	1993-1998		1998-2001	
	Europa-19	Estados Unidos	Europa-19	Estados Unidos
Micro	0,6	1,1	1,4	0,3
Pequena	0,4	1,9	1,2	1,9

---

(21) Não cabe, entretanto, no escopo deste trabalho destacar detalhadamente as diversas diferenças entre a situação das MPMEs em diversos países da Europa e nos Estados Unidos.

	1993-1998		1998-2001	
	Europa-19	Estados Unidos	Europa—19	Estados Unidos
Média	0,3	2,2	1,0	2,5
Total MPME	0,5	1,8	1,3	1,7
Grandes	0,3	3,5	1,0	3,5
Total	0,4	2,7	1,2	2,7

Fonte: Estimado por EIM Business & Policy Research; com base no Eurostat's Structural Business Statistics e Eurostat's SME Database; também com base no European Economy, Supplement A, maio de 2003, e OECD: Economic Outlook, n. 71, junho de 2003. Para os Estados Unidos, os dados têm como base o *SBA/Census data*.

Em vários países da América Latina observa-se também uma tendência mais clara, nos anos 1990, de elevação do emprego nas micro e pequenas empresas (veja Gráfico 2). Entre 1990 e 1997, de um conjunto de 12 países da América Latina, quase todos (a exceção é o Chile) apresentaram elevação da participação dos ocupados em micro e pequenas empresas. Com exceção do Panamá, em todos eles mais de 40% estavam empregados no segmento de micro e pequenas empresas. Não somente no Paraguai, Bolívia e Honduras, mas também em países como México e Brasil, a proporção de empregados em pequenos negócios já ultrapassava mais de 50% em 1997.

Dentre as mudanças recentes, deve-se destacar pelo menos dois pontos centrais que estão associados à elevação do peso do emprego nas pequenas empresas em várias economias desenvolvidas e em desenvolvimento: (i) os impactos das diversas formas de reorganização da produção (do ponto de vista tecnológico, do processo de trabalho, da gestão e das estratégias de concorrência das empresas), tanto sobre o desemprego e as relações de trabalho, como sobre as novas possibilidades de relações entre as empresas — grandes com pequenas e entre as pequenas — e sobre as novas formas de organização, novos mercados e novos produtos passíveis de ser organizados pela produção em pequena escala; (ii) taxas médias de desemprego mais elevadas, resultantes dos impactos da reorganização econômica, tanto em termos de taxas médias de crescimento do produto mais reduzidas, como das novas formas de organização das empresas e seus impactos sobre o volume, a qualidade dos postos de trabalho e as formas de contratação.

GRÁFICO 2
Pessoas empregadas em micro ou pequenas empresas em países selecionados da América Latina. Percentual em relação ao total de ocupados, 1990-1997.

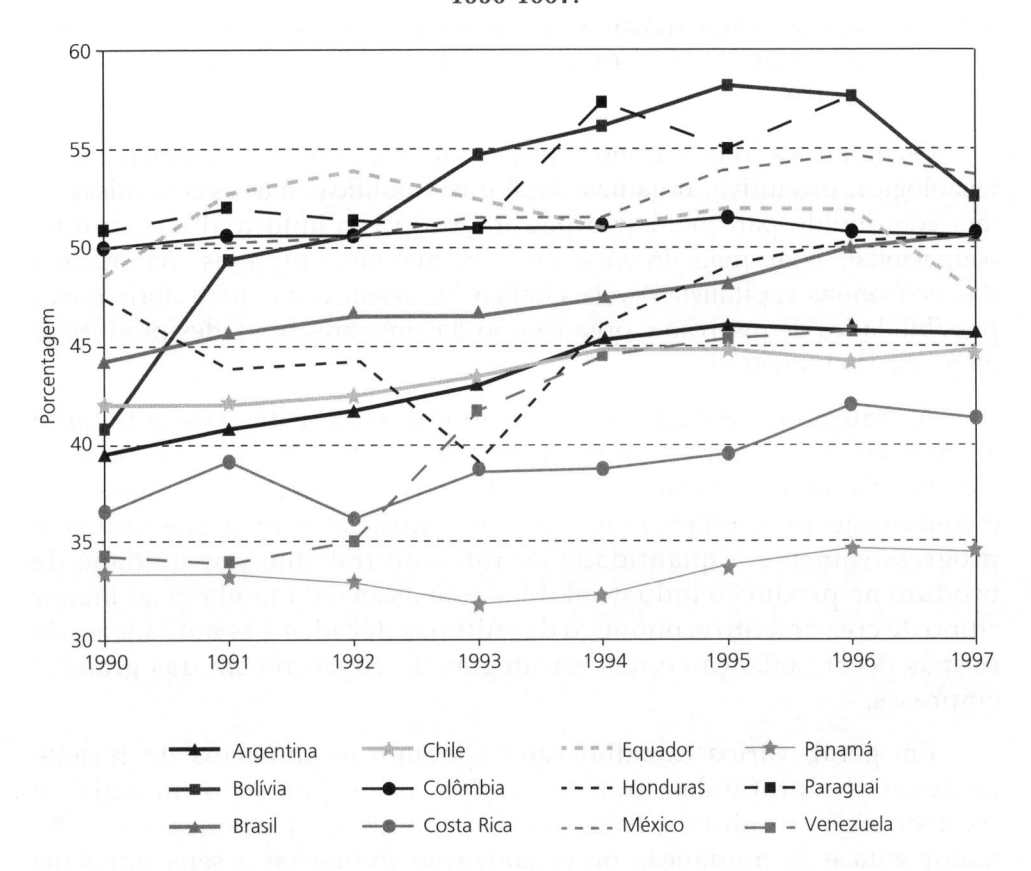

- Argentina
- Bolívia
- Brasil
- Chile
- Colômbia
- Costa Rica
- Equador
- Honduras
- México
- Panamá
- Paraguai
- Venezuela

Fonte: Eurostat, SME Database.

Entretanto, deve-se destacar um terceiro aspecto não exclusivo dessa etapa de reorganização econômica, mas que assume formas específicas num contexto de afirmação do neoliberalismo, de elevação da concentração de renda e do desemprego: os recorrentes impactos provocados pelo desenvolvimento capitalista, em termos de mudanças nas estruturas produtiva e social, na distribuição de renda e no padrão de consumo e, portanto, em termos de surgimento de novos espaços, novos produtos e novas formas de organização de pequenos negócios. Na seção seguinte, busca-se discutir os determinantes mais gerais dessas mudanças.

1.3. Determinantes da expansão da ocupação em pequenos negócios

1.3.1. Mudanças tecnológicas e nas estratégias de organização e de concorrência: impactos sobre a ocupação em pequenos negócios

Os impactos das recentes formas de reorganização econômica — tecnológica, produtiva, organizacional e nas políticas macroeconômicas — têm contribuído para reduzir o peso da ocupação industrial na estrutura ocupacional, com mais intensidade nas maiores empresas, na maioria das economias capitalistas (veja Gráfico 3), assim como para abrir novas possibilidades de inserção e organização das menores unidades produtivas na produção industrial.

A redução do volume de emprego industrial está associada tanto ao avanço tecnológico e seus impactos em termo de mecanização, robotização, informatização e outras formas (melhorias nos transportes e comunicações, mudanças nos insumos utilizados etc.) que reduzem progressivamente a quantidade de força de trabalho por unidade de produto na produção industrial. Mas está associada também ao menor ritmo de crescimento econômico das últimas décadas e às mudanças nas formas de organização e nas estratégias de concorrência das grandes empresas.

Em geral, vários trabalhos que apontam os impactos do recente processo de profundas transformações no capitalismo mundial e reestruturação produtiva, sobre o segmento de pequenos negócios, dão maior ênfase às mudanças na organização industrial e seus impactos sobre os demais setores da economia — em termos da natureza, da quantidade, do poder e das formas de permanência dos pequenos negócios, assim como das mudanças, em intensidade e diversidade, nas relações entre empresas de diferentes portes e poder de mercado (NEIT, 1998: 6; SOUZA, 1995).

A análise sobre os novos espaços de sobrevivência e expansão dos pequenos negócios exige a consideração do contexto mais geral em que ocorrem essas transformações, no qual se destacam a redefinição das estratégias de concorrência da grande empresa e dos grandes grupos econômicos e suas novas relações com as pequenas empresas. A compreensão desse processo é importante tanto para entender a dinâmica de criação e destruição dos espaços de permanência para os pequenos negócios, como para entender o sentido mais geral da reestruturação produtiva.

Gráfico 3

Participação do emprego do setor manufatureiro.
Países e anos selecionados 1990, 1995 e 2001 (% em relação ao total do emprego).

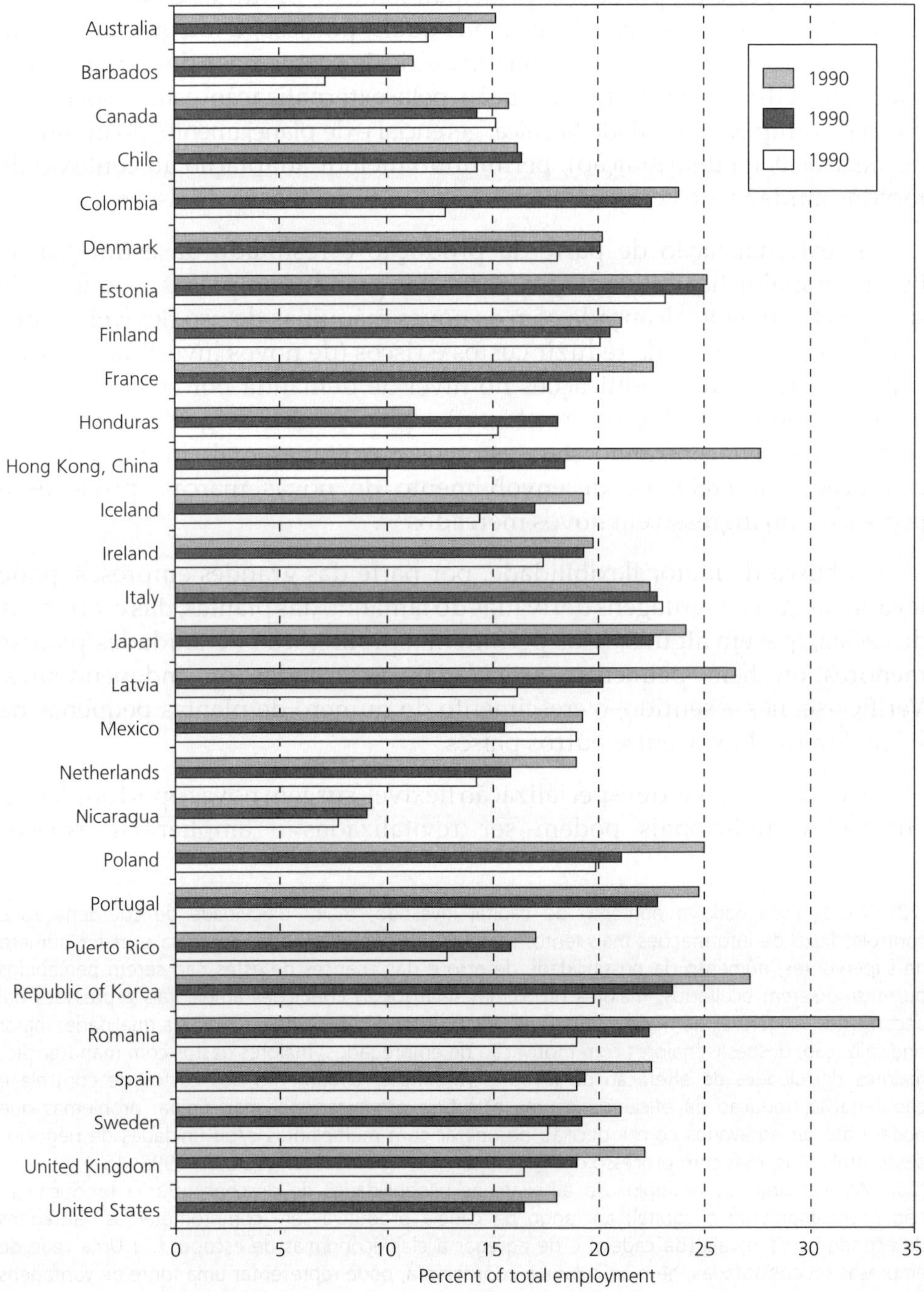
Australia
Barbados
Canada
Chile
Colombia
Denmark
Estonia
Finland
France
Honduras
Hong Kong, China
Iceland
Ireland
Italy
Japan
Latvia
Mexico
Netherlands
Nicaragua
Poland
Portugal
Puerto Rico
Republic of Korea
Romania
Spain
Sweden
United Kingdom
United States
1990
1990
1990
0
5
10
15
20
25
30
35
Percent of total employment

Fonte: Eurostat; SME Database.

A especialização flexível (EF) permite que muitas empresas busquem uma estratégia de relocalização de plantas, de operação com diversas plantas (menores) e, principalmente, avaliar as possibilidades e vantagens de externalizar parte da produção, principalmente de produtos cujos processos de produção são mais complexos e nos quais, por isso, a integração vertical das empresas industriais apresenta uma série de problemas e desvantagens[22]. Além da redução de custos, a opção pela externalização está associada à busca de complementaridade (técnica, gerencial e de planejamento, financeira ou de *know-how,* na distribuição), permitindo melhor adaptação ao contexto de rápidas mudanças e compartilhamento ou externalização de riscos.

A externalização de parte da produção é resultado da estratégia de busca de maior flexibilidade por parte das grandes empresas — que pode ser mais facilmente alcançada com as novas máquinas de uso flexível —, dos objetivos da empresa de reduzir custos e riscos (de novos investimentos), de suportar melhor as modificações no nível de demanda por seus produtos, diversificando a produção sem elevar investimentos e de ganhar vantagens competitivas concentrando seus esforços nas etapas mais importantes da produção: em P&D, no desenvolvimento de novas marcas, produtos e processos, no ingresso em novos mercados[23].

A busca de maior flexibilidade, por parte das grandes empresas, pode levá-las a rever as vantagens derivadas do tamanho das plantas, das economias de escala, que em alguns casos permitem a proliferação de unidades/plantas menores ou bem pequenas, articuladas às grandes ou independentes. Verifica-se, nesse sentido, o crescimento do número de plantas pequenas na Itália, França, Japão, entre outros países.

Com os sistemas de especialização flexível, surgem novas oportunidades, atividades tradicionais podem ser revitalizadas e ampliar os espaços

---

(22) "Maior risco dado o aumento do capital investido; maior dificuldade de coordenação e controle; fluxo de informações mais lento; exigência de supervisão mais rigorosa e maior número de supervisores; aumento da possibilidade de erro e das chances de estes não serem percebidos ou mesmo serem ocultados; maiores problemas relativos às condições ambientais e pressões daí decorrentes; exigências de maior número de postos intermediários de controle da qualidade; maior sindicalização; despesas maiores com motivação de empregados; maiores gastos com manutenção; maiores dificuldades de alteração do *layout*. Em síntese: o aumento dos custos de controle e coordenação, redução da eficiência e uma estrutura organizacional mais rígida, problemas que podem até ser agravados com a decisão de operar com multiplantas e/ou unidades de negócios descentralizadas, mas com processo decisório muito centralizado" Cf. (SOUZA, 1995: 151).

(23) "As máquinas de múltiplo uso ampliam as possibilidades de desconcentrar a produção (e não necessariamente o capital) ao longo da cadeia produtiva sem comprometer as vantagens de economias de escala (da cadeia) e de agregar a elas economias de escopo. (...) Uma rede de empresas subcontratadas, bem articulada e coordenada, pode representar uma fonte de vantagens competitivas comparável a, ou mais forte que as economias de escala propiciadas pelas grandes plantas" (SOUZA, 1995: 131).

produtivos até mesmo melhorando a inserção de pequenas empresas no mercado internacional. Novas relações de interação podem ser estabelecidas entre as próprias pequenas empresas. Em sistemas de aglomerações de pequenas empresas em distritos industriais, a especialização flexível atua positivamente, "sustentada na força derivada da aglomeração de pequenas empresas, o que lhes permite obter eficiência coletiva", ou seja, ampliando as possibilidades de obtenção de ganhos assentados na especialização, na complementaridade e na cooperação, viabilizando também melhores condições de desenvolvimento regional[24].

Os impactos da reorganização industrial associados à especialização flexível não ocorrem somente no interior das grandes empresas, mas ampliam as subcontratações, franquias, terceirizações, redefinem as relações com fornecedores e clientes, afetando os espaços dos pequenos negócios e as formas de relação destes com as grandes empresas.

Portanto, a especialização flexível contribui para que novos espaços possam ser criados, tanto para os pequenos negócios independentes, como para os existentes em sistemas cooperativos ou em sistemas de subcontratação coordenados por grandes empresas. Para SOUZA (1995: 107/108), "em sua dimensão relacionada à estrutura industrial, a EF assegura às PMEs, dado o âmbito de seu padrão de acumulação, espaço e participação mais visíveis e, portanto, maior peso na determinação de seu dinamismo (em relação ao modelo fordista), sejam elas unidades independentes (caso dos distritos), sejam subcontratadas".

Como resultado desse processo, além da redução do volume de emprego na grande empresa industrial provocada pelas inovações tecnológicas, as mudanças organizacionais contribuem para externalizar expressiva parcela do emprego, com o que se reduz ainda mais o emprego nas grandes empresas, eleva-se o emprego nas menores empresas subcontratadas, terceirizadas, franquiadas, parceiras, tanto na produção industrial como nos diversos setores prestadores de serviços que são também externalizados. Ou seja, como resultado das estratégias das grandes empresas, é estimulado o crescimento do emprego nas menores unidades industriais e fomentada a expansão

---

(24) "Em alguns distritos industriais ou em aglomerações setoriais, com características de um sistema cooperativo, o agrupamento de PMEs pode constituir uma estrutura integrada verticalmente, cujas características são o alto grau de especialização (por empresa) e complementaridade. 'Como resultado, há uma flexibilidade coletiva, uma habilidade coletiva de lidar com as mudanças de mercado. Essa flexibilidade não é orquestrada, exceto nos casos em que várias firmas formam um consórcio para atender a uma grande encomenda a qual nenhuma firma individualmente poderia atender' (Schimitz, 1988: 22). (...) As economias de aglomeração que resultam dessa estratégia, quando potencializadas pela intervenção de um aparato institucional, devem resultar em 'eficiência coletiva'. Essa eficiência pode significar vantagens estruturais que tornam as PMEs viáveis. O objeto de análise, portanto, deve ser não a PME e seu desempenho individual, mas um determinado grupo de PME e suas vantagens (Schmitz, 1988: 30)" (SOUZA, 1995: 109).

do emprego no setor Terciário, principalmente nas menores empresas. Além disso, as novas possibilidades abertas pelo sistema de especialização flexível para unidades industriais independentes, localizadas ou não em aglomerações setoriais, também contribui para a expansão do emprego nas pequenas empresas.

Esses movimentos, portanto, contribuem ao mesmo tempo para o avanço do emprego em pequenas unidades e no setor de serviços. Com os outros determinantes desse processo, observa-se não somente a crescente participação do emprego em pequenos negócios industriais, mas o aumento da importância do emprego do setor Terciário na estrutura ocupacional (veja Quadro 5).

QUADRO 5
Participação do emprego do setor Terciário no total (em %).[*]
Países e anos selecionados.

Países/Anos	1968	1973	1983	1993	2003
Estados Unidos	59,4	62,6	68,5	73,2	78,3
Canadá	59,7	62,8	69,1	74,0	74,7
França	45,8	49,3	58,4	67,6	73,0
Alemanha	43,0	45,2	53,6	57,6	65,6
Itália	39,3	42,5	51,5	58,2	62,9
Reino Unido	51,5	54,7	64,0	68,5	75,2
Espanha	36,5	38,9	49,1	59,1	63,6
Japão	45,7	49,4	56,0	59,8	66,6
Austrália	54,1	57,3	65,4	71,1	74,8

Fonte: OCDE. Statistiques de la population active. Département des Affaires Économiques et Statistiques, 1964--1984 e 1983-2003. Edições de 1985 e de 2004. (*) Exclui os militares.

As novas estratégias das grandes empresas, associadas às novas possibilidades criadas pelas novas tecnologias do sistema de especialização flexível, podem também significar destruição de espaços tradicionalmente ocupados pelos pequenos negócios ou o deslocamento desses para outras atividades, pois a flexibilidade dos novos equipamentos permite a produção em larga escala de produtos diferenciados, anteriormente inviáveis para a grande empresa — com foco na produção de grande quantidade de produtos padronizados, dada a anterior situação que era caracterizada, em geral, por maior utilização de equipamentos rígidos e altos custos fixos. Entretanto, ainda que não se possa confirmar como uma tendência de longo prazo em vários segmentos produtivos — e que ainda é alvo de polêmica, no momento, para economias importantes —, nas últimas três décadas, tem sido aberto, em várias economias desenvolvidas e em desenvolvimento, muitos espaços às atividades dos pequenos negócios, num ritmo maior do que aquelas que vão sendo eliminadas, considerando o conjunto das atividades dos setores Secundário e Terciário.

Nos países da União Europeia, no universo de ocupados no segmento de médias e pequenas empresas, diversos ramos de atividade do Terciário têm apresentado taxas de crescimento médio anual maiores do que na indústria de transformação, o que contribui também para elevar a participação do emprego das menores empresas do setor Terciário na estrutura ocupacional (veja Quadro 6).

QUADRO 6

Variação média anual dos ocupados em médias e pequenas empresas, no período 1998-2003, e ocupados em 2003, no setor privado não agrícola, segundo ramos de atividade. União Europeia (EU-19), 2003.

Ramos de Atividade	Variação média anual dos ocupados (1998-2003)	Ocupados (x 1.000)
Indústria Extrativa	1,6	1.316
Indústria Manufatureira	–0,5	36.000
Construção	0,2	13.680
Participação dos ocupados em médias e pequenas empresas do setor Secundário no total	–	37,7%
Comércio Atacadista	0,7	9.060
Comércio Varejista (inclui venda e reparação de automóveis)	0,0	18.700
Transporte e comunicação	1,3	10.400
Serviços às empresas	1,1	25.860
Serviços pessoais	–0,1	20.700
Participação dos ocupados em médias e pequenas empresas no total	–	62,7%
Total do setor privado não agrícola	0,2	135.170

Fonte: OECD. Estimativa realizada por EIM Business & Policy Research; baseada em Eurostat's Structural Business Statistics and Eurostat's SME Database; também baseada em European Economy, Supplement A, May 2003, and OECD: Economic Outlook, n. 71, June 2003. O universo de médias e pequenas inclui as empresas com até 500 empregados.

Nesse contexto de reestruturação, em razão dos diversos tipos e mecanismos de articulações entre as pequenas e grandes empresas, em sua complexidade e variedade, e das novas possibilidades de organização e permanência das empresas independentes — ocupando nichos, desenvolvendo atividades em setores modernos e dinâmicos, articulando-se em aglomerações setoriais, ou mesmo aproveitando as possibilidades decorrentes de um desemprego elevado, de sindicatos enfraquecidos e de um padrão mais desregulado do mercado e das relações de trabalho — a análise do segmento de pequenos negócios requer a consideração de sua heterogeneidade. Este segmento não pode ser tratado como uma questão geral e, por meio da utilização de uma tipologia para a análise das possibilidades de desempenho deste segmento, pode-se identificar e compreender melhor suas diversas formas de permanência, as trajetórias mais promissoras e algumas tendências de criação/destruição/recriação de seus espaços de sobrevivência[25].

As pequenas empresas podem ser classificadas em empresas independentes (operando em mercados competitivos, concentrados ou em "nichos"); empresas autônomas operando em sistemas de cooperação com outras pequenas empresas (modelos comunitários); empresas dependentes que estabelecem relações de complementaridade com as grandes empresas (plantas descentralizadas de uma grande empresa ou grupo ou empresas autônomas).

O processo de redução do emprego industrial na grande empresa e do crescimento nas menores unidades deste setor e do setor Terciário — que contribui também para a expansão do peso do conjunto do setor Terciário na produção de riqueza e na ocupação total — recebe fortes influências das mudanças no segmento das pequenas empresas dependentes, decorrentes das estratégias das grandes empresas. É um processo que atua, ao mesmo tempo, em dois movimentos que contribuem para elevar o peso do emprego nas pequenas empresas, que podem ser resumidos na transferência de emprego por meio dos vários processos de externalização da produção, que reduz o emprego na grande/média empresa e eleva nas pequenas empresas dos setores Secundário e Terciário. Portanto, as novas

---

(25) Como pondera SOUZA (1995:33), "não seria adequado analisar as PMEs pensando-as enquanto 'questão geral', sem as qualificações e mediações que permitam compreender a heterogeneidade que as caracteriza. O reconhecimento de que os determinantes da dinâmica de desenvolvimento e acumulação das PMEs estão submetidos à sua forma de inserção nas respectivas estruturas de mercado recomenda que o debate sobre o espaço das PMEs considere as especificidades dessas estruturas. Isso torna-se tão mais importante quando se tenha presente o atual estágio de transformações nas estruturas industriais em âmbito mundial... a avaliação das possíveis trajetórias de desenvolvimento das PMEs, nesse contexto de reestruturação, pode ser feita a partir da análise da trajetória de cada um dos segmentos de PMEs — em mercados competitivos; independentes em estruturas industriais dinâmicas, modelo comunitário e modelo de coordenação —, pois 'cada um deles representa distintos espaços e papéis das pequenas empresas na hierarquia econômica e um tipo particular de organização social.' " Veja também SENGENBERGER (1988).

relações entre grandes e pequenas empresas têm contribuído de forma expressiva para aumentar o peso dos pequenos negócios, nas estruturas produtiva e ocupacional.

As empresas dependentes exercem uma função complementar, direta ou indiretamente, à grande empresa, podendo ser unidades produtivas de uma mesma empresa ou grupo, ou empresas autônomas. Em alguns casos, são apenas unidades de uma mesma empresa ou grupo, não são pequenas empresas *stricto sensu*, *já que* nascidas de estratégias de descentralização da produção das grandes unidades, com o objetivo de buscar melhor adaptação e até mesmo de livrarem-se de conquistas sindicais. No caso das empresas autônomas, suas relações de dependência decorrem de produção exclusiva para a grande empresa, por meio de encomenda ou subcontratação, seja produzindo e comercializando componentes de produtos finais, diretamente para a grande empresa ou nos mercados de reposição. Todas essas empresas ainda podem ser classificadas pelo tipo e intensidade de tecnologia utilizada, as que se utilizam de tecnologia convencional e são mais intensivas em mão de obra e aquelas localizadas em atividades que exigem tecnologia avançada. Neste último caso, contínuos investimentos em atualização tecnológica em produtos e processos seriam decisivos para a sua sobrevivência.

No processo de desverticalização e fragmentação, interessa às GEs a flexibilidade das empresas menores. Nesses casos de pequenas empresas situadas em sistemas de articulação com as GEs (subcontratadas, terceirizadas, fornecedoras, prestadoras de serviços eventuais, pequenas consultorias especializadas, revendedoras, *franchises* e licenciadas), classificadas nos "modelos de coordenação", cujas tendências de desverticalização "para trás" amplia os espaços e as possibilidades dessas articulações, a situação das pequenas empresas pode conformar vantagens estruturais e não meramente conjunturais, como no caso da França e, principalmente, no caso do sistema de subcontratação japonês que teve grande importância no processo de industrialização (WATANABE, 1971). Esses sistemas de subcontratação ganham maior relevância e novas formas de organização no atual contexto de transformações e de redefinição das estratégias competitivas das grandes empresas em busca de maior flexibilidade, e conformam novas formas de barreiras à entrada para empresas e produtos no mercado (SOUZA, 1995: 52)[26].

Além disso, nesse modelo de coordenação, como resultado das estratégias de desverticalização — na medida em que significam também diversificação da base produtiva, externalização da produção e comando,

---

(26) A subcontratação pode ser de **economia** (objetivo de redução de custos), de **capacidade** (em função de flutuações da demanda ou de incidentes técnicos e associadas às decisões de não ampliar a capacidade produtiva) ou de **especialização** (contratar especialistas em conhecimento ou equipamento).

por parte das GEs, sobre um número maior e mais diversificado de produtos e de empresas, mas num processo em que elas produzem parcelas menores de cada produto — podem ocorrer a descentralização da produção e do emprego, no mesmo processo em que se eleva a concentração de capital[27].

O processo de externalização não significa necessariamente aumentos de competitividade ou de eficiência do conjunto das empresas envolvidas; pode significar a busca de vantagens competitivas (geralmente pela grande empresa) em detrimento do "parceiro" (geralmente a pequena empresa). Na terceirização de serviços auxiliares, os resultados não são necessariamente positivos para todos os envolvidos. Contudo, em determinadas estratégias de externalização pode-se alcançar maior eficiência e produtividade do conjunto das empresas envolvidas, por meio de racionalização de processos produtivos e distributivos, melhoria da qualidade dos produtos, ganhos em função da flexibilidade e da formação de redes de cooperação, aspectos que potencializam as economias de especialização e levam à redução de custos do conjunto do sistema. Nesse sentido, são importantes as estratégias definidas pelas grandes empresas e as diferenças relativas ao tamanho e ao poder de mercado nessas relações de subcontratação, terceirização, entre contratantes (geralmente maiores) e contratadas (geralmente menores) e as diversas formas de dependência.

Muitas grandes empresas buscam, com a externalização de atividades auxiliares ou até mesmo de fases mais importantes da produção e comercialização, a redução de custos/riscos, como, por exemplo, evitar os sindicatos mais fortes e os riscos associados às flutuações da demanda e inovações tecnológicas (SOUZA, 1999: 54). Se esse for o único objetivo, o resultado pode ser uma estrutura não necessariamente com maior produtividade, marcada por heterogeneidade e sem algo específico e novo para sustentar alguma vantagem competitiva. Pode também significar mais do que isso, por meio da cooperação e compartilhamento dos benefícios entre os "parceiros". Na efetiva relação de parceria, o fornecedor assume papel semelhante a um sócio, geralmente

---

(27) Os processos de subcontratação devem ser analisados principalmente considerando os processos de externalização da produção no contexto da reestruturação produtiva, seja por meio da criação de unidades menores pelas mesmas empresas ou grupos, pela transferência de parte ou unidades de produção para ex-diretores e gerentes das grandes empresas, ou ainda por meio da formação de redes de subcontratação, franquias e licenciamento para a produção (SENGENBERGER, 1988, apud SOUZA, 1995: 53). Segundo Souza (1995: 117), uma das principais fontes de subcontratação é "a desintegração da produção em unidades menores, independentes em termos de propriedade, de administração e de responsabilidade, mas com vínculos de dependência com a 'empresa-mãe'. Uma das formas materiais que essa desintegração vem assumindo é a venda de divisões da empresa para um grupo de gerentes (...) e um dos principais objetivos deste tipo de fragmentação é o de liberar a 'empresa-mãe' de parte dos custos dos encargos sociais. O exemplo típico aqui é o dos sistemas de franquias e de licenciamento da produção". Por outro lado, "ao movimento de 'desintegração vertical' das GEs corresponde um decréscimo no valor adicionado pelas mesmas empresas e, simultaneamente, um aumento de sua participação no PIB, expressando um processo de 'integração horizontal' (SENGENBERGER, 1988: 250)" (apud SOUZA, 1995: 250).

recebendo inúmeras exigências das grandes empresas, principalmente em relação à tecnologia, prazos de entrega, qualidade de produtos ou dos serviços prestados, qualificação profissional. Por outro lado, empresas pequenas podem apresentar vantagens da simplicidade, da administração, supervisão (da qualidade) ou execução direta pelo próprio dono, da utilização da experiência acumulada (até mesmo na empresa contratante), que podem ser mais bem aproveitadas com a direção e comando de uma grande empresa.

Na subcontratação de capacidade (trabalhadores a domicílio e pequenas empresas na indústria têxtil, de confecções, de calçados, de autopeças), as contratadas desenvolvem o mesmo tipo de atividade da contratante, são estabelecidas relações menos estáveis e mais influenciadas pela conjuntura, a forte concorrência entre as contratadas tende a basear-se em preços reduzidos, não representando ganhos de produtividade para o conjunto dos participantes, mas disputa por preços e margens de lucros.

Na subcontratação de especialização, entretanto, a complementaridade, enquanto função clássica e estrutural desse segmento de pequenas empresas às atividades da GE, cria uma situação mais favorável, em termos de trajetória, em relação às empresas localizadas em segmentos competitivos, principalmente para aquelas com alta flexibilidade, capacidade de reorganização e forte poder de barganha[28].

Nesse processo de reestruturação industrial e de externalização, os sistemas de franquias também são dinamizados, qualitativa e quantitativamente. Economias de escala podem ser obtidas pelas grandes empresas, sem elevação dos investimentos, com externalização de custos e riscos (de flutuações da demanda, financeiros e tributários, podendo reduzir o número de empregados e estoques), obtenção de receitas de "luvas" e de comissões, de forma combinada com a flexibilidade das franqueadas — que também se aproveitam da oportunidade de apropriar-se de uma marca conhecida e do *know-how* oferecido pela franqueadora.

A terceirização da comercialização/distribuição pode, assim, trazer diversas vantagens para os franqueadores, aumentando sua flexibilidade e competitividade. Pode conformar novos espaços para a proliferação de pequenos negócios, oportunidades que geralmente são aproveitadas por ex-funcionários das franqueadoras (gerentes, diretores), por antigos clientes (revendedores, distribuidores), mas também acessível a novos empresários, e dessa forma pode significar mais do que a simples externalização de custos e riscos.

---

(28) "A empresa, na situação de subcontratada de especialização, executa atividades produtivas ou de serviços diferentes mas complementares às das empresas-clientes. Ambas desfrutam das vantagens da especialização. Este é, na verdade, o ponto-chave que deveria nortear a decisão de 'mandar fazer fora da empresa', por terceiros, parte das atividades. A empresa ganha em especialização e pode concentrar investimentos em áreas ou produtos mais estratégicos" (SOUZA, 1995: 139).

Portanto, nas novas relações entre grandes e pequenas empresas, algumas apresentam melhores condições de inserção e permanência no mercado e outras são mantidas em situação de forte dependência[29]. Entretanto, o importante é destacar que esse processo de intensificação da externalização da produção — inevitável nesse quadro de reestruturação industrial, de desverticalização e fragmentação das empresas — tem importantes impactos sobre o comportamento do segmento de pequenos negócios e também do setor de serviços, na medida em que representa a criação de espaços, como fornecedores, prestadores de serviços e distribuidores integrantes de uma rede comandada por uma GE, para o surgimento de novas pequenas empresas. A externalização abre espaços para pequenos negócios na produção industrial, na subcontratação e formação de rede de fornecimento de partes componentes dos produtos e de tarefas de apoio e acabamento, como pintura, ferramentaria, revestimento, tratamentos de superfície, entre outros. A terceirização é também muito importante nas chamadas atividades auxiliares da empresa e impulsiona o surgimento de novas e pequenas empresas no setor de serviços, como nas atividades de limpeza, transporte, comunicações, *marketing* e propaganda, recrutamento e treinamento da força de trabalho, alimentação, manutenção etc.

Além dos impactos do crescimento das pequenas empresas em relações de dependência com as grandes, o emprego nos pequenos negócios também tem crescido em alguns países pelas possibilidades de organização da produção em pequena escala por pequenas empresas autônomas que estabelecem relações de interdependência entre si, em modelos comunitários e/ou em aglomerações setoriais. O acesso ao mercado, por meio de organizações coletivas e cooperativas de pequenas empresas, em aglomerações geográficas ou setoriais, nas formas que constituem o "modelo comunitário", depende muito de ações conjuntas para criar vantagens coletivas, inacessíveis a uma pequena firma isolada[30]. Associando cooperação e concorrência, flexibilidade e eficiência, as perspectivas dessas pequenas empresas são mais favoráveis.

---

(29) Dependendo do tipo dessas relações de dependência, como nos casos de forte dominação das GEs, a elevada dependência pode significar que as pequenas empresas não tenham mais controle sobre as importantes decisões que afetam seu desempenho e suas possibilidades de sobrevivência, de forma que sua capacidade de se manter no mercado não difere muito das enfrentadas por suas congêneres em mercados competitivos. As grandes transferem responsabilidades e custos para a rede de fornecedores, para as menores empresas, forçando muitos a desistirem da permanência na rede e a operarem em condições ainda mais precárias no mercado.

(30) "O exemplo clássico desse arranjo cooperativo é dado pelas formações conhecidas como distritos industriais de EF. As características destas organizações — sinergias potenciais, pouca divisão de trabalho no interior do distrito, posições pouco rígidas, poder das empresas não muito desigual, baixa hierarquia nas relações entre empresas — garantem grande flexibilidade. Nesse sentido, a organização 'comunal', além de propiciar eficiência técnica, pode ampliar o peso e a voz políticas das PMEs, inclusive no que diz respeito a demandas ao setor público. Enfim, confere-lhes certo poder coletivo de manobra, normalmente acessível apenas às GEs" SOUZA (1995: 50). .

Pequenas empresas concentradas em distritos industriais, especializadas por meio da concentração num segmento produtivo, conformando uma cadeia no processo de produção de um produto final — onde se desenvolvem relações de complementaridade — e operando com maior flexibilidade, apresentam ganhos de economias internas à rede, não dependendo e sim concorrendo com os produtos de grandes empresas.

Esses modelos "associativos ou comunitários" viabilizam a proliferação de muitos pequenos negócios independentes, cujo melhor exemplo são os distritos industriais da Itália, podendo alcançar vantagens importantes, pois "esses distritos têm garantida uma certa importância em termos de dinamismo, desenvolvimento industrial e situação econômico-financeira das regiões em que se situam" (SOUZA, 1999: 50). Essas experiências, entretanto, são muito determinadas por características peculiares de determinadas regiões e economias nacionais, sendo mais importantes para explicar parcela do emprego de pequenos negócios em determinados países e praticamente desprezíveis para explicar a expansão em outras nações. Ainda que tenham impactos também sobre a expansão das atividades do setor de serviços, são casos cuja dinâmica está mais associada à produção industrial.

O crescimento do emprego nas pequenas empresas independentes, ao contrário, é muito relevante para explicar o crescimento do emprego de pequenos negócios na estrutura ocupacional de diversos países, assim como o crescimento das empresas em relações de dependência com as grandes empresas e grupos econômicos. As empresas independentes não apresentam vinculações diretas com as grandes, podendo operar em setores competitivos e com reduzidas barreiras à entrada, concorrer com as médias e grandes empresas em setores mais concentrados, ou ainda localizar-se estrategicamente em espaços bem definidos, em "nichos" de setores liderados pelas grandes empresas, em espaços onde a produção em pequena escala é mais eficiente ou onde não interessa à exploração da grande empresa. E isso geralmente resulta das imperfeições de mercados, da irrelevância ou inexistência de ganhos de economias de escala, assim como descontinuidades nas escalas ótimas de produção, das reduzidas barreiras financeiras e tecnológicas à entrada em determinadas atividades[31]. Esses aspectos viabilizam a existência da pequena empresa independente em vários segmentos da produção industrial

---

(31) A produção em pequena escala pode resultar do alto valor de determinados serviços e produtos comercializados, de fortes oscilações na demanda, nos mercados de bens ou serviços que, embora apresentem elevado grau de substitubilidade, têm sua demanda personalizada, ou ainda em razão das influências da própria natureza de um produto sobre o processo de sua distribuição e consumo (necessidade de consumi-lo imediatamente — ser ou não perecível — ou comprá-lo nas proximidades da moradia ou do local de trabalho, rapidez na entrega, de sua materialidade ou imaterialidade) e, portanto, das influências socioculturais sobre as preferências dos consumidores.

e, ainda mais, nas atividades do setor Terciário⁽³²⁾. Dentre as independentes, as mais promissoras são aquelas capazes de ocupar nichos, com organização, flexibilidade e eficiência, e de renová-los nos momentos em que vão perdendo seus mercados, estando seu desempenho associado às características de seus empresários.

Os pequenos negócios com maiores possibilidades de construir vantagens competitivas seriam os independentes, mais dinâmicos, altamente flexíveis, inovativos, com força de trabalho altamente qualificada e bem remunerada, com estratégias competitivas focadas na qualidade (alta tecnologia), no conhecimento técnico, na diferenciação de produtos. Essas unidades não necessariamente estão localizadas em aglomerações ou fazendo parte de relações interempresas; podem, por exemplo, ser independentes e ocupar nichos de mercados com grande êxito, assentado na elevada capacidade de renovação de seus espaços[33].

A ampliação desse tipo de empresa e do emprego nela gerado são fortemente concentrados nos países mais desenvolvidos, nos quais muitas empresas alcançam vantagens competitivas em "nichos" de mercado (nacional e internacional). Esse "nichos" são, geralmente, ocupados a partir do trabalho altamente qualificado e bem remunerado, por empresas altamente estruturadas, com o domínio de elevado conhecimento técnico e científico e/ ou capacidade de inovação e desenvolvimento tecnológico.

Em vários países desenvolvidos, esse tipo dinâmico, flexível e inovativo de pequenos negócios e também empresas situadas em "modelos de coordenação", cadeias produtivas ou em redes de empresas (mais dependentes

---

(32) Esses tipos de empresas podem ser diferenciados entre aquelas que operam em setores tradicionais e competitivos com baixas barreiras à entrada e concorrência em preço, nos quais o desempenho está bastante associado ao comportamento da demanda; unidades localizadas em mercados concentrados, enfrentando a concorrência de médias e grandes empresas, podendo viabilizar sua permanência tanto pela sua maior flexibilidade (ou simplicidade) como pela utilização de um padrão rebaixado da utilização da força de trabalho; outras localizam-se em "nichos" de segmentos industriais que são liderados por grandes empresas, tendo seu sucesso associado à organização, flexibilidade e, quando diante do interesse da grande empresa ou do esgotamento de seu mercado, da capacidade de encontrar recorrentemente novos mercados e "nichos". Neste último caso, a ausência de interesse das grandes por alguns nichos de mercado favorece a possibilidade de sucesso dessas pequenas empresas, que ocupam, assim, melhores posições em termos de permanência continuada do que os outros tipos de pequenas independentes (SOUZA, 1995).

(33) "Às vezes de dimensões internacionais, são originados (e renovados) não pela dinâmica do modelo de EF em si (se este é entendido apenas em oposição ao fordismo), mas pela lógica do novo paradigma tecnológico. Tais 'nichos' podem ser anteriores à EF e poderão sobreviver a ela, em formas sempre renovadas. Os proprietários dessas empresas são, em geral, técnicos e engenheiros qualificados, ex-funcionários de GEs, onde adquiriram conhecimento e parte do capital inicial, ou professores, pesquisadores e técnicos de universidades, que ali desenvolveram os embriões dessas empresas. A indústria microeletrônica apresenta uma série de exemplos de 'nichos' desenvolvidos e explorados dessa forma. Esse tipo de empresa exige, usualmente, muito mais conhecimento técnico e científico (trabalho mental) do que capital" (SOUZA, 1995: 110/111).

e subordinadas ou em relações de interdependência), ou em "modelos comunitários" (aglomerações setoriais, distritos industriais de especialização flexível) como nos Estados Unidos, Itália, França, Japão, Taiwan e outros, apresentam importante dinamismo e participação na estrutura produtiva, até mesmo oferecem grandes contribuições às exportações e ao volume de emprego, fato já destacado por vários autores e por diversas análises da OCDE (PUGA, 1999)[34].

Portanto, os impactos das importantes mudanças tecnológicas e organizacionais têm viabilizado a expansão da pequena empresa e do número de trabalhadores nelas ocupados: novas possibilidades para a produção em pequena escala, viabilizadas pelo sistema de produção flexível, pela informatização, pelas novas formas de comunicação, num processo que também resulta na transferência de produção e emprego da grande empresa para a pequena e do setor Secundário para o Terciário. E essas novas formas de organização dos pequenos negócios têm relações importantes com o elevado desemprego e com as características dos mercados de trabalho e, nas últimas décadas, com a tendência de desregulação dos mercados e das relações de trabalho. Mas essas relações e a importância do desemprego na expansão dos pequenos negócios serão tratadas na seção 1.3.3. Antes, porém, serão abordados outros aspectos relativos às mudanças estruturais promovidas pelo desenvolvimento do capitalismo.

1.3.2. DESENVOLVIMENTO CAPITALISTA E MUDANÇAS ESTRUTURAIS: IMPACTOS SOBRE OS PEQUENOS NEGÓCIOS

Como anunciado anteriormente, outro determinante da expansão dos pequenos negócios são as mudanças recorrentes que o desenvolvimento capitalista promove nas estruturas produtiva e social, na distribuição de renda e no padrão de consumo, ou seja, um conjunto de mudanças estruturais

---

(34) Esse tipo de empresa apresenta boas vantagens competitivas e perspectivas de sobrevivência e expansão muito mais promissoras, se comparadas àquelas que buscam criar vantagens competitivas a partir da utilização de força de trabalho barata, com baixa qualificação e produtividade. Esses dois tipos de empresas independentes estariam fora do modelo de especialização flexível, na ótica de Piore e Sabel. Criticando a perspectiva desses autores, Souza (1995) adverte que EF e PME não são sinônimos e que "o modelo de EF supera limites impostos por uma análise que privilegie o tamanho de empresas ... ao privilegiar o 'lado positivo' da flexibilidade, a EF não consegue abranger as pequenas empresas que se apoiam exatamente sobre a 'má' flexibilidade. Ao ser colocada como a alternativa flexível e viável ao padrão rígido do fordismo e, ao mesmo tempo, ser delimitada às suas quatro faces, a EF também não explica o surgimento e a sobrevivência das chamadas PMEs modernas e dinâmicas que exploram, com vantagens competitivas individuais, as potencialidades dos novos 'nichos' de mercado propiciados pelo atual momento do progresso econômico. Da mesma forma, EF e distritos industriais — normalmente formados pela aglutinação de pequenas empresas — não significam a mesma coisa. Os distritos industriais ou áreas-sistema são apenas uma das formas em que a EF se manifesta. Em alguns casos, a formação desses distritos e as condições para a sua continuidade estão atreladas à estratégia de descentralização das GEs" (SOUZA, 1995: 111/112).

que, estando associado ou não aos impactos das inovações tecnológicas e das novas formas de organização e de concorrência, apresenta impactos que transcendem os relativos às transformações abordadas anteriormente.

Parte dos espaços dos pequenos negócios, criados e destruídos, decorre das próprias mudanças na estrutura produtiva, em termos de composição dos produtos e dos diversos setores, das relações de complementaridade, dos serviços exigidos como apoio à agricultura e à indústria, ou como exigência do avanço da urbanização, das mudanças nas formas de sociabilidade no meio urbano, das novas formas de consumo e de produção impulsionadas e viabilizadas também pela elevação da renda *per capita* e pelos padrões de distribuição de renda. São mudanças, portanto, provocadas pelas transformações inerentes ao processo de desenvolvimento do capitalismo, enquanto um processo de transformações recorrentes nas técnicas e materiais utilizados, nas formas de organização do trabalho, nos produtos produzidos, nos padrões de sociabilidade e de consumo.

No período dos "anos dourados", por exemplo, o conjunto de transformações econômico-produtivas impulsionou a concentração de capitais, o crescimento das grandes empresas, o avanço tecnológico, a elevação da renda *per capita* e diversas mudanças no padrão de consumo. Esse processo foi adiante abrindo também novos espaços para o surgimento de micro e pequenas e empresas autônomas, independentes ou com relações com grandes empresas. A liderança do setor de bens de consumo duráveis (automóveis, habitação, eletrodomésticos), comandado pela dinâmica competitiva dos oligopólios mistos, e a difusão do padrão americano (tecnológico, produtivo e de consumo) a partir de meados dos anos 1950 — então já em maturidade —, para outras grandes economias capitalistas também impulsionou a criação de novos espaços para um amplo conjunto de atividades passíveis de ser desenvolvidas por pequenas empresas independentes, por profissionais liberais e autônomos altamente qualificados e especializados. A criação desses novos espaços foi impulsionada pelo próprio desenvolvimento de setores tipicamente de produção concentrada, como, por exemplo, oficinas de reparo e manutenção de automóveis; oficinas de reparo e manutenção de eletrodomésticos; comércio de peças de reposição de automóveis e de eletrodomésticos; comércio de materiais elétricos e eletrônicos; pequenas empresas na produção e na comercialização de materiais de construção. Criou também a possibilidade do surgimento de pequenas empresas autônomas relativamente independentes às grandes empresas, como fornecedores de peças e componentes, postos de combustíveis, comércio de automóveis (novos e usados) e eletrodomésticos, de prestação de serviços na área da construção civil, de consultorias na área financeira e creditícia e em projetos de engenharia e de construção, de atividades para profissionais liberais e pequenas empresas nas áreas de saúde, educação, cultura, turismo, lazer etc.

Isso exemplifica o fato de que a própria dinâmica da grande empresa criou espaços para o surgimento de empresas autônomas e independentes no próprio segmento industrial e, principalmente, no segmento de prestação de serviços. A existência das pequenas empresas, tanto na indústria como nos serviços, não depende, entretanto, somente dos efeitos diretos provocados pela dinâmica da grande empresa em termos de mudanças tecnológicas, na estrutura produtiva e de consumo, mas também é potencializada pelos efeitos que as transformações provocadas pela liderança da grande empresa provoca indiretamente sobre a elevação da renda *per capita*, sobre o grau de urbanização, sobre as formas de sociabilidade e sobre o padrão de consumo. Esses efeitos indiretos permitiram, por exemplo, via expansão da renda, criação de novos produtos e serviços e mudanças no padrão de consumo: tanto a expansão da pequena empresa na indústria de confecções, calçados, alimentos, brinquedos, como a expansão da pequena empresa em atividades de serviços auxiliares à atividade econômica, em serviços distributivos — comércio dos novos produtos produzidos, em novos serviços de transportes e de comunicações —, a expansão de diversos serviços sociais e ligados à infraestrutura urbana e em diversos serviços pessoais[35].

Nesse processo de recorrentes transformações, vários aspectos contribuem para a criação de novos mercados e espaços passíveis de ser ocupados pela produção em pequena escala. A proximidade do mercado consumidor, a rapidez e personalização no atendimento, aspectos diferenciados dos produtos ou serviços são motivos fundamentais para a existência do comércio ou prestação de serviços locais e regionais — que por esse motivo é adequado à produção em pequena escala. Nesse sentido, não somente o número de cidades e centros de consumo, mas também a forma da urbanização e a conformação de grandes metrópoles influenciam as possibilidades de existência de inúmeros pequenos negócios no comércio varejista e na prestação de serviços locais e regionais. Modificações no padrão de consumo podem ainda significar que a expansão da demanda por novos bens ou serviços sejam, pelo menos de início, restritas e instáveis, dificultando a produção em larga escala e favorecendo as atividades dos pequenos negócios. É claro que o elevado valor de determinados produtos podem ser reduzidos com o avanço da produção capitalista; a propaganda também pode reduzir a demanda por produtos e serviços personalizados e ampliar o mercado de produtos padronizados; também a distribuição e os hábitos de consumo podem ser transformados pelas novas formas de organização das grandes redes de comércio. Todavia, as transformações na estrutura sociocultural, a elevação da renda *per capita*, o desenvolvimento

---

(35) Em algumas atividades, as desvantagens técnicas podem ainda ser compensadas por aspectos administrativos ou associados ao volume de vendas (exigências de rapidez na entrega, da especificidade do produto ou do pequeno volume) e viabilizar a existência de pequenos negócios.

de novos produtos e as novas formas de sociabilidade podem significar a criação de tipos novos e diferenciados de demanda, em cada momento histórico, inadequados à geração de grandes economias de escala, internas ou externas, ou inapropriados para a valorização do grande capital, ainda que temporariamente[36]. Ou seja, são transformações que não criam apenas "nichos" de mercados, mas permitem a concentração da produção em pequena escala em determinados ramos de atividade, como no comércio de mercadorias, em vários ramos das atividades de prestação de serviços às empresas e às famílias, em diversos ramos das atividades sociais e em determinados segmentos da produção industrial e agropecuária.

Essas mudanças na estrutura produtiva, social, de distribuição de renda e de consumo ganham características particulares em cada sociedade e em cada momento histórico e influenciaram também os espaços para os pequenos negócios e as mudanças na estrutura ocupacional nos últimos 30 anos[37]. As mudanças na estrutura produtiva, por exemplo, com o avanço do complexo microeletrônico, da informática, das telecomunicações, dos novos materiais, da engenharia genética, ou seja, de um conjunto de atividades que exigem elevada qualificação, especialização e domínio de elevado conhecimento científico-tecnológico, criou também espaços para pequenos negócios e para trabalhadores por conta própria, tanto no comércio dos novos produtos e em novas formas de comércio (como o comércio pela *internet*, com o *telemarketing*), como na educação, pesquisa e desenvolvimento, nas atividades de assessoria e consultoria, nas atividades de mídia eletrônica etc. Essas mudanças abriram espaços para os pequenos negócios organizados com novas formas de produção ou produzindo novos produtos na pequena produção industrial; ampliaram os espaços nos serviços distributivos e auxiliares à atividade econômica (comércio, assessoria técnica e organizacional, comunicações).

---

(36) Os bens de luxo podem constituir um mercado restrito pelo alto valor do produto, mas não necessariamente pela necessidade de compra (que não é necessariamente cotidiana ou rotineira) num mercado local ou regional. A demanda nacional (ou internacional) em determinado mercado pode ser elevada, mas em função da localização dos consumidores e de seus hábitos de consumo ela pode tomar a forma de uma demanda local ou regional que viabilizam a produção ou comercialização em pequena escala.

(37) Há tendências de expansão de pequenos negócios em atividades de serviços não diretamente determinadas pela dinâmica de transformação industrial, mas sim por outros determinantes das modificações na estrutura produtiva que têm impactos sobre o contínuo aumento do peso do setor de serviços na produção de riqueza e geração de ocupações, tais como: o aumento da renda *per capita*, as transformações na estrutura de consumo; as novas formas de sociabilidade associadas ao maior tempo destinado às atividades de lazer, cultura e esportes; o surgimento de novas e inusitadas formas de ocupação que, de certa forma, também estão associadas ao elevado desemprego contemporâneo e à tendência à flexibilização e precarização das relações e condições de trabalho. Tudo isso é fundamental para compreender o sentido mais geral dos impactos que os pequenos negócios têm recebido das transformações recentes.

Na mesma direção, nas últimas décadas, com a afirmação da ideologia liberal e com o surgimento de novas formas de organizações sociais, também foram promovidas mudanças no segmento dos serviços sociais, que ampliaram a presença das atividades desenvolvidas em pequena escala[38]. A privatização e transferência de recursos públicos, assim como o financiamento por parte de fundações e empresas privadas a algumas atividades sociais, ampliaram expressivamente o número de organizações não governamentais (ONGs) e diversas formas de atividades associativas e do número de pessoas nelas ocupadas, principalmente desenvolvendo atividades de apoio em diversas áreas de assistência social, na proteção do meio ambiente, e como concessionárias de serviços públicos na área social e de serviços urbanos. Ainda que parte expressiva das atividades sociais e dos serviços urbanos seja desenvolvida por empresas públicas ou médias e grandes empresas privadas concessionárias de diversos serviços públicos, contribuindo para mitigar o peso dos pequenos negócios nos serviços sociais, o crescimento daquelas diversas formas de entidades associativas e o avanço do processo de terceirizações nos serviços sociais, urbanos e na administração pública contribuíram para aumentar os espaços para os pequenos negócios nos serviços sociais e urbanos, sendo também um elemento importante na expansão do setor Terciário e na ocupação gerada neste setor.

Mesmo o aumento mais lento da renda *per capita* em vários países, desenvolvidos e em desenvolvimento, em função das taxas médias mais reduzidas de crescimento econômico, nas últimas três décadas, tem provocado importantes mudanças no padrão de consumo[39]. Com a afirmação do neoliberalismo e a redução da importância das políticas públicas na promoção da distribuição de renda, o crescimento da renda tem se concentrado entre os mais ricos, em vários países, como tem sido o caso exemplar dos Estados Unidos. Ao mesmo tempo, o elevado desemprego, a deterioração do mercado e das relações de trabalho e o enfraquecimento dos sindicatos não têm evitado a queda do rendimento do trabalho de vários segmentos dos trabalhadores. Isso tem promovido uma elevação da concentração de renda em vários países, como é o caso exemplar dos Estados Unidos, que tem permitido a intensificação da sofisticação do consumo para

---

(38) O peso do gasto público, mesmo nas últimas décadas de reformas liberais e de tentativas de desmontagem do Welfare-State, em vários países, se mantém elevado nos países desenvolvidos, e é crescente em muitos países que têm conseguido elevadas taxas de crescimento econômico sustentado, aumentando gastos e investimentos na construção de infraestruturas urbana e social, como são os casos mais emblemáticos da Coreia do Sul, da Índia e da China.

(39) Apesar do menor ritmo de crescimento do PIB na economia mundial no conjunto dos últimos 30 anos — se comparado ao crescimento dos "anos gloriosos" —, os ritmos de crescimento são diferenciados. Em vários países subdesenvolvidos, principalmente da Ásia, como Coreia, China, Índia, entre outros, as taxas de crescimento econômico têm sido bastante elevadas e a renda per capita tem crescido rapidamente.

as camadas médias e altas privilegiadas nessa etapa caracterizada por um capitalismo mais desregulado em vários países, sob a hegemonia da capital especulativo e rentista.

A sofisticação dos padrões de consumo, num processo de intensificação do utilitarismo, do consumismo e do narcisismo, tem provocado a abertura de espaços para atividades em pequena escala em diversas atividades de novos serviços pessoais, associados aos cuidados com o corpo e com o espírito, à segurança pessoal, à gastronomia, à moda, à moradia e decoração, às atividades financeiras pessoais, aos cuidados com animais de estimação etc. A elevação da renda, das camadas médias e altas, também tem viabilizado a ampliação de pequenos negócios nas áreas de cultura, lazer, esportes, eventos e turismo[40].

Portanto, as transformações recorrentes na estrutura produtiva, social, na distribuição da renda e nos padrões de consumo têm aberto espaços para pequenos negócios nas atividades industriais e de serviços. Considerando as inter-relações entre esses impactos e aqueles resultantes das mudanças tecnológicas, organizacionais e nas estratégias de concorrência das empresas, com suas diversas possibilidades abertas para o surgimento de novos espaços para os pequenos negócios, pode-se concluir que, nas últimas três décadas, o conjunto de transformações dominantes nas economias capitalistas desenvolvidas e em muitas economias capitalistas em desenvolvimento tem criado novos e importantes espaços para o surgimento de negócios estruturados, comandados por empreendedores com alta qualificação profissional e instrução formal, que produzem elevados rendimentos para os empresários, para muitos trabalhadores por conta própria e profissionais liberais e também para parcela dos empregados em segmentos modernos, dinâmicos, eficientes e articulados às modernas estruturas de produção e de consumo.

Entretanto, nas últimas três décadas, muitas outras boas ocupações assalariadas estão sendo destruídas na grande empresa, com as inovações tecnológicas, com a informatização, com as reestruturações organizacionais e redução dos níveis hierárquicos, com as terceirizações e subcontratações. Nos "anos dourados", havia um crescimento virtuoso e mais sincronizado de

---

(40) A elevação na renda *per capita* contribui para a modificação no padrão de consumo, pela redução do peso dos bens e serviços de primeira necessidade — principalmente alimentação, vestuário e higiene pessoal — no orçamento familiar, o que permite uma diversificação dos gastos em consumo. Nos países de renda *per capita* mais elevada e que, desde o pós segunda guerra, implementaram políticas sociais que desmercantilizaram algumas necessidades básicas — principalmente saúde, saneamento básico, educação, aposentadoria e outras formas de proteção social e, de forma menos importante, nos casos de habitação e infraestrutura urbana, transportes e algumas atividades de cultura e lazer —, a elevação da renda indireta eliminou um conjunto de gastos ou pelo menos teve um impacto relativo menor de elevação de gastos nessas necessidades no orçamento das famílias. Mas os impactos da diversificação do padrão de consumo são bem maiores nas camadas médias e altas da sociedade.

bons postos de trabalho nas grandes empresas, no setor público e nos serviços sociais, além da expansão de boas ocupações em pequenos negócios e para trabalhadores autônomos e profissionais liberais, ao mesmo tempo em que o fortalecimento dos sindicatos e o elevado ritmo de crescimento econômico, da renda *per capita* e da produtividade resultaram em elevação real dos salários e em melhorias nas condições de trabalho, melhores benefícios trabalhistas e maior proteção social, especialmente nos países desenvolvidos. Portanto, nas últimas décadas, o processo de geração de ocupações em pequenos negócios modernos e dinâmicos, as atividades desenvolvidas por pessoas com alta qualificação e especialização, em empresas assentadas na sofisticação científica, tecnológica, mas também na sofisticação do padrão de consumo, nos países desenvolvidos e também em países em desenvolvimento, tem sido acompanhado pela eliminação de bons postos de trabalho nas médias e grandes empresas.

Essas tendências têm contribuído para um processo que reduz o peso das atividades assalariadas e do emprego nas grandes empresas e eleva a participação dos prestadores dos serviços, dos trabalhadores por conta própria e de pequenos empregadores e trabalhadores de pequenos negócios[41]. A elevação do peso dessas atividades não assalariadas — cujos rendimentos e condições de trabalho são, em geral, menos dependentes das políticas públicas e da organização sindical e mais dependentes das formas de inserção nos circuitos mercantis — contribui para elevar a heterogeneidade das ocupações e do mercado de trabalho.

Portanto, a expansão do universo de pequenos negócios viabiliza, por um lado, a expansão de atividades estruturadas, eficientes, associadas à maior qualificação e formação profissional e ao domínio de conteúdos científicos e culturais, que geram elevados rendimentos para seus organizadores, geralmente portadores de um conjunto de monopólios sociais — de educação, cultura, propriedade —, que os colocam em posições privilegiadas para empreender tais atividades. Por outro lado, diante do elevado desemprego, das tendências de menor proteção social e trabalhista, das políticas de flexibilização dos mercados de trabalho, do enfraquecimento sindical, do aumento da imigração internacional e do trabalho dos "não documentados", da redução do emprego nas grandes empresas, parcela expressiva e crescente da população trabalhadora encontra ocupação como empregados mal remunerados desses pequenos negócios ou como trabalhadores por conta própria inseridos de forma mais precária como vendedores ou prestadores de serviços em atividades de baixa produtividade, baixos rendimentos e

---

(41) A proliferação dos pequenos negócios tem sido bastante intensa no setor Terciário e tem contribuído para a expansão do peso dos ocupados desse segmento no conjunto da estrutura ocupacional.

precárias condições de trabalho e proteção social ou trabalhista. Ou seja, em situações bem distintas dos empregadores e dos empregados e profissionais autônomos portadores de monopólios sociais que têm acesso aos mercados mais organizados, às tecnologias mais avançadas, aos circuitos de renda das classes médias e altas.

Isso pode ser exemplificado pela expansão dos pequenos negócios e do trabalho autônomo nas atividades de prestação de serviços pessoais em países com elevada concentração de renda, como o Brasil. A diversificação do consumo nessas atividades tem aberto um conjunto de novas oportunidades para pequenos negócios e trabalhadores por conta própria, tanto nas atividades mais estruturadas e geradoras de elevados rendimentos, como naquelas sem um mínimo de estruturação e resultantes da ausência de melhores oportunidades de ocupação, ou seja, determinadas por estratégias de sobrevivência diante do desemprego e da "desordem do mundo do trabalho" que dificultam ainda mais encontrar um emprego ou ocupação com boas condições de trabalho e remuneração. A heterogeneidade desse universo de "empreendedores" e de seus empregados pode ser exemplificada a partir da diferenciação das condições de trabalho e de remuneração que ocorre com a expansão dos serviços pessoais. E nesse sentido, é importante destacar que os dados para a União Europeia, pelo menos no período 1998-2003, têm apontado para taxas negativas de variação do emprego em pequenos negócios nos serviços pessoais, num conjunto de países marcados por padrões de reduzida concentração de renda (veja Quadro 6).

Entretanto, em sociedades marcadas pela desigualdade de renda, como a brasileira, a expansão da prestação de serviços de beleza e de cuidados com o corpo gera, por exemplo, ocupações para cabeleireiros, profissionais de depilação e manicures, tatuadores, profissionais de educação física e academias de ginástica que prestam serviços para as classes populares, em áreas periféricas, de comércio decadente, ou no próprio domicílio. Pelas origens e qualificação profissional de seus organizadores e/ou pela renda e inserção social dos seus clientes, as condições de trabalho e o rendimento originados nessas atividades são muito precárias e bem distintas da situação de outros profissionais prestadores de serviços no mesmo ramo de atividade: como os cabeleireiros, os profissionais da moda e da alta costura, os esteticistas, cirurgiões plásticos, *personal trainers*, os centros de emagrecimentos, *SPAs*, massagistas, nutricionistas, entre outros, que prestam serviços para a população rica e da alta classe média.

Essa heterogeneidade também pode ser encontrada em diferentes atividades do ramo da prestação de serviços pessoais: nos bares, cafés e restaurantes; nos eventos de música, teatro e outras formas de atividades de cultura, lazer, entretenimento e esportes; no ramo do turismo e locação de imóveis e de automóveis; na área de segurança privada etc. São tendências, portanto, que não somente aprofundam o peso dos empregados e empregadores em pequenos negócios e dos trabalhadores por conta própria, mas que também aumentam a heterogeneidade da estrutura ocupacional e estimulam a expansão de um conjunto de atividades de prestação de serviços pessoais, desde as mais antigas como o emprego doméstico, até novas e inusitadas ocupações que conformam um universo de novos serviçais[42]. A expansão dessas atividades também guarda relação com as especificidades da cada país, sendo mais marcantes naqueles com maior concentração de renda.

Portanto, ainda que algumas dessas tendências possam ser verificadas em várias nações desenvolvidas e em desenvolvimento, as diferenças em termos de ritmo de expansão, de peso na estrutura ocupacional e nas formas concretas que elas são desenvolvidas em cada país estão associadas aos padrões de renda média *per capita* e de distribuição da renda, aos níveis de desemprego, às políticas de regulação dos mercados e das relações de trabalho, às políticas sociais e aos mais distintos padrões culturais e de so-ciabilidade. São determinadas, portanto, também pelas especificidades de cada economia e sociedade. No entanto, a desigualdade social tem um papel decisivo na expansão dessas atividades e, nesse sentido, também tem importância relevante o elevado desemprego e as tendências de precarização dos mercados e das relações de trabalho, que são aspectos marcantes do aumento da desigualdade, em alguns países, nas últimas décadas. A situação do mercado de trabalho tem relações mais profundas com as possibilidades de expansão dos pequenos negócios, não apenas nas atividades de prestação de serviços pessoais, mas nas diversas formas em que esses pequenos negócios têm sido organizados nos últimos 30 anos, como veremos na próxima seção.

1.3.3. DESEMPREGO E CARACTERÍSTICAS DO MERCADO DE TRABALHO: AS RELAÇÕES COM OS PEQUENOS NEGÓCIOS NO CAPITALISMO CONTEMPORÂNEO

A elevação das taxas de desemprego e as tendências de flexibilização dos mercados e das relações de trabalho têm tido um papel importante na viabilização da expansão do segmento dos pequenos negócios, do número de empregadores e de empregados e dos trabalhadores por conta própria,

---

(42) Nesse sentido, pode-se destacar a expansão de profissionais nas áreas de prestação de serviços para animais de estimação; serviços associados à atividades espirituais, místicas e esotéricas (yoga, relaxamento, meditação, astrologia); prestadores de serviços nas áreas de culinária e gastronomia; serviços ligados à segurança pessoal (guarda-costas, empresas especializadas em proteção de residências e de empresas). No Brasil, em diversas atividades aparecem ocupações inusitadas, tais como: arrumadores de guarda-roupas, passeadores de cachorro, consultores de astrologia.

nessa etapa de reestruturação econômica e de afirmação do neoliberalismo. Mesmo com todas as tendências de inovações tecnológicas, com os sistemas de especialização flexível, com o avanço de arranjos produtivos locais e com as novas formas de relação entre as grandes e as pequenas empresas, continua expressiva, senão ainda mais relevante, a proliferação de pequenas empresas que buscam vantagens competitivas fundadas na utilização de um padrão rebaixado da força de trabalho — barata, com baixa qualificação e produtividade.

Essas relações entre pequenos negócios e características dos mercados de trabalho têm sido analisadas, desde o final do século XIX, por vários autores. Em geral, vários estudos apontaram as possibilidades de viabilização de pequenos negócios em função do desemprego e do pagamento de baixos salários em mercados competitivos. Alguns pequenos capitais seriam sempre postos em fun-cionamento por uma mão de obra disponível: pelo objetivo de criar meios para sua própria ocupação; pelas diversas formas de subcontratação que preservam pequenas unidades, assentadas no trabalho em domicílio ou em pequenas oficinas, artesanal ou assalariado precário; pela motivação para adquirir o *status* de empresário ou pelo interesse em livrar-se da dominação dos capitalistas, seja por parte de assalariados prósperos em conhecimento e habilidades e acumulando pequeno capital ou por "aventureiros" com capital e capacidade empresarial dispostos a correr riscos (STEINDL, 1990; MARSHALL, 1982; HOBSON, 1983)[43].

Mesmo no período dos "anos dourados" e em períodos de menor desemprego, muitas pequenas empresas independentes buscavam localizar--se em regiões com grande oferta de força de trabalho barata e distantes dos sindicatos mais organizados. Nas últimas décadas, com o elevado desemprego, o enfraquecimento sindical e o menor poder de regulação das políticas públicas sobre o mercado e as relações de trabalho, as possibilidades de muitos pequenos negócios tentarem fundar vantagens competitivas

---

(43) Para J. Steindl (1990), dentre as imperfeições de mercado, as mais importantes para a permanência das pequenas empresas seriam as imperfeições do mercado de trabalho: as pequenas empresas encontram-se principalmente nas atividades em que podem contar com os benefícios da compressão de custos e preços por meio da redução de salários, nos quais são reduzidos os incentivos para inovações tecnológicas poupadoras de trabalho, ou seja, em atividades onde compensam a utilização de uma força de trabalho barata, porque excedente e/ou desorganizada, como é o caso das possibilidades encontradas em algumas regiões distantes de sindicatos organizados ou pequenas cidades. A valorização da posição social de empresário, associada à possibilidade de criar e manter sua própria ocupação, assim como de seus familiares, foi apontada por Steindl como fator que explica o nascimento e a sobrevivência de pequenos negócios. Nesse caso, são relevantes os momentos de desemprego elevado e seus impactos sobre a "oferta" elástica de empresários — que para Steindl somente existe para o caso de empresários de pequenos negócios, criticando a generalidade da ideia de oferta inelástica de empresários com capital e capacidade empresarial, de Marshall.

no rebaixamento do custo da força de trabalho foi potencializada. Isso, entretanto, não significa que essa estratégia seja promissora para a maioria dos casos, diante dos outros determinantes das vantagens competitivas. Ao contrário, muitos analistas avaliam que a trajetória para esses casos não é nada promissora[44].

A elevação do desemprego, o enfraquecimento dos sindicatos e um padrão mais desregulado do mercado e das relações de trabalho, nas últimas décadas, têm contribuído para a expansão das pequenas empresas independentes, operando em mercados competitivos em preços e custos, ou em mercados concentrados onde concorrem com as médias e grandes empresas. Mesmo com as novas possibilidades abertas com as inovações tecnológicas deste período, que permitem maior especialização e flexibilidade, a existência de um elevado excedente de força de trabalho permite que essas empresas possam continuar contando com vantagens competitivas assentadas na utilização de força de trabalho mal remunerada, na intensificação do trabalho e em formas de organização do trabalho marcadas pela ausência de benefícios trabalhistas e proteção social.

O enfraquecimento dos sindicatos, as dificuldades de organização dos trabalhadores no local de trabalho em pequenas empresas, assim como a ampliação da migração internacional da força de trabalho, têm permitido a intensificação da exploração em muitos ramos de atividades e até mesmo a utilização de formas ilegais de contratação, que se assemelham ao trabalho escravo. Muitos casos nas indústrias de confecções e em diversas atividades de serviços de limpeza são exemplares nesse sentido. E essas formas de exploração do trabalho têm sido também reforçadas mesmo em países mais ricos, que geralmente recebem maiores fluxos de migração estrangeira, trabalhadores sem direitos de cidadania e sem acesso aos direitos trabalhistas e sociais (SCHWENKEN, 2006; EHRENREICH, 2004)[45].

Em grande parte das pequenas empresas localizadas em aglomerações setoriais, casos em que alguns autores destacam muito mais as

---

(44) Tanto no caso de mercados competitivos ou pouco mais concentrados, mas cuja estratégia de concorrência da pequena empresa passa pela busca de flexibilidade, principalmente por meio do rebaixamento do custo do trabalho, "as perspectivas de inserção positiva, em termos de contribuição à competitividade, são extremamente reduzidas, até porque frequentemente só têm condições de permanecer em estruturas de mercado com menores barreiras à entrada, bem afastadas, portanto, dos setores mais oligopolizados, líderes da economia" (SOUZA, 1995: 48).
(45) Estes últimos casos não representam uma situação nova, se comparados às pequenas empresas sobreviventes em momentos históricos anteriores, em segmentos produtivos, regiões e países que lhes proporcionavam condições para utilização desse padrão rebaixado de uso da força de trabalho. Ainda que a mortalidade desses pequenos negócios seja elevada, quando analisadas individualmente, a rotatividade garante sua sobrevivência, enquanto agrupamento de pequenos negócios integrantes do sistema capitalista.

vantagens da especialização e da cooperação entre elas como formas de obter vantagens competitivas, o rebaixamento do custo por meio da utilização de um padrão rebaixado de utilização do trabalho — pouca ou nenhuma qualificação profissional, reduzida produtividade e baixos salários — tem sido tão ou mais importante que os ganhos de especialização e cooperação[46].

Em muitos casos, nas pequenas empresas situadas em relações de dependência e de forte dominação da grande empresa, subcontratadas ou terceirizadas, as pressões para a redução de custos e preços e para atender às exigências das grandes empresas também levam à utilização de força de trabalho com baixa qualificação profissional e mal remuneração. Em parte deles, a transferência de produção ou a contratação de serviços pela grande empresa visa a justamente livrar-se dos sindicatos mais organizados e a apropriar-se das vantagens do menor custo do trabalho das menores empresas e da flexibilidade na utilização da força de trabalho representada por essas formas de externalização.

Os impactos sociais negativos, dessas formas de dominação e exploração, são ainda mais profundos num contexto de mudanças institucionais adequadas às imposições dos interesses das grandes empresas sobre as pequenas, e de ambas sobre seus trabalhadores. Isto é, com a promoção de reformas institucionais (em questões trabalhistas e tributárias, relativas às falências de empresas, de garantias de créditos, de responsabilidade solidária etc.) no sentido de livrar as grandes empresas das responsabilidades em relação às atividades de maior risco (ambiental e de saúde e segurança no trabalho) e ao cumprimento dos direitos trabalhistas e sociais, processo que eleva a precariedade das condições de trabalho, além de transferir e tornar crescente a responsabilidade do segmento de pequenos negócios por estas questões. Neste sentido, cabe observar que, ao contrário do antagonismo expresso pela luta da antiga classe média constituída por produtores independentes rurais e urbanos (artesanais e manufatureiros), na defesa de controles e regulamentações da produção capitalista, no capitalismo contemporâneo, os trabalhadores assalariados são os inimigos privilegiados dos pequenos negócios, não somente nas pequenas empresas cujo destino está associado às

---

(46) Além de problemas de coordenação (na ausência de uma empresa-mãe e de cadeia hierárquica), geralmente é levantado como problema dos modelos comunitários de organização de pequenas empresas os associados à existência de aglomerações de PMEs com baixa especialização e de práticas de concorrência via preços e rebaixamento do custo da mão de obra. No caso dos modelos de coordenação por uma grande empresa, entre vários problemas, também são destacados os impactos sobre as relações de trabalho decorrentes, principalmente, das formas de forte dominação das grandes sobre as pequenas empresas. Cf. Souza (1995).

estratégias das grandes empresas, mas também nos pequenos negócios independentes[47].

Enfim, a desestruturação dos mercados de trabalho e o elevado desemprego das últimas décadas têm viabilizado a expansão do emprego assalariado e precário em diversos tipos de pequenas empresas[48]. Essa expansão, no entanto, é muito mais expressão do que determinante dessa situação de deterioração dos mercados e das relações de trabalho. A redução do peso do emprego assalariado nas grandes empresas, como resultado do conjunto de profundas mudanças tecnológicas e organizacionais nas últimas décadas, não somente contribui para a elevação do desemprego e a eliminação de melhores postos de trabalho, como tem representado um duplo efeito em termos de elevação do peso do emprego assalariado nos pequenos negócios e da maior precarização e heterogeneidade da estrutura ocupacional.

Por outro lado, o elevado desemprego e a precarização das condições de trabalho têm contribuído para a proliferação de novos tipos de pequenos negócios e de novas formas de ocupações não assalariadas, desenvolvendo atividades em pequena escala, organizados por empresários sem empregados ou com reduzido número de assalariados, trabalhadores por conta própria ou ocupados em atividades organizadas com o trabalho familiar, com maior ou menor qualificação da força de trabalho, com maior ou menor rendimento e grau de proteção social, em atividades com maiores ou menores barreiras à entrada.

---

(47) "O conflito de interesses entre a pequena e a grande empresa, tal como se apresenta no começo do capitalismo sob a forma de luta da oficina artesanal contra a empresa capitalista, tem sido resolvido na sua essência. Essa luta havia levado a antiga classe média a uma atitude anticapitalista (...) Agora não se trata mais do conflito entre capital e oficina artesanal. A luta pela concentração devia continuar a processar-se dentro da própria esfera capitalista, como luta entre empresas pequenas e médias contra os estabelecimentos gigantes. (...) as empresas pequenas são atualmente anexas das grandes empresas. (...) Todas elas não buscam nenhuma luta de concorrência contra a grande indústria e, pelo contrário, estão interessadas em sua maior expansão possível, já que seus negócios, como atividades complementares ou auxiliares, disso dependem. Isso não exclui que concorram entre si, que o movimento de concentração seja ativo entre elas. Contudo, de maneira geral, esse conflito já não adota nenhuma atitude anticapitalista, pelo contrário, veem a sua salvação unicamente no desenvolvimento mais rápido do capitalismo, cujo produto são elas mesmas e que lhes amplia seu campo de atividade" (HILFERDING, 1963: 390).

(48) O suposto elevado potencial de geração de emprego desses pequenos negócios e sua funcionalidade social e econômica devem ser questionados, já que esse tipo de redução de custos geralmente implica reduzida produtividade e elevados custos sociais, assim como devem ser questionadas as medidas de apoio por meio de políticas públicas, pela acomodação que provoca nos empresários (com os benefícios fiscais e baixo custo da mão de obra, sem esforços para elevar a produtividade), ou mesmo pelo fato de que eles acabam beneficiando, por meio das relações de subcontratação, não somente empresários de pequenas empresas, mas das GEs, com questionáveis impactos positivos para os consumidores e em termos de geração de empregos. Esses pequenos negócios poderiam ser classificados como sendo de uma classe "inferior". Na denominação de John A. Hobson, são as empresas do "suadouro" (HOBSON, 1983, cap.5).

A criação do próprio negócio surge, portanto, como uma alternativa ao desemprego ou às dificuldades de encontrar um bom emprego: tanto como precárias estratégias de sobrevivência, como formas articuladas às novas possibilidades de abertura de pequenos negócios e de trabalho por conta própria em atividades mais organizadas e com elevados rendimentos, tanto nos países pobres e em desenvolvimento — onde geralmente é mais marcante —, mas também em países desenvolvidos (LAIKAKA, 1997, *apud* PUGA, 2000)[49].

Aspectos como o reduzido ritmo de crescimento econômico e taxas elevadas de desemprego são fundamentais para compreender a proliferação dos pequenos negócios nas últimas décadas em alguns países, mas não são suficientes para compreender as diversas singularidades de sua expansão quantitativa e de suas diferenças qualitativas nas diferentes economias nacionais. A expansão dos pequenos negócios recebe influências das diferentes características das estruturas produtivas e sociais de cada economia nacional, pelos vários fatores e parâmetros que afetam a demanda e a oferta de força de trabalho.

Características históricas e estruturais dos processos de desenvolvimento capitalista em cada economia nacional são decisivas para compreender as especificidades dos segmentos dos pequenos negócios em diferentes economias capitalistas e contextos históricos, tais como: a estrutura de acesso à propriedade rural; o ritmo de migração rural-urbana e de crescimento da população e da PEA; os monopólios sociais; as características das economias associadas aos diferentes padrões tecnológicos e de financiamento predominantes, assim como suas relações com o peso e a importância da grande empresa e da forma de inserção internacional de cada economia nacional; o volume de excedente de força de trabalho e de migração estrangeira; o padrão de regulação da utilização da força de trabalho e de proteção social e o grau de flexibilização dos mercados e das relações de trabalho; a política salarial (e de salário mínimo); as diferentes formas e a importância da organização sindical; as barreiras institucionais à criação de pequenos negócios precários, entre outros.

Ainda que seja fundamental compreender os processos que criam oportunidades de expansão de pequenos negócios com maior ou menor nível de organização e eficiência e um padrão melhor ou pior de utilização

---

(49) Portanto, a expansão do segmento de pequenos negócios não resulta apenas das possibilidades criadas pelas inovações tecnológicas, pela desverticalização das cadeias produtivas, por formas mais eficientes de articulações entre empresas/unidades de distintos tamanhos e por seus impactos sobre o segmento de serviços auxiliares, ou ainda pela expansão de atividades promissoras, organizadas e eficientes nos serviços sociais e nos serviços pessoais. Mas é também determinada por um enorme conjunto de atividades precárias desenvolvidas como estratégias de sobrevivência. Em pesquisa realizada em várias regiões metropolitanas brasileiras, os "empreendedores", em maior parte, responderam que o principal motivo que os levaram à criação do próprio negócio (geralmente pequenos e precários) foi "estar desempregado". FACE/SEBRAE, 2003.

da força de trabalho — articulados ou não às grandes e médias empresas —, tanto para o segmento industrial como para as atividades de serviços, é preciso destacar que, sendo tão heterogêneo o segmento de pequenos negócios, essa expansão pode também ser marcada pelo aumento, diferenciado entre países, de um segmento de pequenos negócios, moderno e estruturado ou atrasado e altamente precário, que pode ter ainda maior ou menor peso nas diversas estruturas produtivas e economias nacionais, e em diferentes contextos históricos.

As mudanças na composição da estrutura produtiva, segundo o porte das empresas, que elevaram a participação das pequenas empresas, em número, no total do valor agregado e do emprego, em muitos países, sugerem que o emprego — nas atuais condições de mecanização, robotização, elevação de produtividade e transferência de emprego, por meio da externalização nas grandes empresas — passou a depender cada vez mais do ritmo de crescimento econômico e da expansão da produção das pequenas empresas, em especial daquelas menos sujeitas a elevarem a produção com ganhos de produtividade[50]. Nesse sentido, num contexto de baixo crescimento econômico, a geração de novos empregos está cada vez mais associada aos empregos gerados pelas pequenas empresas mais intensivas na utilização da força de trabalho, que geralmente utilizam-se de um padrão rebaixado de utilização da força de trabalho e menor produtividade. Mas também pode contar com as atividades de pequenas empresas com elevada relação emprego/produto que, pela sua forma de inserção na estrutura de concorrência, não apresentam necessariamente reduzida produtividade ou baixos rendimentos das pessoas nelas ocupadas, como ocorre em várias atividades marcadas pela utilização de importantes conteúdos tecnológico e científico e em muitas atividades sofisticadas do setor Terciário.

Dessa forma, o emprego pode expandir-se em ritmo mais elevado, tanto em empresas do "suadouro", em atividades de serviços de baixa produtividade e remuneração, surgidas como estratégias de sobrevivência diante do elevado desemprego e desenvolvidas por trabalhadores autônomos de baixa qualificação e produtividade, que não conseguem bons preços pelos seus serviços, porque prestados às camadas mais empobrecidas da população, já que excluídos do

---

(50) Em vários e importantes países capitalistas desenvolvidos, as transformações ocorridas a partir dos anos 70, com elevação da participação do número de pequenos negócios na estrutura produtiva e ocupacional, não foram suficientes para reduzir a participação dessas empresas no total do valor agregado. Na França, Reino Unido, Japão e Estados Unidos, entre os anos 60 e o início dos anos 80, ocorreu uma elevação da participação das empresas industriais com até 99 empregados no total do valor agregado. Na Alemanha, essa participação das pequenas empresas ficou estável, mas ao contrário dos demais países selecionados — que apresentaram redução da participação das empresas com 500 ou mais empregados no total do valor agregado — a participação das grandes empresas apresentou um leve incremento. Cf. OECD, 1996.

acesso aos clientes mais ricos. Pode também crescer em pequenos negócios que desenvolvem diversas atividades modernas e dinâmicas na indústria e nas atividades de serviços que empregam mais trabalho, por unidade de produto, porque podem repassar esses custos a seus clientes, como no caso da prestação de serviços e do comércio para a população de média e alta rendas.

Na ausência de intervenções nos mercados de trabalho e de redução da jornada de trabalho, a elevação da participação do emprego gerado no segmento de pequenos negócios no total dos ocupados deve ser vista, portanto, como uma forte tendência à deterioração do conjunto das condições de trabalho nas economias capitalistas. Aspecto que pode ser agravado porque as dificuldades da organização e de promover lutas sindicais muito provavelmente tendem a ser acentuadas, com a maior expressão dos pequenos negócios e a redução relativa do emprego nas grandes empresas. E essas condições tendem a ser relativamente piores quanto maior a assimetria da estrutura produtiva, em termos de porte, de níveis de produtividade e de poder de mercado entre as pequenas e grandes empresas[51]. Entretanto, no atual cenário político e econômico, as posições políticas dos empresários das menores empresas não somente tornam-se cada vez mais associadas aos interesses dos grandes grupos, como atuam na linha de frente para a redução de salários e de direitos trabalhistas e contra medidas que ampliem a regulamentação do mercado de trabalho, contribuindo, assim, para defender também os interesses das grandes empresas.

Em seu conjunto, as transformações recentes podem resultar em melhorias localizadas, mas não apontam para melhorias generalizadas nas condições de trabalho e de remuneração dos trabalhadores do segmento de pequenos negócios. Marcado pela baixa produtividade e composto por inúmeras atividades com reduzida barreiras à entrada (nos negócios e no mercado de trabalho), a presença de elevado excedente de força de trabalho pode continuar pressionando para manter reduzido os salários e os benefícios trabalhistas, com o que a oferta de empresários para os pequenos negócios pode também manter-se muito elástica, pressionando negativamente, por meio da abertura de muitos pequenos negócios, as condições de rentabilidade, de sobrevivência e, portanto, as condições gerais com as quais muitos pequenos negócios contam para remunerar seus trabalhadores. Dessa forma, mesmo aquelas assentadas em padrões rebaixados do uso da força de trabalho terão dificuldades para sobreviver, de forma que também não se deve esperar de

---

(51) Mesmo nas estruturas demandantes de trabalho altamente especializado, com salários mais elevados, provavelmente a situação dos trabalhadores definem posições políticas menos favoráveis à realização de lutas sindicais mais centralizadas, até porque essas lutas incorporam reivindicações por direitos e benefícios trabalhistas que os trabalhadores das empresas mais organizadas e eficientes geralmente já possuem (maiores pisos salariais, previdência complementar, planos de saúde, jornada menor de trabalho, bonificações, prêmios, participação nos lucros etc.).

grande parte desse segmento de pequenos negócios contribuições decisivas em termos de geração de emprego[52].

A elevação do ritmo de acumulação de capital e do crescimento do produto liderado pela dinâmica da grande empresa, num ritmo suficiente para elevar o nível de emprego nestas empresas, abrindo também oportunidades de novas ocupações, como empresários ou como assalariados de pequenos negócios mais organizados e eficientes, poderia contribuir para a geração de melhores postos de trabalho, associados a maiores níveis de produtividade e de qualificação do trabalhador; maiores salários, benefícios e melhores condições de trabalho. Isso também contribuiria para melhorar a capacidade de organização, de pressão sindical e de conquistas de reivindicações nas grandes empresas, mais produtivas e com maior poder de mercado.

Aliado a um cenário de crescimento econômico sustentado e elevado, capaz de transformar a estrutura produtiva — principalmente de países subdesenvolvidos ou em desenvolvimento — preservando e melhorando a organização, a eficiência e o padrão trabalhista de parcela dos pequenos negócios, ao mesmo tempo em que destrói aquelas sem potencial de viabilidade econômica, as políticas públicas de intervenção no mercado de trabalho e de apoio aos pequenos negócios são também necessárias para promover melhoria no padrão trabalhista e nas condições de vida do conjunto dos trabalhadores. Em determinados momentos e realidades específicas de cada economia nacional, o enfrentamento desses problemas deverá exigir novos avanços em relação à redução da jornada de trabalho, como forma de evitar as pressões negativas do excedente de força de trabalho sobre a proliferação de pequenos negócios altamente precários.

Por outro lado, quanto menor o ritmo de expansão do produto, quanto maior a elevação da composição orgânica do capital (concentração do capital), quanto maior a assimetria da estrutura produtiva e o peso do universo de pequenos negócios mais desorganizados, quanto maior o excedente de força de trabalho e menos importantes as políticas de intervenção no mercado de trabalho e de apoio ao segmento de MPE com potencial de viabilidade econômica, piores serão as condições de trabalho e de remuneração do conjunto da população trabalhadora.

---

(52) "A inevitável (em maior ou menor ritmo) difusão de avanços sociais e tecnológicos tende a restringir crescentemente o espaço concorrencial de empresas que insistem em buscar e tentar preservar seus ganhos por meio do uso intenso de mão de obra em condições de trabalho indesejáveis. Por sua baixa resistência aos novos desafios da luta concorrencial, essas empresas estão muito sujeitas a integrar as estatísticas sobre os índices de rotatividade de mão de obra e de empresas. (...) O tempo de sobrevivência, porém, será cada vez menor; por essas razões, entre outras, nada garante que menor custo da mão de obra possa, por si só, conduzir a expressivas alterações favoráveis no número de empregos" (NEIT, 1998: 10).

Não é surpreendente, portanto, que em economias subdesenvolvidas, marcadas por assimetrias maiores na estrutura produtiva, por enormes excedentes de força de trabalho e submetidas a longos períodos de estagnação econômica, contando com políticas públicas modestas, não somente proliferem os pequenos negócios, principalmente os mais precários, num contexto de ampliação e intensificação da precariedade da estrutura ocupacional. Aspectos estruturais que somente tendem a ser agravados, quanto menor o ritmo de industrialização e desenvolvimento das forças produtivas, de crescimento econômico e do emprego *vis-a-vis* o crescimento da população economicamente ativa, a concentração de capital e a elevação da produtividade dela decorrente.

Por fim, a maior importância dos pequenos negócios e dos ocupados no setor Terciário na estrutura ocupacional, assim como a sua enorme heterogeneidade, em termos de grau de organização, de eficiência e de capacidade de se manter no mercado, das condições e relações de trabalho e de rendimento das pessoas neles ocupadas, mostram a necessidade de novos instrumentos de análise, que sejam capazes de proporcionar uma compreensão mais concreta dos diferentes impactos sobre o segmento de pequenos negócios e sobre o mundo do trabalho. A diversidade de situações requer análises que busquem a construção de tipologias que diferenciem os tipos de negócios gerados, as suas formas de organização produtiva e suas relações com o mercado de trabalho e com o mercado consumidor, tema que será analisado na próxima seção.

1.4. A HETEROGENEIDADE DO UNIVERSO DE OCUPADOS EM PEQUENOS NEGÓCIOS: UMA PROPOSTA DE TIPOLOGIA

Pelas diversas razões determinantes de seu processo de surgimento e permanência nos mercados, é muito expressiva a heterogeneidade dos pequenos negócios e de suas formas de relações com o mundo do trabalho. A avaliação das distintas formas e graus de organização dos pequenos negócios, suas inter-relações e relações com as maiores empresas e com os mercados, seus diferentes graus de acesso e de utilização de tecnologia mais ou menos avançada, seus níveis variados de produtividade, de dinamismo e de eficiência apontam distintas formas de inserção na estrutura produtiva, distintas dinâmicas e possibilidades de expansão ou sobrevivência, ou seja, de viabilidade econômica e, por fim, também distintos padrões de utilização da força de trabalho. Muitas referências e análises de diversos autores já demonstraram a importância da caracterização de segmentos distintos de pequenos negócios, no que se refere às suas relações com o mundo do trabalho. Sendo criados, destruídos e recriados ao longo do desenvolvimento capitalista e do avanço do processo de concentração e de dispersão de capitais, as diferentes formas de organização e utilização do trabalho nos pequenos negócios são também dinâmica e continuamente transformadas.

A heterogeneidade de situações no universo de pequenos negócios e de suas relações com o mercado e as condições e relações de trabalho revelam a necessidade de análises que contemplem as diferentes características e dinâmicas produtivas e de concorrência em que estão situados os distintos agrupamentos de pequenos negócios. Apontam também para a necessidade de que essa abordagem seja realizada a partir da categorização de diferentes tipos de pequenos negócios e seus respectivos padrões de relação com a organização do trabalho, ou seja, a partir da elaboração de uma tipologia[53].

São inúmeros os critérios a partir dos quais podem ser diferenciados os pequenos negócios, na perspectiva da construção de uma tipologia, tendo em vista uma especial preocupação com a análise de sua relação com o mundo do trabalho. Apesar das dificuldades, a tentativa de identificar características e processos distintos de organização da produção e do trabalho nos pequenos negócios pode permitir não somente uma avaliação mais detalhada da natureza e dos determinantes das precariedades das relações e das condições de trabalho nesse universo, mas principalmente uma compreensão dinâmica e estrutural das determinações e das diversas formas de existência dos pequenos negócios e de seus possíveis impactos sobre o conjunto da estrutura ocupacional e do mundo do trabalho[54].

Neste trabalho, interessa tentar construir uma tipologia que esteja voltada para a compreensão das relações dos pequenos negócios com o mundo do

---

(53) A possibilidade de utilização de diferentes critérios para caracterizar distintos agrupamentos de pequenos negócios coloca um conjunto muito complexo de variáveis a ser consideradas na elaboração de uma tipologia dos pequenos negócios, que possa ser suficiente para permitir uma melhor compreensão dos impactos da dinâmica de transformações desse segmento sobre o mundo do trabalho. Apesar das dificuldades para a construção de uma metodologia que tente captar essa heterogeneidade e das limitações que os resultados claramente revelam, essa tarefa nos parece indispensável para compreender melhor os problemas recentes do mundo do trabalho, ou mesmo compreender tendências e condicionantes de sua evolução futura.

(54) Essa compreensão é fundamental para a elaboração de um bom diagnóstico das potencialidades econômicas das pequenas unidades, principalmente no sentido de revelar aquelas que no médio e longo prazos apresentam capacidade de se manter no mercado, contribuindo para a melhoria das condições de produção, das condições de trabalho e do padrão de vida da população. Ao mesmo tempo, permite identificar unidades produtivas cuja existência é motivada pela ausência de alternativas de ocupação, cuja participação é mais elevada em estruturas produtivas incapazes de desenvolver unidades de produção organizadas que gerem ocupações em magnitude adequada ao tamanho da população ativa — situação que é ainda mais importante em contextos históricos de estagnação econômica e elevação do desemprego.

trabalho. Por esse motivo, alguns critérios serão privilegiados⁽⁵⁵⁾. Como o padrão de organização/utilização do trabalho está associado às diversas formas de organização da produção, os critérios para a elaboração de uma tipologia dos pequenos negócios, que tem como objetivo bem delimitado a investigação das condições e das relações de trabalho, devem considerar as inter-relações dos pequenos negócios com os mercados, com as diferentes formas e lógicas de organização (decorrentes das características dos produtos, da tecno-logia necessária ou disponível, de existência ou não de barreiras à entrada), com as dinâmicas e formas de inserção na estrutura de concorrência, e a relação de todas essas formas com o padrão de utilização e organização do trabalho.

A partir da construção e da análise de algumas categorias — que são historicamente determinadas, construídas e destruídas —, pode-se compreender as relações e condições de trabalho delas decorrentes. Essas diferentes e particulares formas de permanência e de inserção dos pequenos negócios refletem as possibilidades e as exigências de determinada estrutura produtiva e social, o que remete também a considerações acerca das especificidades da dinâmica econômica e do contexto histórico e econômico nos quais são definidas as características da estrutura produtiva em que elas estão situadas. Entretanto, a proposta de tipologia, que é apresentada neste trabalho, tem como objetivo contemplar, principalmente, as tendências mais gerais de organização da produção em pequena escala e de suas distintas relações com o mundo do trabalho nas atividades não agrícolas do setor privado. Portanto, a tipologia proposta contemplará apenas as atividades mercantis e tipicamente urbanas, sem preocupar-se com as atividades desenvolvidas no meio rural.

As atividades voltadas fundamentalmente para os mercados constituem um universo muito heterogêneo. Por um lado, sobrevivem empresas com participação expressiva de assalariados, dinâmicas e eficientes; muitas pequenas unidades aproximam-se mais das características da empresa tipicamente capitalista, com montante de capital e comando sobre um razoável número de trabalhadores assalariados suficientes para garantir um processo de acumulação de capital que independe do trabalho do proprietário e que está fundado na subordinação real dos trabalhadores

---

(55) Nesse sentido, para esse fim são insuficientes as tipologias que visam a analisar a dinâmica dos pequenos negócios, geralmente para as atividades industriais, que destacam as diferentes dinâmicas e segmentos dos pequenos negócios: i) independentes (operando em mercados competitivos ou em nichos) com elevada organização, tecnologia avançada e trabalho altamente qualificado; ii) independentes, geralmente em mercados competitivos, com um padrão rebaixado de utilização da força de trabalho; iii) em relação de interdependência (sistemas cooperativos ou comunitários), com elevada especialização e flexibilidade; iv) dependentes de relações com grandes empresas, em relações de maior ou menor subordinação, assentadas em padrões piores ou melhores de utilização da força de trabalho.

ao processo de produção. São unidades associadas e/ou dependentes do grande capital, ou mesmo unidades independentes ocupando espaços bem definidos em diferentes economias capitalistas. Por outro lado, em muitos casos, tem ocorrido a proliferação de pequenas unidades produtivas e de trabalhadores autônomos, vendedores de mercadorias e prestadores de serviços, num universo em que parcela expressiva das unidades é marcada pela organização do trabalho familiar, pela inexistência ou irrelevância do trabalho assalariado, pela inexistência de estabelecimento próprio e/ou adequado ao desenvolvimento de suas atividades, pela ausência de constituição formal e legal do empreendimento. Outra parcela é constituída por profissionais liberais ou por empreendedores com alguns auxiliares e um montante muito reduzido de capital[56].

Neste trabalho, a proposta de tipologia dos pequenos negócios e de suas relações com o mercado de trabalho será construída a partir da consideração dos diferentes tipos de mercados, da natureza e do grau de barreiras à entrada, das formas de inserção na estrutura de concorrência, do tipo de relação e/ou grau de dependência em relação às empresas líderes (grandes ou médias), a partir dos quais supõe ser possível avaliar a associação dos diferentes segmentos de pequenos negócios com determinados graus de utilização de trabalho assalariado e padrões de utilização da força de trabalho[57]. Como uma forma inicial de enfrentar as enormes dificuldades de delimitar parâmetros para a construção de uma tipologia, foram delimitados três segmentos de pequenos negócios e alguns subgrupos, que totalizam sete situações distintas. Para facilitar a compreensão, apresenta-se, a seguir, um quadro resumo, onde é possível visualizar os segmentos (e subgrupos), os principais critérios de classificação e alguns exemplos (veja Quadro 7). Nas seções seguintes, são apresentados os diferentes segmentos e subgrupos, seus critérios de classificação e alguns aspectos de sua dinâmica de organização e funcionamento.

---

(56) São, portanto, atividades que não apresentam as características de uma empresa capitalista, cujos processos de surgimento e permanência não podem ser considerados como resultante da afirmação das formas especificamente capitalistas de produção. Ao contrário, decorrem do reduzido dinamismo do setor organizado e especificamente capitalista da economia, impulsionados pelo aumento do desemprego, conformando um segmento de pequenos negócios com alto índice de rotatividade e que em seu conjunto é marcado por atividades de baixa produtividade e remuneração, elevadas jornadas de trabalho, precárias condições de trabalho e ausência de proteção social.

(57) A magnitude do capital utilizado é uma variável importante para a definição de uma atividade mais ou menos produtiva, eficiente, organizada, tipicamente capitalista ou não capitalista. Em razão das dificuldades de determinar um dado volume de capital como critério para delimitar essa diferenciação, já que a sua magnitude adequada a uma produção competitiva é muito heterogênea nas diversas atividades produtivas, a importância desse aspecto será apenas considerada de forma indireta, à medida que apresenta uma relação com as barreiras financeiras à entrada, ou seja, no que se refere às barreiras relacionadas ao montante de capital necessário para desenvolver diferentes atividades.

Quadro 7
Quadro Resumo dos Tipos de Pequenos Negócios e suas principais características.

Grupo I	Unidades na produção mercantil não tipicamente capitalista, inseridas em mercados marcados pela concorrência imperfeita e não concorrentes com grandes empresas; pequenas unidades produtivas no comércio e na prestação de serviços; baixa participação de atividades industriais. Veja as formas de organização e os exemplos nos subgrupos IA, IB e IC.	
Sub-grupos	Formas de inserção na estrutura de concorrência e de organização	Formas de organização do trabalho e exemplos
IA	Unidades na produção mercantil não tipicamente capitalistas, em mercados imperfeitos, onde os ganhos de economias de escala são inexistentes ou irrelevantes. Não concorrentes com grandes empresas; irrelevância em termos de capital inicial; reduzida utilização de máquinas e equipamentos. Predomina a ausência de empresas formalizadas e/ou de estabelecimentos.	Predominam o trabalho autônomo e familiar; assalariamento é praticamente inexistente ou irrelevante. Baixíssima produtividade. Ex.: comércio ambulante de mercadorias; prestação de serviços no próprio domicílio ou no domicílio do tomador.
IB	Unidades na produção mercantil não tipicamente capitalistas, em mercados imperfeitos, onde a concorrência com a grande empresa e os ganhos de economias de escala não são relevantes; atendimento de demandas locais; algumas exigências em termos de capital e qualificação profissional; maior presença de estabelecimentos (informais) e de utilização de equipamentos.	Predominam o trabalho autônomo e familiar; assalariamento é maior que no grupo IA, mas é marginal; reduzida produtividade. Ex.: comércio local estabelecido nas regiões mais pobres e/ou deterioradas; prestadores de serviços com alguma qualificação (pedreiros, azulejistas, pintores, vendedores).

Grupo I	Unidades na produção mercantil não tipicamente capitalista, inseridas em mercados marcados pela concorrência imperfeita e não concorrentes com grandes empresas; pequenas unidades produtivas no comércio e na prestação de serviços; baixa participação de atividades industriais. Veja as formas de organização e os exemplos nos subgrupos IA, IB e IC.	
Sub-grupos	Formas de inserção na estrutura de concorrência e de organização	Formas de organização do trabalho e exemplos
IC	Unidades na produção mercantil e não tipicamente capitalistas em mercados imperfeitos, onde a concorrência com a grande empresa e os ganhos de economias de escala não são relevantes; atendimento de demandas locais e regionais; exigências mais elevadas em termos de capital e tecnologia, mas principalmente de qualificação profissional. Pequenas atividades industriais; pequeno comércio organizado e serviços especializados. Maior grau de formalização das unidades.	Predominam os profissionais liberais e empresários; é mais elevado o grau de assalariamento e sem carteira assinada. Ex.: estabelecimentos comerciais e de serviços localizados em centros regionais, em shoppings e em regiões de renda elevada; prestação de serviços especializados; profissionais liberais e outros profissionais autônomos.

Grupo II	Pequenas empresas capitalistas independentes, em mercados competitivos e semimonopolísticos, inseridas em mercados onde os ganhos de escala são mais relevantes, concorrendo com médias e grandes empresas; estratégias de concorrência da grande empresa têm importância para a sobrevivência dessas pequenas unidades, geralmente formalizadas e localizadas no segmento industrial e mais intensivas em trabalho assalariado. Veja as formas de organização e os exemplos nos subgrupos IIA e IIB.	
Sub-grupos	Formas de inserção na estrutura de concorrência e de organização	Formas de organização do trabalho e exemplos
IIA	Pequenas empresas capitalistas independentes em mercados competitivos semimonopolísticos, onde os ganhos de escala são mais relevantes, concorrendo com grandes empresas cuja estratégia de concorrência tem importância para sua sobrevivência; geralmente industriais e formalizadas; mais intensivas em trabalho, cujo custo buscam reduzir para competir, além da produção de produtos de baixa qualidade e preço. Uso de tecnologia convencional ou ultrapassada.	Predomina o emprego assalariado com padrão rebaixado de utilização da força de trabalho, menores salários e benefícios trabalhistas. Ex. Indústrias e produtos tradicionais de bebidas, alimentos, calçados, tecidos e confecções, metalúrgica, construção civil, comércio atacadista e varejista, produção de alguns bens industriais intermediários etc.
IIB	Pequenas empresas capitalistas independentes concorrendo em mercados onde estão presentes médias e grandes empresas, com estruturas organizacionais mais flexíveis, especializadas em apenas um produto ou serviço, altamente dinâmicas, utilizando tecnologia avançada e trabalho altamente qualificado. Empresas bem-sucedidas, explorando espaços bem delimitados (em produtos, processos) com flexibilidade e dinamismo organizacional e tecnológico suficientes para encontrar novos mercados, superando eventuais deterioração dos segmentos em que atuam.	Predomina trabalho assalariado mais qualificado e com maior grau de formalização, geralmente bem remunerado. Ex.: produção industrial e de produtos mais modernos e dinâmicos (indústria química e farmacêutica, eletrônica, informática). Empresas que ocupam nichos de mercados, em produtos, materiais ou processos.

Grupo III	Pequenas empresas capitalistas cuja estratégia de concorrência assenta-se nas relações com outras empresas — pequenas ou grandes —, em relações de cooperação em sistemas comunitários ou em relação de dependência com uma empresa-mãe. Estruturas organizacionais mais flexíveis e especializadas. Veja as formas de organização e os exemplos nos subgrupos IIIA e IIIB.	
Sub-grupos	Formas de inserção na estrutura de concorrência e de organização	Formas de organização do trabalho e exemplos
IIIA	Pequenas empresas capitalistas cooperando entre si em aglomerações setoriais; sem relação direta de dominação e dependência da grande empresa; altamente flexíveis e especializadas, ou assentadas em padrão rebaixado da força de trabalho e concorrência em preços.	Heterogeneidade no padrão de utilização da força de trabalho Ex.: empresas localizadas em aglomerações setoriais (APL), na produção de produtos tradicionais (móveis, confecções) ou em novos produtos e novos mercados (eletrônico, informática).
IIIB	Pequenas empresas capitalistas que apresentam laços de dependência com as grandes empresas, como subcontratadas, terceirizadas, franquiadas. Podem ser altamente especializadas, mais intensivas em trabalho, que buscam reduzir seus custos para fornecer produtos e serviços às grandes empresas.	Heterogeneidade no padrão de utilização da força de trabalho. Ex.: empresas em cadeias de subcontratações, terceirizações, franquias, comandadas por grandes empresas.

1.4.1. TRABALHO NAS PEQUENAS UNIDADES INDEPENDENTES EM MERCADOS COMPETITIVOS

Como primeiro recorte nesse grande universo de pequenas unidades, propõe-se diferenciar aquelas que permanecem em mercados que em determinado momento histórico (e suas subjacentes formas de organização técnico-produtivas, sociais e de regulação das economias capitalistas), por suas imperfeições, pelo seu tamanho restrito, pela ausência ou irrelevância de ganhos de economias de escala, entre outros aspectos, não interessam à grande empresa explorar. Ou seja, em atividades voltadas para mercados em que não predominam a concorrência direta e/ou relações de dependência com a grande (ou média) empresa capitalista, *universo que denominaremos de Segmento I*. Esse segmento pode ser caracterizado, principalmente, pela existência de atividades que requerem volume muito reduzido (ou nenhum) de capital acumulado e de tecnologia sofisticada, desenvolvidas em mercados imperfeitos, com maior ou menor competição em preços, que, entretanto, contemplam requerimentos de qualificação profissional suficientes para impedir o acesso de parcela expressiva de potenciais empresários ou profissionais a algumas atividades de pequena escala, mas não a todas.

Parcela destes pequenos negócios (operando em mercados imperfeitos, reduzidas ou inexistentes economias de escala, não concorrentes nem dependentes das grandes empresas) estaria concentrada em atividades viabilizadas pela inexistência de barreiras financeiras, tecnológicas[58] e de qualificação profissional, *um subgrupo que será denominado de Segmento IA*. É constituído principalmente por atividades mercantis do comércio de mercadorias e da prestação de serviços[59], com atividades sendo desenvolvidas sem estabelecimento produtivo específico (nas ruas, no domicílio de outras pessoas, no próprio domicílio), nas quais são importantes a presença do trabalho autônomo e familiar e a participação do trabalho assalariado é irrelevante, tais como: vendedores ambulantes nas ruas sem estabelecimentos fixos (com carrinhos de lanches, vendedores em residências ou nas ruas); trabalhadores avulsos (sob empreita, não assalariados) prestando serviços para famílias no próprio domicílio ou no domicílio do tomador (manicures, cabeleireiras, jardineiros, pintores, doceiras, costureiras)[60].

É um segmento com reduzida capacidade de comandar trabalho alheio, caracterizado por reduzida presença de trabalho assalariado, constituído por unidades produtivas que, em geral, resultam do trabalho autônomo sem ou com pouca ajuda de auxiliares (familiares ou não), cuja qualificação profissional e os níveis de produtividade e de rendimentos são muito reduzidos, assim como

---

(58) Considera-se, nesse caso, que se não há exigência de capital acumulado como meios de produção, não deve haver também barreiras tecnológicas a eles associadas e, ainda, por definição, que não há barreiras associadas à qualificação profissional, ou seja, atividades que podem ser desenvolvidas sem especialização do trabalhador, do empresário ou do profissional. Entretanto, pode haver, como no Segmento IC, onde já considera-se a existência de algumas barreiras à entrada — financeira e tecnológica —, casos em que são mais relevantes as barreiras à entrada determinadas por elevadas exigências de técnicas associadas à qualificação do empresário ou profissional liberal.

(59) Nesse caso, considera-se que não há exigências ou rigor nas fiscalizações relativas às licenças ou autorização de funcionamento.

(60) Nesses casos poderiam ainda ser incluídas atividades que, embora ilegais, têm apresentado expansão nas últimas décadas em vários países capitalistas. Como as atividades de comércio de drogas nas cidades ou mesmo a prostituição nas ruas, cujas atividades em alguns países é regular e conta até mesmo com organização sindical. No caso do Brasil e de outros países em desenvolvimento e subdesenvolvidos, seriam incluídas as diversas atividades de comércio ambulante nas ruas: camelôs, vendedores em faróis, em praias, praças etc.

são elevadas a dispersão, a instabilidade dos rendimentos e a falta de proteção social e trabalhista. Na sua classificação contaria, principalmente, a forte presença do trabalho autônomo de baixa qualificação, no comércio precário de mercadorias e na prestação de serviços, além da ausência de estabelecimento fixo e exclusivo para o desenvolvimento das atividades.

Este segmento, portanto, é muito suscetível às alterações nas possibilidades de encontrar trabalho assalariado em setores mais organizados, ou seja, o desemprego estrutural ou as elevações conjunturais têm fortes impactos no sentido de elevar o contingente de trabalhadores nessas atividades, cuja motivação principal seria a busca de uma estratégia de sobrevivência. A diversificação da estrutura produtiva e social, assim como o peso das atividades mercantis, urbanas e de prestação de serviços seriam também fatores importantes, para viabilizar a existência deste segmento, com maior ou menor importância, marcado por maior ou menor precariedade, dependendo, principalmente, dos parâmetros da distribuição de renda, dos níveis de desemprego e dos salários e dos sistemas de proteção e assistência social.

Outro universo pode ser caracterizado pelas atividades que apresentam barreiras à entrada (tecnológicas, financeiras e de qualificação profissional), mas muito reduzidas, principalmente, se comparadas às vigentes nos mercados em que operam as médias e grandes empresas. *Essas atividades constituem o subgrupo que será denominado de segmento IB*. Nesse caso, já é possível supor uma presença maior de ajudantes, auxiliares, ou seja, de alguma presença de trabalhadores assalariados. Neste segmento, as atividades são marcadas pela existência de algumas barreiras à entrada, mas bem reduzidas, por montante reduzido de capital inicial e nenhum uso de tecnologia sofisticada, funcionando em mercados imperfeitos ou influenciados por demandas locais e, inclusive, pela elevada ilegalidade/informalidade, mas também associados a alguma experiência profissional, em atividades desenvolvidas principalmente em estabelecimentos (precários ou não).

Assim, na classificação desse grupo, seriam fatores distintivos, principalmente, a presença de reduzido capital inicial e alguma experiência profissional (maior iniciativa e autonomia para comandar microempreendimentos), presença mais importante de estabelecimentos e de proprietários e sócios, "empreendedores", negociantes e, por isso, também pela presença (embora reduzida) de trabalhadores assalariados, ajudantes e familiares (remunerados ou não). Este segmento seria constituído por atividades, tais como: pequeno comércio precário e unidades de prestação de serviços em bairros e regiões empobrecidas ou deterioradas[61]; comércio

---

(61) Como no caso dos pequenos negócios da periferia ou de regiões deterioradas das grandes cidades, ou em favelas e assemelhados em países como o Brasil: botecos, armarinhos, açougues, cabeleireiros, mercados, precárias oficinas de reparos e manutenção etc. Nesse sentido, não somente

de rua estabelecido (em barracas regulares localizadas em ruas, praças, bancas de jornais em bairros periféricos, lanchonetes, bares, locais para comércio ambulante regular, feiras de artesanato); trabalhadores avulsos com relativa qualificação (pedreiros, azulejistas, pintores, encanadores, vendedores ou representantes comerciais de médio grau de instrução e qualificação profissional).

De forma semelhante à dinâmica do Segmento IA, também a dinâmica deste Segmento IB é fortemente influenciada na razão direta da oferta de força de trabalho e dos baixos salários, da concentração de renda — fatores também influenciados pelo rápido crescimento demográfico, destruição das atividades não mercantis e migração rural-urbana —, e na razão inversa da demanda por força de trabalho nos setores mais organizados, ou seja, do ritmo de acumulação de capital e de geração de emprego nas atividades capitalistas. Entretanto, nem todas as atividades deste segmento seriam acessíveis, pela falta de algum capital inicial e de alguma qualificação pessoal/profissional para desenvolver a atividade, ao conjunto da população migrante e desempregada, em alguns casos sendo ainda mais difícil a entrada para os jovens.

Outras atividades em que as barreiras tecnológicas e financeiras são reduzidas, mas maiores que no Segmento IB, e que contempla atividades em que estas barreiras são inexistentes ou menos importantes do que as barreiras à entrada determinadas pela necessidade de elevada qualificação profissional, *constituem o universo que será denominado de Segmento IC*[62].

Este segmento é constituído por pequenos negócios com importantes barreiras à entrada — em termos de volume de capital, mas principalmente em termos de qualificação profissional —, contando também com algumas vantagens associadas às imperfeições de mercado, fatores que seriam suficientes para constituir um subgrupo de pequenos negócios relativamente organizado, com maior grau de formalização/legalização, participação mais elevada de trabalho assalariado, maior produtividade e níveis mais elevados de rendimento e de proteção social dos envolvidos, principalmente de seus proprietários. Esse segmento seria constituído por atividades tais como: pequenas atividades industriais diferenciadas, pequeno comércio organizado (mais capitalizado e melhor estabelecido e localizado, como estabelecimentos

---

o volume de capital inicial para o desenvolvimento da atividade é muito baixo, assim como é reduzido o trabalho assalariado e o rendimento de todos os envolvidos nas atividades.

(62) São classificações que podem ser úteis, por exemplo, para diferenciar a pequena empresa comercial organizada e instalada nas áreas ou em centros de comércio mais desenvolvidos (*shopping center*; regiões de comércio mais sofisticado), que exigem maior montante de capital e podem utilizar trabalho assalariado, em relação ao comércio ambulante, pequeno comércio de regiões empobrecidas, favelas etc., organizados pelo trabalho autônomo, individual ou familiar, presentes no Segmento IB.

em centros regionais, em *shopping center*, em bairros de alta renda); inúmeros pequenos negócios de prestação de serviços (escolas para crianças, de línguas e de computadores, academias de ginástica, empresas de turismo, oficinas de reparo e manutenção, escritórios de contabilidade e de despachantes; consultórios médicos, odontológicos, de advogados, de consultores financeiros); profissionais autônomos como músicos, pintores e diversos artistas, professores particulares. Neste caso, é importante também a presença de profissionais, cuja trajetória familiar lhes proporcionaram um conjunto de monopólios sociais (educação, cultura, herança etc.), criando vantagens para a sua inserção em diversos tipos de atividades. Esse aspecto é importante, inclusive, para abrir oportunidades de negócios por meio do acesso à renda das camadas médias e altas da sociedade, trajetória praticamente fechada para a maior parte dos trabalhadores das atividades dos Segmentos IA e IB [63].

Neste segmento, a presença de trabalho assalariado já é mais relevante, mas ainda é importante a presença de trabalhadores autônomos, profissionais liberais e proprietários. Neste segmento típico de pequenos negócios mais organizados, da pequena e média burguesia mercantil e das atividades de profissionais liberais, o rendimento dos proprietários ou dos trabalhadores autônomos tende a ser mais elevado, mas o rendimento e as condições de trabalho dos assalariados podem ser mais ou menos precárias, dependendo, por exemplo, do excedente relativo de força de trabalho, da importância da organização sindical e da legislação sobre a regulação do mercado de trabalho. A maior presença de assalariados significa maior relevância da legislação trabalhista e de sua efetiva aplicação para a melhoria das condições de trabalho neste universo.

No interior do conjunto do Segmento I, a possibilidade de utilização de novas tecnologias e de um elevado grau de conhecimento científico e tecnológico pode viabilizar a existência ou permitir o surgimento de novas atividades. Entretanto, uma vez definido como um segmento que não concorre e não depende das empresas mais estruturadas (médias e grandes) e que não apresenta elevadas barreiras à entrada (principalmente em termos de capitais e de tecnologia), as atividades típicas de pequenos negócios industriais nesse segmento seriam aquelas associadas à exploração de nichos de mercados, produção de produtos tradicionais diferenciados ou novos produtos, e de atividades diferenciadas de prestação de serviços. Em princípio, deve-se considerar como um segmento com reduzido peso de unidades industriais (e da ocupação gerada) dinâmicas, flexíveis, especializadas, modernas e eficientes. A dinâmica de expansão/contração desse segmento estaria, ainda,

---

(63) Os impactos das inovações tecnológicas podem atingir de forma especial as atividades do Segmento IC, que são mais capitalizadas e contam com trabalhadores mais qualificados, em melhores condições, portanto, de beneficiarem-se de novas demandas colocadas pelas novas estratégias organizacionais das GEs, podendo ser atraídas para as suas relações de dominação e subordinação.

mais determinada pelos fluxos de renda determinados pela dinâmica da grande empresa, pela diversificação da estrutura produtiva e social, pelo grau de urbanização e de sofisticação da estrutura de consumo, processo no qual se destaca a crescente participação e diferenciação das atividades do setor Terciário [64].

Nas principais atividades do Segmento IC — com algumas exigências mais significativas em termos de volume de capital inicial e, principalmente, de qualificação profissional e domínio de alguma tecnologia — são fatores determinantes importantes a acumulação de pequenos capitais e o desenvolvimento de estruturas educacionais e de formação profissional e capacidade de domínio tecnológico; por isso são importantes também os monopólios sociais de muitos trabalhadores/empregadores integrantes deste subgrupo. O ritmo de crescimento econômico (passado e futuro) e o modelo de desenvolvimento socioeconômico (associados a diversas formas de monopólios socioculturais e de propriedade) são fundamentais para determinar as condições de surgimento, permanência e expansão dessas atividades. Dessa forma, não somente o crescimento econômico e da renda *per capita* são decisivos na determinação das oportunidades criadas e do volume de rendimentos de proprietários, profissionais liberais e trabalhadores autônomos a elas associados, como as estruturas sociais e institucionais têm relevância na determinação dos rendimentos dos trabalhadores assalariados — por meio da legislação trabalhista e social, da organização sindical, da política de salário mínimo, de políticas de combate à concentração da renda e aos monopólios sociais etc.

Além do maior grau de organização e de produtividade dessas atividades, que são compatíveis com um padrão mais elevado de remuneração e de benefícios trabalhistas, é fundamental a regulação das relações e das condições de trabalho para assegurar um melhor padrão de condições de trabalho e vida dos trabalhadores assalariados, cuja participação é maior nesse segmento. Importância que é maior nos países que enfrentam taxas mais elevadas de desemprego, que pressionam para baixo os salários do mercado geral de trabalho, enfraquecendo também as demandas por benefícios trabalhistas e sociais e até mesmo criando condições favoráveis ao descumprimento da legislação. Nos Segmentos IA e IB, o maior peso do trabalho autônomo e familiar pode significar, em sua imensa maioria, a inaplicabilidade da legislação social e trabalhista e, portanto, são relativamente menores as práticas ilegais e fraudulentas no que se refere às relações de trabalho. No

---

(64) Assim, a dinâmica de diferenciação social, de urbanização e da expansão do segmento de serviços é importante na criação de novos espaços aos pequenos negócios nesse segmento. Ainda que muitas atividades e pequenas unidades tradicionais sejam destruídas, outras são criadas "com um acelerado desenvolvimento das empresas artesanais de luxo que acompanha a sofisticação do mercado urbano" (TAVARES, 1973:195).

Segmento IC, com maior peso do trabalho assalariado, a presença dessas práticas tende a ser relativamente maior, em especial quanto menor a organização e produtividade das pequenas unidades produtivas, menor a organização sindical e maiores o desemprego e a conivência das autoridades responsáveis pela estruturação e funcionamento dos sistemas de fiscalização.

A maioria das atividades do conjunto desse Segmento I estaria concentrada, principalmente, em unidades de pequeno porte em setores marcados pela concorrência imperfeita, com produtos ou serviços tradicionais e em algumas novas atividades, associados às demandas locais ou regionais, com baixas barreiras à entrada, concorrência baseada em preço. O desempenho dessas atividades, portanto, está muito associado ao comportamento relativo da demanda, ou seja, associado tanto ao crescimento da renda, à diferenciação da estrutura produtiva e de consumo, como ao crescimento (e diferenciação social, profissional) da entrada de novos produtores disputando o mercado.

Em geral, a lógica que preside a organização e a dinâmica de parcela expressiva dos pequenos negócios do Segmento I, como um todo, geralmente não viabiliza a acumulação de capital (com exceção de algumas atividades do Segmento IC). Seus proprietários simplesmente sobrevivem com uma renda determinada muito mais pelo rendimento que deriva da sua participação como trabalhador, pois a massa de capital acumulado, em geral, é insuficiente para dar origem a significativos rendimentos do capital (com raras exceções) e para dominar e comandar de forma expressiva o trabalho assalariado. Por isso, grande parte desses pequenos negócios pode ser considerada como empresas não tipicamente capitalistas.

O elevado desemprego tem ainda maior impacto na criação de pequenos negócios quanto menores são as barreiras à entrada (Subgrupos IA e IB). Assim, as atividades menos produtivas, menos desorganizadas e geradoras de menores rendimentos, num contexto de desemprego estrutural ou de forte elevação conjuntural do desemprego, seriam as mais facilmente deterioradas pela elevação da quantidade de produtores ou de ofertantes de seus serviços, em meio à estagnação ou redução da renda determinante da demanda dessas atividades. Neste contexto, as atividades do Subgrupo IC receberiam menores impactos negativos, protegidas pelas barreiras (reduzidas) à entrada, pelo menos em parte, de uma explosão de pequenos negócios concorrentes. Mas essas atividades não deixariam de ser negativamente afetadas pela estagnação ou quedas da renda e da demanda por seus produtos e serviços em momentos de estagnação econômica ou de profunda recessão.

Assim, um ciclo de crescimento econômico sustentado pode não somente reduzir o contingente de trabalhadores cuja sobrevivência dependa dos dois primeiros subgrupos — em função da elevação do emprego no setor mais organizado —, como pode melhorar as condições em que passam a ser desenvolvidas as atividades no seu interior (reduzindo o número de atividades, de pessoas e a concorrência, por exemplo, na prestação de serviços a famílias e no comércio ambulante) e melhorando as condições em termos de capital acumulado, educação e qualificação profissional e domínio tecnológico, fatores importantes para melhorar o grau de organização, a rentabilidade e as condições de trabalho de muitas atividades dos Subgrupos IB e IC, que inclusive podem se expandir quantitativamente, empregando contingentes oriundos do Subgrupo IA.

Por outro lado, longos períodos de estagnação podem elevar a oferta relativa de força de trabalho, dificultar a acumulação de capital, estreitar os mercados pela redução relativa da renda e piorar as condições de educação e de formação profissional, contribuindo para ampliar o número de pessoas dependentes das atividades mais precárias dos Subgrupos IA e IB, ao mesmo tempo em que, pelo efeito da queda relativa ou reduzida expansão da renda, promove o estreitamento dos mercados e acaba também piorando as condições de operação das atividades mais organizadas dos Segmentos IB e IC, com impactos negativos sobre o emprego, as condições e as relações de trabalho. Um cenário de recessão prolongada, portanto, pode provocar uma grande proliferação de pequenos negócios, cuja expressão seria a piora da qualidade da estrutura produtiva e maior precarização do mercado e das relações de trabalho no Segmento I, em especial dos Subgrupos IA e IB [65].

Dessa forma, nos pequenos negócios de reduzida produtividade, como os existentes nos Subgrupos IA e IB — com presença muito mais marcante nos países subdesenvolvidos ou em desenvolvimento e localizados em atividades que não interessam e não são exploradas por grandes empresas —, geralmente as precariedades das condições de trabalho e de vida são generalizadas; a remuneração e as condições de trabalho tendem a ser péssimas até mesmo para parte expressiva dos proprietários — ou precários trabalhadores autônomos, chamados recentemente de "empreendedores".

Fortemente caracterizadas pelo trabalho autônomo, pelo baixo grau de organização e de produtividade, e consequentemente por baixos rendimentos e precárias condições de trabalho, parcela expressiva das pequenas unidades dos Subgrupos IA e IB não apresenta viabilidade econômica, capacidade de manter-se de forma continuada no mercado, com um padrão mais elevado de remuneração, de condições de trabalho e de proteção social e trabalhista. Não somente porque os níveis de produtividade são muito reduzidos para

---

(65) Nesse cenário, muitas propostas e políticas públicas para diversos tipos de pequenos negócios não poderiam ser justificadas pela perspectiva de promoção de maior eficiência econômica, de elevação da produtividade e melhoria nas condições e nas relações de trabalho, mas apenas cumpririam o papel de manter unidades ineficientes economicamente e marcadas por enormes precariedades no mundo do trabalho.

garantir boas condições de trabalho e de remuneração aos trabalhadores autônomos e proprietários, como porque a debilidade produtiva e a pequena participação do trabalho assalariado também revelam a inaplicabilidade, a ausência de eficácia imediata e a menor importância da legislação social e trabalhista na maioria de suas atividades.

Nestes casos, somente profundas mudanças na estrutura produtiva, num contexto macroeconômico e estrutural de crescimento sustentado, capazes de criar alternativas de ocupação em segmentos mais organizados e eficientes, poderão representar uma alternativa efetiva, eliminando parte dessas atividades e empregos precários, ao mesmo tempo em que permitirão a sobrevivência de uma parcela em condições econômico-financeiras mais favoráveis e compatíveis com a elevação do padrão de utilização da força de trabalho[66]. De qualquer forma, a superação dos principais problemas da maioria das atividades do Segmento I requer importantes mudanças macroeconômicas e estruturais que viabilizem a ampliação e o desdobramento das estruturas mais capitalizadas, organizadas, eficientes, compatíveis com progressivas elevações da produtividade e melhoria das condições de trabalho[67].

1.4.2. Trabalho nas pequenas unidades independentes concorrentes com médias e grandes empresas

Um segundo universo de pequenos negócios, denominado de Segmento II, pode ser definido como sendo constituído pelas pequenas unidades independentes — que operam em mercados com barreiras à entrada mais significativas, ocupados por médias e grandes empresas — ou pequenas empresas atuando em mercados em que as grandes não têm vantagens e/

---

[66] Nesse sentido, não somente determinadas políticas públicas não serão eficazes e recomendáveis à melhoria da situação econômica dos Subgrupos IA e IB, como também as precárias condições de trabalho não serão superadas pela sua manutenção e sim pela superação, vale dizer, pela eliminação da maioria de suas precárias atividades. Para o Subgrupo IC, entretanto, deve-se enfatizar a importância e a possibilidade de adequadas políticas públicas mostrarem-se eficazes para a melhoria da situação econômico-financeira e, principalmente, do poder dos sindicatos e da legislação trabalhista, para que a melhor situação econômico-financeira deste subgrupo mais organizado, ou os recursos públicos a ele destinados, não sejam apropriados somente pelos proprietários.

[67] Algumas políticas públicas de apoio ao segmento de pequenas empresas poderiam ter papel mais relevante para as atividades do Segmento IC, mais organizadas e eficientes e em muitos casos viáveis economicamente e capazes de elevar o padrão trabalhista. Entretanto, deve-se lembrar de que seriam incentivos justamente aos pequenos negócios em melhores posições nesse subgrupo, sendo, portanto, muito relevante avaliar a própria capacidade de esse segmento absorver os custos do cumprimento da legislação trabalhista e social sem a utilização de recursos públicos que pudessem reforçar ainda mais a situação de elevada renda de muitos de seus proprietários. Em muitos desses casos, uma efetiva política de salário mínimo, ao lado de uma fiscalização trabalhista rigorosa, deveriam apresentar importantes melhorias na estruturação do mercado e das condições de trabalho, assim como uma estrutura tributária mais progressiva contribuiria de forma decisiva para reduzir as intoleráveis situações de desigualdade de rendimentos, como é em especial o caso brasileiro, no qual muitas pequenas empresas apresentam elevados rendimentos e um padrão rebaixado de utilização da força de trabalho.

ou interesses em atuar, ou ainda pequenas empresas atuando em espaços bem delimitados (nichos) e não ocupados temporariamente pelas grandes empresas, mas passíveis de vir a ser ocupados por maiores empresas[68]. Neste universo, a permanência dos pequenos negócios estaria diretamente associada à lógica e estratégia de concorrência entre as grandes empresas, mas também a algumas imperfeições de mercados e ao sucesso das pequenas empresas em ocuparem nichos de mercados. Isso permitiria a sobrevivência de um conjunto de pequenos negócios em alguns segmentos produtivos liderados por um conjunto reduzido de grandes empresas, tais como nas seguintes atividades: indústrias de bebidas, alimentos, calçados, tecidos e confecções, metalúrgica, construção civil, comércio atacadista e varejista, produção de alguns bens industriais intermediários etc.

Neste segmento, é possível diferenciar os pequenos negócios caracterizados principalmente pela produção de produtos ou serviços de baixa qualidade, utilização de um padrão de trabalho rebaixado (trabalho desqualificado, baixos salários, flexibilidade e rotatividade da força de trabalho), tecnologia convencional ou ultrapassada, com o qual buscam, precariamente, construir condições de se manter em mercados também ocupados por grandes e médias empresas, *o qual será denominado de Segmento IIA*. Neste caso, a permanência de pequenas unidades concorrendo com as grandes empresas, impossibilitadas de obterem os mesmos ganhos de escala (externos e internos), estimulam-nas a buscar redução de custos a partir da utilização de um padrão rebaixado de utilização da força de trabalho, menores salários e benefícios trabalhistas, ou seja, o rebaixamento da remuneração e das condições de trabalho é um fator importante na estratégia de concorrência de parte das pequenas empresas neste segmento, contemplando a utilização de procedimentos ilegais e fraudulentos nas relações de trabalho[69].

---

(68) Dessa forma, a estratégia de concorrência e o poder de mercado da grande empresa têm grande importância na definição das possibilidades e das formas de sobrevivência da maioria dessas pequenas unidades. Excluídas as imperfeições de mercado (localização geográfica, atendimento especial aos clientes, produtos diferenciados, proximidade da clientela), nos setores onde, por definição, as economias de escala são relevantes, as barreiras à entrada são geralmente muito mais elevadas nestes casos do Segmento II do que nos demais grupos definidos anteriormente.
(69) Negociações mais centralizadas de pisos salariais e benefícios trabalhistas, por ramos ou setores de atividade, sem diferenciação por tamanho de empresa, assim como uma política de valorização do salário mínimo podem minar a viabilidade da estratégia das empresas que permanecem nesses mercados a partir da utilização de um padrão precário de utilização da força de trabalho. Promoveria estímulos a ganhos assentados na elevação da produtividade e na eficiência econômica, na modernização tecnológica, assim como a eliminação das unidades incapazes de sobreviver respeitando os padrões de direitos sociais e trabalhistas estabelecidos. Nesse sentido, a implementação de diversas políticas públicas nas áreas creditícias, tecnológicas, tributária, entre outras, podem servir como medidas compensatórias às desvantagens em relação às grandes empresas e alcançar maior eficácia e, por isso, podem ser justificáveis e defensáveis.

Dentro do Segmento II, outro universo pode ser caracterizado por pequenos negócios que concorrem em mercados onde estão presentes médias e grandes empresas, mas com estruturas organizacionais mais flexíveis, especializadas em apenas um produto ou serviço, altamente dinâmicas, utilizando tecnologia avançada e trabalho altamente qualificado, assim como empresas bem-sucedidas, explorando espaços bem delimitados (em produtos, processos) com flexibilidade e dinamismo suficientes para encontrar novos mercados, superando eventuais restrições ou deterioração dos segmentos em que atuam, **o qual será denominado de Segmento IIB**. Neste segmento, o tipo de ocupação gerada tende a ser melhor: trabalho mais qualificado, melhores condições de trabalho e rendimento mais elevado[70].

No caso da pequena empresa industrial, o peso do emprego gerado neste segmento de pequenas unidades bem-sucedidas tende a ser pequeno no conjunto da estrutura ocupacional de muitos países capitalistas. Não são desprezíveis as dificuldades e barreiras a ser superadas por estes pequenos negócios para alcançar tal situação confortável em mercados que podem ser ocupados por médias ou grandes empresas, ou por menores unidades/plantas a elas ligadas. Dessa forma, o espaço tende a ser restrito e de difícil acesso às pequenas empresas neste segmento e poucas conseguem sobreviver e prosperar, considerando as necessidades de organizarem-se com elevados níveis de produtividade e eficiência econômica, com relativa autonomia em relação ao poder de dominação e exploração das GEs, ser capazes de garantir boa rentabilidade aos seus proprietários e, ao mesmo tempo, utilizar força de trabalho altamente qualificada e bem remunerada. Esses espaços, contudo, variam de forma significativa em função das diferentes características de cada economia nacional e ganham mais relevância em estruturas produtivas modernas, marcadas pela maior intensidade na utilização de tecnologias avançadas e força de trabalho altamente qualificada, aspectos mais presentes nas economias capitalistas desenvolvidas.

1.4.3. Trabalho nas pequenas empresas em relação de dependência e interdependência

Outras empresas autônomas atuam em relações de dependência da média ou grande empresa, ou em relações de cooperação e/ou interdependência — em sistemas comunitários, como os distritos industriais e aglomerações

---

(70) "Em sua dimensão relacionada ao trabalho, a EF, ao revalorizar o 'virtuosismo', abre perspectivas para a reincorporação, no lado 'real' da economia, de contingentes de mão de obra que de outra forma só poderiam inserir-se na atividade econômica nos limites da chamada economia subterrânea. Essa reincorporação, por si só, poderia representar a criação de novos 'nichos' de mercado." (SOUZA, 1995: 107/108).

setoriais que podem viabilizar a existência de um número maior de pequenas empresas "independentes", organizadas, dinâmicas, com utilização de tecnologia avançada e trabalho altamente qualificado. Essas unidades serão consideradas como constituindo o segmento de pequenas empresas cuja estratégia para permanecer no mercado funda-se nas relações com outras empresas, que por esse motivo *conforma um outro universo que será denominado de Segmento III*.

Os casos de relações entre pequenas empresas em associações ou modelos de cooperação constituem *o universo que será denominado de Segmento IIIA*. Neste segmento, a organização dos pequenos negócios em distritos industriais marcados por pequenas unidades altamente flexíveis e especializadas, cooperando entre si, pode ser compatível com um padrão de utilização da força de trabalho marcado pela elevada qualificação, remuneração e produtividade[71]. Entretanto, em alguns casos, as vantagens competitivas de distritos ou de parcelas de empresas neles localizadas podem resultar também da utilização de um padrão rebaixado de utilização da força de trabalho (baixos salários, trabalho temporário, ilegalidades nas relações de trabalho, precárias condições de saúde e segurança).

Por outro lado, as pequenas unidades que, não sendo concorrentes diretas na produção de bens ou prestação de serviços, apresentam fortes laços de dependência das formas de organização da grande empresa, por estar, de alguma forma, articuladas — nos diversos setores de atividades ou em relações inter-setoriais — como subcontratadas, terceirizadas, franquiadas ou fortemente dependentes da venda de seus produtos para a grande ou média empresa constituem **um universo que será denominado de Segmento IIIB**. Esse grupo seria constituído por atividades tais como: fornecedores de peças e componentes industriais (para indústria mecânica, metalúrgica, eletrônica, elétrica, construção civil etc.); fornecedores de matérias-primas agropecuárias (para indústria de alimentos, química e farmacêutica, calçados, móveis etc.); prestadores de assessoria técnica em projetos de engenharia e arquitetura, *marketing*, contabilidade, informática, advocacia, eventos, manutenção de prédios e equipamentos, limpeza, segurança, transportes, saúde e segurança no trabalho, agenciadores de força de trabalho para atividades sazonais, franquias no comércio varejista e atacadista e diversos tipos de serviços de apoio às atividades econômicas.

---

(71) "Vários fatores contribuem para isso, entre eles pressões de sindicatos e legislações trabalhistas — embora as instituições governamentais façam vistas grossas à precariedade do trabalho, em determinadas circunstâncias de agudo desemprego, por exemplo. Mesmo que sobrevivam a essas pressões, dificilmente as empresas resistem às imposições do tipo de concorrência que caracteriza os distritos. Essa concorrência força a busca de vantagens de natureza mais duradoura, na medida em que é regida pelo princípio básico de que todos têm um lugar assegurado, mas nenhuma posição é garantida" (SOUZA, 1995: 107).

Em alguns casos, esse processo pode significar exigências de padrões de qualificação profissional e de cumprimento de normas e regras sociais e trabalhistas, ou seja, de um padrão trabalhista superior ao utilizado pelas empresas independentes do "suadouro". Entretanto, neste Segmento IIIB, o futuro de parcela das pequenas unidades está associado ao das empresas líderes, cujo poder de mercado pode impor uma pressão recorrente para o rebaixamento do padrão de utilização e de remuneração do trabalho, em parcela expressiva das pequenas unidades subordinadas (subcontratadas, terceirizadas etc.). As estratégias de organização das grandes empresas podem também priorizar a transferência de custos e riscos ambientais ou das relações de trabalho, e assim exercer pressão pela redução dos custos e rebaixamento do padrão de utilização da força de trabalho[72]. Às mudanças nas formas de organização nas grandes empresas corresponderiam também mudanças nas suas formas de dominação: o rigor do controle dos custos, principalmente do trabalho, e os riscos das atividades capitalistas estariam cada vez mais sendo transferidos para as menores empresas, com menor poder de mercado e, dessa forma, também para os seus trabalhadores, principalmente para as unidades do Segmento IIIB[73].

Muitas formas de organização das pequenas empresas, no Segmento III, podem receber impactos dinâmicos de importantes inovações tecnológicas e gerenciais, de mudanças nas formas de comércio internacional e das estratégias globais de produção ou de compra de peças e partes componentes, assim como de mudanças institucionais. Essas últimas podem não somente viabilizar as mudanças induzidas pelas inovações, mas mais do que isso, propiciar novas formas de articulação entre grandes e pequenas empresas,

---

(72) Algumas estratégias de fragmentação das grandes e criação de várias unidades menores no setor privado buscam um conjunto de vantagens e melhor capacidade de adaptação a novas situações, inclusive para livrar-se de segmentos sindicais mais organizados e de suas conquistas trabalhistas. Por outro lado, as atividades do setor público estatal foram, em geral, desconsideradas na análise da dinâmica dos pequenos negócios em função das suas especificidades. Entretanto, casos de terceirização na administração pública, nos serviços sociais e em empresas públicas podem ter impactos importantes sobre o segmento de pequenos negócios, contribuindo geralmente para piorar as condições e as relações de trabalho. No Brasil, a enorme terceirização de diversas atividades do setor público, de empresas e bancos públicos, principalmente a partir dos anos 1990, contribuiu de forma significativa para o contexto de precarização do mercado de trabalho.
(73) As condições de saúde e segurança no trabalho geralmente são pioradas nos processos de externalização da produção para empresas menores e despreparadas para proteger os trabalhadores dos riscos inerentes ao processo de produção e para enfrentar o seus custos. Esse conjunto de mudanças, entretanto, depende do marco regulatório e das especificidades a que estão submetidas as empresas (grandes, médias e pequenas) em cada economia nacional. Subcontratações regulamentadas por instrumentos legais que colocam exigências de responsabilidade solidária das contratantes (geralmente grandes empresas) podem contribuir para uma menor utilização de externalização ou modificar o grau de dominação e exploração das contratantes sobre as contratadas. Muitos processos de subcontratação e terceirização mostram-se flagrantemente ilegais, diante das legislações social, trabalhista, previdenciária e dos acordos sindicais existentes em muitos países.

anteriormente inaceitáveis por seus resultados sobre as condições de trabalho e o meio ambiente, ou mesmo sobre questões tributárias e relativas ao comércio internacional.

A dinâmica de organização das grandes empresas, inclusive do processo de trabalho, e de articulação com outras unidades produtivas (média, pequena ou micro) não está determinada única e exclusivamente por seus padrões tecnológicos subjacentes ao modelo de especialização flexível, mas também marcada pela busca de flexibilidade que transcende as determinações dadas pelas novas tecnologias. Ou seja, não são apenas os impactos das inovações tecnológicas — como nos sistemas de especialização flexível coordenados por uma grande empresa (Segmento IIIB) ou nas atividades organizadas em formas de cooperação, aglomeração setorial, distritos industriais (Segmento IIIA) — que impõem novas formas de organização e de processos de trabalho às grandes empresas, embora essas possam ter impactos relevantes em determinados segmentos. A busca de flexibilidade transcende os limites dados pelas novas tecnologias, e as novas formas de gestão e de organização do processo de trabalho também têm impactos sobre os espaços criados para os pequenos negócios e sobre as condições em que esses organizam seu próprio processo de trabalho e definem o volume de emprego, a remuneração e as condições e relações de trabalho em suas atividades[74].

Esse mesmo raciocínio estende-se às possibilidades legais ou à tolerância quanto às ilegalidades relativas aos processos de terceirizações e de contratação de pessoas jurídicas nas grandes e médias empresas (firmas individuais com apenas uma pessoa), que rigorosamente desenvolvem atividades de trabalhadores assalariados. A perspectiva de desemprego leva muitos profissionais especializados a aceitar a troca do vínculo empregatício por uma situação fraudulenta, na qual sua relação passa a ser de pessoa jurídica com a empresa, motivo pelo qual se ampliam a abertura de muitas firmas individuais e a prática de ilegalidades nas relações de trabalho. Nesses casos,

---

(74) "... a questão envolve desde a perda de flexibilidade da sociedade pela intensificação do processo de oligopolização e de regulação, paralelamente ao envelhecimento das organizações e instituições, até a rigidez que conquistas sindicais e legislações trabalhistas impõem à administração da força de trabalho (em relação a salários, admissões e demissões, jornada de trabalho, segurança no trabalho, mobilidade de mão de obra no interior da fábrica etc.). Note-se que a busca (e alcance) de flexibilidade em oposição a esse tipo de rigidez pode representar de fato a proliferação de formas precárias de trabalho. Esse tipo de 'flexibilidade' (que aparentemente tende a aumentar em economias desenvolvidas e em desenvolvimento e em pequenas e grandes empresas) não apresenta qualquer relação positiva com o 'novo' e com a competitividade. (...) Aliás, flexibilidade desse tipo tem caracterizado a história toda do capitalismo (CURRY, 1992). Nas duas últimas décadas, porém, têm proliferado (algumas novas, outras rejuvenescidas), em nome da flexibilidade, formas casuais de emprego, tais como trabalho temporário, trabalho em domicílio (e o computador potencializou as oportunidades nesse campo), trabalho subcontratado, empregados 'terceirizados', estagiários com funções ampliadas etc" (SOUZA, 1995: 76/78).

a terceirização ou subcontratação, que provocam expansão dos pequenos negócios, são dirigidas a ex-assalariados da própria empresa, levados a abrir apenas formal e juridicamente a empresa — sem sócios, empregados ou estabelecimentos — mantendo-se nas mesmas funções na empresa, mas com modificações vantajosas para as empresas empregadoras, na remuneração (menor ou variável) e nos encargos previdenciários e trabalhistas ou no cumprimento de acordos sindicais[75].

Processos ilegais e fraudulentos nas relações de trabalho das empresas subcontratadas e terceirizadas, rebaixando o custo do trabalho, beneficia não somente a pequena empresa, mas também, e provavelmente ainda mais, a grande empresa que define as condições (qualidade e preço) de compra dos produtos de suas pequenas fornecedoras. Regulamentações nesses processos podem não somente reduzir o interesse das grandes empresas em alguns processos de subcontratações e terceirizações, como melhorar a posição dos pequenos negócios nas negociações, melhorando seus preços, suas condições de operação, e repartindo solidariamente a responsabilidade e o risco com as grandes empresas, o que pode refletir-se em melhorias nas condições de trabalho nos pequenos negócios.

Enfim, esta tentativa de construir uma tipologia dos pequenos negócios busca criar melhores condições para a compreensão dos impactos das diferentes estruturas produtivas capitalistas sobre o mundo do trabalho nos pequenos negócios e sobre o mundo do trabalho no capitalismo. Entretanto, a análise da dinâmica determinante das diferentes estruturas e de seus ritmos e formas de transformação — em termos do maior ou menor peso dos pequenos negócios, das suas diferenças qualitativas quanto ao grau de organização, de eficiência, de produtividade, de padrões tecnológicos — deve ser feita a partir de uma análise concreta das especificidades de cada economia nacional, ou seja, considerando os contextos históricos e socioeconômicos específicos do desenvolvimento capitalista em cada nação, de forma a considerar também um conjunto importante de aspectos que tem o poder de alterar a conformação do universo de pequenos negócios.

Nesse sentido, o ritmo de desenvolvimento capitalista e de crescimento econômico é uma variável fundamental na análise da dinâmica determinante da estrutura que define os diferentes tipos e pesos dos pequenos negócios na estrutura produtiva e também seus impactos sobre o mundo do trabalho. Mas

---

(75) "Como já mencionado, o modelo de EF proposto por Piore & Sabel parece ter sido 'vacinado' contra a flexibilidade em suas conotações perversas. Assim, por exemplo, ressaltam a importância de trabalhadores habilidosos, 'os artistas' da profissão, mas não discutem sua remuneração, com o que ficaria evidenciado que nem sempre a relação entre elas é direta. Em termos gerais, a questão das condições do mercado de trabalho subjacente à EF não aparece contemplada nas considerações dos autores. (...)" (SOUZA, 1995: 107/108).

outros aspectos são também relevantes para compreender as especificidades do segmento de pequenos negócios em cada economia nacional.

Portanto, a compreensão dos processos que determinam os diferentes pesos e composições quantitativas e qualitativas dos pequenos negócios, nas estruturas produtivas de cada economia nacional, exige uma análise que contemple uma perspectiva histórica do desenvolvimento capitalista da estrutura que se pretende analisar, ou seja, uma perspectiva que contemple não somente a lógica mais geral do desenvolvimento capitalista, mas que incorpore os elementos singulares e concretos que definem a dinâmica de estruturação e de transformação dessas estruturas. É essa perspectiva que norteia a abordagem dos capítulos seguintes, que buscam compreender a estrutura dos pequenos negócios no Brasil, seus determinantes e suas transformações, tendo em vista a melhor compreensão das condições e das relações de trabalho estabelecidas neste segmento nos últimos 25 anos, e seus impactos sobre conjunto do mundo do trabalho no Brasil contemporâneo.

Trabalho em Pequenos Negócios no Brasil: o saldo da década perdida

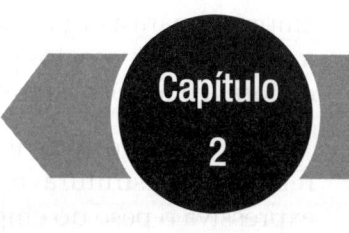

Capítulo 2

2.1. Impactos da estagnação econômica sobre a ocupação no segmento de pequenos negócios no Brasil

Nos últimos 25 anos, o contingente de ocupados em pequenos negócios no Brasil expandiu-se fortemente, com elevados ritmos de expansão do emprego assalariado formalizado e do emprego sem carteira de trabalho assinada, assim como do número de empregadores e de trabalhadores por conta própria desenvolvendo atividades em pequena escala. Essa expansão é, em grande medida, expressão da deterioração do mercado de trabalho nos anos 1980 e da profunda desestruturação do mercado e das relações de trabalho resultantes das mudanças ocorridas a partir do início dos anos 1990 e, em especial, dos seus impactos no período 1994-1999[76]. Ou seja, a expansão do universo de ocupados no segmento de pequenos negócios foi, ao mesmo tempo, uma expansão de um universo de ocupações marcado por piores postos de trabalho, rendimentos mais reduzidos e instáveis, condições e relações de trabalho mais precárias, menor grau de proteção social, trabalhista e previdenciária, piores condições de saúde e segurança no trabalho, menor grau de organização e mobilização sindical.

Nos anos 1980, o emprego formal das micro e pequenas empresas teve sua participação levemente aumentada no conjunto da estrutura ocupacional do setor formal em aproximadamente dois pontos percentuais. Em termos absolutos, os dados da RAIS registraram uma elevação de 4,4 para 6,8 milhões, entre 1980 e 1989. Apesar da expansão quantitativa do emprego formal em ramos de atividade importantes, como a Indústria de Transformação e a Construção Civil, o peso do emprego formal das MPE passou a ser relativamente maior no interior do setor Secundário, no final da década. Isso significou uma leve deterioração da estrutura ocupacional do setor

---

(76) A desestruturação do mercado e das relações de trabalho é entendida como a significativa perda de participação das ocupações assalariadas formalizadas e estruturadas no conjunto da estrutura ocupacional.

Secundário: relativamente, menor participação dos bons postos de trabalho, associados a rendimentos mais elevados e maiores benefícios trabalhistas; redução relativa da importância dos empregos das médias e grandes empresas para a organização sindical. Este processo teve como contrapartida a elevação do peso dos postos de trabalho associados a menores rendimentos e piores condições de trabalho das micro e pequenas empresas.

O emprego formal do conjunto do setor Secundário perdeu posição relativa na estrutura ocupacional do setor formal, avançando de forma expressiva o peso do emprego formal das atividades do setor Terciário, mais no conjunto das atividades dos Serviços do que no Comércio. Essa mudança foi suficiente para que a década de 1980 fosse marcada pelo fato de que a participação do emprego formal do setor Terciário passasse a superar a do setor Secundário.

Com isso, do total de emprego formal no segmento de micro e pequenas empresas, elevou-se expressivamente a participação do emprego formal do setor Terciário (de 60% para 66%), em detrimento do emprego das MPEs do setor Secundário, cuja participação reduziu-se de 39,6% para 33,2%. Ou seja, o emprego formal em micro e pequenas empresas passou a ser, no final da década, ainda mais importante no setor Terciário: aproximadamente dois em cada três empregos formais das pequenas empresas do setor privado não agrícola. E essa expansão foi quase totalmente concentrada nas MPEs do conjunto das atividades do setor de Serviços, pois o emprego formal nas MPEs do setor do Comércio praticamente manteve sua participação no total do emprego formal em MPEs do setor privado.

Esse comportamento foi suficiente para que o número absoluto de emprego formal nas MPEs do setor de Serviços — que era menor do que nas MPEs do setor Secundário e do Comércio em 1980 — passasse a conformar o maior universo de empregados formalizados em MPEs no final da década. Com o fraco desempenho do crescimento do emprego formal nas MPEs do setor Secundário, no final da década o total de emprego formal das MPEs do Comércio já somava quase o mesmo montante do emprego formal das MPEs do setor Secundário.

Essas mudanças na composição setorial do emprego formal das MPEs foram importantes, considerando que, em geral, o emprego formal em pequenas empresas é de pior qualidade no conjunto das atividades do setor de Serviços e do Comércio do que na Indústria. No conjunto dos empregados do setor formal os salários eram muito mais baixos nas MPEs do setor do Comércio e dos Serviços do que na Indústria; nas microempresas da Indústria os salários eram o dobro dos recebidos no Comércio e cerca de 50% maior do que os vigentes no conjunto das atividades de Serviços, diferença menor no caso das pequenas empresas, segundo os dados do Cadastro Central de

Empresas do IBGE. Isso é um indicador também das piores condições de organização sindical e da existência de menores benefícios trabalhistas nas MPEs do Comércio e do conjunto das atividades do setor de Serviços.

O universo de pequenos negócios no setor de Serviços também é muito heterogêneo, do ponto de vista de suas atividades. Entretanto, importa destacar, no caso brasileiro, o fato de que num mesmo ramo de atividade há uma forte assimetria em termos de estruturação: empresas mais estruturadas — mais capitalizadas, com maior grau de assalariamento e de formalização dos vínculos de emprego, mais eficientes, remunerando melhor seus trabalhadores — convivem com empresas descapitalizadas, que contam apenas com o proprietário e poucos assalariados, com reduzida qualificação profissional de trabalhadores e empresários. No ramo de serviços de reparação e manutenção de veículos automotores, por exemplo, observa-se a existência tanto das concessionárias de automóveis e suas oficinas mais organizadas, como das oficinas mecânicas e funilarias de "fundo de quintal"; empresas mais organizadas no ramo de venda de pneus e pequenas borracharias. Observa-se também a presença de pequenas empresas mais organizadas, como concessionárias de grandes empresas de aparelhos eletroeletrônicos para serviços de reparo e manutenção de objetos pessoais e domésticos, ao lado das pequenas oficinas de reparação pouco qualificadas e com reduzido capital e assalariamento. Em outros ramos, observa-se a presença de: bares de periferia e restaurantes sofisticados; pousadas estruturadas atendendo à classe média alta e pensões para as classes populares; pequenas empresas de *marketing* e consultoria jurídica, contábil e de engenharia, com elevada organização e rendimento, e pequenas empresas de prestação de serviços de limpeza, pequenos escritórios de contabilidade, utilizando força de trabalho mal remunerada; pequenas transportadoras de mercadorias mais estruturadas e variadas formas precárias de transporte no meio urbano; empresas imobiliárias e de aluguéis de automóveis mais estruturadas e pequenas imobiliárias e serviços de aluguéis de roupas. A mesma assimetria aplica-se aos casos dos pequenos negócios no setor do Comércio.

A maior expansão dessas atividades, nos ano 1980, promoveu também uma expansão destes pequenos negócios precários no setor Terciário, que apresentam piores condições de trabalho e de remuneração, principalmente se comparadas às vigentes em muitas pequenas atividades industriais.

A proliferação desses pequenos negócios no setor Terciário também esteve associada a uma forte expansão do emprego sem carteira de trabalho assinada nos pequenos negócios. Esse tipo de emprego é de pequeno negócio. Em 1990, o conjunto dos estabelecimentos com até 10 empregados concentrava 71,5% de todos os assalariados sem carteira do setor privado não agrícola do país. Considerando que o universo de pequenos negócios, segundo as classificações mais utilizadas no país, compreende unidades produtivas com número ainda maior de trabalhadores na Indústria (até 99 empregados) e no setor Terciário (até 49 empregados), esses empregados sem carteira assinada muito provavelmente encontravam-se todos no segmento dos pequenos negócios.

Nos anos 1980, a participação do empregados sem carteira assinada elevou-se levemente na estrutura ocupacional, o que significou a presença de 34% do total de empregos do setor privado não agrícola. Estes são essencialmente empregados (sem carteira) de MPE, algo estimado, pelos dados do IBGE, em 8,0 milhões no início e 10,9 milhões no final da década. As limitações das fontes de pesquisas no Brasil e a necessidade de utilizar diversas fontes de informações dificultam a análise da evolução do conjunto do emprego (formal e informal) no universo de pequenos negócios. Entretanto, diante dos 4,4 milhões de empregos formais em pequenos negócios, registrados pela RAIS em 1980, e dos 6,8 milhões em 1989, a comparação com os dados do IBGE mostra que, muito provavelmente, o universo de empregados sem carteira era bem maior do que o de empregados formais em pequenos negócios, tanto no início como no final dos anos 1980. Com grau de confiabilidade ainda menor, em função dos problemas estatísticos, as evidências existentes não indicam, entretanto, diante do expressivo crescimento do emprego formal no conjunto dos pequenos negócios, que o grau de assalariamento sem carteira assinada, neste universo, tenha aumentado — pelo menos substancialmente — entre o início e o final da década.

Mas concentrando praticamente todo o universo de empregados sem carteira de trabalho assinada, no segmento de pequenos negócios concentrou-se uma das expressões do aumento da precariedade do mercado de trabalho brasileiro, tendo em vista que a importância do assalariamento sem carteira assinada aumentou na estrutura ocupacional do setor privado não agrícola brasileiro. E neste sentido pode-se afirmar que, relativamente ao conjunto da estrutura ocupacional do setor privado não agrícola, o universo de empregados no segmento de pequenos negócios, por conta da ampliação do emprego sem carteira de trabalho assinada, concentrava, no final da década, um universo com maior precariedade nas condições de trabalho, relativamente ao início da década.

Considerando o elevado grau de assalariamento sem carteira de trabalho assinada, o peso na estrutura ocupacional e o ritmo de expansão do emprego nos diversos setores, a expansão do emprego sem carteira de trabalho teve impactos mais fortes no emprego dos pequenos negócios dos ramos da Prestação de Serviços, das Atividades Sociais e do Comércio de Mercadorias, mas teve impactos significativos também na Indústria de Transformação.

Nos anos 1980, o maior ritmo de expansão das atividades não assalariadas, reduzindo levemente o peso do assalariamento na estrutura ocupacional, expressou o maior ritmo de expansão de outras formas de ocupação em pequenos negócios: os empregadores e os trabalhadores por conta própria. Estes elevaram sua participação na estrutura ocupacional em dois pontos percentuais, entre o início e o final da década, fato que resultou essencialmente da expansão no período 1981-1984, pois na segunda metade da década o peso dos trabalhadores por conta própria na estrutura ocupacional não agrícola declinou. Entretanto, em números absolutos, os trabalhadores por conta própria continuaram aumentando, com sua forte presença nas maiores cidades e nas metrópoles e nos ramos da Prestação de Serviços, Comércio de Mercadorias, Construção, Transporte, Comunicações e Indústria. Os dados da PNAD (IBGE), para o ano de 1989, estimavam um montante de quase 9 milhões de trabalhadores por conta própria no setor privado não agrícola.

A participação dos empregadores também aumentou na estrutura ocupacional brasileira, de 2,6% em 1980 para 4,3% em 1989, refletindo a expressiva expansão dos pequenos negócios nos anos 1980: em 1990, mais de 80% dos empregadores comandavam estabelecimentos com até 10 empregados. Os dados disponíveis do IBGE estimavam um montante de quase 2 milhões de empregadores em 1989. De forma significativamente diferente do universo de trabalhadores por conta própria, a concentração dos empregadores era maior no Comércio de Mercadorias, na Prestação de Serviços e na Indústria de Transformação. A expansão deste universo foi mais acelerada no período de taxas mais elevadas de crescimento econômico, o que indica uma correlação positiva do crescimento dos empregadores de pequenos negócios com o crescimento econômico; ao contrário do caso dos trabalhadores por conta própria, cujo maior ritmo de expansão, nos anos 1980, ocorreu no período mais agudo da crise econômica: uma correlação positiva com o desemprego, que levou milhões de trabalhadores a buscar estratégias de sobrevivência no meio urbano, onde as condições de subsistência eram cada vez mais mercantilizadas e monetizadas.

Os trabalhadores autônomos apresentam também um elevado grau de heterogeneidade nas formas de organização e estruturação de suas atividades, no nível de rendimentos, nas condições de trabalho e de proteção social e previdenciária. A maior expansão desse segmento no período 1981-1984, de queda do PIB e elevado desemprego, indica que cresceram fortemente as atividades mais precárias e de baixo rendimento, ou seja, aquelas resultantes de estratégias de sobrevivência no meio urbano. Entre 1984-1986, período de maior ritmo de crescimento do PIB e de expansão da renda, a situação de rendimentos dos trabalhadores autônomos melhorou; entretanto, voltou a piorar com a relativa estagnação do final da década. Dessa forma, a expansão deste universo de trabalhadores e a elevação de sua participação na estrutura ocupacional também significou uma tendência de agravamento das condições de trabalho no segmento de pequenos negócios. Tendência que também foi reforçada pela elevação do peso dos trabalhadores não remunerados no meio urbano, cujas atividades são desenvolvidas essencialmente em pequenos negócios.

No caso dos empregadores, principalmente, o período de maior crescimento do PIB (1984-1986) contribuiu para melhorar as condições de surgimento e organização de parcela expressiva dos pequenos negócios, contribuindo para que os seus rendimentos fossem melhorados. Entretanto, considerando a crise do início da década, os problemas relacionados à inflação, aos congelamentos de preços, à lenta expansão do mercado interno no conjunto da década e à relativa estagnação econômica e aceleração inflacionária do final da década, as evidências apontam também para uma pior situação do conjunto dos empregadores ao longo dos anos 1980.

Os empregados com e sem carteira, os empregadores, os trabalhadores por conta própria e não remunerados constituíam um universo de trabalhadores em pequenos negócios, no final dos anos 1980, cuja maior expressão era dos empregados assalariados, podendo ser estimada em cerca de 60%. Para os trabalhadores por conta própria pode-se estimar uma participação de aproximadamente 30%, para os empregadores 6% e para os trabalhadores não remunerados 4%.

Vários aspectos, portanto, contribuíram para a deterioração das condições e das relações de trabalho no segmento dos pequenos negócios: o elevado peso do assalariamento sem carteira; as tendências apontadas anteriormente em relação aos impactos da expansão do assalariamento, formal e informal, nas pequenas empresas do setor de Serviços; o peso e o agravamento das condições de remuneração no segmento do trabalho por conta própria; a expansão do trabalho não remunerado. Assim, aumentou a proporção de ocupados em atividades precárias da Prestação de Serviços e do Comércio de Mercadorias, com menores salários médios, num universo com elevada participação do trabalho sem carteira e, portanto, de empregados sem proteção social, trabalhista e previdenciária, além da maior participação dos trabalhadores por conta própria e não remunerados.

Entretanto, o leve aumento do peso do conjunto dos ocupados na estrutura ocupacional não agrícola, a ausência de evidências de que tenha havido uma elevação do grau de assalariamento sem carteira, a expansão expressiva do emprego formal e dos empregadores são também aspectos que indicam que não houve uma profunda desestruturação do emprego e das condições de trabalho no segmento de pequenos negócios nos anos 1980. Essa evolução teria seguido, portanto, o comportamento geral de deterioração do mercado de trabalho brasileiro nos anos 1980, que não significou uma tendência de desestruturação do mercado e das relações de trabalho e sim de um congelamento da estrutura herdada como resultado do período de industrialização. A situação do mundo do trabalho nos pequenos negócios foi, portanto, a expressão dessa deterioração do mercado de trabalho, cujos efeitos concentraram-se de forma acentuada neste segmento.

2.1.1. Impactos da industrialização e do rápido crescimento sobre os pequenos negócios no Brasil

O significado da evolução do emprego e das condições de trabalho no segmento de pequenos negócios, nos anos 1980, foi, portanto, muito mais parecido a um estancamento do potencial de melhorias nas condições de trabalho deste segmento que o período constituído pelos cinquenta anos anteriores vinha conformando[77]: por meio de sustentadas e elevadas taxas de crescimento econômico que provocaram forte expansão das ocupações não agrícolas no conjunto do setor Secundário e em importantes ramos da Indústria de Transformação; por meio dos impactos da industrialização sobre o setor Terciário, abrindo espaços para um enorme conjunto de atividades passíveis de ser exploradas em pequena escala de forma crescentemente estruturada, eficiente e com maior produtividade; por meio da expansão do assalariamento no setor público e no setor privado que se constituiu como um decisivo fator para mitigar os efeitos de outras tendências que estimulavam o crescimento das ocupações não assalariadas precárias no meio urbano; por meio da progressiva consolidação de um padrão de regulação do trabalho e de instrumentos de políticas públicas na área trabalhista com impactos importantes sobre a formalização das relações de trabalho e melhoria das condições de trabalho em parcela dos pequenos negócios[78].

O intenso processo de industrialização brasileira, num contexto de crescimento econômico acelerado e sustentado entre 1930 e 1980, transformou radicalmente a economia e a sociedade brasileiras, com

---

(77) Entre 1947 e 1980, o PIB cresceu a uma taxa média anual de 7,1%. O PIB industrial (8,5%) cresceu o dobro do da agricultura (4,3%), que também apresentou um desempenho menor do que o PIB da Construção Civil (5,7%). Nas etapas de maiores transformações, como o Plano de Metas (56/61) e o "milagre econômico" brasileiro (67/73), o crescimento foi ainda maior, com média anual de 11,2% entre 67 e 70 e 12,4% entre 70 e 73. Mesmo após a desaceleração econômica dos anos 1970, o PIB cresceu em média 7,1% ao ano (1973-1980).

(78) Entre as inúmeras e importantes transformações econômicas desse período, algumas merecem destaque, tais como: "alta participação da produção industrial no produto total, altas taxas de urbanização; maior participação do emprego assalariado no total da ocupação; altas taxas de crescimento do terciário moderno; diversificação da pauta de exportação com predominância dos manufaturados; consolidação do mercado interno enquanto eixo dinâmico do crescimento; alto grau de heterogeneidade inter e intrasetorial, com atividades com níveis de produtividade muito distintos" (PORTUGAL JUNIOR, 1998: 14).

profundos impactos sobre a estrutura produtiva, demográfica e social. A importância do crescimento econômico nesse período não se expressa apenas pelo seu ritmo elevado, mas também pela natureza de suas transformações econômicas e sociais estruturais. À medida que a produção industrial aumentava rapidamente sua participação na produção total, com seus impactos intra e intersetoriais, aumentava a importância da média e grande empresa (públicas, estrangeiras e nacionais) na estrutura produtiva e os espaços que, direta ou indiretamente, essas abriam para os pequenos negócios.

No período da industrialização restringida, o processo de substituição de importações resultou num peso crescente de investimentos na produção de bens intermediários e de bens de consumo. O período de industrialização pesada promoveu um conjunto de transformações ainda mais importantes na estrutura produtiva, com os enormes impactos dos investimentos nas atividades industriais e no setor de bens de produção, em infraestrutura e no setor da Construção Civil, principalmente com as grandes obras do Plano de Metas, do período do "milagre econômico brasileiro" e do II Plano Nacional de Desenvolvimento (II PND). Esse período foi ainda marcado pela maior presença e importância marcante da grande empresa estrangeira, pela liderança e articulação direta do Estado com os demais segmentos econômicos, por meio das empresas públicas, de financiamentos e de incentivos e subsídios que fizeram parte de um importante conjunto de políticas públicas voltado para estimular o processo de industrialização brasileira. A estrutura industrial diversificou-se rapidamente com a implantação e desdobramento da indústria automobilística, de construção naval, de máquinas e equipamentos, de material elétrico pesado, e com a forte expansão da siderurgia, da indústria de metais não ferrosos, da química pesada, petróleo, papel e celulose etc.

Esses setores, com seus impactos inter e intrassetorial, para frente e para trás, abriram novos e imensos espaços para o surgimento e crescente estruturação de pequenos negócios na indústria e nos serviços prestados às empresas: no complexo metal-mecânico (GONÇALVES, 1976) e, em especial, no complexo automotivo, com seus fornecedores de peças, componentes, prestadores de serviços, pequenas empresas na comercialização de veículos, peças de reposição, postos de gasolina, oficinas de manutenção, empresas de acessórios etc.; no complexo eletrônico, principalmente na rede de comercialização e de assistência técnica; em várias atividades dos polos petroquímicos; na Construção Civil, na indústria de material de construção, na indústria de minerais não metálicos; nos serviços distributivos (comércio, transporte, comunicação); em diversas atividades de serviços auxiliares à atividade econômica (propaganda e *marketing*; escritórios de engenharia e arquitetura; escritórios de consultoria contábil, jurídica e financeira etc.);

nos ramos dos serviços industriais de utilidade pública (distribuição de gás, limpeza urbana, coleta de lixo), entre outras atividades[79].

O maior peso da grande empresa não impediu que os pequenos negócios continuassem ocupando diversos espaços econômicos tradicionais, como nas indústrias de alimentos e bebidas, têxteis, calçados e couro (GONÇALVES, 1976), minerais não metálicos, no comércio de mercadorias. Ao contrário, novos espaços para o surgimento e permanência dos pequenos negócios foram abertos, o que permitiu a expansão desse segmento num ritmo suficiente para manter sua importância relativa em indicadores importantes, inclusive contribuindo para a ampliação de segmentos mais estruturados de pequenos negócios, com maior nível de organização e de produtividade[80].

Na ausência de transformação da estrutura agrária e de outras políticas voltadas para o campo, o processo de industrialização brasileira estimulou uma intensa migração rural-urbana e um acelerado processo de urbanização, potencializando a importância do meio urbano e das atividades e ocupações não agrícolas[81]. Com ele também foram abertos espaços para os pequenos negócios imobiliários e financeiros, para o comércio varejista e atacadista, para os supermercados e pequenas lojas, para as lojas de materiais de construção, para as pequenas empreiteiras na construção civil, para os pequenos negócios exploradores de bares, hotéis, restaurantes e outras atividades na área de alimentação, cultura, lazer, esportes etc. O aumento da demanda por serviços sociais também abriu oportunidades para pequenos negócios nas áreas de educação, saúde, previdência e em algumas formas de consultoria,

---

(79) Na indústria de transformação, o número de pequenas empresas elevou-se de 90.036 em 1950 para 155.997, um crescimento de 73%. Mesmo tendo perdido participação no valor da produção e da transformação industrial, o número de ocupados nas pequenas empresas industriais cresceu na mesma proporção do número de estabelecimentos (72,4%), passando de 710.291 para 1.224.976 ocupados. Tanto o número de estabelecimentos, como o número de ocupados, nos pequenos estabelecimentos industriais, cresceram num ritmo superior ao das empresas industriais com 500 ou mais empregados. Ao longo do período, as pequenas empresas industriais mantiveram sua participação no emprego total da indústria no patamar de quase 50%, mas reduziram sua participação no valor da transformação industrial de 41,13%, em 1950, para 33,42%, em 1970. (GONÇALVES, 1976).
(80) O avanço da industrialização nos anos 1970 reduziu levemente a participação do emprego das pequenas empresas no total de ocupados na indústria de transformação. Em 1976, do total de 3,8 milhões de ocupados na indústria de transformação, as empresas com até 99 ocupados somavam 1,55 milhão, ou seja, cerca de 41%, participação pouco menor do que as relativas aos anos 1950 e 1970 (46,6%). Cf. IBGE; Diretoria Técnica, Departamento de Estatísticas Industriais, Comerciais e dos Serviços. Tabela extraída do Anuário estatístico do Brasil, 1980. Rio de Janeiro: IBGE, 1981, v. 41.
(81) A partir dos anos 1930, com os impactos do processo de industrialização a migração rural-urbana torna-se muito mais relevante. "Se tomarmos a definição oficial de urbano, o país possuía cerca de 31% de sua população residindo em áreas urbanas em 1940, proporção que passa para 36% em 1950, 45% em 1960, 56% em 1970 e 68% em 1980. (...) Nos anos 1970 os acréscimos da população urbana são superiores ao da população total, o que significa que a população rural decresceu em termo absolutos" (PORTUGAL JUNIOR, 1988: 35).

assessoria e prestação de serviços para o setor público, num contexto de forte elevação do gasto público.

Tudo isso contribuiu para a expansão de atividades exploradas pela produção em pequena escala nas atividades do setor Secundário e, principalmente, do setor Terciário, de atividades mais modernas, estruturadas, eficientes e com níveis crescentes de produtividade e, inclusive, em importantes atividades modernas do setor Terciário. A abertura desses espaços para a proliferação de pequenos negócios rentáveis e com potencial de permanecer no mercado foi uma das mais importantes formas de expressão do surgimento de uma nova classe média e do enorme processo de mobilidade social ascendente, impulsionados pelo elevado ritmo de crescimento econômico e pelas transformações socioculturais e demográficas associadas às transformações provocadas pelo processo de industrialização[82].

Esse processo contribuiu também para uma forte expansão do emprego assalariado no meio urbano, num ritmo de crescimento de quase 6% ao ano no período 1950-1980[83]. Entretanto, dada a heterogeneidade da estrutura produtiva e dos níveis de produtividade, uma expressiva parcela da população vivia nas atividades de subsistência ou autoconsumo no meio rural, apresentando baixo grau de mercantilização e de produtividade. Na ausência de reforma agrária e de políticas para manter parte da população no campo, e com os fortes fatores de atração decorrentes dos efeitos provocados pelo elevado crescimento econômico, o vertiginoso processo de migração rural-urbana contribuiu para que fosse enorme a expansão da oferta de força de trabalho no meio urbano, e para que parcela da população não fosse incorporada no mercado de trabalho, mas apenas aos circuitos mercantis, por meio do trabalho por conta própria, em condições de trabalho precárias e com reduzidos rendimentos. O

---

(82) Uma das principais formas de expressão do intenso processo de mobilidade social ascendente do período da industrialização brasileira foi a expansão dos pequenos negócios mais estruturados, articulados ou não às grandes e médias empresas. Em geral, burlando as legislações trabalhista, previdenciária e tributária, num ambiente de elevado e sustentado crescimento, asseguravam receitas crescentes e despesas constantes, com o que a lucratividade e o padrão de vida de seus proprietários lhes proporcionaram uma ascensão social sem precedentes. Assim, também foi um fator importante para o surgimento de uma nova classe média. Para uma visão mais ampla da importância desse processo de mobilidade social ascendente veja João Manuel Cardoso de Mello (1993).

(83) Este conjunto de transformações virtuosas "deu-se com base na aceleração dos ritmos de assalariamento, terminando por ampliar o espaço do trabalho assalariado no interior da população economicamente ativa; foi capitaneado pelos setores ditos mais modernos da economia urbana, tanto no interior do Secundário quanto no do Terciário; deu-se com a elevação da participação das ocupações vinculadas ao Secundário no contexto da economia urbana e a consequente queda na participação das ocupações proporcionadas pelo Terciário, particularmente as identificadas como informais; fez-se com um maior crescimento relativo das ocupações urbanas mais qualificadas, de mais alta produtividade, maior remuneração relativa e maior qualificação do trabalhador; deu-se com intensa ampliação do contingente de trabalhadores cobertos pelos benefícios da previdência social" (PORTUGAL JUNIOR, 1998: 165).

crescimento econômico rápido vinha contribuindo para que esse conjunto de ocupações não assalariadas no meio urbano não aumentasse sua participação na estrutura ocupacional não agrícola, apesar de sua expansão quantitativa e de sua presença já relevante, principalmente nas grandes cidades.

Dessa forma, o rápido crescimento aumentava o peso do assalariamento, por meio da expansão do emprego na grande e na pequena empresa, e continha a expansão dos ocupados não assalariados no meio urbano. A crescente abrangência da legislação trabalhista e social promovia a elevação do peso do emprego formalizado no meio urbano, contribuindo também para melhorar as condições de trabalho, os benefícios trabalhistas e previdenciários. Os ganhos de produtividade alcançados em parte do segmento de pequenos negócios tornaram possível o cumprimento dos direitos sociais e trabalhistas, representando avanços para as condições e relações de trabalho em parcela das atividades desse segmento — em termos de formalização e rendimentos, proteção social e trabalhista — que, diante de um enorme excedente de força de trabalho e de rápida e intensa migração rural-urbana, não seriam assegurados, nem mesmo nas maiores empresas, sem as políticas de regulação do trabalho[84].

Em alguns momentos, como nos anos 1950, a política de salário mínimo contribuiu para elevar os salários de base, com impactos sobre os salários pagos nos pequenos negócios e nos rendimentos dos trabalhadores por conta própria. Entretanto, a política de arrocho salarial dos governos militares atuou na direção contrária da elevação dos salários de base, com fortes impactos negativos sobre os salários dos empregados em pequenos negócios. Grande parte dos empresários desses pequenos negócios enriqueceu rapidamente pagando baixos salários, poucos impostos diretos e descumprindo as legislações trabalhista, social e previdenciária, cuja eficácia era crescente, mas não alcançava o conjunto dos empregados, especialmente nos pequenos negócios. O próprio crescimento econômico resultava em impactos favoráveis sobre o rendimento desses trabalhadores autônomos, em especial nos períodos de mais acelerada urbanização e crescimento do PIB, como no período do "milagre econômico brasileiro".

Neste sentido, cabe destacar que a literatura internacional que analisou, desde o início do século XX, a problemática dos pequenos negócios no capitalismo, não atende às especificidades da estrutura socioeconômica brasileira e da dinâmica do nosso processo de industrialização, não tendo, portanto, capacidade para explicar importantes determinações do crescimento

---

(84) Nesse sentido, foi importante o conjunto de políticas públicas voltadas para a regulação do trabalho, que garantiram um conjunto de direitos sociais e trabalhistas, assim como a política de salário mínimo que, nos anos 1950, principalmente, foi decisiva para a redução da desigualdade dos rendimentos do trabalho.

do segmento de pequenos negócios no Brasil. A heterogeneidade da estrutura produtiva — dos diferenciais em termos de padrões tecnológicos e importância da grande empresa e do capital financeiro, assim como da forma de inserção na divisão internacional do trabalho, da pauta de exportações e importações, relativamente aos países desenvolvidos —, o enorme excedente de força de trabalho, a histórica concentração da propriedade fundiária e ausência de reforma agrária, a enorme e rápida migração rural-urbana, entre outros fatores específicos do processo de formação econômica e do desenvolvimento capitalista no Brasil e em vários países em desenvolvimento, foram elementos que levaram muitos autores latino-americanos a buscar a formulação de interpretações assentadas num diagnóstico que contemplasse essas especificidades, numa visão global e estrutural. Essa perspectiva resultou nas abordagens da teoria da marginalidade e, posteriormente, sobre diversas interpretações em relação ao processo de surgimento e crescimento do "setor informal", ou seja, de um segmento ocupacional e produtivo visto como expressão do subemprego, de atividades desenvolvidas sem um mínimo de estruturação, como estratégias de sobrevivência[85].

Diante dessas especificidades e dos diversos problemas econômicos, sociais e também políticos e culturais delas decorrentes, o dinamismo econômico e as profundas transformações da estrutura produtiva e social promovidas pelo rápido processo de industrialização brasileira não foram capazes de superar todos os outros efeitos dessas especificidades, em geral adversos sobre a estrutura produtiva e social e sobre o mundo do trabalho[86].

---

(85) A esse respeito veja QUIJANO, Anibal. La formación de un universo marginal en las ciudades de América Latina. In CASTELLS, Manuel. *Imperialismo y urbanización en América Latina*. Barcelona: Gustavi Gilli, 1973. TOKMAN, Victor. Las relaciones entre los sectores formal e informal. Una exploración sobre su naturaleza. *Revista de la CEPAL*, Santiago: CEPAL, 1º Semestre. 1978. SOUZA, Paulo Renato de. *Emprego, Salários e Pobreza*. Série Teses e Pesquisas. Campinas: HUCITEC, 1980. CACCIAMALI, M. C. *Um estudo sobre o setor informal urbano e formas de participação na produção*. Tese de Doutoramento. São Paulo, USP, 1982.

(86) Apesar dos avanços, a estrutura social manteve-se fortemente marcada pela desigualdade funcional e regional da renda, pela desigualdade nos rendimentos do trabalho, pela enorme pobreza rural e urbana (explosão das periferias urbanas e de suas precárias condições de infra-estrutura, principalmente nas metrópoles), por parcela expressiva dos trabalhadores em situação de informalidade e precariedade no mercado de trabalho, com reduzidos rendimentos e sem proteção trabalhista e social. Veja CACCIAMALI, M. (1983) Setor informal urbano e formas de participação na produção. IPE/USP: São Paulo. O enorme incremento da renda *per capita*, resultante do vigoroso processo de industrialização e elevado crescimento econômico, contribuiu para elevar o padrão de vida de apenas uma parcela da massa trabalhadora, sendo em grande medida canalizado para elevar fortemente o padrão de vida e de consumo da classe média, conformando um segmento social com padrões de vida de primeiro mundo, ao mesmo tempo em que se mantinha uma parcela enorme de pobres, miseráveis e indigentes, ou seja, que conformava um "abismo" econômico, social e cultural entre esses dois segmentos sociais. As especificidades da estrutura produtiva e social e do mercado de trabalho brasileiro conformaram uma estrutura ocupacional marcada por um menor peso do assalariamento, se comparado aos países desenvolvidos.

Entretanto, as transformações positivas, provocadas por esse processo, estavam contribuindo para progressivamente reduzir o peso da informalidade, do trabalho por conta própria desenvolvido como estratégias de sobrevivência no meio urbano, assim como abrindo espaços para que os pequenos negócios sem um mínimo de estruturação fossem melhorando ou sendo substituídos por outros pequenos negócios mais organizados e rentáveis, porque sua existência era viabilizada pelas profundas transformações na estrutura produtiva, social e institucional, além dos enormes efeitos positivos gerados indiretamente pelos importantes incrementos da renda *per capita* sobre as possibilidades de surgimento e capacidade de milhões de pequenos negócios permanecer no mercado, de forma progressivamente mais estruturada[87]. Nos anos 1980, esses efeitos positivos foram relativamente eliminados com a redução da taxa média de crescimento econômico para menos de 3% ao ano. Muitos dos efeitos negativos da estrutura produtiva e social continuaram presentes e contribuindo para tornar o universo de ocupados em pequenos negócios mais relevante e mais precário nos anos 1980.

2.2. A RUPTURA NA TRAJETÓRIA DE CRESCIMENTO ECONÔMICO ELEVADO E OS IMPACTOS SOBRE O MUNDO DO TRABALHO NOS PEQUENOS NEGÓCIOS

Apesar dos efeitos positivos do processo de industrialização e do crescimento elevado e sustentado, em 1980 era expressiva a proporção de ocupações precárias no conjunto da população economicamente ativa não agrícola, representadas por parcela expressiva de trabalhadores com e sem carteira de trabalho em pequenas unidades produtivas sem um mínimo de estruturação, por expressiva presença do emprego doméstico, de trabalhadores por conta própria, de empregadores de negócios precários e de trabalhadores não remunerados. Esse processo de industrialização teve como uma de suas principais características o desenvolvimento excludente.

A superação da enorme desigualdade social, da elevada pobreza e dos diversos problemas do mercado de trabalho brasileiro exigiam não somente

---

(87) Segundo Osmar Marchese (1976; 85 e 90), "a análise dos dados do período 1950-1970 permite evidenciar a manutenção da posição destacada dos estabelecimentos de pequeno e médio portes ao longo do processo de desenvolvimento industrial, com o incremento do grau de industrialização". Segundo Gonçalves (1976: 155), o segmento de pequenas e médias empresas industriais praticamente manteve suas participações relativas nos salários, no emprego e no número de estabelecimentos: "Apesar da concentração de produção verificada a favor da grande empresa, particularmente na década de 1950, e da crise econômica ocorrida em meados da década de 1960, não há indicações de uma tendência geral a diminuir acentuadamente a importância estrutural das pequena e média empresas na indústria de transformação".

novas e adequadas políticas sociais e urbanas, mas principalmente políticas econômicas que garantissem a continuidade do crescimento econômico sustentado, que promovessem novas mudanças na estrutura produtiva capazes de provocar avanços quantitativos e qualitativos na geração de postos de trabalho e de dar continuidade ao processo de elevação da renda *per capita*, inclusive criando condições para melhorar a capacidade de financiamento das políticas sociais.

Desde o final da segunda guerra mundial, a economia brasileira vinha apresentando um ritmo de crescimento do PIB expressivamente superior ao crescimento da população (BALTAR e DEDECCA, 1992), mas no conjunto dos anos 1980 apresentou um ritmo de crescimento médio anual do PIB (2,9%) pouco acima do crescimento populacional (1,9% ao ano), o que provocou uma reduzida taxa média real anual de crescimento do PIB *per capita*, de apenas 0,95%, no conjunto da década (veja Quadro 2.2.1). Esse comportamento da economia brasileira significou uma ruptura com a trajetória de elevado e sustentado crescimento econômico do período anterior.

Nos anos 1980, ao contrário da forte elevação da PEA urbana e da migração rural urbana do período da industrialização, a redução da taxa de crescimento populacional e do ritmo de migração rural-urbana foram fatores que, relativamente, pressionaram menos a necessidade de expansão do emprego. Este fato acentua ainda mais a importância do reduzido ritmo de crescimento econômico sobre os problemas do mercado de trabalho brasileiro e sobre a expansão de pequenos negócios precários no Brasil, nos anos 1980.

Quadro 2.2.1
Taxas anuais de crescimento da população, do PIB, do investimento, do PIB per capita e PEA total e urbana. Brasil, 1980-1989.

Anos	Variação da População 1	Variação real anual do PIB 2	Taxa de investimento 3	Taxa real de variação anual do PIB *per capita* 3	PEA e variação anual 4	PEA Urbana 5
1980	2,22	9,20	22,8	6,8	—	30.574.700
1981	2,20	-4,25	20,9	-6,3	47.488.526	31.823.090
1982	2,16	0,83	19,4	-1,4	49.884.736 (5,0)	33.122.470
1983	2,13	-2,93	16,9	-5,3	50.940.700 (2,1)	34.474.890
1984	2,09	5,40	16,2	3,3	52.443.112 (2,9)	35.882.540

Anos	Variação da População 1	Variação real anual do PIB 2	Taxa de investimento 3	Taxa real de variação anual do PIB per capita 3	PEA e variação anual 4	PEA Urbana 5
1985	2,05	7,85	16,3	5,9	55.636.014 (6,1)	37.347.660
1986	1,97	7,49	18,7	5,6	56.816.215 (2,1)	38.872.610
1987	1,88	3,53	17,8	1,6	59.542.958 (4,8)	40.459.820
1988	1,80	– 0,06	17,0	– 2,0	61.047.954 (2,5)	42.111.840
1989	1,73	3,16	16,6	1,3	62.513.178 (2,4)	45.200.000
1981-89	—	2,9	—	—	—	—
Média 1980-89	2,02	—	—	0,95	—	—

Fonte: (1) IBGE. Diretoria de Pesquisas, Departamento de População. Tabela Extraída do Anuário Estatístico do Brasil, 1994. Rio de Janeiro, IBGE, v. 54; (2) IBGE; (3) IBGE; Anuário Estatístico do Brasil. IBGE. Indicadores IBGE. Suplemento das contas nacionais. DIEESE. Anuário dos trabalhadores, 1993; (4) IBGE, Anuário Estatístico do Brasil e PNAD. Elaboração DIEESE (PEA); (5) IPEADATA. IPEA, 1994. Nota: PEA e população ocupada não incluem a população rural da Região Norte.

Apesar da queda do ritmo de crescimento populacional, em função da composição da estrutura demográfica a PEA continuou crescendo em ritmo significativo (2,8%), mas bem menor do que nas décadas anteriores. A PEA urbana cresceu num ritmo ainda maior e manteve sua trajetória de crescimento na PEA total, enquanto a PEA agrícola continuou perdendo participação na PEA total; de 29,3%, em 1981, para 23,2% em 1989 (veja Quadro 2.2.2)[88]. A perda progressiva da capacidade de a agricultura ofertar empregos contribuiu para esse movimento, de forma que se manteve a pressão da população que ingressava no mercado de trabalho sobre as atividades não agrícolas (BALTAR e HENRIQUE, 1994).

(88) A PEA, portanto, refletindo ainda um elevado ritmo de crescimento populacional, também sofreu impactos da continuidade do processo de elevação da taxa de participação feminina, principalmente no meio urbano, que já vinha elevando-se intensamente desde os anos 1970. Em 1979, 31,7% da PEA era feminina, participação que eleva-se para 35,5% em 1989 (BALTAR e HENRIQUE, 1994). Nos anos 1980, reduziu-se o fluxo migratório para algumas grandes metrópoles, principalmente para a Região Metropolitana de São Paulo, cuja migração foi negativa nos anos 1980, com a saída líquida de aproximadamente 870.000 pessoas. Isso contribuiu para um menor crescimento da PEA urbana em algumas metrópoles e para que a elevação do desemprego aberto não fosse ainda maior. A migração rural-urbana deixou de concentrar-se nas grandes metrópoles do Sudeste brasileiro, mas deslocou-se mais intensamente para a região Centro-Oeste e Norte e para as médias e pequenas cidades.

Quadro 2.2.2
Indicadores de distribuição da População Economicamente Ativa no Brasil, 1940-1989.

	1940	1960	1980	1989
	Em porcentagem			
Participação da PEA agrícola na PEA total	66,7	54,5	30,2	23,2
Participação do total dos empregados na PEA total	44,8	47,9	66,4	66,0
Participação dos empregados agrícolas na PEA agrícola	33,3	25,9	38,0	37,5
Participação dos empregados não agrícolas na PEA não agrícola	67,9	74,2	78,7	74,6

Fonte: IBGE, Estatísticas Históricas do Brasil, v. 3, e PNAD 1989. Extraída de BALTAR e DEDECCA, 1999.

A crise econômica aberta com uma profunda queda do PIB, no período 1981-1983, foi o ponto de partida da ruptura com a trajetória da economia brasileira no período anterior e eliminou o aspecto mais importante na conformação de melhores condições de existência e de ocupação do segmento de pequenos negócios no Brasil e de uma tendência de crescente estruturação do mercado e das relações de trabalho: o elevado e sustentado ritmo de crescimento econômico[89].

Ao longo dos anos 1980, em função de cenários externos mais ou menos adversos e, principalmente, de respostas diferenciadas dadas pelos diversos condutores da política econômica, a evolução da economia brasileira foi marcada por um comportamento muito diferenciado, em termos do ritmo de expansão da atividade econômica. Além da forte aceleração inflacionária que marcou quase toda a década, as reduzidas taxas médias anuais de crescimento do PIB estreitaram as possibilidades de um crescimento expressivo dos segmentos mais organizados e estruturados de pequenos negócios. Esta taxa média somente não foi ainda menor pelo elevado crescimento do PIB no período 1984-1986, uma média anual de 6,9%. Principalmente a queda do

---

(89) A ruptura com a trajetória anterior de crescimento econômico, numa sociedade ainda marcada por expressiva migração rural-urbana e por enormes demandas por ocupação, renda, serviços sociais e urbanos, causou um forte pessimismo sobre a evolução da situação social no Brasil, e, em especial, sobre o mercado de trabalho, apresentando-se como a pior crise econômica do Brasil urbano e industrial.

PIB no período 1981-1983 (-2,1% ao ano), e também a reduzida taxa média anual (2,1%) de crescimento do PIB no período 1987-1999 foram decisivas para esse pífio resultado[90].

As reduzidas taxas médias de crescimento do PIB contribuíram para diminuir o ritmo de expansão do emprego do conjunto da economia. A população total ocupada cresceu a uma taxa média anual de 3,3%, entre 1980 e 1989 (veja Quadro 2.2.5). Essa taxa de expansão da ocupação foi bem menor do que as verificadas nas décadas de 1960 e 1970, mas foi maior do que a taxa média anual de crescimento do PIB, contribuindo para a expansão das ocupações precárias e também para a elevação do desemprego, principalmente no período 1981-1984.

O lento crescimento do PIB e do emprego elevaram as taxas médias de desemprego e o número absoluto de desempregados, principalmente no período 1981-1984. No início da década de 1980, ocorreu uma rápida elevação do desemprego aberto, num momento de expressivo crescimento da PEA urbana, apresentando-se como um dos aspectos mais marcantes da crise econômica do início dos anos 1980. Em 1980, último ano da etapa de crescimento sustentado, a taxa de desemprego aberto estimada pela pesquisa Mensal de Emprego do IBGE era de 6,5%, no conjunto das seis regiões metropolitanas investigadas. Já em 1981, com a forte recessão, a taxa elevou-se 21,5%, alcançando 7,9%. A taxa de desemprego reduziu-se com o estancamento da queda do PIB em 1982 (ano eleitoral), mas voltou a crescer em 1983 e 1984, como resultado da profunda queda do PIB que ocorreu também em 1983, alcançando novamente patamares superiores ao de 1980 (veja Quadro 2.2.3). Os dados da Pesquisa de Condições Gerais de Vida da Grande São Paulo (DIEESE) também apontaram redução do desemprego em 1982. Entretanto, esta taxa de desemprego, medindo desemprego aberto e oculto, apontava para um desemprego na Região Metropolitana de São Paulo que era o dobro do verificado pela PME no conjunto de seis regiões metropolitanas: a taxa de desemprego (aberto e oculto) medida pelo DIEESE alcançou, em 1983, 17,5% na RMSP.

---

(90) Os determinantes mais gerais dessa crise e do fraco desempenho do mercado de trabalho nos anos 1980 devem ser buscados na análise dos problemas estruturais da economia brasileira e das políticas macroeconômicas implementadas. A ausência de um núcleo mais importante do capital nacional em setores estratégicos do ponto de vista tecnológico e da concorrência internacional, que pudessem melhorar a inserção externa do país e promover o desenvolvimento e difusão de pesquisas e avanços tecnológicos, importantes para superar as limitações brasileiras nessas áreas e ajudar no avanço das condições de competição no mercado internacional e, assim, na eliminação do estrangulamento do balanço de pagamentos, ao lado da ausência de uma estrutura adequada de financiamento interno para investimentos, capaz de suportar o financiamento de ciclos sustentados de crescimento, sem endividamento externo, são aspectos fundamentais para entender a vulnerabilidade externa da economia brasileira, seus ciclos de endividamento externo, a associação ao capital estrangeiro e períodos de avanço da internacionalização/desnacionalização de segmentos produtivos. São pontos chaves, portanto, para compreender os problemas da crise dos anos 1980 e também dos anos 1990.

O número de desempregados no conjunto do país alcançou, em 1983, o maior patamar dos anos 1980; quase 2,5 milhões de desempregados, mas passou a reduzir-se com a recuperação econômica ocorrida a partir de 1984 (veja Quadro 2.2.4). Esse foi o pior período para o mercado de trabalho brasileiro nos anos 1980, contribuindo para elevar o trabalho por conta própria e a proliferação de pequenos negócios decorrentes de estratégias de sobrevivência diante do desemprego.

QUADRO 2.2.3
Taxa de desemprego aberto, segundo regiões metropolitanas, 1980-1989.

Período	Taxas de Desemprego Aberto						
	Total	Rio de Janeiro	São Paulo	Belo Horizonte	Porto Alegre	Recife	Salvador
1980	6,5	7,5	5,6	n.d.	n.d.	n.d.	n.d.
1981	7,9	8,6	7,3	9,0	5,8	8,6	9,0
1982	6,3	6,5	6,0	7,0	5,3	7,5	6,3
1983	6,7	6,2	6,8	7,8	6,7	8,0	5,6
1984	7,1	6,8	6,8	8,3	7,0	9,0	7,7
1985	5,3	4,9	5,0	5,7	5,4	7,2	6,0
1986	3,6	3,5	3,3	3,7	3,9	4,4	4,5
1987	3,7	3,2	3,8	3,9	3,9	5,2	4,1
1988	3,8	3,1	4,0	4,0	3,6	5,6	4,6
1989	3,3	2,8	3,4	3,4	2,6	5,3	4,4
1990	4,3	3,5	4,5	4,1	3,7	5,7	5,4

Fonte: IBGE. Pesquisa Mensal de Emprego.

A recuperação econômica a partir de 1984 quebrou a trajetória de elevação do desemprego, resultou num forte impacto em termos de geração de ocupações e contribuiu para a redução do desemprego (principalmente o aberto). O impacto de uma taxa de expansão da economia da ordem de 7% ao ano, nesse triênio, foi decisivo para a recuperação do nível de emprego, para a abertura de novas vagas no setor formal, para a redução do desemprego aberto e a recuperação do poder de compra dos salários, além de contribuir para a elevação dos rendimentos dos trabalhadores por conta própria.

Em 1985, por exemplo, o emprego industrial voltou ao patamar anterior à recessão na Grande São Paulo. Em 1986, o número de desempregados no conjunto do país alcançou o menor patamar dos anos 1980, cerca de 1,4 milhão; a taxa de desemprego aberto metropolitano foi a segunda menor da década, 3,6% (veja Quadros 2.2.4 e 2.2.5). A redução do desemprego contribuiu para reduzir a informalidade e a expansão de novos pequenos negócios resultantes de estratégias de sobrevivência. Também contribuiu não somente para a recuperação do emprego formal das micro e pequenas empresas, como das médias e grandes empresas do setor Secundário. O aumento da renda, por outro lado, contribuiu para expandir os mercados e tornar mais favorável o ambiente econômico para os pequenos negócios e para os trabalhadores autônomos.

Com o Plano Cruzado e a redução da inflação, ocorreu uma forte elevação do emprego, que já vinha aumentando fortemente desde 1984, e uma forte expansão da renda do trabalho e do consumo, que contribuíram para a melhoria da situação dos trabalhadores por conta própria.

Quadro 2.2.4
Taxa de desemprego, segundo tipo de desemprego.
Região Metropolitana de São Paulo, 1985-1990.

Tipo de Desemprego	Anos					
	1985	1986	1987	1988	1989	1990
TOTAL	12,2	9,6	9,2	9,7	8,7	10,3
Aberto	7,6	6,0	6,3	7,0	6,5	7,4
Oculto	4,6	3,6	2,9	2,7	2,2	2,9
Oculto pelo Trabalho Precário	2,9	2,0	1,7	1,8	1,5	2,0
Oculto pelo Desalento	1,7	1,6	1,2	0,9	0,7	0,9

Fonte: SEADE/DIEESE, Pesquisa de Emprego e Desemprego (PED).

Entretanto, com o fracasso do Plano Cruzado e a queda nas taxas de expansão do PIB, o desemprego voltou a elevar-se, assim como ocorreu nova aceleração inflacionária e elevação das transferências de recursos ao exterior, que provocaram impactos negativos sobre o conjunto da economia e sobre o mercado de trabalho brasileiro. Novamente, o lento crescimento do produto e do nível do emprego, a elevação do desemprego, da inflação e da desigualdade de renda foram fatores que contribuíram para deteriorar o mercado de trabalho. Entretanto, esses impactos não resultaram numa expressiva elevação do desemprego aberto: as taxas anuais de desemprego metropolitano na segunda metade da década foram sempre menores do que na primeira metade da década (veja Quadros 2.2.3 e 2.2.4). No final da década, o desemprego estava num patamar menor: tanto a taxa média de desemprego da PME (-32%) quanto da PED (-15,6%) apontaram significativas reduções do desemprego. Nas duas pesquisas, as taxas de desemprego eram, em 1989, menores do que as respectivas em 1986 e a menor dentre a série disponível para os anos 1980.

Diante do crescimento da PEA, o retorno a um período de reduzidas taxas médias de crescimento do PIB significou a elevação do estoque de desempregados do conjunto do país, de 1,4 milhão em 1986, para uma média de 2,1 milhões, no período 1987-1989. Mas esse contingente médio de desempregados, mesmo com o crescimento da PEA, era menor do que a média do período 1981-84 (2,2 milhões); em 1989, havia um número menor de desempregados do que em 1981 (veja Quadro 2.2.5)[91].

Enfim, a pressão do desemprego, em termos de expansão da informalidade, de elevação do trabalho por conta própria e do crescimento do emprego em pequenos negócios precários, abertos como estratégias de sobrevivência, foi muito maior na primeira metade da década. Na segunda metade, os impactos não foram tão negativos, contribuindo para que no conjunto da década a expansão do trabalho por conta própria e dos pequenos negócios precários também não fosse ainda mais elevada. As maiores taxas de crescimento econômico contribuíram para a expansão do universo de empregadores; entretanto, no conjunto da década, parte dessa expansão parece ter ocorrido em função do desemprego.

Quadro 2.2.5
Evolução da população ocupada e da população desempregada(1).
Brasil, 1980 a 1989.

Ano	População ocupada e variação anual	População desempregada
1980	43.796.763 —	—
1981	45.465.410 (3,8)	2.023.116
1982	47.925.851 (5,4)	1.958.885

---

(91) Em geral, a taxa média de desemprego aberto (PME), do conjunto da década de 1980, esteve abaixo da taxa referente ao período 1981-1983, no mesmo patamar do período 1984-1986 e acima do patamar do período 1987-1989. Em nenhuma região metropolitana pesquisada, o desemprego aberto médio dos últimos três anos da década superava o desemprego aberto médio do início da década. O desemprego aberto, como fenômeno de massa, ocorreu somente no início da década, mas o crescimento das estratégias de sobrevivência também contribuiu para que ele não fosse ainda mais elevado no conjunto da década. Sobre o comportamento do setor informal veja CACCIAMALI, M. C. *A economia informal 20 anos depois*. Indicadores Econômicos, Porto Alegre: FEE, 1992; CACCIAMALI, M. C. A expansão do mercado de trabalho não regulamentado e setor informal no Brasil. *Estudos Econômicos*, v. 19, 1989.

Ano	População ocupada e variação anual	População desempregada
1983	48.466.500 (1,1)	2.474.200
1984	50.208.800 (3,6)	2.234.312
1985	53.236.936 (6,0)	2.399.078
1986	55.435.973 (4,1)	1.380.242
1987	57.409.975 (3,6)	2.132.983
1988	58.728.534 (2,3)	2.319.420
1989	60.621.934 (3,2)	1.891.244
Variação Média Anual	3,3	—

Fonte: IBGE; Anuário Estatístico do Brasil. IBGE. Indicadores IBGE. (1) Exclusiva a população rural da Região Norte.

Apesar de ocorrer uma expansão considerável do volume de emprego formal nos anos 1980, essa evolução foi caracterizada como uma reversão da tendência ao aumento da formalização do trabalho assalariado verificada nas décadas anteriores, pois o crescimento do emprego formal ficou abaixo do crescimento da PIA, crescendo no setor urbano no mesmo ritmo do crescimento da PEA urbana. Como o setor formal representava menos de 60% do total da ocupação não agrícola, o crescimento do emprego formal não foi capaz de absorver um volume de trabalhadores equivalente aos que ingressavam no mercado de trabalho[92].

A crise econômica dos anos 1980 afetou fortemente o segmento industrial, cuja produção cresceu ainda menos do que o PIB, 1,1% de

---

[92] O conjunto do emprego formal (administração pública e atividades sociais e com carteira nos demais ramos; exceto empregadores) reduziu sua participação de 59,1% do total da ocupação não agrícola, em 1979, para 55,6%, em 1989. Nesse período, o grau de formalização somente elevou-se nos ramos de Transportes e Comunicações (BALTAR e HENRIQUE, 1994). Apesar da profunda crise e estagnação, a ocupação industrial não apresentou queda absoluta entre 1981 e 1989, mas uma queda relativa na estrutura ocupacional. Segundo os dados do Painel Fixo da RAIS e da PNAD, houve um crescimento absoluto não desprezível do total de ocupados na Indústria de Transformação (BALTAR e HENRIQUE, 1994).

média anual[93], ocorrendo forte queda da demanda por bens de capital e bens de consumo, com fortes impactos no complexo metal-mecânico, na produção de bens duráveis e no complexo automobilístico (BALTAR, 1996). Dessa forma, afetou negativamente o emprego formal na média e grande empresa do setor Secundário, cuja expansão do emprego formal foi de apenas 760 mil empregados entre 1980 e 1989, e também segmentos produtivos importantes para a expansão de pequenos negócios mais estruturados e com maior produtividade.

A crise também afetou fortemente o setor da Construção Civil. Com o agravamento da crise de financiamento do setor público, os cortes nos gastos públicos resultaram na redução dos investimentos das empresas públicas, com impactos expressivos na redução das obras de infraestrutura, na restrição à ampliação da capacidade de produção de insumos básicos, na redução do ritmo de expansão das obras de saneamento básico. A crise da Construção Civil foi ainda agravada pela crise no setor de construção residencial[94].

Nesse cenário, o setor de Construção Civil enfrentou sua pior crise após décadas de forte expansão. Tudo isso contribuiu para a redução do peso do emprego da Construção Civil na estrutura de emprego, por quase toda a década de 1980 (veja Quadro 2.2.6). Afetou, portanto, negativamente um segmento onde já era forte a presença de pequenos negócios, muitos deles precários, com uma expansão expressiva do emprego formal, mas também do emprego sem carteira de trabalho assinada em micro e pequenas empresas. A crise no setor e a relativa estagnação econômica resultaram numa expansão modesta do emprego formal nas médias e grandes empresas desse setor, que foi de apenas 14% no período 1985-1989. Também contribuíram para dificultar a expansão de pequenos negócios mais estruturados e para aumentar os problemas trabalhistas dos pequenos negócios precários nesse segmento, que apresentava 1,1 milhão de trabalhadores sem carteira de trabalho assinada em 1990.

---

(93) Os impactos da recessão nos anos 1980 somente não foram ainda piores sobre a estrutura produtiva em função da redução no volume de importações, numa economia já muito protegida, e elevação das exportações. Os impactos positivos que o elevado crescimento do período 1984-1986 provocou sobre o setor de pequenos negócios pode ser exemplificado pelo desempenho da indústria de transformação que cresceu, em média, 9% ao ano, nesses três anos, estimulando o surgimento de pequenos negócios no setor.

(94) A crise da Construção Civil resultou num expressivo encolhimento do mercado de trabalho nesse setor, que deixou de cumprir seu tradicional papel de porta de entrada para os migrantes do sexo masculino e com baixo grau de instrução. Ao contrário da crise da indústria, a queda da participação do emprego da Construção Civil foi generalizada por todo o país. A Construção Civil apresentou uma perda de participação no total de ocupados não agrícolas de 1,9 pontos percentuais (BALTAR e DEDECCA, 1992).

QUADRO 2.2.6
Distribuição das pessoas ocupadas, segundo ramos de atividade.
Brasil, 1980 a 1989.

Brasil e Setores de Atividade	1980 (1)	1989 (3)
Brasil (*)	(100,0)	60.621.934 (100,0)
Agrícola	29,93	14.034.883 23,2
Indústria de Transformação	15,66	9.653.023 (15,9)
Indústria da Construção	7,19	3.785.981 (6,3)
Outras Atividades Industriais	1,52	929.254 (1,5)
Comércio de Mercadorias	9,39	7.436.943 (12,3)
Prestação de Serviços	16,19	10.675.894 (17,6)
Serviços Auxiliares da Atividade Econômica	n.d.	1.936.541 (3,2)
Transporte e Comunicação	4,15	2.273.669 (3,8)
Serviços Sociais	6,95	5.271.609 (8,7)
Administração Pública	4,14	2.875.164 (4,7)
Outras Atividades	4,88	1.746.973 (2,9)

Fonte: (1) IBGE. Anuário Estatístico do Brasil. Elaboração do DIEESE. Anuário dos Trabalhadores de 1993. (2) IBGE, Diretoria Técnica, Departamento de Estudos e Indicadores Sociais. Tabela extraída do Anuário Estatístico do Brasil, 1984. Rio de Janeiro, IBGE, v. 45, 1985. (3) IBGE, Diretoria Técnica, Departamento de Emprego e Rendimento, PNAD. Tabela extraída do Anuário Estatístico do Brasil, 1991. Rio de Janeiro, IBGE, v. 51, 1991. (*) Exclusivos os dados da zona rural da Região Norte.

Em conjunto, os setores da Indústria de Transformação, "Outras" Atividades Industriais e Construção Civil reduziram levemente sua participação na estrutura ocupacional, de 24,7%, em 1980, para 23,7%, em 1989. O desempenho do emprego do conjunto do setor Secundário nem mesmo contribuiu para uma elevação mais expressiva do emprego formal nas micro e pequenas empresas. O emprego formal deste segmento elevou sua participação no total de emprego formal de 27,8%, em 1980, para apenas

30%, em 1989, o que contribuiu para a elevação da participação do emprego formal do setor Terciário no total do emprego de micro e pequenas empresas. Em grande medida, os maiores impactos negativos da crise no segmento industrial e na Construção Civil foram no período 1981-1984, e foi neste período que aumentou o peso do assalariamento formal na pequena empresa, no interior destes segmentos produtivos.

A elevação da participação do conjunto dos ocupados nas atividades do Comércio de Mercadorias e de Prestação de Serviços de 25,6%, em 1980, para 30,3%, em 1989, segmentos onde se concentram fortemente os pequenos negócios, também contribuiu para a elevação da participação do emprego formal das micro e pequenas empresas do setor Terciário, cuja participação no emprego formal elevou-se de 60%, em 1980, para 66% do total do emprego formal de MPE do setor privado, principalmente em função do comportamento dos empregados em MPE no conjunto das atividades de Serviços.

A elevação da participação dos Serviços Auxiliares da Atividade Econômica no conjunto da estrutura ocupacional também significou a abertura de espaços para pequenos negócios ligados às médias e grandes empresas (veja Quadro 2.2.6). Essas mudanças contribuíram também para uma leve elevação da participação dos trabalhadores por conta própria na estrutura ocupacional, pois sua presença é relativamente maior nas atividades do setor de Prestação de Serviços e no Comércio de Mercadorias.

A sustentação do nível de ocupação, nos anos 1980, dependeu muito da capacidade de absorção das atividades terciárias: no Comércio, na Administração Pública e Serviços Sociais e, em menor medida, nos Serviços de Apoio à Atividade Econômica e na Prestação de Serviços. Com isso, elevou-se a participação dos ocupados no Comércio de Mercadorias, nos Serviços para Consumo, nos Serviços Auxiliares de Atividade Econômica e em outras atividades (principalmente financeiras e imobiliárias), ou seja, em vários ramos de atividades onde são importantes as presenças de pequenos negócios e do trabalho autônomo. Como resultado desse processo, aumentou o trabalho por conta própria e o trabalho assalariado, com e sem carteira de trabalho assinada, nos pequenos negócios.

Nos anos 1980, os salários foram diretamente afetados, pois a acelerada inflação dificultava a recomposição do poder de compra, até mesmo dos sindicatos mais organizados e combativos, contribuindo ainda mais para reduzir os salários reais dos trabalhadores dos pequenos negócios. Entretanto, não foi somente a elevada inflação que promoveu mudanças na estrutura de rendimentos; a perda de participação do setor Secundário e das média e grande empresas no conjunto da estrutura ocupacional, aliada ao crescimento de ocupações de menor nível de rendimentos — com a elevação do emprego sem carteira de trabalho assinada — e nos pequenos negócios, principalmente no setor Terciário, contribuíram para puxar ainda mais para baixo os rendimentos do trabalho[95].

Essa evolução deve também ser vista não como determinante da deterioração do mercado de trabalho, mas em grande medida como seu resultado. Entretanto, essa deterioração dos rendimentos do trabalho foi também um fator que dificultou as condições de sobrevivência de diversos segmentos dos trabalhadores por conta própria, de empregadores e de empregados do segmento de pequenos negócios formais e informais.

A remuneração média dos ocupados nas micro e pequenas empresas é, em geral, muito menor em relação às médias e grandes empresas e foi afetada negativamente nos anos 1980. Em geral, essas ocupações apresentam reduzido grau de formalização, em função de muitos pequenos negócios utilizarem trabalho familiar, assalariados sem carteira, ou mesmo contar apenas com o trabalho dos proprietários — em muitos casos assemelhados a um trabalhador por conta própria. Como o trabalho assalariado sem carteira assinada está concentrado no segmento de pequenos negócios, é nesse segmento que geralmente ocorre o maior número de problemas trabalhistas, associados à ausência de registro em carteira, como a falta de contribuição à Previdência Social e de proteção social nas situações de acidentes de trabalho, de desemprego, de doença, invalidez e velhice. Além disso, sem a formalização do vínculo de emprego, os trabalhadores dos pequenos negócios ficam mais sujeitos à ausência do cumprimento de seus direitos quanto ao FGTS, 13º salário, férias, jornada de trabalho e submetidos a uma maior rotatividade no emprego.

No universo de pequenos negócios é reduzida a participação dos trabalhadores em organizações sindicais e são menores os benefícios obtidos com as negociações coletivas, situações ainda mais agravadas pela elevada rotatividade no emprego e pelo assalariamento sem carteira. Em muitas atividades, principalmente nas atividades do setor Secundário, a situação de saúde e segurança no trabalho é muito pior nos pequenos negócios.

---

(95) Na década de 1980, o ressurgimento de um forte movimento sindical, combativo e grevista, num contexto de crescente inflação e de redemocratização da sociedade brasileira, contribuiu para conquistar algumas medidas que significaram uma ampliação dos direitos e benefícios trabalhistas, sociais e sindicais e maior regulação do mercado de trabalho, seja por meio das negociações coletivas ou da legislação — alguns até mesmo garantidos no plano constitucional, como seguro-desemprego, redução de jornada, adicional de férias, licença-maternidade, entre outros. Além dos impactos da redemocratização e da elevação inflacionária sobre o contexto de ressurgimento desse movimento sindical, não se deve menosprezar a importância da ausência de profundas transformações na estrutura ocupacional — como a desestruturação do mercado e das relações de trabalho ocorridas nos anos 1990 —, assim como de uma taxa de desemprego aberto apresentando uma trajetória decrescente após a grande elevação do início da década.

Por outro lado, é importante ressaltar que o incremento do trabalho por conta própria ocorreu num contexto de mercados em retração ou em lenta expansão, principalmente no início da década, estreitando os espaços para o surgimento e piorando as condições de sobrevivência e de melhor organização/estruturação desse segmento. Sua expansão ocorreu num contexto de queda da renda *per capita*[96]. Além disso, a forte aceleração inflacionária contribuiu para reduzir a renda de segmentos mais vulneráveis da população. Tudo isso contribuiu para estreitar a renda destinada a diversos tipos de mercados, muitos deles disputados pela crescente quantidade de ofertantes de mercadorias e serviços, desempregados desenvolvendo estratégias de sobrevivência, como os trabalhadores por conta própria e pequenos empreendedores.

Além do maior peso do emprego com e sem carteira nas pequenas empresas formais, ampliaram-se as atividades no comércio ambulante nas cidades, em carrinhos, barracas, *trailers*, e diversas formas de comércio de alimentos, roupas, utensílios domésticos e objetos de uso pessoal; um comércio informal, com mercadorias baratas e, em grande medida, voltado para a população de baixa renda, ou seja, justamente para segmentos mais afetados pelo desemprego, pela aceleração inflacionária, pela queda dos salários reais e pela maior concentração de renda que ocorreram no conjunto da década. Essas transformações contribuíram para piorar a estrutura de rendimentos e de proteção social e trabalhista[97].

Não é surpreendente, portanto, que o maior peso dos assalariados e empregadores de pequenos negócios, de trabalhadores por conta própria e não remunerados no conjunto da estrutura ocupacional — especialmente com o crescimento desses trabalhadores nas diversas atividades da Prestação de Serviços e no Comércio de Mercadorias —, com suas piores condições

---

(96) A queda da renda *per capita* resultou principalmente da queda do PIB no período 1981-1983 e do lento crescimento entre 1987 e 1989, e da transferência de parte da renda interna para o pagamento da dívida externa. Em 1980, a economia brasileira apresentava 3,3% do PIB como rendimentos líquidos enviados ao resto do mundo, proporção que alcançou seu ápice, nos anos 1980, em 1983 (6%) e 1984 (5,9%), e uma média no período 1980-1989 de 4,5%. Conforme os dados do IBGE. Indicadores IBGE. Suplemento contas nacionais, elaborado pelo DIEESE. Anuário dos Trabalhadores, 1993.

(97) A participação da renda do trabalho apropriada pelos 50% mais pobres da população ocupada reduziu-se de 12,6%, em 1980, para 10,4% do total, em 1989. A renda média real nesse segmento reduziu-se em 18,5% ,entre 1981 e 1989, de forma que a *crise econômica dos anos 1980 tornou ainda mais regressiva a distribuição de renda no Brasil*. (BALTAR e DEDECCA, 1992). Somente a renda média dos 20% mais ricos elevou-se no período 1981 e 1989, que elevou sua participação na renda total. Pode-se, então, ir além da simples constatação de que houve substancial redução da renda média dos 20% mais pobres entre 1981 e 1989. (...) a distribuição dessa renda entre os ocupados não agrícolas tornou-se em 1989 ainda mais desigual que em 1981. Os ocupados de remunerações inferiores perderam na década, enquanto os de remunerações superiores obtiveram rendas bem maiores em 1989. Cerca de 80% dos ocupados tiveram perda na participação da renda na década (BALTAR e HENRIQUE, 1994).

de trabalho, de remuneração e de proteção social e trabalhista, revelasse aspectos importantes da deterioração do mercado de trabalho brasileiro nos anos 1980.

A evolução do segmento de pequenos negócios, nos anos 1980, esteve fortemente determinada pelas reduzidas taxas médias de crescimento do produto e de seus impactos sobre o mercado de trabalho, principalmente provocando elevado desemprego e crescimento das ocupações precárias, mas as lentas e progressivas mudanças na estrutura produtiva e social também contribuíram para abrir espaços para pequenos negócios em novos setores, novas atividades e novas formas de trabalho, a partir de mudanças tecnológicas, no padrão de consumo, nas formas de sociabilidade, num país crescentemente marcado pela vida no meio urbano e por uma enorme concentração de renda.

Apesar das importantes oscilações das taxas de crescimento do produto, as reduzidas taxas médias de crescimento do PIB afetaram negativamente o mercado de trabalho brasileiro no conjunto de todo o período 1981-1989. Esse lento crescimento do PIB afetou negativamente o segmento de pequenos negócios por dois lados: pela lenta expansão da renda *per capita* e dos mercados; e pelo desemprego e falta de boas oportunidades numa situação de crescente deterioração do mercado de trabalho brasileiro. A combinação desses dois aspectos resultou no aumento do número de empregadores, na abertura de pequenos negócios, na expansão de trabalhadores por conta própria — atualmente chamados de empreendedores —, refletindo estratégias de sobrevivência diante do elevado desemprego, aumentando a concorrência por espaços e mercados em situação de lenta expansão e principalmente nos momentos de forte contração do PIB, como no período 1981-1983. Vale dizer, a expansão do segmento de pequenos negócios reflete, em parte, a própria crise do mercado de trabalho e, por isso, a expansão dos pequenos negócios precários é expressão de parte da precariedade do mercado de trabalho. Os motivos que determinaram a expansão da precariedade do mercado de trabalho e do segmento dos pequenos negócios, nesse aspecto, resultaram de ritmos de elevação do produto, da renda *per capita* e do emprego incompatíveis com a melhoria da estrutura ocupacional e produtiva, considerando o crescimento da população.

Da enorme parcela da população atingida pela pobreza e pelo agravamento da crise social brasileira, uma parte expressiva e crescente passou a ser constituída pela maioria do atual universo dos trabalhadores assalariados dos pequenos negócios formais ou informais — com baixa renda e sem direitos trabalhistas e sociais. Foi constituída também pelo exército de milhões de trabalhadores por conta própria, que por insistir na busca de uma ocupação que lhes garantisse algum rendimento e alguma forma de sobrevivência, passaram a ser caracterizados por alguns analistas, como um novo segmento de "empreendedores".

Nas seções seguintes, serão apresentadas, de forma mais detalhada, as principais mudanças ocupacionais ocorridas no segmento de pequenos negócios nos anos 1980[98]. Busca-se mostrar como o aumento do desemprego e a deterioração do mercado de trabalho brasileiro contribuíram para ampliar a ocupação no segmento de pequenos negócios no Brasil[99]. Apesar da heterogeneidade deste segmento, as tendências predominantes na expansão dos pequenos negócios, aumentando o peso deste segmento na estrutura ocupacional, devem ser vistas muito mais como resultado do que como causa determinante da deterioração da estrutura produtiva e ocupacional brasileira. Na seção 2.3 será analisada a evolução do emprego assalariado em pequenos negócios, principalmente a partir da análise dos dados da RAIS e da PNAD. Na seção 2.4 será analisada a evolução dos universos de empregadores, trabalhadores por conta própria e não remunerados, no período 1980-1989.

2.3. Emprego assalariado em pequenos negócios no Brasil

2.3.1. A expansão do emprego formal em micro e pequenas empresas

Apesar da grave crise econômica enfrentada pelo país nos anos 1980, principalmente pela profunda recessão do período 1981-1983 e pela aceleração inflacionária ao longo de quase toda a década, as taxas médias reduzidas de crescimento do PIB não impediram que o emprego formal continuasse crescendo. Os maiores impactos da crise no conjunto do setor Secundário e na Indústria de Transformação também não impediram que

---

(98) A análise do período 1990-2005 será realizada de forma mais detalhada no capítulo 3. No capítulo 4 será realizada uma síntese das principais mudanças ocorridas no mundo do trabalho nos pequenos negócios no conjunto do período 1980-2005 e uma análise da relação da evolução da estrutura ocupacional e das condições e relações de trabalho no segmento dos pequenos negócios com a situação atual do mundo do trabalho no Brasil, assim como uma discussão sobre a importância e as possibilidades de políticas públicas para melhorar as condições de trabalho e remuneração neste segmento.

(99) Como este livro tem uma preocupação especial em compreender os impactos dessas transformações sobre o mercado de trabalho brasileiro, esta análise não busca compreender detalhadamente as mudanças nas formas organizativas, nos processos de produção, nas mudanças em termos de composição setorial ou regional, ou seja, não tem a pretensão de considerar os diferentes impactos em termos de transformações produtivas, tecnológicas, organizacionais, de inserção na concorrência e no mercado internacional dos pequenos negócios. O objetivo é procurar mostrar como essas tendências mais gerais contribuíram para transformar o segmento dos pequenos negócios, principalmente em termos de estrutura ocupacional e das condições e relações de trabalho no interior do próprio segmento, o que nos permitirá compreender melhor seus impactos sobre o conjunto do mundo do trabalho no Brasil.

esses segmentos produtivos apresentassem um volume maior de emprego formal no final da década. Entretanto, o setor Terciário apresentou um ritmo de expansão do emprego formal muito maior e, no final da década, sua participação era significativamente maior no total do emprego formal do país.

Entre 1980 e 1989, o emprego formal — inclusive Administração Pública — apresentou uma expansão de 51,7%, resultado principalmente da expansão do emprego formal no setor Terciário (72%), já que a expansão do emprego formal no conjunto do setor Secundário (20%) foi bem menor do que a do conjunto do setor formal (veja Quadro 2.3.1). No setor Terciário, a expansão foi maior[100] nas atividades do setor de Serviços (81%), do que no setor do Comércio (54%).

Com essa evolução, a participação do emprego formal do setor Secundário no total reduziu-se de 38,6%, em 1980, para 30,8%, em 1989, tendo como contrapartida, principalmente, a elevação da participação do setor Terciário (de 37,0% para 42,0%), em função da elevação do emprego formal nas diversas atividades do setor de Serviços (de 24,4% para 29,2%), já que o Comércio manteve estável a sua participação no conjunto do emprego formal (de 12,6% para 12,7%). É importante observar que foi nessa década que a participação do emprego formal no setor Terciário superou a participação do setor Secundário no conjunto do emprego formal do país. Além disso, considerando apenas os empregados formais no conjunto das atividades de Serviços — exclusive o Comércio —, de 7,2 milhões em 1989, observa-se que o total de empregados com carteira assinada nessas atividades já se aproximava do total de trabalhadores com vínculos formalizados no setor Secundário (7,5 milhões).

O fraco desempenho do emprego formal no setor Secundário foi muito mais influenciado pela lenta expansão do emprego nas médias e grandes empresas (17%), já que o ritmo de expansão do emprego das micro e pequenas empresas no setor Secundário foi mais elevado (30%). Com a expressiva queda da participação do emprego formal do setor Secundário no total, até mesmo a participação do emprego formal das micro e pequenas empresas desse setor de atividade teve sua participação reduzida no total de emprego formal do universo das micro e pequenas empresas, de 39,6% em 1980 para 33,2% em 1989 (veja Quadro 2.3.1).

A queda da participação do emprego formal das médias e grandes empresas do setor Secundário, no total do emprego formal das empresas desse

---

(100) Esse desempenho do setor Secundário também teve como contrapartida a elevação do peso do emprego da Administração Pública, de 17,9% para 20,3% no total do emprego formal, cuja expansão do emprego foi expressiva nos anos 1980. O emprego formal no setor Agropecuário, com elevadas taxas de crescimento, aumentou sua participação na estrutura de emprego formal, mas de apenas 1,1% em 1980 para 1,7% em 1989. Portanto, a perda de participação do setor Secundário deve-se muito mais ao avanço do emprego formal no setor Terciário e, em menor medida, na Administração Pública.

porte, foi ainda maior, de 56,2% para 46,1%. Ou seja, os efeitos das reduzidas taxas de crescimento econômico dos anos 1980 foram ainda mais negativos sobre o emprego formal das médias e grandes empresas do setor Secundário. O emprego formal do segmento de MPE aumentou sua participação no total do emprego formal do setor Secundário, de 27,8% para 30%, entre 1980 e 1989, enquanto o emprego formal das médias e grandes empresas perdeu peso dentro do setor Secundário, de 72,2% para 70%, no mesmo período (veja Quadro 2.3.2).

Entretanto, com o maior ritmo de expansão do emprego formal em outros setores de atividade, o conjunto do emprego formal das micro e pequenas empresas do setor Secundário perdeu participação no total de emprego formal do universo das micro e pequenas empresas: o emprego formal em MPE do conjunto das atividades do setor Terciário aumentou sua participação no total de emprego do universo de MPE, de 60,1% em 1980, para 66,1% em 1989.

QUADRO 2.3.1

Empregados no setor formal, segundo porte dos estabelecimentos e ramos de atividade.*
Brasil, 1980 e 1989.

Setor de atividade	1980		
	MPE	MGE	Total
Agropecuária (a)	10.576 (0,3%)	175.023 (2,2%)	185.599 (1,1%)
Total Secundário (a)	1.741.992 (39,6%)	4.522.532 (56,2%)	6.264.524 (38,6%)
Extrativa Mineral	–	–	–
Indústria de Transformação	–	–	–
Construção Civil	–	–	–
SIUP	–	–	–
Total Terciário (a)	2.642.676 (60,1%)	3.345.681 (41,6%)	5.988.357 (37,0%)
Comércio	1.324.247 (30,1%)	712.996 (8,9%)	2.037.243 (12,6%)
Serviços	1.318.429 (30,0%)	2.632.685 (32,7%)	3.951.114 (24,4%)
Total Secundário e Terciário (a)	4.384.668 (99,7%)	7.868.213 (97,8%)	12.252.881 (75,6%)
Total (1)	4.395.244 (100,0)	8.043.236 (100,0)	12.438.480 (76,7%)
Administração Pública	–	–	2.907.605 (17,9%)
Total (2)	–	–	16.211.860 (100,0)

Setor de atividade	1989			89/80	89/80	89/80
	MPE	MGE	Total	MPE	MGE	Total
Agropecuária (a)	53.541 (0,7%)	371.784 (3,2%)	425.325 (1,7%)	406%	112%	129%
Total Secundário (a)	2.260.336 (33,2%)	5.286.574 (46,1%)	7.546.910 (30,8%)	30%	17%	20%
Extrativa Mineral	48.716	90.825	139.541	–	–	–
Indústria de Transformação	1.799.583	4.235.038	6.034.621	–	–	–
Construção Civil	358.894	680.992	1.039.886	–	–	–
SIUP	53.143	279.719	332.862	–	–	–
Total Terciário (a)	4.503.020 (66,1%)	5.800.388 (50,6%)	10.303.408 (42,0%)	70%	73%	72%
Comércio	2.104.220 (30,9%)	1.030.065 (9,0%)	3.134.285 (12,8%)	59%	44%	54%
Serviços	2.398.800 (35,2%)	4.770.323 (41,6%)	7.169.123 (29,2%)	82%	81%	81%
Total Secundário e Terciário (a)	6.763.356 (99,2%)	11.086.962 (96,8)	17.850.318 (72,8%)	54%	41%	46%
Total (1)	6.816.897 (100,0)	11.458.746 (100,0)	18.275.643 (74,6%)	55%	42%	47%
Administração Pública	–	–	4.968.022 (20,3%)	–	–	70,9%
Total (2)	–	–	24.505.383 (100,0)	–	–	51,7%

Fonte: RAIS/MTB. 1980 e 1989. * Empregados em 31 de dezembro de cada ano.
(1) Exclui administração pública e "outros". (2) Inclusive Administração Pública e "outros".

A forte expansão do emprego formal no setor Terciário (exclusive Administração Pública) resultou de ritmos muito próximos do crescimento do emprego formal no universo das micro e pequenas empresas (70%) e do universo das médias e grandes empresas (73%). Ou seja, não somente o desempenho do setor Terciário foi bem melhor, em termos de geração de emprego formal, entre 1980 e 1989, como as médias e grandes empresas desse setor apresentaram um ritmo de expansão do emprego ainda maior do que as micro e pequenas. Com esse desempenho, o conjunto das médias e grandes empresas do setor Terciário elevou sua participação no total do emprego formal das empresas desse porte, de 41,6%, em 1980, para 50,1%, em 1989 (veja Quadro 2.3.1). Dessa forma, as médias e grandes empresas também aumentaram levemente sua participação no total do emprego formal do setor Terciário, entre 1980 e 1989, de 55,9% para 56,3%, em detrimento do emprego formal em micro e pequenas empresas desse setor, que foi reduzido de 44,1% para 43,7% (veja Quadro 2.3.2.).

Com essa evolução, o emprego formal em MPE elevou-se de 35,8% para 37,9% do total do emprego formal do setor privado não agrícola (veja Quadro 2.2.2). Ou seja, o emprego formal no universo de MPE ganhou apenas 2 (dois) pontos percentuais na estrutura de emprego formal do setor privado não agrícola, entre 1980 e 1989, especialmente em detrimento das médias e grandes empresas do setor Secundário.

O maior ritmo de expansão do emprego formal no setor Terciário, quando comparado com o reduzido ritmo de expansão do emprego no setor Secundário (ainda pior nas média e grande empresas), revela que os principais determinantes da elevação do peso do emprego formal das micro e pequenas empresas foram, de um lado, a maior crise enfrentada pelo setor Secundário — que repercutiu, principalmente, na lenta expansão do emprego formal nas médias e grandes empresas desse setor, principalmente na Indústria de Transformação, mas também sobre o segmento de MPE — e, de outro lado, uma expansão expressiva do emprego formal no setor Terciário, nas micro e pequenas e, principalmente, nas médias e grandes empresas.

Diante do comportamento modesto do emprego formal nas micro e pequenas empresas do setor Secundário, num ritmo bem menor do que o do conjunto do emprego formal, não se pode creditar o leve aumento do peso do emprego formal, do universo de MPE no total, exclusivamente ao incremento do emprego formal nas micro e pequenas empresas do setor Terciário, mas também à forte crise do emprego do setor Secundário, que acabou tendo efeitos negativos até mesmo sobre o emprego nas micro e pequenas empresas. Esses dois fatores contribuíram para que o universo de emprego formal em MPE, no final dos anos 1980, fosse ainda mais marcado pela presença do emprego formal das atividades do setor Terciário; uma presença marcada muito mais pelo conjunto do emprego nas diversas atividades de Prestação de Serviços — que passou de 24,4% para 29,2% do conjunto do emprego formal de MPE — do que do Comércio, cuja participação praticamente manteve-se (12,6% e 12,8%) no conjunto da estrutura ocupacional do setor formal.

QUADRO 2.3.2

Empregados no setor formal, segundo porte dos estabelecimentos.*
Brasil, 1980, 1985 e 1989.

Setor de atividade	1980 MPE	1980 MGE	1980 Total	1985 MPE	1985 MGE	1985 Total	1989 MPE	1989 MGE	1989 Total
Total Secundário (a)	1.741.992 (27,8)	4.522.532 (72,2)	6.264.524 (100,0)	1.901.868 (30,0)	4.428.112 (70,0)	6.329.980 (100,0)	2.260.336 (30,0)	5.286.574 (70,0)	7.546.910 (100,0)
Extrativa Mineral	—	—	—	38.987	96.793	135.780	48.716	90.825	139.541
Indústria de Transformação	—	—	—	1.493.270	3.586.809	5.080.079	1.799.583	4.235.038	6.034.621
Construção Civil	—	—	—	222.145	597.959	820.104	358.894	680.992	1.039.886
SIUP	—	—	—	147.466	146.551	294.017	53.143 (16,0)	279.719 (84,0)	332.862 (100,0)
Total Terciário (a)	2.642.676 (44,1)	3.345.681 (55,9)	5.988.357 (100,0)	3.718.961 (42,8)	4.977.399 (57,2)	8.696.360 (100,0)	4.503.020 (43,7)	5.800.388 (56,3)	10.303.408 (100,0)
Comércio	1.324.247 (65,0)	712.996 (35,0)	2.037.243 (100,0)	1.722.018 (66,6)	862.705 (33,4)	2.584.723 (100,0)	2.104.220 (67,1)	1.030.065 (32,9)	3.134.285 (100,0)
Serviços	1.318.429 (33,4)	2.632.685 (66,6)	3.951.114 (100,0)	1.996.943 (35,5)	4.114.694 (64,5)	6.111.637 (100,0)	2.398.800 (33,4)	4.770.323 (66,6)	7.169.123 (100,0)
Total Secundário e Terciário (a)	4.384.668 (35,8)	7.868.213 (64,2)	12.252.881 (100,0)	5.620.829 (37,4)	9.405.511 (66,6)	15.026.340 (100,0)	6.763.356 (37,9)	11.086.962 (62,1)	17.850.318 (100,0)

Fonte: RAIS/MTB. (*) Exclusive agropecuária, Administração Pública e "outros".

Portanto, o saldo da década foi uma elevação muito reduzida do emprego formal das MPEs no conjunto da estrutura ocupacional formal nos anos 1980; quando se considera apenas o setor privado não agrícola foi de apenas 2,2 pontos percentuais; quando se considera o conjunto de todo o emprego formal — inclusive o setor Agropecuário e a Administração Pública —, nota-se que foi mais expressiva a queda do peso do emprego formal da grande e média empresa do setor privado e maior a elevação do peso do emprego formal da Administração Pública e da Agropecuária, do que a elevação do peso do emprego formal das micro e pequenas empresas no conjunto do emprego formal. Em 1989, do total de 24,5 milhões registrados pela RAIS como trabalhadores empregados com carteira de trabalho assinada ou funcionários públicos, apenas 6,8 milhões eram empregados formais de micro e pequenas empresas, aproximadamente 27,6% do total, praticamente o mesmo patamar do início da década (27,0%).

Do ponto de vista setorial, observa-se que as micro e pequenas empresas do setor Secundário empregavam 1,74 milhão de trabalhadores com carteira em 1980, montante que passou para 1,9 milhão, em 1985, e 2,26 milhões em 1989 (veja Quadro 2.3.3). Do total de quase 1,3 milhão de aumento do emprego formal no setor Secundário, entre 1980 e 1989, aproximadamente 520 mil empregos formais foram criados em micro e pequenas empresas deste setor, o que contribuiu para que o emprego formal nas MPEs ganhasse participação no total do emprego formal desse setor, de 27,8% em 1980 para 30% em 1989 (veja Quadro 2.3.2). O saldo da expansão do emprego formal em MPE no setor Secundário foi muito maior no período 1985-89 (358 mil) do que no período anterior (160 mil). E esse desempenho na segunda metade da década foi determinado principalmente pelo aumento do emprego formal nas MPEs da Indústria de Transformação (306 mil) e da Construção Civil (137 mil), já que ocorreu uma redução líquida de empregos formais nos Serviços Industriais de Utilidade Pública (–94 mil) e o aumento do emprego em MPE da Indústria Extrativa Mineral foi muito reduzido, cerca de 10 mil (veja Quadro 2.3.3).

QUADRO 2.3.3
Empregados formais em Micro e Pequenas Empresas, por ramos de atividade. *
Brasil, 1980, 1985 e 1989.

Setor de Atividade	1980	1985	1989	Saldo 1989-1980	Saldo 1980-1985	Saldo 1985-1989
Indústria de Transformação	–	1.493.270 (78,5)	1.799.583 (79,6)	–	–	306.313
Construção Civil	–	222.145 (11,7)	358.894 (15,9)	–	–	136.749
S.I.U.P.	–	147.466 (7,8)	53.143 (2,4)	–	–	-94.323
Extrativa Mineral	–	38.987 (2,0)	48.716 (2,1)	–	–	9.729
Total Secundário	1.741.992 100,0	1.901.868 100,0	2.260.336 100,0	518.344 100,0	159.876 100,0	358.468 100,0
Comércio	1.324.247 (50,1)	1.722.018 (46,3)	2.104.220 (46,7%)	779.973 (41,9%)	397.771 (37,0%)	382.202 (48,7%)
Serviços	1.318.429 (49,9)	1.996.943 (53,7)	2.398.800 (53,3)	1.080.371 (58,1%)	678.514 (63%)	401.857 (51,3%)
Total Terciário	2.642.676 100,0	3.718.961 100,0	4.503.020 100,0	1.860.344 100,0	1.076.285 100,0	784.059 100,0
Total	4.384.668	5.620.829	6.763.356	2.378.688	1.236.161	1.142.527

Fonte: RAIS/MTB.

Isso mostra que a crise do início da década afetou fortemente a expansão do emprego formal não somente na média e grande empresa industrial, mas também nas micro e pequenas empresas. Mostra também que a recuperação do emprego formal na Indústria de Transformação — que ocorreu já a partir de 1984 — contribuiu para elevar o emprego formal nas micro e pequenas empresas e nas médias e grandes empresas (+ 648 mil), entre 1985 e 1989. Como o emprego formal em MPE da Indústria de Transformação (1,8 milhão) representava quase 80% de todo o emprego formal em MPE no setor Secundário em 1989, o comportamento desse setor era fortemente determinante do comportamento do emprego formal do setor Secundário (veja Quadro 2.3.5). A expansão de 21% do emprego formal das MPEs da Indústria de Transformação, entre 1985 e 1989, acima da média da expansão do setor Secundário, foi suficiente para que sua participação no conjunto do emprego em MPE do setor Secundário fosse levemente aumentada, entre 1985 (78,5%) e 1989 (79,6%).

QUADRO 2.3.4
Empregados no setor formal, segundo porte dos estabelecimentos e ramos de atividade.
Brasil, 1980 e 1985.

Setor de atividade	1980 MPE	1980 MGE	1980 Total	1985 MPE	1985 MGE	1985 Total	1985-1980 MPE	1985-1980 MGE	1985-1980 Total
Agropecuária	10.576	175.023	185.599	17.419	302.308	319.727	65%	73%	72%
Total Secundário	1.741.992	4.522.532	6.264.524	1.901.868	4.428.112	6.329.980	9%	-2%	1%
Extrativa Mineral	–	–	–	38.987	96.793	135.780	–	–	–
Indústria de Transformação	–	–	–	1.493.270	3.586.809	5.080.079	–	–	–
Construção Civil	–	–	–	222.145	597.959	820.104	–	–	–
SIUP	–	–	–	147.466	146.551	294.017	–	–	–
Total Terciário (1)	2.642.676	3.345.681	5.988.357	3.718.961	4.977.399	8.696.360	41%	49%	45%
Comércio	1.324.247	712.996	2.037.243	1.722.018	862.705	2.584.723	30%	21%	27%
Serviços	1.318.429	2.632.685	3.951.114	1.996.943	4.114.694	6.111.637	51%	56%	55%
Total (1)	4.395.244	8.043.236	12.438.480	5.638.248	9.707.819	15.346.067	28%	21%	23%

Fonte: RAIS/MTE. 1985 e 2002. * Empregados em 31 de dezembro de cada ano. (1) Exclui Administração Pública e "outros".

O emprego formal das MPEs na Construção Civil representava apenas 11,6% do total de emprego formal das MPEs do setor Secundário. Com um ritmo de expansão maior, entre 1985 e 1989 (62%), em relação à expansão do emprego formal nas MPEs da Indústria de Transformação (20,5%), a participação do emprego formal das MPEs da Construção Civil elevou-se no total do emprego de MPE do setor Secundário para 16% em 1989. Em números absolutos, entretanto, o emprego formal nas MPE, na Construção Civil, não chegava a 400 mil em 1989 (veja Quadros 2.3.3 e 2.3.5).

No conjunto dos Serviços Industriais de Utilidade Pública havia apenas 294 mil trabalhadores com carteira assinada no país em 1985, cujo total expandiu-se apenas 13% entre 1985 e 1989, alcançando, neste último ano, apenas 333 mil. O total de emprego formal das MPEs desse ramo de atividade em 1985 (147 mil) representava metade dos empregados formais do ramo. Entretanto, a lenta expansão do emprego formal nesse ramo de atividade esteve associada a uma redução líquida de empregos formais nas MPEs (–94 mil), que em 1989 empregavam apenas 53 mil trabalhadores com carteira, ou seja, sua participação reduziu-se para apenas 16% do total de emprego formal neste ramo de atividade (veja Quadro 2.3.2). Com isso, o emprego formal das MPEs desse segmento, que apresentava uma participação reduzida no total do emprego em MPE do setor Secundário em 1985 (7,8%), apresentou uma forte redução, para 2,4%, em 1989.

Na Indústria Extrativa Mineral havia apenas 136 mil empregados com carteira assinada em 1985, dos quais 28,7%, ou 39 mil trabalhadores, eram empregados de MPE. Esse ramo de atividade apresentou o pior desempenho em termos de expansão do emprego formal (apenas 3%) entre 1985 e 1989, o que refletiu o desempenho ainda pior do emprego formal na média e grande empresa (–6,0%). Nas micro e pequenas empresas, a expansão do emprego formal foi de 25%, cujo estoque de emprego passou de 39 mil para 49 mil, entre 1985 e 1989, e a participação do total do emprego formal das MPEs deste ramo de atividade no conjunto do setor Secundário manteve-se em 2% (veja Quadros 2.3.3 e 2.3.5).

QUADRO 2.3.5
Estoque total do emprego formal, segundo porte dos estabelecimentos. Brasil, 1985 e 1989*.

Setor de atividade	1985			1989			1989-1985 MPE	1989-1985 MGE	1989-1985 Total
	MPE	MGE	Total	MPE	MGE	Total			
Agropecuária	17.419	302.308	319.727	53.541	371.784	425.325	207%	23%	33%
Total Secundário	1.901.868	4.428.112	6.329.980	2.260.336	5.286.574	7.546.910	19%	19%	19%
Extrativa Mineral	38.987	96.793	135.780	48.716	90.825	139.541	25%	-6%	3%
Indústria de Transformação	1.493.270	3.586.809	5.080.079	1.799.583	4.235.038	6.034.621	21%	18%	19%
Construção Civil	222.145	597.959	820.104	358.894	680.992	1.039.886	62%	14%	27%
SIUP	147.466	146.551	294.017	53.143	279.719	332.862	-64%	91%	13%
Total Terciário (1)	3.718.961	4.977.399	8.696.360	4.503.020	5.800.388	10.303.408	21%	17%	18%
Comércio	1.722.018	862.705	2.584.723	2.104.220	1.030.065	3.134.285	22%	19%	21%
Serviços	1.996.943	4.114.694	6.111.637	2.398.800	4.770.323	7.169.123	20%	16%	17%
Total (1)	5.638.248	9.707.819	15.346.067	6.816.897	11.458.746	18.275.643	21%	18%	19%

Fonte: RAIS/MTE. 1985 e 2002.   * Empregados em 31 de dezembro de cada ano. (1) Exclui Administração Pública e "outros".

Em resumo, no setor Secundário o emprego formal em MPE (+30%) apresentou um desempenho bem abaixo da média da expansão do conjunto do emprego formal em MPE (+55%) no setor privado não agrícola, no período 1980-1989 (veja Quadro 2.3.1). Esse comportamento, entretanto, não foi ainda pior, no conjunto da década, porque a expansão do emprego formal em MPE no setor Secundário, no período 1985-1989 (19,0%), alcançou praticamente o mesmo ritmo de expansão do setor Terciário (21%), num momento em que o emprego formal no conjunto do setor Secundário (19%) expandiu-se num ritmo pouco maior do que o do conjunto do setor Terciário (18%), diferença que foi ainda maior para a expansão do emprego formal das médias e grandes empresas do setor Secundário (19%) em relação às empresas do mesmo porte do setor Terciário (17%).

No período anterior, o emprego formal apresentou uma redução líquida nas grandes e médias empresas do setor Secundário (- 2%), enquanto o emprego formal nas MPEs deste setor cresceu apenas 9%, contribuindo para que o total do emprego formal no setor Secundário apresentasse uma expansão de apenas 1% (veja Quadro 2.3.4). Foi nesse período que a participação do emprego formal das MPEs elevou-se de 27,8% para 30%; no período posterior não houve elevação da participação do emprego formal em MPE no conjunto do setor Secundário e, portanto, não houve deterioração do emprego nesse setor, no que se refere ao emprego segundo o porte dos estabelecimentos (veja Quadro 2.3.2).

Portanto, pode-se concluir que no período 1985-1989, com o ritmo de expansão do emprego formal (19%) no setor Secundário praticamente igual ao período anterior (20%), não ocorreu deterioração da estrutura ocupacional, no que se refere ao volume de emprego formal nas micro e pequenas empresas, já que neste universo o ritmo de expansão de emprego formal foi o mesmo das médias e grandes empresas. A leve deterioração do conjunto do emprego formal do setor Secundário, no sentido de elevação da participação do emprego formal das micro e pequenas empresas de 27,8% para 30%, entre 1980 e 1989, resultou, portanto, do comportamento do emprego formal neste setor no período 1980-1985. Neste período, o emprego formal expandiu-se num ritmo muito maior nas micro e pequenas empresas (30%), do que nas médias e grandes empresas (17%) do setor Secundário[101]. E isso é expressão do fato de que, pelo

---

(101) Os dados do Censo Industrial mostram que, entre 1980 e 1985, ocorreu redução absoluta do número de ocupados na Indústria Extrativa Mineral e na Indústria de Transformação. Quase todos os ramos reduziram o número de ocupados. Os ramos da Indústria de Transformação que aumentaram o número de ocupados foram os seguintes: material elétrico e de comunicações; papel e papelão; borracha; couros, peles e produtos similares; indústria química; perfumaria, sabões e velas, produtos de materiais plásticos; vestuário, calçados e artefatos de tecidos; produtos alimentares e bebidas. Ou seja, ramos exportadores e ramos com elevada concentração de emprego em micro e pequenas empresas. Dados do Censo Industrial. Anuário estatístico do Brasil, 1992. Rio de Janeiro: IBGE, v. 52, 1992.

menos para este setor, e especialmente para as médias e grandes empresas, a crise econômica dos anos 1980 teve efeitos sobre o emprego formal muito mais forte no início da década, principalmente por causa da queda absoluta do PIB entre 1981 e 1983, do que na segunda metade da década[102].

No setor Terciário, como já indicado, concentrou-se a maior expansão do emprego formal, cujo estoque passou de 6 milhões para 10,3 milhões, entre 1980 e 1989 (veja Quadro 2.3.1). Desses 4,3 milhões de empregos adicionais gerados no setor Terciário, somente 1,6 milhão de empregos foram gerados no período 1985-1989, ou seja, o emprego formal no setor Terciário expandiu-se mais no período mais agudo da crise econômica: uma expansão de 45% no período 1980-1985 (muito maior do que a expansão do emprego formal no setor Secundário), contra uma expansão de 18% no período 1985-1989 (menor do que a do emprego formal no Secundário) (veja Quadros 2.3.4 e 2.3.5).

A maior expansão do emprego formal no setor Terciário, no período 1980--1985, ao contrário do que ocorreu no setor Secundário, reduziu a participação do emprego formal das micro e pequenas empresas, de 44,1% para 42,8%, no conjunto do emprego formal do setor Terciário (veja Quadro 2.3.2). No período seguinte, a expansão mais lenta do emprego formal no conjunto do Terciário e no universo de médias e grandes empresas, relativamente ao conjunto do universo de micro e pequenas empresas, resultou num leve aumento da participação deste universo no total do emprego formal do Terciário, de 42,8% em 1985, para 43,7% em 1989, patamar ainda menor do que o de 1980 (44,1%). Ou seja, no final da década, a participação do emprego formal das MPEs no interior do setor Terciário era menor do que no início da década. Nesse sentido, pode-se concluir que a deterioração da estrutura de emprego formal, no sentido da elevação da participação do emprego formal das MPEs no total do setor formal, deveu-se mais à expansão do emprego formal no Terciário, num ritmo maior do que no Secundário, pois, no interior do setor Terciário, a presença do emprego formal de MPE foi reduzida no conjunto da década.

Entre 1980 e 1989, no Comércio houve um acréscimo de empregados formais em MPE (780 mil) maior do que em todo o conjunto do setor Secundário, entre 1980 e 1989. Naquele setor, o emprego formal nas MPEs (59%) cresceu mais do que nas médias e grandes empresas (44%). Num setor

---

(102) Neste sentido, cabe destacar que a comparação do período 1980-1984 com o período 1984–1989 mostraria mais claramente como os efeitos mais negativos sobre o mercado de trabalho foram concentrados no início da década. Entretanto, essa periodização teria como desvantagem camuflar os efeitos da relativa estagnação do período 1997-1999 sobre o emprego formal. Nesse caso, a análise teria de contar com a divisão em três períodos: 1980-1983; 1984-1986 e 1987-1989, o que tornaria análise muito extensa e detalhada para uma década em que não houve alterações tão profundas no emprego formal no setor Secundário.

marcado pelo elevado peso do emprego nas micro e pequenas empresas, essa evolução contribuiu para que a participação do emprego em MPE aumentasse de 65%, em 1980, para 67,1%, em 1989, no conjunto dos empregados formais do Comércio (veja Quadros 2.3.1 e 2.3.3).

Embora, entre 1980 e 1985, o emprego formal no Comércio tenha crescido mais no segmento de MPE (30%) do que nas grandes e médias empresas (21%) desse ramo de atividade, o ritmo de sua expansão foi menor do que a expansão do emprego em MPEs do conjunto do setor Terciário (41%) e do conjunto do setor de Serviços (51%) (veja Quadro 2.3.4). Com isso, por um lado, o emprego formal das MPEs do Comércio elevou sua participação no setor diante do emprego formal das médias e grandes empresas; de 65% para 66,6% do total do emprego formal do Comércio, entre 1980 e 1985 (veja Quadro 2.3.2). Por outro lado, o emprego formal das MPEs do Comércio reduziu sua participação no total do emprego formal de MPE do setor Terciário, de 50,1% para 46,3%, entre 1980 e 1985.

No período seguinte, de menor expansão do emprego formal no Terciário e também no Comércio, o emprego formal das MPEs do Comércio continuou crescendo mais (22%) do que nas médias e grandes (19%) deste ramo e num ritmo maior do que a expansão do emprego formal no setor de Serviços (17%), tanto em relação às micro e pequenas deste ramo de atividade (20%) e principalmente em relação à expansão do emprego nas médias e grandes (16%). Ou seja, neste período, o emprego formal em MPE do Comércio expandiu-se pouco acima da média do ritmo de expansão do emprego formal do universo de micro e pequenas empresas (21%) e também acima da média da expansão do emprego no conjunto de todo o setor formal privado (veja Quadro 2.3.5). Com isso, a participação do emprego formal de MPE do Comércio continuou elevando sua participação no total do emprego formal do Comércio (66,6% para 67,1%) e recuperou um pouco sua participação no total de emprego formal em MPE do setor Terciário (de 46,3% para 46,7%).

Enfim, em 1989, no setor do Comércio a presença do emprego formal de MPE era relativamente maior do que no início da década, mas esse montante de empregados formais no Comércio, que representava mais metade do emprego formal das MPEs do setor Terciário em 1980, passou a perder espaço para a maior participação dos empregados formais em MPE das demais atividades do setor Terciário. A participação do emprego formal das micro e pequenas empresas do setor Secundário reduziu-se de 39,6%, em 1980, para 33,2%, em 1989, mas a participação do emprego formal em MPE do Comércio no total de empregados em empresas deste porte, do setor privado, elevou-se de 30,1% em 1980, para apenas 30,5% em 1985, e 30,9% em 1989. Ou seja, foi, principalmente, o conjunto das MPEs das demais atividades do setor

Terciário que teve sua participação expressivamente aumentada no conjunto do emprego formal das micro e pequenas empresas. Isso foi resultado do fato de que quando o emprego formal elevou-se com mais intensidade nas MPEs do Comércio, ente 1980 e 1985, a elevação do emprego formal foi ainda maior nas MPEs do conjunto das demais atividades do setor de Serviços. No período seguinte, o desempenho das MPEs do Comércio, em termos de expansão do emprego formal, foi apenas um pouco melhor do que o relativo às demais atividades do Terciário, quando também o emprego formal das MPEs do setor Secundário recuperou-se e cresceu de forma mais expressiva do que no período anterior.

Portanto, foi no conjunto das atividades do setor de Serviços que ocorreu o maior acréscimo de emprego formal em MPE, aproximadamente 1,1 milhão, entre 1980 e 1989 (veja Quadro 2.3.3). Nesse setor de atividade, o emprego formal das médias e grandes empresas aumentou praticamente no mesmo ritmo do aumento do emprego formal das micro e pequenas empresas, entre 1980 e 1989, de forma que a participação deste último universo no total do emprego formal das atividades de Serviços manteve-se em 33,4% do total (veja Quadro 2.3.2). Ou seja, a principal mudança ao longo de todos os anos 1980 não foi a alteração da estrutura do emprego formal, segundo o tamanho da empresa, no interior das atividades de Serviços, pois a participação do emprego formal das MPEs elevou-se no interior do setor de Serviços, na metade da década, mas no final da década ela já havia sido reduzida para o mesmo patamar do início dos anos 1980.

A principal mudança foi a elevação do peso do emprego formal das MPEs do conjunto das atividades de Serviços — exclusive Comércio — na estrutura do emprego formal do país, de 30% em 1980 para 35,4% em 1985, proporção que se manteve até o final da década (35,2%). E essa elevação deveu-se tanto aos efeitos maiores do período mais agudo da crise econômica sobre o emprego formal do setor Secundário, como da maior capacidade de expansão do emprego formal nas MPEs do setor de Serviços, justamente nesse período de maior crise e de redução absoluta do emprego formal na média e grande empresa do setor Secundário.

Enfim, o leve aumento da participação do emprego formal em MPE, entre 1980 e 1989, de 35,8% para 37,9%, no conjunto do setor formal do país, resultou principalmente dos seguintes movimentos: da redução absoluta do emprego formal da média e grande empresa do setor industrial, principalmente entre 1981 e 1983; da maior expansão relativa do emprego formal do setor de Serviços e do emprego nas MPEs deste setor na primeira metade da década; da maior expansão relativa do emprego formal do Comércio e da recuperação do emprego formal nas micro e pequenas empresas; e do conjunto do setor Secundário no período 1985-1989.

A maior expansão relativa (às médias e grandes empresas) do emprego formal em MPE no Secundário, no período 1980-1985, não foi acompanhada por uma maior expansão relativa (às médias e grandes) do emprego em MPE no setor Terciário neste período. Ela foi de certa forma compensada pela maior expansão relativa do emprego formal nas médias e grandes do setor Terciário. No período seguinte, a maior expansão relativa do emprego formal das MPEs, em relação ao emprego formal gerado pelas médias e grandes no setor Terciário, foi, em certa medida, compensada pela recuperação do crescimento do emprego formal nas médias e grandes empresas do setor Secundário.

Por isso, no final dos anos 1980, a estrutura do emprego formal do ponto de vista do porte dos estabelecimentos era praticamente a mesma do início da década, principalmente se é considerada a expansão do emprego na Administração Pública. Isso não significa que essa estrutura não tenha apresentado uma leve tendência de deterioração, pois no final dos anos 1980, do total do emprego formal das MPEs do setor privado não agrícola (6,8 milhões), aproximadamente 67% estavam empregados nas pequenas empresas do setor Terciário, contra 60% no início da década, sendo que o emprego formal das MPEs do Comércio perdeu participação para o conjunto das demais atividades do setor Terciário. Como as condições de remuneração e de benefícios trabalhistas são, em geral, ainda piores nas diversas atividades das pequenas empresas do setor Terciário, elevou-se o conjunto de empregados em piores situações de trabalho e de rendimentos no universo de empregados formais em MPE.

Entretanto, no conjunto, as mudanças na estrutura do emprego formal do setor privado não agrícola não apontam para uma mudança importante em termos de elevação do emprego formal nas micro e pequenas empresas, em detrimento da média e grande empresa. E isso parece ser suficiente para concluir que, do ponto de vista da distribuição do emprego por tamanho de empresa, a estrutura do emprego formal ficou praticamente estável entre o início e o final da década, principalmente quando considera-se a elevação do emprego do setor público[103].

2.3.2. A EXPANSÃO DO EMPREGO SEM CARTEIRA NAS MICRO E PEQUENAS EMPRESAS

Nos anos 1980, houve uma importante expansão do assalariamento sem carteira, que geralmente é um emprego concentrado em micro e pequenas empresas. Em 1981, do total de 24,3 milhões de empregados do setor privado não agrícola, 32,9% eram trabalhadores sem carteira de trabalho assinada, aproximadamente 8 milhões. Em 1990, a participação dos empregados sem carteira no total dos empregados do setor privado não agrícola era mais elevada

---

(103) Como veremos no próximo capítulo, esse não foi o caso do período 1990-2005, com suas profundas alterações na composição do emprego formal, segundo o tamanho dos estabelecimentos.

(34,1%) do que no início dos anos 1980; do total de 31,8 milhões de empregados não agrícolas do setor privado do país, 10,8 milhões não tinham carteira de trabalho assinada (veja Quadro 2.3.6). O ritmo de expansão do conjunto dos empregados no setor privado não agrícola foi de 30,8%, entre 1981 e 1990. Nesse período, o assalariamento sem carteira no conjunto do país expandiu-se num ritmo maior (35,6%). O ritmo de expansão dos empregados formais em micro e pequenas empresas no período 1980-1989, registrados pela RAIS, foi de 54,3%. Apesar das diferenças de fontes e de período dos levantamentos, esses dados apontam para um crescimento maior do emprego formal em MPE do que do assalariamento sem carteira no setor privado não agrícola.

Quadro 2.3.6
Distribuição dos empregados sem carteira de trabalho assinada do setor privado não agrícola, por setor de atividade. Brasil, 1981, 1984 e 1990.

Empregados sem carteira de trabalho assinada e total de empregados do setor privado não agrícola	1981 (1)	1984 (1)	1990 (2)
Participação dos empregados sem carteira no total de empregados do setor privado não agrícola	32,9	32,9	34,1
Número absoluto de empregados sem carteira assinada do setor privado não agrícola	8.004,8	8.639,8	10.851,8
Total de empregados não agrícolas	24.330,8	26.260,9	31.823.365

Fonte: (1) IBGE, Diretoria Técnica, Departamento de Estudos e Indicadores Sociais. Tabela extraída do Anuário Estatístico do Brasil, 1981. Rio de Janeiro: IBGE, v. 42, 1982. (2) IBGE, Diretoria de Pesquisas, Departamento de Emprego e Rendimento, Pesquisa Nacional por Amostra de Domicílios. Tabela extraída do Anuário Estatístico do Brasil,. 1992. Rio de Janeiro: IBGE, v. 52, 1992.

Os dados disponíveis mostram que o grau de assalariamento sem carteira é elevadíssimo nos estabelecimentos com até 10 empregados. Assim, por exemplo, em 1990, no conjunto da estrutura ocupacional do setor privado não agrícola, 34,1% eram empregados sem carteira de trabalho assinada, mas no universo de estabelecimentos com até 10 ocupados, essa proporção era muito mais elevada (71,5%), o que representava aproximadamente 7,8 milhões de empregados sem carteira (veja Quadros 2.3.6 e 2.3.7). Os 3,1 milhões de trabalhadores sem carteira de trabalho assinada restantes estavam ocupados em estabelecimentos com 11 ou mais empregados.

Pelos dados da PNAD/IBGE, para o universo de estabelecimentos com 11 ou mais empregados, não é possível saber em que tamanho de estabelecimento estavam empregados esses 3,1 milhões de trabalhadores. Assim, não é possível ter certeza se esses empregados trabalhavam em micro, pequenas, médias ou grandes empresas. Considerando que o corte para classificação de empregados no universo de micro e pequenas empresas é de até 49 empregados no Comércio e nos Serviços e de até 99 empregados na Indústria, neste trabalho será adotada a hipótese de que todos esses empregados sem carteira estavam ocupados em micro e pequenas empresas[104]. Com esta hipótese chega-se à estimativa de que havia 10,8 milhões de trabalhadores em MPE sem carteira de trabalho assinada em 1990, o que é um montante bem maior do que os 6,8 milhões de empregados em MPE do setor formal, registrados pela RAIS em dezembro de 1989[105]. Isso leva também a uma estimativa de que o ritmo de expansão do emprego formal no segmento de MPE, de 54,3%, entre 1980 e 1989, foi maior do que o ritmo de expansão do emprego assalariado sem carteira, por hipótese empregados de MPE, de 35,6%, entre 1981 e 1990.

QUADRO 2.3.7
Distribuição dos empregados, com e sem carteira de trabalho assinada, segundo número de pessoas ocupadas no trabalho principal no setor privado não agrícola.
Brasil, 1990.

Número de pessoas ocupadas no estabelecimento	Total	Assalariados com Carteira	Assalariados sem Carteira
1 a 5 (em %)	49,5	10,8	60,3
6 a 10 (em %)	7,1	5,9	11,2
Até 10 (em %) Número absoluto	56,6	16,7	71,5 7.759.000
11 ou mais (em %) Número absoluto	43,4	83,3	28,5 3.092,8
Total (em %) Número absoluto	(100,0) 31.823.365	(100,0) 20.971,6	(100,0) 10.851,8

Fonte: IBGE. Anuário Estatístico de 1994. Rio de Janeiro. IBGE, v. 54, 1994.

---

(104) Os dados da PNAD, referentes aos empregados do setor privado (exclui a Administração Pública) não agrícola com carteira assinada, mostram que apenas 3,5 milhões de empregados com carteira estavam ocupados em estabelecimentos com até 10 empregados. Já os dados da RAIS apontaram 6,8 milhões de empregados com carteira em micro e pequenas empresas, em 31 de dezembro de 1989. Isso mostra que deve haver um volume muito maior de empregados com carteira de trabalho assinada no universo de empregados em estabelecimentos com 11 ou mais empregados, registrados pela PNAD, que são trabalhadores de micro e pequenas empresas, algo acima de 3 milhões, considerando as diferenças de anos e de fontes de pesquisa. Esse também deve ser o caso para o universo de trabalhadores sem carteira de trabalho assinada, que tradicionalmente apresentam uma presença relativamente maior nas menores empresas. A hipótese de considerar trabalhadores de MPE, os 3,1 milhões registrados pela PNAD como empregados sem carteira assinada em estabelecimentos com 11 ou mais empregados parece, portanto, muito plausível.

(105) Em função dos problemas de expansão da amostra, todos os dados da PNAD estão superestimados. Por isso, não se pode considerar que o número de trabalhadores sem carteira fosse mesmo 10,8 milhões em 1990. Entretanto, considerando que, do total de empregados do setor privado não agrícola (31,8 milhões), com e sem carteira de trabalho, a maioria (56,5%) estava empregada nos estabelecimentos com até 10 empregados em 1990, aproximadamente 18,0 milhões, segundo os dados da PNAD, certamente o universo de empregados em MPE é muito maior do que os 6,8 milhões de empregados com vínculos formalizados. Esses mesmos problemas limitam as comparações das taxas de expansão do emprego formal (RAIS) e do emprego sem carteira (PNAD).

As maiores participações dos empregados sem carteira de trabalho assinada — que por hipótese eram todos empregados de MPE — encontravam-se, em 1981, no conjunto dos empregados nos ramos da Prestação de Serviços (62,9%), Construção Civil (45,0%), Atividades Sociais (36,3%), no Comércio de Mercadorias (26,4%) e nos Serviços Auxiliares da Atividade Econômica (21,6%) (veja Quadro 2.3.3). Essas são atividades tradicionalmente marcadas pela elevada presença de micro e pequenas empresas.

No conjunto dos empregados do setor privado não agrícola observa-se que a participação dos empregados sem carteira de trabalho assinada manteve-se estável, entre 1981 e 1984 (32,9% do total de empregados), elevando-se para 34,1% em 1990. Isso indica, portanto, que a expansão do assalariamento sem carteira foi maior na segunda metade da década.

Entretanto, no interior de alguns ramos de atividade, o assalariamento sem carteira elevou-se mais rapidamente no período 1981-1984: na Prestação de Serviços; nas Atividades Sociais; na Indústria de Transformação; e nos Serviços Auxiliares da Atividade Econômica. Com exceção deste último ramo de atividade, em todos os demais ramos ocorreu redução do peso do assalariamento sem carteira no período 1984-1990; mas apenas na Prestação de Serviços, com uma expressiva queda neste período, o peso do assalariamento sem carteira era menor em 1990 do que em 1981. Observa-se, portanto, que dos cinco ramos com graus mais elevados de assalariamento sem carteira, três deles apresentaram maior crescimento do emprego sem carteira no período mais agudo da crise econômica (1981-1983).

A forte crise no setor industrial contribuiu para a elevação do emprego sem carteira nas micro e pequenas empresas. Mas nesse período de fortes impactos negativos da crise sobre o mercado de trabalho brasileiro, os ramos com maior concentração de micro e pequenas empresas e de elevado grau de assalariamento sem carteira — Prestação de Serviços e Atividades Sociais — também sofreram de forma mais acentuada os efeitos da crise, o que contribuiu para a elevação do trabalho sem carteira assinada nas micro e pequenas empresas desses ramos de atividade (veja Quadro 2.3.8).

QUADRO 2.3.8
Grau de assalariamento sem carteira de trabalho assinada do setor privado não agrícola, por setor de atividade. Brasil, 1981, 1984 e 1990.

Ramos de Atividade	1981 (1)	1984 (2)	1990 (2)
Indústrias de Transformação	14,6	18,7	17,7
Indústria da Construção	45,0	11,9	45,9
Outras atividades industriais	15,3	15,2	20,1
Comércio de mercadorias	26,4	23,2	29,0
Prestação de serviços	62,9	78,6	61,8
Serviços auxiliares da atividade econômica	21,6	23,0	23,8
Transporte e Comunicação	15,6	6,7	17,0
Atividades Sociais	36,3	42,5	40,9
Outras atividades	8,2	8,2	12,3
Participação dos empregados sem carteira no total de empregados do setor privado não agrícola	**32,9**	**32,9**	**34,1**

Fonte: (1) IBGE, Diretoria Técnica, Departamento de Estudos e Indicadores Sociais. Tabela extraída do Anuário Estatístico do Brasil 1981. Rio de Janeiro: IBGE, v. 42, 1982. (2) IBGE, Diretoria de Pesquisas, Departamento de Emprego e Rendimento, Pesquisa Nacional por Amostra de Domicílios. Tabela extraída do Anuário Estatístico do Brasil. 1992. Rio de Janeiro: IBGE, v. 52, 1992.

Em outros ramos de atividade, no entanto, ocorreu uma forte queda da participação do emprego assalariado sem carteira, no período 1981-1984, como nos casos da Construção Civil e do ramo de Transporte e Comunicação e, em menor medida, no Comércio de Mercadorias. Esses casos devem refletir uma pressão maior em termos de redução do quadro de trabalhadores que afetou principalmente o universo de empregados sem carteira, caso que parece muito provável no setor da Construção Civil. Nesses três casos, o crescimento da participação do assalariamento sem carteira foi muito acentuado no período 1984-1990, o que contribui para que no final da década os patamares fossem maiores do que no início da década. No ramo "Outras" atividades industriais e "Outras" atividades do setor Terciário, o grau de assalariamento sem carteira manteve-se estável no período mais agudo da crise e elevou-se sensivelmente no período 1984-1989. Portanto, dos nove ramos de atividade considerados, cinco deles apresentaram maior ritmo de elevação do emprego sem carteira no período 1984-1990 e, com exceção do ramo da Prestação de Serviços, em todos os demais a participação dos empregados sem carteira era maior no final da década do que no início.

Quadro 2.3.9

Empregados de 10 anos ou mais de idade, no trabalho principal, por carteira de trabalho assinada pelo empregador, segundo ramos de atividade. Brasil, 1990.

Brasil Ramos de Atividade	Total	Empregados sem carteira	
		Número absolutos	Distrib. (em %)
Indústrias de transformação (1)	8.194.458	1.448.471	13,4
Construção (1)	2.421.827	1.111.836	10,2
Outras atividades industriais (1)	782.687	157.529	1,5
Comércio de mercadorias (1)	4.378.232	1.270.340	11,7
Prestação de serviços (1)	6.516.007	4.024.269	37,1
Serviços auxiliares da atividade econômica (1)	1.292.049	307.017	2,8
Transporte e comunicação (1)	1.792.616	304.576	2,8
Atividades Sociais (1)	5.007.373	2.047.298	18,9
Outras atividades (1).	1.438.116	176.973	1,6
Brasil Total não agrícola (2)	31.823.365	10.848.309	100,0

Fonte: IBGE, Diretoria de Pesquisas, Departamento de Emprego e Rendimento, Pesquisa Nacional por Amostra de Domicílios. Tabela extraída do Anuário Estatístico do Brasil, 1992. Rio de Janeiro: IBGE, v. 52, 1992. 1) Exclusive empregados da zona rural de Rondônia, Acre, Amazonas, Roraima, Pará e Amapá. (2) Exclusive empregados de Tocantins e da zona rural de Rondônia, Acre, Amazonas, Roraima, Pará e Amapá, e exclusive empregados da Administração Pública

Como resultado dessa evolução, e do peso de cada ramo de atividade no total dos empregados sem carteira de trabalho assinada, observa-se que no final da década, a maioria dos empregados sem carteira estava no setor de Prestação de Serviços (37,1%), nas Atividades Sociais (18,9%), na Indústria de Transformação (13,4%), no Comércio de Mercadorias (11,7%) e na Construção Civil (10,2%) (veja Quadro 2.3.9). Como, por hipótese, todos esses empregados sem carteira estavam ocupados em micro e pequenas empresas, é interessante a comparação com a distribuição do emprego formal em MPE, segundo os ramos de atividade.

Com essas estimativas, observa-se que nas MPEs da Indústria de Transformação, a presença era relativamente maior de empregados com carteira de trabalho assinada, concentrando 26,6% do total do emprego formal das MPEs e apenas 13,3% do total dos empregados sem carteira. Na Construção Civil, o peso do trabalho assalariado sem carteira é relativamente muito maior, pois nesse ramo concentra-se apenas 5,3% dos empregados com carteira e 10,3% dos sem carteira. Nas "Outras" atividades industriais, a presença dos empregados formais é tão relevante quanto a dos empregados sem carteira. Portanto, em função da situação do emprego nas MPEs da Indústria de Transformação, as MPEs do conjunto do setor Secundário empregavam uma proporção maior do total de empregados com carteira do que dos empregados sem carteira (veja Quadro 2.3.10)[106].

QUADRO 2.3.10
Distribuição dos empregados em micro e pequenas empresas no setor privado não agrícola, com e sem carteira de trabalho assinada. Brasil, 1989 e 1990.

	Distribuição dos empregados no setor privado não agrícola em MPE com carteira assinada (RAIS/89)	Distribuição dos empregados no setor privado não agrícola em MPE sem carteira assinada (PNAD/90)
Total Secundário (a)	2.260.336 33,4	2.717.836 25,0
Indústria de Transformação	1.799.583 26,6	1.448.471 13,3
Construção Civil	358.894 5,3	1.111.836 10,2
Outras atividades industriais (1)	101.859 1,5	157.529 1,5
Total Terciário (a)	4.503.020 66,6	8.130.473 75,0
Comércio	2.104.220 31,1	1.270.340 11,7
Serviços	2.398.800 35,5	6.860.133 63,2
Total de empregados	6.763.356 100,0	10.848.309 100,0

Fonte: Dados extraídos das Tabelas 2.3.2 e 2.3.10. (1) Para os dados da RAIS/89, o total é a soma da Indústria Extrativa Mineral e dos Serviços Industriais de Utilidade Pública SIUP.

As MPEs do Comércio apresentavam uma participação maior no total do emprego formal (31,1%) do que no total do emprego sem carteira de trabalho assinada (11,7%), do conjunto de empregados em MPE. Entretanto,

---

(106) A comparação de dados de fontes diferentes e de pesquisas realizadas em momentos diferentes não permite um procedimento adequado para calcular o grau de assalariamento de cada ramo e do conjunto do setor Secundário e do Terciário. No entanto, as indicações são no sentido de que, no conjunto do setor Secundário, na Indústria de Transformação e nas "Outras" atividades industriais, o emprego em MPE deveria estar dividido, mais ou menos, em cerca de 50% de empregados com e sem carteira assinada. Esse já não é o caso da Construção Civil, ramo no qual o grau de assalariamento sem carteira deve ser muito maior nas MPEs.

a participação dos empregados em MPE no conjunto das atividades de Serviços era de 75% do total dos empregados sem carteira e de 66% dos empregados com carteira. Concentrando a maioria dos empregados em MPE, claramente o conjunto de atividades de Serviços concentrava também a maior parte dos empregados sem carteira de trabalho do país (veja Quadro 2.3.10)[107].

Os dados da PNAD de 1990 também mostram que o ramo de Prestação de Serviços destacava-se com 81,3% dos trabalhadores desenvolvendo suas atividades em estabelecimentos com até cinco ocupados e 87% em estabelecimentos com até 10 ocupados (veja Quadro 2.3.11). A proporção de trabalhadores em estabelecimentos com até 10 ocupados era um pouco menor no Comércio de Mercadorias (66,6%), na Construção (60,7%) e nos Serviços Auxiliares da Atividade Econômica (56,2%)[108]. Na Indústria de Transformação, 83,3% dos empregados tinham carteira assinada, proporção que era também elevada nas "Outras Atividades do Terciário" (87,7%). No primeiro setor, somente 24,4% do total estavam empregados em estabelecimentos com até 10 empregados; no segundo, apenas 17,4%. Isso mostra que nos setores e ramos de atividade com menor proporção de trabalhadores empregados em pequenos estabelecimentos há também menor proporção de trabalhadores sem carteira (veja Quadros 2.3.8 e 2.3.11).

Portanto, a distribuição dos empregados com e sem carteira, no universo de MPE, apresenta situações diferentes não somente em função do peso do emprego de cada ramo de atividade no total do emprego de MPE, mas também em função de diferentes graus de formalização dos vínculos de emprego. Nas MPEs da Indústria de Transformação e no Comércio, o conjunto dos empregados apresenta um grau mais elevado de formalização do emprego, como é o caso para o conjunto dos empregados nestes setores de atividade, segundo os dados da PNAD (veja Quadro 2.3.9). Nas MPEs do setor de Serviços e da Construção Civil, o grau de formalização do emprego é menor, como também ocorre para o conjunto dos empregados nestes setores (veja Quadros 2.3.8 e 2.3.9).

---

(107) No caso do Terciário, a comparação indica que o grau de assalariamento sem carteira nas MPEs do conjunto das atividades do setor de Serviços deve ser bem maior do que no Comércio.
(108) Em 1990, a concentração de trabalhadores em pequenos estabelecimentos com até cinco ocupados era ainda mais acentuada nas regiões Nordeste (61,0%), Sul (53,1%) e Centro-Oeste (53,4%). Nessas regiões menos de 40% deles estavam em estabelecimentos com 11 ou mais ocupados (veja Quadro 2.11). Na região Norte, a maioria dos trabalhadores (53,7%) desenvolvia suas atividades em estabelecimentos com até 10 ocupados e 46,3% com 11 ou mais ocupados. Somente na região Sudeste mais da metade do total dos ocupados desenvolvia atividades em estabelecimentos com 11 ou mais ocupados, mesmo assim era elevada a presença de trabalhadores em estabelecimentos com até cinco ocupados (41%). CF. IBGE, Diretoria de Pesquisas, Departamento de Emprego e Rendimento. PNAD, 1990. Anuário Estatístico do Brasil, 1994. Rio de Janeiro, IBGE, v. 54, 1994.

QUADRO 2.3.11

Distribuição das pessoas de 10 anos ou mais ocupadas, segundo os ramos de atividade, por faixas de pessoal ocupado nos estabelecimentos. Brasil, 1990.

Ramos de atividade	Faixas de Pessoal Ocupado 1990	
	1 a 10	11 ou mais (5)
Indústria da Transformação e outras atividades industriais	24,4	75,6
Indústria da Construção	60,7	39,3
Comércio de Mercadorias	66,6	33,4
Prestação de Serviços	86,8	13,2
Serviços Auxiliares da Atividade Econômica	56,6	43,4
Outras Atividades do Terciário	17,4	82,6

Fonte: IBGE, Diretoria de Pesquisas, Departamento de Emprego e Rendimento. PNAD, 1990. Anuário Estatístico do Brasil, 1994. Rio de Janeiro, IBGE, v. 54, 1994.

Enfim, no final dos anos 1980, era expressivo o peso dos empregados em micro e pequenas empresas, um montante estimado em aproximadamente 17,6 milhões de empregados com e sem carteira de trabalho assinada, um acréscimo de 5,2 milhões em relação ao início da década. Refletindo, principalmente, a elevação da participação dos empregados formais em MPE no total dos empregados do setor privado não agrícola de 35,8% em 1980 para 37,9% em 1989, e a elevação dos trabalhadores sem carteira de trabalho no total dos empregados de 32,9% em 1981 para 34,1% em 1990, estima-se que a participação do conjunto dos empregados em MPE no conjunto dos empregados não agrícolas tenha aumentado, nos anos 1980, de 50,9% para 55,3% (veja Quadro 2.3.12).

Ao longo da década, o emprego assalariado reduziu sua participação no conjunto da ocupação não agrícola do país, de 75,6%, em 1981, para 74,6%, em 1989. Essa evolução contribuiu para que a participação dos empregados em MPE no total das ocupações não agrícolas do país fosse um pouco menor do que no conjunto dos empregados do setor privado não agrícola. Entretanto, essa redução do assalariamento é um indicativo da expansão do número de empregadores e de trabalhadores por conta própria, que conformam parcela expressiva dos ocupados em pequenos negócios e empreendimentos informais urbanos, cuja análise sobre o comportamento nos anos 1980 será realizada na próxima seção.

QUADRO 2.3.12
Estimativa de empregados com e sem carteira de trabalho assinada em micro e pequenas empresas do setor privado não agrícola.
Brasil, 1980-1981 e 1989-1990.

Empregados em MPE e participação no total de empregados do setor privado não agrícola	1980-1981 (A)	1989-1990 (B)	Variação (B)/(A) (em %)
Número absoluto e variação no período	12.389.468	17.611.665	42,2
Participação em relação à população empregada do setor privado não agrícola	1981	1990	—
	50,9	55,3	

Fonte: Dados extraídos das tabelas anteriores.

2.4. A EXPANSÃO DO TRABALHO POR CONTA PRÓPRIA E DOS EMPREGADORES NOS ANOS 1980

Nos anos 1980, ocorreu uma redução da participação dos empregados no conjunto da estrutura ocupacional não agrícola, de 75,6% para 74,6% (veja Quadro 2.4.1). Isso reflete um ritmo de crescimento levemente maior das ocupações não assalariadas. A análise da evolução da estrutura ocupacional nos anos 1980 mostra que, num contexto de menor ritmo de crescimento econômico, o desemprego não foi ainda mais elevado porque muitos trabalhadores desenvolveram diversas estratégias de sobrevivência, ampliando o universo de trabalhadores por conta própria ("empreendedores" da economia informal urbana), aspecto que também contribuiu, mas em menor medida, para a ampliação do universo de empresários de pequenos negócios — cuja expansão foi mais expressiva nos momentos de crescimento econômico. O peso relativo do trabalho por conta própria foi sendo levemente ampliado, principalmente, nos momentos de maior impacto da crise econômica sobre o mercado de trabalho. O maior crescimento dessas ocupações e do número de empregadores contribuiu para a maior expansão relativa da ocupação no Comércio de Mercadorias e em diversas atividades do setor de Prestação de Serviços.

A participação dos trabalhadores por conta própria elevou-se de 17,0%, em 1980, para 19,1%, em 1989, no conjunto das atividades não agrícolas do país. Entretanto, essa elevação foi maior na primeira metade da década, passando de 19,5%, em 1981, para 20,3%, em 1984, quando estava sendo reduzida a participação dos assalariados na estrutura ocupacional não agrícola do país. Na segunda metade da década, a participação dos trabalhadores por conta própria reduziu-se de 20,3%, em 1984, para 19,1%, em 1989, período em que a participação dos assalariados no total manteve-se estável. No período mais agudo da crise, 1981-1984, a taxa média anual de expansão do universo de trabalhadores por conta própria foi maior do que no período 1985-1989 (veja Quadro 2.4.1).

Essa diferenciação é importante porque mostra que, na segunda metade da década, não houve continuidade no processo de elevação do desemprego, nem continuidade da redução do grau de assalariamento e nem aprofundamento do ritmo de elevação do trabalho por conta própria, no conjunto das atividades não agrícolas, fatores que contribuíram para que não houvesse uma desestruturação do mercado de trabalho urbano brasileiro. Entretanto, com a expansão relativa e, principalmente, absoluta do universo de trabalhadores por conta própria, entre o início e o final da década, sua presença tornou-se ainda mais perceptível no mercado de trabalho brasileiro, fato ainda acentuado pela sua maior presença nas maiores cidades e nas metrópoles.

QUADRO 2.4.1
População ocupada não agrícola, segundo posição na ocupação.
Brasil, 1981-1989.

Atividades não agrícolas	1980(1)	1981	1982	1983	1984
Total (x 1.000)	29.803,4 (100,0)	32.165,6 (100,0)	33.786,4 (100,0)	35.351,4 (100,0)	35.234,3 (100,0)
Empregados (1) (x 1.000)	23 574,9 (79,1)	24.330,8 (75,6)	25.112,9 (74,3)	26.544,5 (75,1)	26.260,9 (74,5)
Empregadores (x 1.000)	779 690 (2,6)	977,7 (3,0)	1.092,2 (3,2)	1.086.584 (3,1)	1.150.067 (3,3)
Conta própria (x 1.000)	5 065,9 (17,0)	6.262,3 (19,5)	6.805,6 (20,1)	6.996,8 (19,8)	7.160,3 (20,3)
Não remunerados (2)	383.421 (1,3)	594.783 (1,9)	775.564 (2,3)	723.468 (2,0)	663.076 (1,9)
Atividades não agrícolas	1985	1986	1987	1988	1989
Total (x 1.000)	38.371,5 (100,0)	41.105,3 (100,0)	43.293,8 (100,0)	44.495,2 (100,0)	46.587,1 (100,0)
Empregados (1) (x 1.000)	28.827,9 (75,1)	31.029,7 (75,5)	32.306,9 (74,6)	33.280,3 (74,8)	34.732,6 (74,6)
Empregadores (x 1.000)	1.197.006 (3,1)	1.392.570 (3,4)	1.481.538 (3,4)	1.536.125 (3,5)	1.994,1 (4,3)
Conta própria (x 1.000)	7.627,8 (19,9)	8.099,3 (19,7)	8.743,3 (20,2)	8.989,8 (20,2)	8.886,1 (19,1)
Não remunerados (2)	718.914 (1,9)	583.847 (1,4)	762.004 (1,8)	688.668 (1,5)	970.853 (2,1)

Fonte: IBGE, Diretoria de População e Social, Departamento de Estudos e Indicadores Sociais. Tabela extraída do Anuário Estatístico do Brasil, 1994. Rio de Janeiro, v. 43 e 45. (1) Fonte para os dados de 1980: IBGE, Diretoria Técnica, Departamento de Censo Demográfico. Tabela extraída do Anuário Estatístico do Brasil, 1981. Rio de Janeiro: IBGE, v. 42, 1982. (2) Inclusive as pessoas sem declaração de carteira de trabalho assinada pelo empregador. Nota: exclusive os dados da zona rural da Região Norte.

Considerando a trajetória anterior, no período da industrialização, de elevação da participação do trabalho assalariado e de crescente estruturação do mercado de trabalho, essa expansão do universo de trabalhadores por conta própria surgiu como uma das expressões da crise econômica dos anos 1980 e de seus impactos em termos de deterioração do mercado de trabalho brasileiro. Apesar de sua expansão relativa ter sido menor na segunda metade da década, sua expressão quantitativa foi crescente ao longo dos anos 1980 e nesse sentido mais expressiva no final da década. Em que pese os problemas na utilização dos números absolutos, em 1989 havia 8,9 milhões de trabalhadores por conta própria nas atividades não agrícolas, 3,8 milhões a mais do que em 1980 (veja Quadro 2.4.1). Não há dúvidas de que, durante esse período, milhões de trabalhadores passaram a desenvolver atividades precárias no meio urbano, principalmente no comércio de mercadorias nas ruas, em praças e outros espaços públicos, em *trailers*, carrinhos e barracas de "camelôs", assim como na prestação de serviços no próprio domicílio ou no domicílio do tomador.

Em 1980, aproximadamente 60% dos trabalhadores por conta própria estavam ocupados na Prestação de Serviços (36,3%) e no Comércio de Mercadorias (23,6%). Na Construção Civil também era elevada (16,3%) a presença de trabalhadores por conta própria. No conjunto das atividades industriais (9,2%), nos ramos dos Transportes e Comunicações (9,4%) e nas Atividades Sociais (2,6%), a presença dos trabalhadores por conta própria era bem menor (veja Quadro 2.4.2).

QUADRO 2.4.2
População ocupada, segundo a posição na ocupação principal e ramos de atividade. Brasil, 1980.

Ramos de Atividade	Autônomos	Empregadores	Não remunerados	Total (1)
Indústrias de Transformação	7,97%	20,0%	17,60%	6.858.598
Indústria da Construção	16,26%	4,2%	2,87%	3.151.094
Outras atividades industriais	1,23%	1,0%	0,93%	665.285
Comércio de Mercadorias	23,55%	39,1%	28,66%	4.110.307
Transportes e Comunicações	9,43%	2,3%	2,72%	1.815.541
Prestação de Serviços	36,27%	26,7%	25,61%	7.089.709
Atividades Sociais	2,61%	3,6%	18,12%	3.044.909
Administração Pública	0,04%	0,2%	0,40%	1.812.152
Outras atividades	2,64%	2,9%	3,08%	1.255.815
Total	100,00%	100,00%	100,00%	29.803.410

Fonte: IBGE, Diretoria Técnica, Departamento de Censo Demográfico. Tabela extraída do Anuário Estatístico do Brasil, 1981. Rio de Janeiro: IBGE, v. 42, 1982. (1) Inclui no total os empregados e os sem Declaração de posição na ocupação.

Apenas nas seis regiões metropolitanas brasileiras, investigadas pela Pesquisa Mensal de Emprego (PME) do IBGE — São Paulo, Rio de Janeiro, Belo Horizonte, Porto Alegre, Recife e Salvador —, havia 2,8 milhões de trabalhadores por conta própria em 1989, um acréscimo de 700 mil em relação a 1982. No conjunto dessas regiões, o universo de trabalhadores por conta própria apresentou uma expansão de 22,1% entre 1985 e 1989, ritmo que foi pouco superior ao da expansão do universo de trabalhadores com carteira assinada (20,1%). Entretanto, no período 1982-1985, enquanto este universo cresceu apenas 6,4%, aquele expandiu-se 10%. Ou seja, os dados da PME também apontam uma expansão maior do trabalho por conta própria na primeira metade da década (veja Quadro 2.4.3)[109].

Na RMSP, os dados da PED mostram que o universo de trabalhadores por conta própria passou de 875 mil para 966 mil, entre 1985 e 1989. Entretanto, apontando na mesma direção dos dados da PNAD e da PME, os dados da PED mostram que, entre 1985 e 1989 na RMSP, não houve uma explosão do trabalho por conta própria; enquanto o universo de trabalhadores por conta própria apresentou uma expansão de 10,4%, o total de trabalhadores com carteira assinada elevou-se em 18%; o número de total de desempregados reduziu-se em 16,6% e o número de desempregados em situação de desemprego oculto pelo trabalho precário reduziu-se em 41% (veja Quadros 2.4.3 e 2.4.4)[110].

---

(109) A ausência de dados da PME para o ano de 1981 dificulta essa comparação, mas comparando o período mais agudo da crise, entre 1981 e 1984, as diferenças são ainda maiores: enquanto o universo de trabalhadores por conta própria cresceu 8,2%, o de trabalhadores com carteira assinada encolheu 0,8%.
(110) Entre 1985-1989, na RMSP, aumentou a participação dos trabalhadores autônomos na Indústria e foi reduzida no Comércio e na Prestação de Serviços. Isso é mais um indicador de que não houve uma intensa proliferação do trabalho autônomo na segunda metade dos anos 1980. A participação dos assalariados do setor privado em estabelecimentos com até cinco empregados manteve-se inalterada entre 1985 (9,1%) e 1989 (9,2%), embora esse movimento tenha sido resultado de uma redução até 1987 (7,9%) e de uma elevação a partir de 1998 (8,6%), refletindo o menor ritmo de crescimento econômico no final da década. O conjunto dos estabelecimentos com seis até 49 empregados reduziu sua participação no total de assalariados do setor privado de 20,6%, em 1985, para 17,5%, em 1989 (dados da PED/SEADE-DIEESE).

Quadro 2.4.3
Estimativa dos ocupados, segundo posição na ocupação no trabalho principal, rendimentos dos autônomos e desempregados por tipo de desemprego.
Regiões Metropolitanas, 1982-1989.

Anos (1)	Empregadores	Conta própria	Assalariados com carteira assinada	Assalariados sem carteira	Total de ocupados
1982	537.855 (4,2)	2.104.861 (16,4)	7.287.160 (56,9)	2.690.475 (21,0)	12.809.261 (100,0)
1983	558.830 (4,4)	2.120.500 (16,5)	7.138.186 (55,6)	2.846.890 (22,2)	12.835.134 (100,0)
1984	581.851 (4,4)	2.305.073 (17,3)	7.225.600 (54,3)	3.010.355 (22,6)	13.319.057 (100,0)
1985	605.340 (4,3)	2.315.277 (16,6)	7.755.811 (55,7)	3.067.978 (22,0)	13.923.969 (100,0)
1986	611.073 (4,2)	2.388.788 (16,2)	8.475.061 (57,6)	3.077.204 (20,9)	14.711.453 (100,0)
1987	649.209 (4,2)	2.503.234 (16,4)	8.927.678 (58,4)	3.055.528 (20,0)	15.277.130 (100,0)
1988	670.262 (4,3)	2.675.807 (17,1)	9.023.486 (57,7)	3.131.562 (20,0)	15.641.459 (100,0)
1989	724.349 (4,5)	2.827.468 (17,6)	9.354.900 (58,1)	3.034.483 (18,8)	16.099.040 (100,0)
Var média anual 82-84 (%)	(4,0)	(4,7)	(4,8)	(5,8)	(2,0)
Var média anual 84-89 (%)	(4,7)	(4,3)	(5,3)	(0,15)	(3,9)
Variação 82-89 (%)	(35,0)	(34,3)	(28,4)	(12,8)	(25,7)

Fonte: PME/IBGE. (1) Maio de cada ano.

Enfim, no final dos anos 1980, a participação dos trabalhadores por conta própria na estrutura ocupacional era levemente superior em relação ao início da década. Essa evolução indica que não houve uma significativa elevação de atividades assemelhadas aos "empreendimentos" informais urbanos no conjunto da estrutura ocupacional brasileira, embora, na média da década de 1980, a presença dessas atividades tenha sido relativamente maior e, em termos quantitativos, ainda mais relevante. Isso permite a conclusão de que o problema mais relevante do mercado de trabalho brasileiro, no conjunto dos anos 1980, foi a incapacidade de continuar reduzindo o peso desses "empreendimentos" informais urbanos na estrutura ocupacional, e que a problemática do mundo do trabalho nos pequenos negócios não foi significativamente aprofundada pelo comportamento do trabalho por conta própria.

Por outro lado, ao longo dos anos 1980, observa-se uma expressiva elevação da participação de empregadores na estrutura ocupacional não agrícola brasileira, que passou de 2,6% em 1980 para 4,3% em 1989[111]. O ritmo de expansão dos empregadores (155%), entre 1980 e 1989, foi muito maior do que o ritmo de expansão dos trabalhadores por conta própria (75%), dos empregados (46%) e do conjunto dos ocupados em atividades não agrícolas (56%) no período 1980-1989 (veja Quadro 2.4.2). Com a expansão dos trabalhadores sem remuneração (153%), foi a maior modificação relativa ocorrida na estrutura ocupacional não agrícola nesse período[112].

Embora a expansão da participação dos empregadores tenha apresentado uma trajetória quase constante, ao longo dos anos 1980, diferentemente do comportamento do trabalho por conta própria, ela foi maior no período 1985-1989 (3,1% para 4,3%), quando o PIB cresceu em média 4,4% ao ano. No período mais agudo da crise econômica dos anos 1980, entre 1981 e 1984, a taxa média anual de crescimento do PIB foi negativa (-1,0%) e o crescimento da participação relativa dos empregadores na estrutura ocupacional foi muito menor, de 3,0% para 3,3%[113]. Os dados da PME, para as áreas metropolitanas, mostram que o ritmo de expansão dos empregadores foi também maior entre 1985-1989 (4,7% ao ano) do que entre 1982-1984 (4,0% ao ano), enquanto ocorreu o contrário para o caso dos trabalhadores por conta própria: 4,3% ao ano no período de maior expansão do PIB e 4,7% ao ano, no período de menor crescimento econômico (veja Quadro 2.4.3).

Dessa forma, os dados mostram que o crescimento do número de empregadores esteve, nos anos 1980, muito mais associado positivamente

---

(111) O número de empregadores aumentou, na década de 1980, mais rapidamente que o de trabalhadores por conta própria (5,6% ao ano contra 4,8%).
(112) Essas taxas de expansão estão influenciadas pelas taxas de expansão da amostra da PNAD; entretanto, o que importa é a comparação relativa da expansão dos diferentes universos relativos a cada posição na ocupação com a taxa de expansão do conjunto das atividades não agrícolas. Nesse sentido, observa-se que a taxa de expansão dos empregadores e dos trabalhadores não remunerados foi quase três vezes maior do que a taxa de expansão do conjunto dos ocupados não agrícolas. Da mesma forma, foi maior o ritmo de expansão dos trabalhadores por conta própria e menor o ritmo de expansão dos assalariados, relativamente ao conjunto dos ocupados.
(113) A comparação entre o período de 1981 a 1984 reflete melhor os efeitos da crise sobre o mercado de trabalho na primeira metade dos anos 1980. Entretanto, a comparação de período de maior queda do PIB (1981-1983) com o período de maior expansão média do PIB (1984-1989) mostra de maneira ainda mais acentuada esse movimento. Os dados da PME, embora limitados pela ausência do ano de 1981, apontam tendência semelhante.

ao crescimento econômico do que à recessão, ou seja, a proliferação de empregadores, ainda que de pequenos negócios, foi muito mais difícil nos momentos recessivos e foi estimulada nos momentos de maior ritmo de crescimento econômico, apresentando um comportamento inverso ao dos trabalhadores por conta própria.

Em que pese os problemas de utilização dos números absolutos, os dados da PNAD apontaram um acréscimo de mais de 1 milhão de empregadores, entre o início e o final dos anos 1980. Em 1980, os empregadores concentravam-se principalmente no Comércio de Mercadorias (39%), no conjunto das atividades de Prestação de Serviços (27%) e na Indústria de Transformação (20,0%) (veja Quadro 2.4.2).

QUADRO 2.4.4
Estimativa dos ocupados, segundo posição na ocupação no trabalho principal, rendimentos dos autônomos e desempregados por tipo de desemprego.
Região Metropolitana de São Paulo,
1985-2003. (1)

Ano	Assal. com carteira (2)	Assal. sem carteira	Conta própria	Empregadores	Total de Ocupados	Desempregados	Desemprego Oculto pelo Trabalho Precário
1985	2.848.000 52,2	431.000 7,9	875.000 16,0	229.110 4,2	5.455.000 (100,0)	888.000 (100,0)	200.000 22,5
1989	3.364.000 53,3	565.000 9,0	966.000 15,3	261.867 4,1	6.311.000 (100,0)	740.000 (100,0)	118.000 15,9
Variação 1985-1989 (em %)	18,1	31,1	10,4	14,3	15,7	-16,7	-41,0

Fonte: SEP. Convênio SEADE-DIEESE. Pesquisa de Emprego e Desemprego. (1) Dados para março de cada ano. (2) Exclui os Empregados Domésticos.

A evolução da estrutura ocupacional resultou numa redução da relação entre empregadores e empregados; em 1980 havia um empregador para 38 empregados, proporção que foi reduzida para 17,4 em 1989. Somente entre 1982 e 1989, nas seis regiões metropolitanas investigadas pela PME, o acréscimo de empregadores foi de quase 200 mil. Esse movimento de expansão dos empregadores indica uma redução do número médio de empregados por estabelecimento ou empresa e, portanto, um peso maior dos ocupados nos menores estabelecimentos no conjunto da estrutura ocupacional não agrícola (veja Quadro 2.4.1). Os dados da PNAD para o ano de 1990 mostravam que 64,7% dos empregadores comandavam estabelecimentos com no máximo cinco empregados e 82,4% com no máximo 10 empregados (veja Quadro 2.4.5).

QUADRO 2.4.5
Ocupados, segundo posição na ocupação e número de pessoas ocupadas no estabelecimento. Brasil, 1990.

Número de pessoas ocupadas	Empregadores	Trabalhadores por Conta Própria	Não Remunerados
1 a 5	64,7	98,0	83,0
6 a 10	17,7	1,6	13,6
11 ou mais	17,5	0,4	3,4
Total	100,0	100,0	100,0

Fonte: IBGE. Anuário Estatístico de 1994, Rio de Janeiro. IBGE, v. 54, 1994.

O conjunto dos trabalhadores não remunerados do setor privado não agrícola apresentou uma expressiva elevação de sua participação na estrutura ocupacional, de 1,3% em 1980 para 2,1% em 1981. A maior expansão deste universo também ocorreu no período mais agudo da crise econômica e dos seus efeitos negativos sobre o mercado de trabalho brasileiro, principalmente entre 1981 e 1983. Nesse último ano, a participação dos trabalhadores não remunerados já era de 2,0% e, portanto, sua expansão relativa foi concentrada fortemente na primeira metade da década. Entretanto, a expansão deste universo ocorreu num ritmo muito elevado, o que significou um acréscimo de aproximadamente 500 mil trabalhadores não remunerados, entre 1980 e 1989, quando eles somavam quase um milhão de pessoas nas atividades não agrícolas. Os dados da PNAD mostram que 96,6% desses trabalhadores não remunerados encontravam-se, em 1990, em estabelecimentos com no máximo 10 empregados, ou seja, indicam que são todos trabalhadores de micro e pequenas empresas (veja Quadro 2.3.5). Em 1980, eles estavam concentrados no Comércio de Mercadorias (29%), na Prestação de Serviços (26%), nas Atividades Sociais (18%) e na Indústria de Transformação (18%) (veja Quadro 2.4.2).

Enfim, o saldo da década perdida foi uma elevação da participação dos empregados com e sem carteira em pequenos negócios no conjunto da estrutura ocupacional, assim como da participação de empreendedores de pequenos negócios, geralmente precários, de empregadores, trabalhadores por conta própria e não remunerados. Entretanto, refletindo períodos de recuperação econômica e taxas mais elevadas de crescimento do PIB, os efeitos mais perversos sobre esses segmentos concentraram-se, em geral, mais fortemente na primeira metade da década, não apresentando uma tendência de continuidade e aprofundamento na segunda metade da década; ao contrário, em muitos casos significou uma recuperação dos efeitos desastrosos, principalmente do período 1981-1983. Como o saldo da década não foi uma profunda desestruturação do mercado de trabalho brasileiro, o ritmo de expansão da ocupação nos pequenos negócios, apesar de significativo, também não representou uma profunda proliferação de micro e pequenas empresas e de empreendedores da economia informal urbana.

Mudanças estruturais num contexto de baixo crescimento: impactos sobre a ocupação nos pequenos negócios

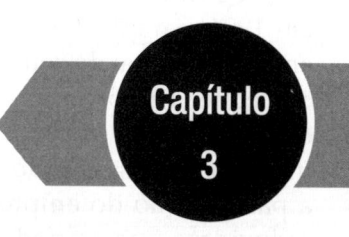

Capítulo 3

3.1. A EXPANSÃO DA OCUPAÇÃO DOS PEQUENOS NEGÓCIOS NO PERÍODO 1990-2004

No período 1990-2004, ocorreu uma forte expansão dos ocupados em pequenos negócios no Brasil, principalmente pela forte expansão dos empregados com vínculos formalizados e dos trabalhadores por conta própria. A expansão quantitativa dos empregados sem carteira de trabalho assinada e dos empregadores, entretanto, não significou um aumento da participação destes segmentos no conjunto dos ocupados em pequenos negócios.

O emprego formal expandiu-se rapidamente no segmento de pequenos negócios, provocando uma substancial mudança no conjunto do emprego formal: os pequenos negócios do setor privado não agrícola passaram a responder por quase metade do emprego formal (49,5%) em 2004, proporção que era de 40% em 1994. A elevação da participação do emprego formal dos pequenos negócios, no conjunto da estrutura ocupacional do setor formal, foi muito mais acentuada do que nos anos 1980: entre 1980 e 1989, ela passou de 35,8% para 37,9% do total do emprego formal do setor privado não agrícola. As mudanças na estrutura de emprego formal, segundo o porte das empresas, foram, portanto, muito expressivas naquele período.

Entretanto, essas mudanças concentraram-se no período 1994-1999; nesse último ano, o universo de pequenos negócios já empregava 49,4% de todo o emprego formal do setor privado não agrícola. No período posterior, com um conjunto de mudanças mais positivas sobre o setor formal — como, por exemplo, a recuperação do crescimento do emprego formal na média e grande empresa e na Indústria —, a participação dos pequenos negócios no emprego formal manteve-se no mesmo patamar. Isso mostra que os impactos das mudanças no emprego formal no período 1994-1999 deixaram uma forte e negativa herança para a estrutura ocupacional brasileira no início do século XXI.

Esses aspectos negativos na estrutura do emprego formal também se expressam pela forte elevação do peso do emprego formal dos pequenos negócios no interior do setor Secundário; de 37,3% em 1994, para 47,5% em

1999, e para 45,9% em 2004. Além disso, o emprego formal dos pequenos negócios do setor Secundário teve sua participação reduzida no total de emprego formal de pequenos negócios do setor privado não agrícola; de 32% em 1994, para 29% em 1999, e para 26,7% em 2004. Ou seja, não somente o emprego formal do setor Secundário passou cada vez mais a ser um emprego de pequena empresa, como o emprego formal das pequenas empresas passou cada vez mais a ser expressão de emprego no setor Terciário. Outro aspecto importante dessas mudanças é que, ao contrário dos anos 1980 — quando a participação do emprego em MPE no interior do Terciário foi levemente reduzida — no período 1994-2004 ela elevou-se de forma expressiva: de 48,7% em 1994, para 53,6% em 1999, e para 55,5% em 2004. Isso mostra que os anos 1990 marcaram a passagem para a concentração da maioria do emprego formal do Terciário em pequenos negócios.

Tratando-se de emprego assalariado com carteira de trabalho assinada, a expansão do emprego formal nos pequenos negócios, num período de explosão do desemprego, poderia ser interpretada como tendo algo de positivo, no sentido de a capacidade das menores empresas absorver, num ritmo mais elevado do que as médias e grandes empresas, a força de trabalho e ainda gerar empregos com vínculos formalizados. Entretanto, o significado mais importante desse processo é a deterioração da estrutura do emprego formal e seus impactos sobre o conjunto da estrutura ocupacional brasileira: pelo aumento do peso do emprego em MPE no interior do setor Secundário, em detrimento das médias e grandes empresas que geram melhores postos de trabalho, rendimentos mais elevados, um conjunto mais amplo de benefícios trabalhistas e uma base melhor para a organização sindical; pela redução da participação, no total do segmento de pequenos negócios, do emprego das MPE do setor Secundário, que também, em geral, geram melhores salários e benefícios trabalhistas do que as pequenas empresas do setor Terciário; pela forte expansão do emprego formal nas pequenas empresas do setor Terciário — que alcançou 70% do total do emprego formal do setor em 2004 — em detrimento das grandes empresas, que também geram melhores postos de trabalho, e em detrimento do emprego nas pequenas, médias e grandes do setor Secundário.

O quadro é ainda mais dramático em função do conjunto de atividades do Terciário que apresentaram maior expansão do emprego formal no interior do Comércio de mercadorias e nos diversos ramos do setor de Serviços: comércio varejista (de produtos diversos, de produtos alimentícios, bebidas e fumo, peças e acessórios para automóveis, postos de combustíveis); serviços de reparação e manutenção de automóveis; restaurantes e outros serviços de alimentação; seleção, agenciamento e locação de mão de obra; atividades de investigação, vigilância e segurança; transportes terrestres (provavelmente motociclistas entregadores e *moto boy*, condutores de transportes alternativos); diversas atividades de aluguéis; educação infantil, fundamental e profissionalizante no setor privado; atividades associativas (ONG; OSCIP); atividades de concessão de crédito; planos de saúde e previdência privada; serviços pessoais e sociais privados, entre outros. Obviamente que outros segmentos mais estruturados dos pequenos negócios também apresentaram expansão expressiva do emprego formal (consultorias, serviços ligados à informática etc.), mas a tendência foi de forte crescimento de ramos de atividades que indicam uma expansão de piores postos de trabalho no setor Terciário, como poderá ser observado na análise detalhada realizada na seção 3.3. Além de expressar uma tendência de expansão de piores ocupações no Terciário, chama a atenção a expansão do emprego formal em pequenos negócios em diversas atividades que revelam vários aspectos da crise econômica e social brasileira contemporânea: segurança privada; saúde e educação privada; previdência privada; transporte privado.

O emprego assalariado sem carteira de trabalho assinada, que é um emprego de pequenos negócios, também se expandiu, em termos quantitativos, no universo de pequenos negócios no período 1990-2004. Entretanto, mesmo considerando as limitações das fontes de dados, as evidências disponíveis mostram que, muito provavelmente, o peso do emprego assalariado sem carteira de trabalho assinada perdeu importância dentro do segmento dos pequenos negócios, principalmente pela enorme expansão do emprego formal neste segmento, como de um ritmo menor de expansão do emprego sem carteira assinada, principalmente no setor Terciário.

O universo de empregadores também aumentou no período 1990-2004, mas esse crescimento foi mais acentuado no período 1993-1999, pois a participação dos empregadores na estrutura ocupacional do setor privado não agrícola reduziu-se, com a forte crise do período 1990-1993. A participação deste universo, na estrutura ocupacional, recuperou-se fortemente no período 1993-1999, estimulada pelo maior crescimento econômico do período 1993--1996 e, provavelmente, pelas transformações estruturais que promoveram processos de subcontratações, terceirizações, franquias, estimulando a abertura de empresas por parte dos empregados demitidos. Mas com a recuperação do crescimento do emprego assalariado, no período 1999-2004, a participação dos empregadores manteve-se estável na estrutura ocupacional do setor privado não agrícola (em torno de 4,5%), ou seja, voltou a um patamar muito semelhante ao alcançado em 1989 (4,3%).

O número médio de ocupados não agrícolas por empregador reduziu--se de 38,3 para 23,4, entre 1981 e 1989, e de apenas 26,3, em 1993, para 22,1, em 1999, e elevou-se levemente para 22,8 em 2004, segundo os dados da PNAD/IBGE. A crise do início dos anos 1990 reduziu o ritmo de expansão dos empregadores, que se recuperou no período 1993-1999, mas principalmente diante do crescimento do emprego assalariado no período seguinte, a importância relativa dos empregadores na estrutura ocupacional não agrícola voltou ao mesmo patamar de 1989.

Essas informações são evidências de que não houve forte expansão do universo de empregadores no período 1990-2004 e que sua expansão relativa foi maior nos anos 1980, se comparada aos anos 1990 e ao conjunto do período 1990-2004. Considerando que a grande maioria dos empregadores concentra-se nos pequenos negócios, sua importância neste segmento foi ampliada no período 1993-1999, mas reduzida entre 1999 e 2004, principalmente pela forte elevação do emprego formal nos pequenos negócios. Diferentemente dos anos 1980, a evolução do universo dos empregadores parece ter tido menos importância no universo dos pequenos negócios. A pesquisa da Economia Informal Urbana (ECINF/IBGE) apontou uma redução de 7,7% do número de empregadores na economia informal urbana, entre 1997 e 2003. Tudo isso é evidência de que no período 1990-2005 a expansão do universo de empregadores não representou um aspecto tão importante a ser considerado na evolução do segmento dos pequenos negócios.

Os trabalhadores por conta própria apresentaram uma forte expansão nos anos 1990, alcançando uma participação de 22,3% na estrutura ocupacional não agrícola em 1999, patamar mais elevado do que no final dos anos 1980. O ritmo de expansão dos trabalhadores por conta própria foi muito maior no período 1993-1999, do que no período seguinte, quando o empregado assalariado voltou a recuperar-se. Considerando também a expressiva expansão deste universo nos anos 1980, no final dos anos 1990 era bastante expressiva a participação dos trabalhadores por conta própria na estrutura ocupacional e no segmento dos pequenos negócios. No final dos anos 1980, a participação dos trabalhadores por conta própria na estrutura ocupacional não agrícola era menor do que 20%; em que pese as mudanças metodológicas da PNAD, essa participação alcançou 22,3% em 1999. Entre 1993 e 1999, o seu ritmo de expansão foi maior do que o do conjunto dos ocupados, dos não remunerados, dos trabalhadores domésticos e dos empregados, sendo menor apenas do que o ritmo de expansão dos empregadores.

Enfim, no final dos anos 1990 o universo de ocupados nos pequenos negócios era bem maior do que no final dos anos 1980, principalmente em números absolutos, mas as evidências mostram que os ocupados neste segmento também apresentavam uma participação mais elevada na estrutura ocupacional do setor privado não agrícola do país. Apesar do estancamento do processo de expansão do universo de ocupados no período 1999-2004, neste último ano ainda era muito expressivo o peso deste segmento na estrutura ocupacional, com suas diversas precariedades nas condições de trabalho e nos rendimentos.

A gravidade desse quadro de expansão dos ocupados em pequenos negócios pode ser também reforçada pelos efeitos cumulativos que ela significou diante do crescimento verificado nos anos 1980. Ao contrário do ocorrido nestes anos, cujos impactos da expansão dos pequenos negócios ocorreram logo após um longo período de elevado e sustentado crescimento econômico — que permitiu a abertura de espaços para o surgimento de pequenos negócios que progressivamente estruturavam-se e também provocavam uma tendência de crescente estruturação do mercado de trabalho —, no período 1990-2004 a expansão do segmento dos pequenos negócios contribuiu para elevar a patamares ainda mais elevados a participação dos empregados em pequenos negócios, de empregadores e de trabalhadores por conta própria na estrutura ocupacional brasileira. A cumulatividade dos efeitos negativos sobre o mercado de trabalho brasileiro e sobre o segmento dos pequenos negócios, ao longo de um período de 25 anos, resultou numa progressiva competição entre os pequenos negócios e entre os trabalhadores por conta própria, num contexto de estagnação do crescimento da renda *per capita* e dos mercados, por um lado, e da forte expansão do estoque de desempregados, por outro, que contribuiu para elevar a oferta dos competidores por mercados estagnados.

Assim, a continuidade desse processo de expansão do universo de ocupados em pequenos negócios, principalmente nos anos 1990, ocorreu num contexto de menor ritmo de crescimento econômico e de expansão da renda *per capita*, relativamente aos anos 1980. É claro que uma parcela da expansão destes pequenos negócios teria ocorrido mesmo num contexto de crescimento econômico mais elevado, aspecto que também tem ocorrido em economias desenvolvidas e em países com taxas mais elevadas de crescimento. Mas nesse caso, o crescimento contribuiria também para a expansão do emprego na média e grande empresa do setor Secundário e, principalmente, do setor Terciário, abrindo oportunidades também para o crescimento dos empregadores e dos empregados em pequenos negócios. E isso ocorreria com uma expansão bem menor dos trabalhadores por conta própria, num contexto de elevação do assalariamento e redução do desemprego, o que contribuiria para reduzir a concorrência, elevar os rendimentos e melhorar as condições de trabalho deste segmento. A expansão do universo de pequenos negócios poderia contar com níveis mais elevados de estruturação em espaços e ramos de atividades mais organizadas nos setores Secundário e Terciário. Também num contexto de maior expansão dos mercados, poderia contribuir para melhorar a situação de empregadores e de empregados.

Portanto, a interpretação deste trabalho não procura eliminar ou reduzir a importância da expansão do segmento dos pequenos negócios como resultado das modificações provocadas pelo desenvolvimento capitalista; ao contrário, mesmo neste contexto de relativa estagnação econômica, parcela da expansão de pequenas empresas e do trabalho por conta própria ocorreu em novos e modernos segmentos, com maiores níveis de eficiência, produtividade e rendimentos. Mas essa não foi a tendência mais importante, diante dos efeitos perversos provocados pela estagnação econômica e, principalmente, pela abertura comercial com sobrevalorização cambial no período 1994-1999, sobre a estrutura produtiva e social e sobre o mercado de trabalho brasileiro.

A forte expansão da ocupação em pequenos negócios no período 1990--2004 está associada, principalmente, a três fatores: (i) ao reduzido ritmo de crescimento econômico e à explosão do desemprego; (ii) às mudanças estruturais decorrentes de um conjunto de medidas liberalizantes, implementadas principalmente a partir de 1994, que contribuíram para a redução do emprego na média e na grande empresa e no setor industrial e também para a transferência de emprego para o setor Terciário e para as pequenas empresas; e (iii) às lentas mudanças do padrão de consumo e nas estruturas produtiva e social, num país marcado por uma enorme concentração de renda, que abriram novos mercados, novos espaços passíveis de serem ocupados por pequenas empresas e pelo trabalho por conta própria, assim como novas e inusitadas formas de ocupações precárias na prestação de serviços pessoais.

QUADRO 3.1
Taxas de Crescimento do PIB, do PIB *per capita* e da PEA Urbana.
Brasil, 1990-2005.

Período	Variação do PIB (%) (1)	PIB *per capita* (%) (1)	Variação Anual da PEA Urbana (2)
1990	-4,35	-6,2	3,1
1991	1,03	-0,66	2,8
1992	-0,54	-2,15	2,8
1993	4,92	3,26	2,7
1994	5,85	4,20	2,7
1995	4,22	2,62	2,6
1996	2,66	1,10	2,6
1997	3,27	1,72	2,5
1998	0,13	-1,36	2,4
1999	0,79	-0,71	2,3
Média anual 1990-1999	1,8	0,18	2,6
2000	4,36	2,82	2,2

Período	Variação do PIB (%) (1)	PIB per capita (%) (1)	Variação Anual da PEA Urbana (2)
2001	1,31	-0,17	2,1
2002	1,93	0,44	2,0
2003	0,54	-0,91	3,8
2004	4,94	3,42	1,7
2005	2,28	0,84	-
Média 2000-2005	**2,6**	**1,07**	**1,96**

Fonte: (1) IBGE. Contas Nacionais. (2) IPEA, IPEADATA.

Após o quadro já desalentador dos anos 1980, com seu reduzido ritmo de crescimento econômico, aceleração inflacionária, deterioração do mercado de trabalho e agravamento dos problemas sociais, assiste-se a uma nova queda absoluta do PIB no início dos anos 1990, e mais uma tentativa fracassada de estabilização monetária (veja Quadro 3.1). O comportamento da economia no período 1990-1992 contribuiu para uma forte elevação do desemprego: a taxa de desemprego aberto da MPE passou de 4,3% em 1990 para 5,8% em 1992; na RMSP a taxa de desemprego aberto e oculto passou de 10,3% para 15,2%, no mesmo período (veja Quadro 3.2).

QUADRO 3.2
Taxas de Desemprego.
Brasil, 1990-2005.

	Taxa Média Anual de Desemprego Aberto — PME/IBGE	Taxa Média Anual de Desemprego Aberto e Oculto — PED/RMSP
1990	4,3	10,3
1991	4,8	11,7
1992	5,8	15,2
1993	5,3	14,6
1994	5,1	14,2
1995	4,6	13,2
1996	5,4	15,1
1997	5,7	16,0
1998	7,6	18,2
1999	7,6	19,3
Média 1990-1999	**5,6**	**14,8**

	Taxa Média Anual de Desemprego Aberto — PME/IBGE	Taxa Média Anual de Desemprego Aberto e Oculto — PED/RMSP
2000	7,1	17,6
2001	6,2	17,6
2002	7,1	19,0
2003	12,3 *	19,9
2004	11,5*	18,7
2005	9,8*	16,9
Média 2000-2005	—	18,3

Fonte: IBGE. Pesquisa Mensal de Emprego e SEADE/DIEESE. Pesquisa de Emprego e Desemprego — PED.
Notas: * A partir de 2003 os dados já incorporam alteração da metodologia da Pesquisa Mensal de Emprego.

Em 1993, o PIB cresceu quase 5%, mas o desemprego manteve-se praticamente no mesmo patamar: 5,3% de desemprego aberto nas seis regiões metropolitanas (PME) e 14,6% (desemprego aberto e oculto) na RMSP. Este ano marca o início de um curto período de recuperação econômica e crescimento mais elevado do PIB. Embora o crescimento do PIB em torno de 5% tenha sido mantido apenas entre 1993 e 1995, foi o período mais longo e de mais elevado crescimento econômico no conjunto do período 1990-2004. A partir de 1994, no entanto, além das taxas médias reduzidas de crescimento e da explosão do desemprego, um forte processo de reorganização econômica provocou um conjunto importante de mudanças sobre o segmento de pequenos negócios no Brasil.

3.2. Estagnação e reorganização econômica no Brasil: impactos sobre o universo de pequenos negócios

No período 1990-2004, os aspectos que mais afetaram o segmento dos pequenos negócios foram: a explosão do desemprego, que resultou do reduzido ritmo de crescimento econômico, e um conjunto de transformações estruturais ocorridas, principalmente, a partir da abertura comercial com sobrevalorização cambial em 1994. Essas transformações estruturais também apresentaram, por outros motivos, impactos expressivos sobre a expansão do segmento de pequenos negócios. Nos dois casos, os impactos dessas transformações estruturais foram diferentes no período 1994-1999 e no período 1999-2004.

No conjunto dos anos 1990, a taxa média anual de crescimento do PIB foi de apenas 1,8%, o que significou a menor expansão média decenal do PIB, desde o início do processo de industrialização brasileira. Após a profunda queda do PIB, o curto período de crescimento econômico mais elevado deu lugar ao retorno da taxas reduzidas de crescimento econômico no período 1996-1999, de apenas 1,7%. As taxas médias de crescimento no período 1990--1999 foram tão reduzidas que num exercício para exemplificar o crescimento pífio, excluindo-se o crescimento do período 1993-1995, o PIB seria 2,2% menor em 1999 do que em 1989, ou seja, o crescimento posterior a 1995 não foi nem mesmo suficiente para recuperar a queda do PIB no período 1990-1992.

Com esse reduzido crescimento do PIB, mesmo com uma taxa de crescimento populacional mais reduzida, o país enfrentou uma explosão do desemprego, que alcançou patamares recordes. Apesar da continuidade da redução da taxa de crescimento populacional, refletindo a composição da estrutura demográfica, a população economicamente ativa urbana expandiu--se a uma taxa média anual de 2,6%. No período 1993-1999, a PEA total expandiu-se 11,8% e a PEA urbana, 16,1%. No entanto, a população ocupada total expandiu-se apenas 7,7% e a população não agrícola, 12,4%.

Portanto, os ritmos de crescimento econômico e das ocupações não agrícolas foram menores do que o ritmo de expansão da PEA urbana, e levemente superiores ao crescimento da população, de forma que a taxa de desemprego, em 1999, alcançou 19,3% na RMSP, a segunda taxa de desemprego mais elevada do período 1990-2005, e a maior taxa dos anos 1990. Além disso, com esse desempenho da economia, a renda *per capita* ficou praticamente estagnada: uma taxa média anual de crescimento de apenas 0,18% no período 1990-1999 (veja Quadro 3.1).

No período 2000-2005, a taxa média anual de crescimento do PIB foi um pouco maior (2,6%) e a PEA urbana elevou-se a uma taxa média anual menor, de cerca de 2% (veja Quadro 3.1). Com isso, não somente a taxa de crescimento do PIB *per capita* foi um pouco mais elevada, como os impactos do reduzido crescimento sobre o mercado de trabalho foram menos negativos neste último período.

Os dados da evolução do emprego nas principais metrópoles brasileiras também mostram que o comportamento do mercado de trabalho foi mais favorável no período 1999-2005 do que no período 1994-1999. Nas seis regiões metropolitanas investigadas pela PME, enquanto a PEA cresceu 10,7%, entre 1991 e 1999, o número de ocupados cresceu 8,4%; entre 1999 e 2002, a PEA cresceu menos (8,3%) e a população ocupada cresceu 8%. Na RMSP, segundo a PED/SEADE-DIEESE, entre 1990 e 1999, a PEA expandiu-se 23,9% e o número de ocupados elevou-se apenas 11,1%. Entre 1999 e 2005, a PEA aumentou 13,5% e a população ocupada, 15,3%.

Esses dados, para o conjunto do país e para as principais metrópoles brasileiras, mostram que os impactos negativos sobre o mercado de trabalho brasileiro foram relativamente mais acentuados nos anos 1990, do que no conjunto do período 2000-2005. No período 1990-1999, não somente as taxas médias de crescimento do PIB foram menores e a expansão da PEA urbana foi maior, como foram maiores os impactos negativos de um conjunto de mudanças estruturais, principalmente com a abrupta abertura comercial com valorização cambial realizada em 1994.

QUADRO 3.3

PEA total e urbana, população ocupada total e população ocupada não agrícola, segundo a posição na ocupação e os setores de atividade.
Brasil, 1993 e 1999.

Características da População	1993	1999	Var. 1993-1999 (em %)
PEA TOTAL	70.965.378 (1)	79.315.287 (2)	11,8
PEA Urbana	53.411.533 (3)	62.029.120 (3)	16,1
Pop. Ocupada Total	66.569.757 (1)	71.676.219 (2)	7,7
Pop. Ocupada Não Agrícola	48.315.901 (1)	54.303.505 (2)	12,4
População Desocupada Total	4.395.621 (1)	7.639.068 (2)	73,8
Taxa de Desocupação total	6,2 (1)	9,0 (2)	45,2

Fonte: (1) IBGE. PNAD, 1993. Exclusive as pessoas da zona rural de Rondônia, Acre, Amazonas, Roraima, Pará e Amapá. (2) PNAD, 1999. Síntese de Indicadores. Brasil. Rio de Janeiro: IBGE, 2000. 1 CD-ROM. Exclusive as pessoas da zona rural de Rondônia, Acre, Amazonas, Roraima, Pará e Amapá. (3) IPEA; IPEADATA.

Portanto, um dos resultados mais marcantes desse processo foi a elevação, sem precedentes, das taxas de desemprego. No conjunto do país, a taxa de desocupação elevou-se de 3,5% em 1990, para 6,2% em 1993, e para 9,0% em 1999, de acordo com os dados da PNAD/IBGE. Entre 1993 e 1999, a expansão do desemprego foi de 73,8% e o contingente de desempregados subiu de 4,4 milhões para 7,9 milhões, no mesmo período (veja Quadro 3.3).

A taxa de desemprego aberto metropolitana, medida pela Pesquisa Mensal de Emprego (PME) do IBGE, saltou de 3,6% para 7,6%, entre 1989 e 1999. Mesmo com a redução das taxas de desemprego no período 1993-1996, a taxa média de desemprego no conjunto do período 1990-1999 manteve-se mais elevada do que nos anos 1980 (média de 5,4%). O desemprego metropolitano, medido pela PME, manteve-se no patamar de 7% até 2002. As mudanças na metodologia da PME apontaram taxas de desemprego aberto muito mais elevadas nos anos seguintes: 12,3% em 2003, 11,5% em 2004 e cerca de 10% em 2005. Isso revelou que as taxas de desemprego aberto nos anos 1980 e 1990, medidas pela PME, apresentavam patamares reduzidos, em função da utilização de uma metodologia que restringia a captação das situações de desemprego aberto (veja Quadro 3.4).

Os dados da Pesquisa de Emprego e Desemprego (PED), levantados pelo SEADE-DIEESE, que captam desde o início da pesquisa as taxas de desemprego aberto e oculto, revelaram taxas de desemprego muito mais elevadas, relativamente aos dados para o conjunto das metrópoles investigadas pela PME/IBGE. No período 1990-1999, a taxa média de desemprego na RMSP foi de 14,8%, sendo ainda maior no período 2000-2005 (18,3%). Assim, as taxas de desemprego mais que duplicaram nos anos 1990 e na primeira metade da presente década. Considerando o crescimento da População Economicamente Ativa, a elevação das taxas de desemprego significou uma enorme expansão do número de desempregados no meio urbano e no meio metropolitano brasileiro (veja Quadro 3.4).

QUADRO 3.4
Número de Desempregados. Brasil e Regiões Metropolitanas, 1989 a 2005.

Ano	Brasil (1)	Desempregados nas Regiões Metropolitanas (SP, RJ, BH, POA, RE, AS) (2)	Desempregados na Região Metropolitana de São Paulo (3)
1989	–	–	740.000
1990	2.367.842	–	656.000
1991	–	934.186	896.000
1992	–	983.889	1.093.000
1996	5.076.190	1.098.973	1.224.000
1999	7.639.068	1.430.334	1.738.000
2000	–	1.445.000	1.647.000
2001	–	1.276.000	1.561.000
2002	–	2.575.000*	1.875.000
2003	–	2.541.000*	1.873.000
2004	–	2.760.000*	2.000.000
2005	–	2.375.000*	1.715.000

Fonte: (1) PNAD/IBGE; (2) PME/IBGE, dados para o mês de maio de cada ano; (3) PED/SEADE-DIEESE, dados para o mês de março de cada ano. * Os dados são relativos a uma nova metodologia, por isso incomparáveis com os dados anteriores.

Os dados da PNAD apontam para um aumento líquido do número de desempregados de cinco milhões, entre 1990 e 1999; sendo que somente entre 1993 e 1999 o aumento do desemprego foi de 3,5 milhões (veja Quadro 3.4). No conjunto das seis regiões metropolitanas investigadas pela PME, mesmo com a utilização de uma metodologia restrita, ocorreu uma expansão de cerca de 500.000 desempregados, entre 1991 e 1999. Somente na Região Metropolitana de São Paulo, os dados da PED revelaram, no mesmo período, que o número de trabalhadores em situação de desemprego aberto e oculto aumentou 842 mil; entre 1989 e 1999, o acréscimo de desempregados foi de 1 milhão. Nesta região, o número de desempregados ainda cresceu cerca de 360.000 entre 1999 e 2004. Com a nova metodologia, a PME registrou um aumento de quase 200.000 desempregados entre 2002 e 2004, nas seis regiões metropolitanas investigadas. O número de desempregados, medido pelas duas pesquisas, entretanto, oscilou entre 1999 e 2005, declinando de forma mais expressiva a partir de 2004, mas a taxa média de desemprego e o número médio de desempregados mantiveram-se em patamares elevados nesse período, apesar da tendência de menor aumento do desemprego (veja Quadro 3.4).

As três pesquisas mostram, portanto, que os impactos do menor ritmo de crescimento do PIB e das mudanças estruturais ocorridas, principalmente, a partir de 1994 contribuíram para gerar taxas e um montante de desempregados muito mais elevados nos anos 1990 do que nos anos 1980. O número absoluto de desempregados era menor, no final do anos 1980, do que no início da mesma década. Nos anos 1990, as taxas de desemprego e o número de desempregados eram muito maiores no final do que no início da década. Essa situação também contribuiu para que o número de desempregados continuasse elevado no período seguinte, mas enquanto a taxa de desemprego elevou-se fortemente no período 1994-1999, no período 1999-2005 as taxas de desemprego oscilaram e, em geral, eram menores em 2004/2005 do que em 1999 (veja Quadro 3.4).

Esse comportamento do desemprego, diante do crescimento da PEA urbana, é um aspecto importante para a compreensão do elevado ritmo de proliferação dos pequenos negócios; teve impactos importantes sobre a expansão do universo dos empregadores e dos empregados em pequenos negócios, mas afetou ainda mais o crescimento dos trabalhadores por conta própria, principalmente pelos impactos sobre os trabalhadores com menor instrução formal e qualificação profissional, com menores chances de encontrar um emprego e egressos de um contexto socioeconômico e cultural que limitavam suas possibilidades de desenvolver atividades como empregadores. Ou seja, o desemprego elevado teve impactos muito mais negativos sobre o conjunto de pessoas altamente vulneráveis, que não podiam retirar-se da situação de atividade e não tinham outra possibilidade de encontrar uma ocupação que não fosse forçar a inserção nos circuitos mercantis, por meio do desenvolvimento de estratégias de sobrevivência, geralmente muito precárias, no meio urbano.

Em outros casos, o desemprego contribuiu para que muitos trabalhadores passassem a aceitar o emprego sem carteira de trabalho assinada, ou em pequenas empresas com vínculo formalizado, mas com reduzidos rendimentos e benefícios trabalhistas; contribuiu também para que uma parcela mais bem posicionada na sociedade procurasse abrir um pequeno negócio, como nos casos dos ex-empregados de grandes empresas, dos integrantes dos programas de demissão voluntária no setor público, dos egressos da alta classe média com propriedade, herança, diploma de curso superior e apoio familiar para iniciar um pequeno negócio.

Ao contrário dos anos 1980, quando a deterioração das condições macroeconômicas não provocou uma desestruturação no mercado de trabalho, no conjunto do período 1990-2005 ocorreram importantes mudanças estruturais que amplificaram os impactos negativos sobre o mercado, as condições e as relações de trabalho. Essas mudanças caracterizaram um processo de profunda desestruturação do mercado e das relações de trabalho e contribuíram para a expansão principalmente dos empregados e dos empregadores em pequenos negócios, mas também para a expansão do trabalho por conta própria. Com o reduzido ritmo de crescimento econômico, a forte elevação do desemprego e o processo de desestruturação do mercado de trabalho foram provocados por um conjunto de mudanças implementadas, principalmente, a partir de 1994, cujos principais efeitos concentraram-se deste ano até 1999.

A abertura comercial e a sobrevalorização cambial contribuíram para desarticular várias cadeias produtivas, por meio da elevação das importações, eliminando postos de trabalho (BALTAR, 1995). O processo de privatizações, de desregulamentação e de concessão de serviços públicos (POCHMANN, 2001), de ampliação da lógica privada nas áreas de insumos básicos e infraestrutura (aço, minério, energia elétrica, telefonia, estradas, portos, combustíveis) também resultou em eliminação de postos de trabalho e de avanço dos processos de subcontratação e terceirizações[114]. As mudanças nas formas de organização das empresas e do processo de trabalho, assim como modernizações tecnológicas em alguns setores foram aspectos adicionais que contribuíram para a redução da relação emprego/produto no período 1994--1999, para um forte enxugamento do emprego, principalmente nas grandes empresas, contribuindo também para a elevação do desemprego.

Os movimentos de reorganização produtiva e de estratégias de concorrência das médias e grandes empresas, no contexto da abertura comercial, provocaram um conjunto importante de modificações nas relações entre as empresas, com impactos importantes sobre o segmento das pequenas empresas no setor de Serviços, seja sobre aquelas com vínculos já estabelecidos com as grandes empresas, seja por meio da expansão dos vínculos entre pequenas e grandes empresas. Em muitos casos, esse processo também exigiu reorganização das pequenas empresas. A busca de fornecedores externos às empresas (subcontratações) e de parcerias, assim

---

(114) Segundo Márcio Pochmann, teriam sido destruídos mais de 500 mil empregos no contexto das privatizações nos anos 1990. Cf. *A década dos mitos*. São Paulo: Contexto, 2001. p. 28.

como terceirizações e criação de redes de franquias — processos limitados no Brasil pela lentidão dos processos de inovação tecnológica e organizacional e pela grande heterogeneidade da estrutura produtiva —, foram aspectos contemplados nas novas estratégias, inclusive nas empresas públicas.

A crescente busca por fornecedores externos e parceiros, ainda que na maioria dos casos não fosse resultado de planejamento de longo prazo e de estratégias inovativas, buscaram principalmente a redução de custos e de investimentos imobilizados. Nesse processo, a terceirização de serviços ganhou maior relevância, contribuindo para a expansão de pequenos negócios e do universo de empregadores. Em muitos casos, a estratégia da terceirização foi avançando pela contratação de antigos trabalhadores — cujas funções e postos de trabalho foram eliminados —, como proprietários de pequenos negócios, incentivados e treinados pelas próprias empresas. Em outros casos, resultaram de práticas fraudulentas de contratação de ex-assalariados como pessoas jurídicas (firmas individuais), que passaram a trabalhar praticamente nas mesmas condições anteriores, mas sem reconhecimento do vínculo de emprego, pelo objetivo das empresas em reduzir os encargos trabalhistas, tributários e previdenciários. Em 2000, por exemplo, havia 2.842 milhões de empresas juridicamente formalizadas sem nenhum empregado contratado — pelo menos formalmente —, ou seja, conformadas somente pelos proprietários.

Esses processos de terceirização e de contratação de "pessoas jurídicas" viabilizaram a proliferação de pequenos negócios articulados e subordinados às grandes e médias empresas, muitas vezes em relações claramente marcadas por fraudes e ilegalidades, associadas também às intensas relações de dominação e de exploração, que agravaram ainda mais as dificuldades já colocadas por um contexto econômico extremamente adverso em que esses pequenos negócios foram constituídos.

Nesses casos, a redução do emprego nas médias e grandes empresas teve um duplo impacto, reduzindo o peso do emprego dessas empresas na estrutura ocupacional e, ao mesmo tempo, contribuindo para a abertura de novos espaços para o surgimento de pequenos negócios, de autônomos prestadores de serviços, ou seja, contribuindo para a elevação do peso do emprego dos pequenos negócios — empregadores, trabalhadores por conta própria e ocupados em pequenas unidades produtivas — na estrutura ocupacional. Além disso, contribuiu para a expansão dos ocupados no setor Terciário.

Num contexto de abertura comercial com sobrevalorização cambial, de elevadas taxas de juros e de elevação da carga tributária — a partir de 1998, com a criação de superávit primário nas contas públicas —, esse processo de privatização e desregulamentação também contribuiu para elevar os custos das empresas, contribuindo para piorar as condições de competitividade das empresas instaladas em território nacional, no mercado interno e internacional. Isso contribuiu para acentuar as pressões para redução dos salários, dos encargos sociais e do descumprimento dos direitos trabalhistas, diretamente nas contratações ou por meio de terceirizações, subcontratações, parcerias e franquias, assim como para a eliminação de postos de trabalho, por meio da utilização de vários expedientes que buscaram a intensificação do uso da força de trabalho (reestruturação gerencial e dos níveis hierárquicos, horas extras, banco de horas, mudanças organizacionais) e modernização tecnológica em alguns ramos de atividade (como no setor bancário, nas telecomunicações, na indústria automobilística, na informatização de grandes cadeias de supermercados e lojas de departamentos). Medidas que foram facilitadas pelo desemprego crescente e elevado, pela progressiva consolidação de um ideário e de medidas concretas de flexibilização das relações de trabalho.

A pressão para a flexibilização do mercado e das relações de trabalho também ocorreu num contexto em que as empresas buscaram redefinir suas estratégias competitivas, buscando redução de custos e riscos e elevação da flexibilidade e da produtividade.

> "O sentido amplo desse movimento — que associa reestruturação e globalização, no âmbito internacional, e abertura comercial e recessão, no mercado interno —, se trazido para o nível das decisões das empresas e de suas relações na esfera da concorrência, pode ser entendido a partir de alguns fatores básicos: crise em estruturas aparentemente sadias e sólidas; aumento da instabilidade nos mercados e da incerteza envolvida nas decisões; novas formas de concorrência, que se torna mais intensa e, às vezes, predatória; globalização dos mercados (de fornecedores e de compradores); novas exigências de clientes e consumidores finais — mais diversificadas, menos previsíveis e estáveis e, por isso, menos manipuláveis; menor grau de fidelidade dos consumidores a produtos e marcas; maior incerteza quando do lançamento de novos produtos; busca generalizada de novas oportunidades. Em poucas palavras, percepção generalizada de aumento da ameaça de entrada mesmo em estruturas até então consideradas 'bem protegidas'." (SOUZA, 1995: 164).

A reduzida expansão do PIB e esse conjunto de mudanças estruturais contribuíram para uma redução da participação do emprego da Indústria de 14,2%, em 1993, para 12,7%, em 1999, no conjunto da estrutura ocupacional, apesar da elevação de sua participação no produto (veja Quadros 3.5 e 3.7). Entretanto, a participação do emprego do conjunto da Indústria elevou-se na estrutura ocupacional após 1999, alcançando 12,3% em 2001 e 14,4% em 2003 (veja Quadros 3.5 e 3.7).

QUADRO 3.5
Participação dos Setores de Atividade no PIB (em %).
Brasil, anos selecionados.

Setores da economia	1991	1994	1998	2003
Agropecuária	6,9	8,6	7,8	9,4
Indústria	32,0	35,1	32,9	36,8
Extrativa Mineral	1,4	0,9	0,6	3,7
Indústria de Transf.	22,0	23,5	19,7	23,0
Serviços Ind.Util. Púb.	2,3	2,7	3,0	3,2
Construção Civil	6,3	8,0	9,6	6,9
Serviços	61,1	56,3	59,2	53,8
Total	100,0	100,0	100,0	100,0

Fonte: IBGE- Contas Nacionais, extraído de IEDI (2005).

A tendência de redução do peso do emprego industrial, no período 1994--1999, reflete a perda de emprego industrial decorrente da abertura comercial e da desarticulação de cadeias produtivas, a elevação da produtividade em alguns ramos de atividade e diversas formas de intensificação do trabalho e de enxugamento do quadro de trabalhadores, inclusive promovendo o avanço dos processos de subcontratação e de terceirização. Os dados da PED para algumas regiões metropolitanas e para o Distrito Federal mostram que as formas de contratação flexibilizada alcançavam cerca de 1/3 de todos os tipos de contratações realizadas por empresas, alcançando níveis mais elevados em regiões menos desenvolvidas como Salvador e Recife, mas também na RMSP. Na capital do país, mais de 20% dos contratados eram terceirizados, autônomos para as empresas ou não tinham carteira assinada. As formas de contratação de assalariados terceirizados e de trabalhadores autônomos prestadores de serviços para empresas tinham uma participação importante nas formas de contratação, em torno de 15% em várias metrópoles, em 2004 (veja Quadro 3.6).

QUADRO 3.6
Distribuição dos postos de trabalho gerados por empresa, segundo formas de contratação. Regiões Metropolitanas e Distrito Federal, 2004 (em %).

Forma de contratação	São Paulo	Porto Alegre	Belo Horizonte	Salvador	Recife	Distrito Federal
Assalariados contratados diretamente						
Contratação padrão	64,4	73,6	71,3	64,4	62,6	69,0
Com carteira — setor privado	54,1	58,4	56,2	45,7	45,9	37,1

Forma de contratação	São Paulo	Porto Alegre	Belo Horizonte	Salvador	Recife	Distrito Federal
Com carteira — setor público	3,4	5,0	2,9	3,7	5,8	4,4
Estatutário	6,9	10,2	12,2	15,0	11,0	27,5
Contratação flexibilizada	**35,6**	**26,4**	**28,7**	**35,6**	**37,4**	**31,0**
Sem carteira — setor privado	19,0	13,4	14,5	17,2	17,2	10,9
Sem carteira — setor público	1,9	2,9	3,8	3,1	4,5	3,6
Assalariados terceirizados	4,9	5,0	5,1	9,8	6,4	11,3
Autônomos para uma empresa	9,7	5,1	5,4	5,5	9,3	5,2
Total de postos de trabalho	100,0	100,0	100,0	100,0	100,0	100,0

Fonte: DIEESE/SEADE, MTE/FAT e convênios regionais. PED — Pesquisa de Emprego e Desemprego. Elaboração: DIEESE.

Essas transformações contribuíram para a transferência de parte do emprego assalariado com carteira para as pequenas empresas do setor Secundário e, principalmente, para as pequenas do setor Terciário. Esse processo, portanto, ajuda a compreender a elevação da participação do emprego formal em pequenas empresas do setor Secundário e também de parcela expressiva do crescimento do emprego formal em pequenas empresas do setor Terciário, principalmente das atividades de serviços distributivos, de serviços de apoio às atividades econômicas.

Por outro lado, essas transformações são fundamentais para compreender a enorme proliferação de empregadores no período 1993-1999. A externalização de parte da produção de bens e serviços das médias e grandes empresas abriram espaços para o surgimento de muitos pequenos negócios nas formas de empresas subcontratadas, terceirizadas, franqueadas, em muitos casos comandadas por ex-funcionários demitidos pelas grandes empresas. A forte expansão dos empresários, no período 1993-1999, está principalmente articulada a esse processo, mas foi também positivamente influenciada pelo maior crescimento do PIB no período 1993-1995. A articulação dos pequenos negócios com grandes e médias empresas, nestes anos de maior crescimento econômico, provocou impactos favoráveis sobre as condições de abertura de muitos pequenos negócios, até mesmo em casos de articulações com empresas estrangeiras, por meio de associações para importação de produtos num contexto de abertura comercial com sobrevalorização cambial.

Por outro lado, no período 1996-1999, num contexto de lenta expansão dos mercados, de acirramento da concorrência no mercado interno e das desvantagens provocadas pela valorização cambial, algumas pequenas empresas conseguiram até mesmo articular sua expansão com a elevação das exportações. Em alguns casos, as desvantagens desse segmento foram enfrentadas com avanços na constituição de parcerias, em relações de cooperação (associativismo, cooperativismo):

> "No Brasil, empresas do setor de cerâmica em Itu, de calçados em Franca, de têxtil em Americana, todas no Estado de São Paulo, de calçados no Vale dos Sinos, no Rio Grande do Sul, entre outros exemplos, parecem estar avançando no sentido de entender e procurar equacionar o aparente dilema concorrência/cooperação. Este representa um outro campo propício para a formação de parcerias, desta vez entre concorrentes. É isto que significa explorar as sinergias e as economias da aglomeração, em direção à eficiência coletiva ..." (SOUZA, 1995: 121).

Deve-se, no entanto, ressaltar as limitações desse movimento de expansão dos pequenos negócios mais organizados, dinâmicos e eficientes, principalmente no período 1996-1999, seja em função das enormes limitações do contexto econômico brasileiro, em termos de desenvolvimento de pesquisas, avanço tecnológico, ampliação dos mercados, condições de financiamento e realização de investimentos, e também pela reduzida expansão do mercado interno, das dificuldades de concorrer no mercado internacional e da pressão em termos de concorrência provocadas pelas maiores facilidades de importação. E essa limitação foi ainda mais relevante para os pequenos negócios do setor industrial, com suas históricas desvantagens que se somam às especificidades e problemas da economia brasileira.

É preciso ressaltar que alguns pequenos negócios mais estruturados, principalmente na Indústria de Transformação, também sofreram impactos negativos dessas transformações. A desarticulação de cadeias produtivas como resultado da abrupta abertura comercial e da valorização cambial, resultando em vários casos de desnacionalização e falência de empresas brasileiras, assim como a substituição da compra de insumos e matérias-primas de empresas instaladas em território nacional por importados, provocaram dificuldades em diversos ramos da indústria (têxtil, calçados, autopeças, brinquedos e outras), com impactos negativos não somente em termos de redução de emprego em médias e grandes empresas, mas também para a sobrevivência de muitas pequenas empresas historicamente mais estruturadas. Segundo Botelho (1999), a política econômica e a reestruturação industrial dos anos 1990 afetaram negativamente segmentos produtivos onde é importante a presença de MPE, como nos casos do segmento de autopeças e o complexo têxtil-vestuário:

> "As empresas nacionais do setor de autopeças passaram por um processo de reestruturação determinado pelas exigências das montadoras (em termos de atualização tecnológica e incremento da

qualidade) e pelo processo de abertura comercial. Como resultado, houve uma diminuição drástica do número de empresas, em especial as de menor porte, dadas a substituição de produtores locais por estrangeiros e a participação crescente de empresas multinacionais e de *joint-ventures*. As mudanças estruturais que estão ocorrendo na indústria brasileira não têm, portanto, beneficiado as empresas de pequeno porte enquanto segmento."

Nesse sentido, deve-se lembrar que uma expansão maior da ocupação, nos pequenos negócios, ocorreu no setor Terciário, segmento marcado pelas atividades que sofreram poucos impactos negativos da abertura comercial e valorização cambial, atividades geralmente não comercializáveis com o resto do mundo. Ao contrário, nessas circunstâncias de abertura comercial, muitos pequenos negócios puderam surgir e prosperar na comercialização de diversos produtos importados, principalmente no segmento de informática e eletrônica, mas também nos ramos de alimentos, bebidas e roupas — principalmente para camadas de alta renda — e diversos eletroeletrônicos, objetos de uso pessoal e utensílios domésticos. No período 1994-1996 puderam contar com importações baratas também para suas máquinas, computadores, ferramentas e diversos tipos de equipamentos utilizados em seus processos produtivos, além de também contar com a expansão da renda interna e da possibilidade de elevação de preços que outros setores produtores de "*tradeables*" não tinham, porque apertados pela redução das tarifas de importação e valorização cambial.

Essas condições macroeconômicas afetaram negativamente a produção interna e o volume de emprego nas atividades industriais, nas quais mesmo com a transferência do emprego das médias e grandes empresas, o volume de emprego nas pequenas empresas expandiu-se ainda num ritmo menor do que nas atividades do Terciário (veja Quadros 3.7 e 3.8). Neste setor, mais fortemente marcado pela presença de pequenas empresas, muitas atividades desenvolvidas em pequena escala foram beneficiadas pelas transformações estruturais do período 1994-1999, seja por meio da transferência do emprego do setor Secundário para o Terciário, por meio da transferência das grandes para as pequenas no setor Terciário, e também pelos impactos da abertura comercial com valorização cambial em atividades protegidas da concorrência dos importados.

No período 1994-1996, essas mudanças, num contexto de maior dinamismo econômico, contribuíram também para melhorar a situação de diversas camadas dos trabalhadores por conta própria prestadores de serviços, que puderam elevar os preços dos serviços prestados e suas remunerações. O comércio ambulante e das "barracas de camelôs" também aproveitaram-se dos produtos importados e contrabandeados e do maior dinamismo econômico deste período para melhorar seus rendimentos. Dessa forma, neste período também aumentou a ocupação em atividades mais precárias caracterizadas pelo trabalho por conta própria no setor Terciário, influenciadas pelo desenvolvimento de estratégias de sobrevivência, movimento que seria ainda mais acentuado, e em piores condições de funcionamento, com o reduzido crescimento do período 1996-1999, com a explosão do desemprego e com o aprofundamento do processo de desestruturação do mercado de trabalho brasileiro.

Por outro lado, deve-se destacar que também ocorreu destruição de parte de pequenos negócios com um mínimo de estruturação no setor Terciário, em função da expansão dos hipermercados, das grandes cadeias de lojas de departamentos (nacionais e estrangeiras), bem como da abertura do grande comércio (em *Shopping Centers*) nos finais de semana, feriados e no período noturno, suficientes para eliminar milhares de pequenas lojas, padarias, pequenos mercados, açougues etc. Nesse sentido, deve-se destacar que no período 1994-1999, de maior abertura e entrada de redes de lojas de departamentos e hipermercados, o emprego no Comércio elevou-se menos do que no período 1999-2004. Entretanto, a tendência à expansão dos pequenos negócios foi mais forte do que a de sua destruição, seja em função dos espaços abertos pelas estratégias das grandes empresas, pelo surgimento de novos espaços econômicos com a expansão de novas atividades no setor de Serviços e no meio urbano e, principalmente, pelas estratégias de sobrevivência dos desempregados.

Além da queda da participação do emprego do Secundário, a expressiva queda da participação do emprego do setor agropecuário, no conjunto da estrutura ocupacional, de 28,3% em 1992, para 24,2% em 1999, e para 20,7% em 2003, também contribuiu para elevar a participação do setor Terciário no conjunto da estrutura ocupacional, de 49,2% em 1992, para 54,6% em 1999, tendência que se manteve, com o aumento dessa participação, para 58,1% até 2003. No entanto, o setor Terciário apresentou redução de sua participação no produto, de 61,1% em 1991, para 59,2% em 1999 e 53,8% em 2003 (veja Quadro 3.5). Esse comportamento é um indicador da proliferação de diversas atividades de menor produtividade e rendimento no seu interior, que geralmente são características da ampliação do trabalho por conta própria, de pequenos negócios menos estruturados e eficientes e do maior volume de trabalhadores neles ocupados.

Essas mudanças na composição setorial do emprego também contribuíram para a perda de participação do emprego no segmento das empresas e bancos públicos, por meio das privatizações e terceirizações. Na administração pública, com a mais lenta expansão do emprego e com os processos de reformas administrativas, programas de demissão voluntárias, privatizações e concessões de serviços públicos, o emprego também se expandiu lentamente nos anos 1990. Este também foi um fato que contribuiu para a elevação da participação dos ocupados em pequenos negócios no setor Terciário, que contou também com forte expansão de ocupados em pequenos negócios nos serviços sociais privados nas áreas de educação, saúde, transportes, segurança, previdência complementar e em diversas entidades associativas, que expressam, em forte medida, a firmação do ideário liberal contra o emprego e o serviço público, as políticas de terceirização dos programas sociais e, principalmente, a incapacidade de o setor público conter o agravamento dos problemas sociais e ofertar serviços com qualidade na área de saúde, educação, segurança, entre outros.

QUADRO 3.7
População ocupada por ramo de atividade. Brasil, 1992-2001.

Setor de Atividade	1992	1993	1995	1996	1997	1998	1999	2001
Atividade Agrícola	28,3	27,4	26,1	24,5	24,2	23,4	24,2	20,6
Indústria da Transformação	12,8	12,8	12,3	12,4	12,3	11,8	11,6	12,3
Indústria da Construção	6,2	6,4	6,1	6,4	6,6	7,1	6,6	6,5
Outras Atividades Industriais	1,4	1,4	1,2	1,1	1,1	1,2	1,1	1,1
Comércio de Mercadorias	12,1	12,7	13,1	13,3	13,3	13,5	13,4	14,3
Prestação de Serviços	17,7	17,8	19,1	19,3	19,4	19,1	19,3	20,2
Serviços Auxiliares da Atividade Econômica	2,9	2,9	3,3	3,5	3,6	3,9	3,9	4,3
Transporte e Comunicação	3,5	3,4	3,7	3,8	4,0	4,0	3,9	4,2
Social	8,4	8,4	8,7	9,3	9,1	9,6	9,5	9,8
Administração Pública	4,6	4,6	4,6	4,7	4,5	4,6	4,6	4,8
Outras Atividades	2,2	2,1	2,9	1,9	1,8	1,9	1,9	1,8
Total	(100,0)	(100,0)	(100,0)	(100,0)	(100,0)	(100,0)	(100,0)	(100,0)
(Absolutos x 1.000)	65.395	66.570	69.629	68.040	69.332	69.963	71.676	75.458

Fonte: IBGE. Anuário Estatístico do Brasil e PNAD. Elaboração: DIEESE.

A expansão do emprego nos menores estabelecimentos e no setor de Serviços reflete, portanto, além da estagnação econômica e do elevado desemprego, as diversas mudanças nas formas de organização das médias e grandes empresas, das atividades industriais e do setor público, não se devendo creditar às possíveis mudanças tecnológicas e organizacionais e ao crescimento de empresas modernas, mais estruturadas e eficientes, papel de destaque no aumento do emprego assalariado neste segmento. Ou seja, ainda que algumas tendências positivas tenham contribuído para a expansão de pequenos negócios com empregados formalizados, principalmente organizados por trabalhadores especializados e/ou egressos da classe média, os impactos negativos do mercado de trabalho foram mais acentuados no trabalho autônomo e nos empregados em micro e pequenas empresas com reduzido grau de estruturação e de produtividade, tendo em vista o desemprego elevado, o péssimo comportamento do mercado de trabalho em termos da falta de perspectiva de uma boa inserção ocupacional e as mudanças na estrutura produtiva e nas forma de organização das empresas.

Por outro lado, as mudanças na estrutura demográfica, no padrão de consumo e na estrutura produtiva, ainda mais num país com elevada concentração de renda, elevado excedente de força de trabalho e baixos salários, abriram oportunidades para a expansão de empresas estruturadas em novos segmentos, inclusive de pequenas empresas independentes, modernas e dinâmicas, principalmente no setor Terciário, com a modernização das estruturas de comercialização, nos setores de alojamento, alimentação e turismo, nas atividades de serviços de apoio e comercialização nos segmentos de eletrônica, informática e telecomunicações. Contribuíram para elevar o número de consultores na área financeira, imobiliária, de informática, de trabalhadores nas áreas de venda e manutenção de computadores, na elaboração de *softwares* e de profissionais especializados em conteúdos na *internet* (especialistas em informática, jornalistas, empresas de venda), de trabalhadores e de novas empresas nas áreas de turismo, lazer, cultura, esportes etc.

Mas essas mudanças, num contexto de elevado desemprego e forte concentração de renda, contribuíram também para a proliferação de empregados para as famílias ou pessoas, ou seja, de "serviçais", não somente como empregados domésticos, mas como trabalhadores de segurança privada, treinadores pessoais na área de preparação física, consultores de moda, profissionais trabalhando na área de cuidados com animais, entre tantas outras novas e inusitadas formas de ocupação.

Em resumo, a forte elevação do desemprego estimulou a busca de estratégias de sobrevivência e a expansão do trabalho autônomo e de pequenos empreendimentos informais urbanos, geralmente precários. A redução do peso do emprego na média e grande empresa, no setor Secundário e no setor público — decorrentes dos impactos do lento crescimento, da abertura comercial e sobrevalorização cambial e das estratégias de externalização de riscos e custos — contribuíram para a expansão do peso dos empregados (com e sem carteira de trabalho assinada) em pequenos negócios. Contribuíram também para a expansão do número de empresários de pequenas empresas subcontratados, em muitos casos ex-empregados de médias e grandes empresas e pessoas jurídicas sem empregados, assim como dos trabalhadores autônomos prestadores de serviços a empresas e às famílias. As mudanças estruturais associadas às recorrentes alterações na estrutura demográfica, no padrão de consumo e na estrutura produtiva, contribuíram para a expansão de pequenos negócios mais estruturados em setores dinâmicos, modernos e com alta rentabilidade. Entretanto, num contexto de elevado desemprego e de forte concentração de renda, mais relevante foi a proliferação de "serviçais" prestando serviços pessoais.

QUADRO 3.8
Distribuição da população ocupada por ramos de atividade.
Brasil, 2003.

Ramo de Atividade	Distribuição (em %)
Atividade Agrícola	20,7
Indústria	14,4
Indústria da Transformação	13,6
Construção	6,5
Comércio e Reparação	17,7
Alojamento e Alimentação	3,6
Transporte, Armazenagem e Comunicação	4,6
Administração Pública	5,0
Educação, Saúde e Serviços Sociais	8,9
Serviços Domésticos	7,7
Outros serviços coletivos, sociais e pessoais	3,7
Outras Atividades	6,9
Atividades mal definidas ou não declaradas	0,2
Total (absolutos)	(100,00) 79.205.627

Fonte: IBGE, PNAD. Elaboração: DIEESE. Anuário dos Trabalhadores, 2005. São Paulo, 2005. Obs.: (a) Não inclui a população da zona rural de Rondônia, Acre, Amazonas, Roraima, Pará e Amapá; (b) Dados não comparáveis com o dos anos anteriores, por mudanças na composição dos setores de atividade.

Considerando esses diferentes determinantes e a heterogeneidade do segmento dos pequenos negócios, ocorreu, em algumas atividades, a abertura de pequenos negócios estruturados, eficientes e com a utilização de um padrão de utilização da força de trabalho compatível com as exigências da legislação trabalhista. Entretanto, num contexto de estagnação econômica, de acirramento da concorrência, de reorganização das estratégias das médias e grandes empresas, de desemprego elevado, de medidas de flexibilização das relações de trabalho, de enfraquecimento dos sindicatos, a tendência dominante foi o maior crescimento dos pequenos negócios precários, do trabalho autônomo de baixa renda e, portanto, da elevação do peso dos ocupados em atividades associadas a piores condições de trabalho e menores rendimentos e benefícios trabalhistas e sociais.

A expansão do segmento dos pequenos negócios (de empregados e empregadores em pequenas empresas pouco mais organizadas e naquelas sem um mínimo de estruturação, e do trabalho por conta própria) ocorreu numa situação econômica extremamente adversa para que a maioria deles pudesse sobreviver de forma crescentemente estruturada e eficiente. O contexto de queda ou de lenta expansão do PIB e da renda *per capita* afetou negativamente os pequenos negócios principalmente nos momentos de retração e de lento crescimento de seus mercados. Parcela expressiva do segmento dos pequenos negócios, também enfrentou um cenário adverso, de recessão, juros altos e elevação da carga tributária — principalmente para as MPEs não enquadradas no regime especial e favorecido de tributação (SIMPLES). Em geral, nessas circunstâncias, parcela dos empresários de pequenos negócios reage com elevação da sonegação fiscal e dos encargos trabalhistas e previdenciários, além de buscar a redução dos custos do trabalho por meio de diversos expedientes que contribuem para reduzir os salários e tornar ainda mais precárias as condições e as relações de trabalho neste segmento.

A própria proliferação dos pequenos negócios, enquanto estratégia de sobrevivência de parcela do crescente estoque de desempregados, também agravou a situação econômico-financeira de diversos de seus segmentos, à medida que significava a expansão de competidores num cenário caracterizado pela estagnação da renda *per capita* e dos mercados.

Portanto, grande parte da expansão do segmento de pequenos negócios, do trabalho por conta própria e da criação de pequenas unidades formalizadas ou não, legais e ilegais, com ou sem estabelecimento, expressava as necessárias estratégias de sobrevivência diante da impossibilidade de milhões de trabalhadores encontrarem empregos. Pesquisa realizada pela Universidade Federal de Pernambuco em 2002, em Convênio com o SEBRAE, corroborou argumento já bem conhecido, segundo o qual o principal motivo para a criação dos pequenos negócios é determinado pelas *"dificuldades para conseguir um emprego no setor formal"*.

A expansão do segmento dos pequenos negócios, portanto, é muito mais uma forma de expressão do desemprego e da profunda desestruturação do mercado e das relações de trabalho ocorridas nesses últimos 15 anos, processos também caracterizados pela enorme expansão do assalariamento sem carteira, do emprego doméstico, do emprego terceirizado e em cooperativas; pela redução do rendimento médio real dos trabalhadores; pela expansão das ocupações sem proteção social, trabalhista e previdenciária; pela redução do peso do emprego público, do emprego da grande empresa e do setor industrial na estrutura ocupacional. Um processo que teve também como resultado uma forte elevação do emprego formal nas micro e pequenas empresas. Esse processo, o qual será mais detalhado nas seções seguintes, foi resultado da relativa estagnação econômica do conjunto do período, mas principalmente da conjunção de taxas reduzidas de crescimento com profundas transformações produtivas adversas ao mercado de trabalho, no período 1994-1999, que impulsionaram a expansão dos ocupados em pequenos negócios.

Nas seções seguintes, busca-se caracterizar de forma mais detalhada a expansão dos ocupados no segmento dos pequenos negócios. Na seção 3.3, será analisada a expansão do emprego assalariado em micro e pequenas empresas, com ênfase na análise do emprego formal, universo cujas informações permitem uma análise mais detalhada por parte das empresas e diversas características da estrutura ocupacional e de rendimentos. Mas também será contemplada uma breve análise do emprego assalariado sem carteira no universo de pequenas empresas. Esta seção contempla uma análise separada e detalhada por ramos de atividade do emprego no segmento de micro e pequenas empresas do setor Secundário e do setor Terciário. Na seção 3.4, busca-se caracterizar o processo de expansão e das mudanças ocorridas no universo de empregadores, de trabalhadores por conta própria e de trabalhadores na remunerados[115].

Com essas análises, pretende-se mostrar a forte expansão da ocupação em pequenos negócios e descrever as diversas características de um processo que elevou o peso das ocupações mais precárias, ou seja, de piores postos de trabalho, menores rendimentos e benefícios trabalhistas e previdenciários. Considerando que ocorreu uma importante inflexão na evolução do mercado

---

(115) A base de dados existentes no Brasil e os problemas metodológicos que quebram a compatibilidade das séries de estatísticas dificultam a análise da evolução da estrutura ocupacional e das condições de trabalho para o segmento dos pequenos negócios. Essas análises serão, entretanto, realizadas a partir da composição de diferentes fontes e indicadores, na perspectiva de caracterizar a evolução da participação relativa dos ocupados no universo de pequenos negócios no Brasil e as condições de trabalho e de remuneração. Nas próximas seções, aproveitando as bases de dados existentes no Brasil, principalmente a Relação Anual de Informações Sociais (RAIS/MTE), o Cadastro Central de Empresas (CEMPRE/IBGE), a Pesquisa Nacional por Amostra de Domicílios (PNAD/IBGE) e a Pesquisa da Economia Informal Urbana (ECINF/IBGE), serão realizadas análises mais detalhadas do que as realizadas para os anos 1980, considerando que a maior expansão do trabalho por conta própria e dos pequenos negócios, assim como a maior precarização do mercado e das relações de trabalho ocorreram nos últimos 15 anos.

de trabalho brasileiro a partir do início da presente década, motivada principalmente pela desvalorização cambial de 1999, pela redução relativa das importações e pelo forte incremento das exportações, as análises buscam sempre diferenciar o período em que houve um impacto mais profundo das mudanças estruturais, entre 1994 e 1999, do período seguinte, em que os impactos sobre o mercado de trabalho brasileiro foram menos desfavoráveis e conformaram uma tendência de estancamento do forte processo de desestruturação do mercado e das relações de trabalho impulsionadas no período anterior.

3.3. Expansão do emprego assalariado em pequenos negócios

Nesta seção, busca-se mostrar que houve uma forte tendência de expansão dos empregados em pequenas empresas, especialmente no período 1994-1999. Em função da maior disponibilidade das informações, a análise dará maior destaque à evolução do emprego formal, relativamente aos assalariados sem carteira de trabalho assinada.

O número de estabelecimentos no setor formal apresentou uma expansão de 63% entre 1994 e 2004, um acréscimo de um milhão de estabelecimentos com vínculos de emprego. Entre 1994 e 1999, o acréscimo de estabelecimentos com vínculos de empregos ativos foi de aproximadamente 500.000, uma expansão de 32,4%. Entre 1999 e 2004, o ritmo de expansão dos estabelecimentos foi menor (22,7%), mas em números absolutos ocorreu também um aumento de aproximadamente 500 mil estabelecimentos com vínculos ativos de emprego, universo que compreendia 2,6 milhões de estabelecimentos neste último ano (veja Quadro 3.9)[116].

Entre 1994 e 2004, a expansão do emprego formal (32,7%) apresentou um ritmo menor do que a dos estabelecimentos com vínculos empregatícios (63,1%). No período 1994-1999, enquanto a expansão do emprego formal foi de apenas 3,9%, o aumento do número de estabelecimentos com vínculos de emprego foi de 32,4%; no período seguinte, o emprego formal cresceu muito mais (25,7%) e o número de estabelecimentos apresentou um ritmo significativamente menor (22,7%) do que no período anterior. Esses dados apontam que, no período 1994-1999, houve um ritmo maior de aumento do

---

(116) Em 2004, dos mais de 2,6 milhões de estabelecimentos com vínculos empregatícios, mais da metade localizava-se na região Sudeste e quase ¾ no conjunto deste região e da região Sul (22,1%); na região Nordeste, 13,7%, e na região Norte, 3,4%. A grande maioria dos estabelecimentos formais com vínculos empregatícios encontrava-se no conjunto das atividades de Serviços, mais de 70% do total, segundo os dados da RAIS/MTE. O número de estabelecimentos formais que não apresentam vínculos de emprego também é muito elevado; como são empresas constituídas apenas pelos sócios proprietários sem empregados, não serão tratadas nesta seção, mas seus impactos sobre a ocupação em pequenos negócios serão contemplados na análise do universo dos empregadores.

número de estabelecimentos com reduzida expansão do emprego formal, relativamente ao período seguinte, quando o ritmo de expansão do emprego formal foi superior ao dos estabelecimentos, ou seja, os dados indicam uma expansão do emprego formal nos menores estabelecimentos, relativamente mais acelerada no período 1994-1999 do que no período seguinte. A média de empregados por estabelecimentos caiu de 14,7 em 1994, para 11,7 em 1999 e elevou-se levemente para 12 em 2004 (veja Quadro 3.9).

No período 1994-1999, o acréscimo do montante de empregos formais foi de 1,326 milhão, diante do aumento de cerca de 520 mil estabelecimentos com vínculo de emprego, uma média de 2,55 empregados por estabelecimento; no período seguinte, a expansão foi de 5,3 milhões de empregados formais e de 495 mil estabelecimentos com vínculos empregatícios, uma média de 10,7 empregados por estabelecimentos[117].

QUADRO 3.9
Estabelecimentos e Empregados no Setor Formal*.
Brasil, 1994, 1999 e 2004.

	1994	1999	2004	2004/1994	1999/1994	2004/1999
Estabelecimentos	1.610.269	2.131.508	2.626.176	63,1	32,4	22,7
Empregados	23.667.241	24.993.052	31.407.576	32,7	5,6	25,7
Empregados por Estabelecimento	14,7	11,7	12,0	—	—	—

Fonte: RAIS/MTE. * Em 31 de dezembro de cada ano.

A expansão do emprego formal, entre 1994 e 2004, principalmente pelo comportamento do período 1994-1999, teve como resultado uma queda da participação do emprego formal da Indústria Extrativa, da Indústria de Transformação, dos Serviços Industriais de Utilidade Pública e da Construção Civil no conjunto do emprego formal do país. Entre 1994 e 1999, esses setores em conjunto reduziram sua participação no total do emprego formal de 31,1% para 24,3%, com uma redução líquida de 1 milhão e 64 mil empregos formais. Na Indústria de Transformação, a redução da participação no emprego formal foi de 21,4% para 18,9%, com uma redução líquida de 453 mil empregos formais (veja Quadro 3.10).

---

(117) Os setores em que mais cresceram o número de estabelecimentos, entre 1999 e 2004, foram os seguintes: Transporte e Comunicação (35,5%); Indústria Mecânica (34,2%); Indústria de Calçados (32,9%) e Comércio Varejista (32,6%). Em todos os demais setores, o número de estabelecimentos cresceu menos do que a média para o conjunto de todos os setores. Os estabelecimentos dos setores de Alojamento e Alimentação, Comércio Atacadista, Indústria Química, Indústria Mecânica, Agricultura e Administração Técnica e Profissional também cresceram em ritmos elevados, próximos ao ritmo de crescimento médio dos estabelecimentos do conjunto do país.

As atividades do setor Terciário, em conjunto, elevaram a sua participação no total do emprego formal de 62,3% para 71,6%, entre 1994 e 1999. Isso ocorreu não somente pela queda de participação do setor Secundário, mas também porque em todos os ramos do setor Terciário ocorreu variação positiva do emprego formal: 24% nos Serviços (acréscimo de 1,543 milhão); 22,6% no Comércio (acréscimo de 726 mil) e 17,1% na Administração Pública (acréscimo de 871 mil), ou seja, uma expansão de 21,3% no conjunto do setor Terciário, que resultou num acréscimo de 3,1 milhões empregos formais. Foi, portanto, um período de profundas transformações negativas no conjunto da estrutura ocupacional do setor formal, caracterizada principalmente pela redução do peso do emprego formal industrial e pela sua redução absoluta (veja Quadro 3.10).

QUADRO 3.10
Empregados do setor formal segundo o setor de atividade econômica*.
Brasil, 1999 a 2004.

	1994	1999	2004	2004/1994	1999/1994	2004/1999
Total	23.667.241 (100,0)	24.993.052 (100,0)	31.407.576 (100,0)	32,7	5,6	25,7
Extrativa Mineral	131.315 (0,6)	100.506 (0,4)	140.519 (0,4)	7,0	-23,5	39,8
Indústria de Transformação	5.056.583 (21,4)	4.603.882 (18,4)	5.926.857 (18,9)	17,2	-9,0	28,7
Serviços Industriais de Utilidade Pública	416.440 (1,8)	309.968 (1,2)	327.708 (1,0)	-21,3	-25,6	5,7
Construção Civil	1.105.432 (4,7)	1.047.876 (4,2)	1.118.570 (3,6)	1,2	-5,2	6,7
Total Secundário	7.126.353 (30,1)	6.062.232 (24,3)	7.513.654 (23,9)	5,4	-14,9	23,9
Comércio	3.211.525 (13,6)	3.937.904 (15,8)	5.587.263 (17,8)	74,0	22,6	41,9
Serviços	6.442.665 (27,2)	7.985.995 (32,0)	9.901.216 (31,5)	53,7	24,0	24,0
Administração Pública	5.098.874 (21,5)	5.969.659 (23,9)	7.099.804 (22,6)	39,2	17,1	18,9
Total do Terciário	14.753.064 (62,3)	17.893.558 (71,6)	22.588.283 (71,9)	53,1	21,3	86,2
Agropecuária	996.9561 (4,2)	1.035.334 (4,1)	1.305.639 (4,2)	31,0	3,8	26,1

Fonte: RAIS/MTE. * Em 31 de dezembro de cada ano.

No período 1999-2004, houve uma clara inflexão nesse comportamento: o conjunto do setor Secundário apresentou uma expansão de 23,9%, abrindo 1,45 milhão de novas vagas, sendo que somente na Indústria de Transformação, com uma expansão maior do que a média do setor Secundário (28,7%), o acréscimo de novas vagas foi de 1,32 milhão. Em todas as atividades do setor Secundário ocorreu variação positiva do emprego formal; do acréscimo de 5,3 milhões de novas vagas do conjunto do setor formal, o setor Secundário contribuiu com 27,4%, mas mesmo assim a participação do setor Secundário no conjunto do emprego formal, elevando-se para 23,9%, manteve-se abaixo do patamar de 1994. Entretanto, a Indústria de Transformação elevou a sua participação no conjunto do emprego formal, de 18,4% para 18,9%, neste período, enquanto foi reduzida a participação da Construção Civil (veja Quadro 3.10).

O conjunto do setor de Serviços continuou apresentando variação positiva do emprego formal entre 1999-2004, mas num ritmo ainda muito mais elevado (86,2%) do que no período anterior (53,1%); mesmo assim, sua participação no conjunto do emprego formal elevou-se apenas de 71,6% em 1999, para 71,9% em 2004, ou seja, praticamente houve uma estagnação da elevação da participação do emprego do conjunto do Terciário no total do emprego formal. E isso se deveu, em forte medida, à recuperação do emprego formal no setor Secundário. Novamente, a expansão do emprego formal ocorreu em todos os setores do Terciário, mas neste período a expansão foi maior no Comércio (41,9%) do que nos Serviços (24,0%); e a Administração Pública até elevou seu ritmo de expansão (18,9%) em relação ao período anterior (veja Quadro 3.10).

O comportamento da Indústria de Transformação e do conjunto do setor Secundário, em termos de redução líquida do emprego formal no período 1994-1999, foi ainda mais importante para a redução da participação do emprego formal das médias e grandes unidades no conjunto do emprego formal do país. Por outro lado, a expansão do emprego nas pequenas empresas da Indústria de Transformação e, principalmente, no setor de Serviços — com o crescimento do emprego nas médias e grandes empresas nesse setor — foram os responsáveis pelo crescimento do emprego formal.

Portanto, o comportamento do emprego formal no período 1994-1999 não somente foi muito desfavorável porque a taxa de expansão do conjunto do emprego foi muito reduzida, mas também porque a redução líquida de emprego formal no setor Secundário ocorreu num contexto de elevação do emprego no setor Terciário. As próprias transformações nas estratégias organizacionais e de concorrência contribuíram para esta expansão, de forma que no conjunto houve uma profunda queda da participação do emprego do conjunto do Secundário e da Indústria de Transformação no total do emprego formal. O comportamento do período 1999-2004 significou um relativo estancamento desse processo de deterioração do conjunto do emprego formal, pois nesse período o emprego formal do setor Secundário recuperou um pouco sua participação no emprego formal, enquanto o conjunto do Setor Terciário praticamente manteve sua posição.

No conjunto do período 1994-2004, a elevação da participação do setor Terciário, de 62,3% para 71,9%, caracterizou um movimento que já indica a elevação do peso do emprego formal das micro e pequenas empresas no conjunto do emprego do setor formal, dada a maior presença das menores empresas nas atividades do Comércio e dos Serviços. Nesse sentido, o Comércio foi o setor que apresentou a maior expansão do emprego formal no período 1994-2004 e foi o único setor que elevou sua participação de forma expressiva, de 15,8% para 17,8%, no mesmo período, no total do emprego formal. Esse movimento teve fortes repercussões na elevação do emprego formal nas micro e pequenas empresas do Comércio, como veremos mais adiante.

A evolução do emprego formal do ponto de vista da composição setorial do emprego, entre 1999 e 2004, mostra que não houve um processo de forte deterioração do mercado formal de trabalho; ocorreu um estancamento da tendência de redução do peso do setor formal na estrutura ocupacional, que foi acentuada no período 1994-1999. Essa situação menos desfavorável contribuiu também para que o ritmo de expansão do emprego formal nas micro e pequenas empresas fosse praticamente o mesmo no período 1999--2004, relativamente ao período anterior, mesmo com a grande expansão do emprego formal no Comércio e nos Serviços e com o aumento do emprego formal nas médias e grandes empresas[118].

O emprego formal no segmento de micro e pequenas empresas cresceu 55%, entre 1994 e 2004, passando de 7,6 para 12,5 milhões no conjunto dos estabelecimentos com vínculos empregatícios[119]. Esse ritmo de expansão foi muito superior ao verificado para o conjunto dos ocupados do setor formal (exclusive funcionários públicos), de 33,1% no mesmo período, de forma que

---

(118) A queda dos rendimentos do setor formal se manteve, mas num ritmo menor, principalmente nos últimos anos, em especial a partir de 2004; entre este ano e 2001 o rendimento médio nominal do conjunto do setor formal elevou-se 19,6%, enquanto o IPCA acumulado no período foi de 32,3%. O comportamento do rendimento nesse período foi bem menos desfavorável do que no período 1994-1999, refletindo também as mudanças na composição setorial do emprego.

(119) Os dados apresentados na análise do emprego nas micro e pequenas empresas, assim como suas comparações com o universo total, são dados resultantes de tabulações especiais que excluem os funcionários públicos estatutários e celetistas de órgãos da administração pública. Foram considerados empregados em micro e pequenas empresas, os empregados em estabelecimentos com até nove empregados no setor Agropecuário; até 49 no setor Terciário e até 99 no setor Secundário (Indústria e Construção). Como a análise deste trabalho tem como universo delimitado o emprego não agrícola, os dados do setor Agropecuário foram colocados apenas para cálculos do total do emprego no setor formal.

a participação dos empregados no segmento de micro e pequenas empresas, no conjunto do setor formal do setor privado, elevou-se de 42,0% para 51,7%, nesse período, e de 39,9% para 49,5% no conjunto do emprego formal do setor privado não agrícola (veja Quadro 3.11)[120].

Esse comportamento do emprego nas MPEs foi muito mais influenciado pelas mudanças ocorridas no período 1994-1999, quando o emprego neste segmento expandiu-se 32,4% e o crescimento do emprego no conjunto do setor formal foi de apenas 3,9%. Com isso, a participação do emprego no segmento de MPE no total de empregados do setor formal privado não agrícola elevou-se de 39,9% para 49,4%, somente no período 1994-1999, ou seja, foi apenas nesse período que se concentrou toda a elevação do emprego formal em pequenos negócios ocorrido no conjunto do período 1994-2004. No período 1994-1999, enquanto o total dos empregados formais no conjunto da Indústria Extrativa e de Transformação e na Construção Civil foi reduzido em 10%, o segmento de MPE nesses ramos de atividade apresentou uma expansão de 14,8%, o que elevou a participação do emprego em MPE no conjunto do emprego destes ramos de atividade do setor Secundário, de 37,3% em 1994, para 47,5% em 1999 (veja Quadro 3.11).

No setor de Serviços, o conjunto do emprego formal apresentou uma expansão de 20,8%, entre 1994 e 1999, mas no segmento de MPE a expansão foi maior, de 35,6%, de forma que no setor Terciário a participação do emprego em MPE elevou-se de 48,7% para 53,6%, entre 1994 e 1999 (veja Quadro 3.11).

QUADRO 3.11
Empregados no setor formal, segundo o porte da empresa e setor de atividade. *
Brasil, 1994, 1999 e 2004.

	1994	1999	2004	1999/ 1994	2004/ 1999	2004/ 1994
Empregados em MPE na Agropecuária	325.313	430.797	532.651	32,4	23,6	63,7
Total de Empregados na Agropecuária	1.025.318	1.045.088	1.369.842	1,9	31,1	33,6
Part. do emprego em MPE no total do setor	31,7	41,2	38,9	30,0	-5,6	22,7

(120) Os dados gerais do Cadastro Central de Empresas (CEMPRE/IBGE), disponíveis apenas para o período 1996-2002, mostram que o universo de microempresas apresentou uma expansão de 55,8% e o de pequenas empresas de 51%, nesse período. O ritmo de expansão dos médios (15%) e grandes (12%) estabelecimentos foi muito menor. O CEMPRE oferece informações apenas para as empresas ativas, com a complementação da base de dados da RAIS com informações das pesquisas realizadas pelo IBGE. Porém, nestes dados citados estão incluídos os estabelecimentos que não apresentam vínculos empregatícios e, por isso, o número de empresas é bem maior do que o que estamos utilizando a partir de tabulações especiais da RAIS/MTE.

	1994	1999	2004	1999/ 1994	2004/ 1999	2004/ 1994
Participação do setor no total do emprego de MPE	4,3	4,5	4,3	—	—	—
Participação do total de empregados no setor em relação ao total do setor formal	5,6	5,5	5,7	—	—	—
Empregados em MPE no Setor Secundário (Indústria Extrativa, Transformação, Construção)	2.431.635	2.791.624	3.334.129	14,8	19,4	37,1
Total de Empregados no Setor Secundário	6.527.233	5.872.768	7.259.311	-10,0	23,6	11,2
Part. do emprego em MPE no total do setor	37,3	47,5	45,9	—	—	—
Participação do setor no total do emprego de MPE	32,1	29,0	26,7	—	—	—
Participação do total de empregados no setor em relação ao total do setor formal	36,0	31,2	30,1	—	—	—
Ocupados em MPE nos Serviços	4.810.455	6.521.853	8.611.325	35,6	32,1	79,00
Total de Ocupados nos Serviços	9.872.600	11.929.280	15.515.029	20,8	30,1	57,2
Part. de MPE no total do setor de Serviços	48,7	53,6	55,5	—	—	—
Participação do setor no total do emprego de MPE	63,6	66,5	69,0	—	—	—
Participação do total de empregados no setor em relação ao total do setor formal	54,4	63,3	64,3	—	—	—
Total de empregados formais em MPE no setor privado	7.567.403	9.744.274	12.478.105	28,8	28,1	64,9
Participação de empregados de MPE do setor privado no total	41,7	51,0	51,7	—	—	—

	1994	1999	2004	1999/ 1994	2004/ 1999	2004/ 1994
Total de empregados formais em MPE no setor privado não agrícola	7.242.090	9.313.477	11.945.454	28,6	28,3	64,9
Participação dos empregados em MPE no total do setor privado não agrícola	39,9	49,4	49,5	---	---	---
Total de empregados na RAIS (INCLUI IGNORADOS)	18.145.783	18.847.691	24.144.182	3,9	28,1	33,1

Fonte: RAIS/MTE. Exclusive os funcionários públicos estatutários e o conjunto de empregados do Poder Executivo, Legislativo e Judiciário das três esferas de governo. * Em 31 de dezembro de cada ano.

Esse comportamento mostra que o emprego no setor formal recebeu impactos mais negativos no período de abertura da economia, num contexto de sobrevalorização cambial e reduzido ritmo de crescimento econômico. A reestruturação produtiva reduziu o peso do emprego do setor Secundário e da grande empresa deste setor de atividade no conjunto do setor formal. A elevação da participação do emprego do setor Terciário, no conjunto do setor formal, ocorreu paralelamente a um forte aumento do peso do emprego de pequenos negócios neste setor de atividade. Essas tendências foram as principais responsáveis pelo emprego em MPE alcançar mais da metade do conjunto do emprego formal (exclusive funcionários públicos) em 1999 (veja Quadro 3.11).

Entre 1999 e 2004, o ritmo de expansão do emprego formal foi muito maior (28,1%) do que no período anterior (3,9%). O ritmo de expansão do emprego do setor privado não agrícola em MPE (28,3%) foi igual ao do conjunto do setor formal e praticamente o mesmo ritmo de crescimento do emprego em MPE no período anterior (28,6%), de forma que a participação do emprego do segmento de MPE no total, em 2004, manteve-se praticamente no mesmo patamar (51,7%) de 1999 (51,0%). Portanto, isso mostra um estancamento do processo de rápida elevação da participação do emprego em MPE, no conjunto do setor formal no período 1999-2004, quando o ritmo de crescimento do emprego neste segmento foi igual ao do conjunto do setor formal (veja Quadro 3.11). No período anterior, o crescimento do emprego no segmento de MPE foi muito maior (28,6%) do que o do conjunto do emprego formal, que ficou praticamente estagnado (3,9%)[121].

---

(121) A evolução da estrutura ocupacional segundo o porte das empresas, na maior e mais desenvolvida metrópole brasileira, segundo os dados da PED/SEADE-DIEESE, que capta os ocupados e estabelecimentos dos setores formal e informal, aponta uma inflexão no ritmo de expansão dos ocupados em pequenos negócios após o ano 2000. Apesar de expressar a situação apenas da

Entre 1999 e 2004, nas atividades do conjunto do setor Secundário, o emprego formal em MPE cresceu menos (19,4%) do que no conjunto do setor formal (23,6%), ou seja, ocorreu uma inversão do movimento que marcou o período anterior, de redução absoluta do emprego formal no setor Secundário e elevação do peso dos empregados em MPE neste setor. Entre 1999 e 2004, não somente houve uma variação positiva do emprego formal no conjunto do setor Secundário, como o ritmo de expansão (23,6%), no conjunto do setor, foi maior do que o ritmo de expansão do emprego em MPE (19,4%). Isso aponta que a expansão do emprego formal na média e grande empresa do setor Secundário ocorreu num ritmo mais rápido do que nas MPEs, cuja participação no total do emprego formal do setor reduziu-se de 47,5% em 1999 para 45,9% em 2004 (veja Quadro 3.11).

A leve perda de participação no total do emprego formal que ocorreu no setor Secundário (de 31,2% para 30,1%, entre 1999 e 2004) não se deve, portanto, ao pior desempenho da grande empresa, em termos de geração de empregos formais no interior do setor Secundário, mas principalmente ao fato de que este setor apresentou um ritmo de expansão do emprego formal (23,6%) menor do que o do conjunto do setor Terciário (30,1%), entre 1999 e 2004. Mesmo assim, deve-se destacar que a redução da participação do setor Secundário no conjunto do setor formal (exclusive funcionários públicos) foi maior no período 1994-99, de 36,0% para 31,2% (veja Quadro 3.3.3).

Ao contrário do setor Secundário, no período 1999-2004, no setor Terciário o emprego formal continuou crescendo mais nas MPEs (35,6%) do que no conjunto do setor (20,8%), ou seja, num ritmo maior do que o crescimento do emprego nas médias e grandes empresas. É importante ressaltar que, em 1994, a participação do emprego nas MPEs no interior do setor Secundário (37,3%) já era menor do que a participação do emprego das MPEs no interior do setor Terciário (48,7%), ou seja, a presença do emprego em micro e pequenas empresas já era bem maior no conjunto do emprego gerado no setor Terciário. A importância do emprego em MPE foi aumentada, entre 1994-1999, no interior do setor Terciário e, principalmente, no interior do setor Secundário. Entretanto, no período seguinte, a participação das MPEs no emprego formal do setor Secundário reduziu-se e a participação das MPEs continuou crescendo no interior do setor Terciário (veja Quadro 3.11).

Região Metropolitana de São Paulo e de resultar de pesquisas domiciliares, esses dados captam o conjunto de assalariados do setor privado, com e sem carteira de trabalho assinada, classificando--os por diversos segmentos de tamanho de empresa para o conjunto do universo da RMSP, além de apresentar uma longa série comparável para o período 1985-2005, aspectos não existentes em outras pesquisas. A PNAD, uma pesquisa domiciliar, capta também os trabalhadores com e sem carteira, mas somente para o universo de empresas com até 10 ocupados e 11 ou mais. A ECINF, como vimos, somente capta os ocupados em empreendimentos com até 5 (cinco) ocupados. A RAIS, o CAGED (MTE) e o CEMPRE (IBGE) captam apenas os ocupados do setor formal.

Assim, a elevação da participação do emprego do setor Terciário no conjunto do setor formal, de 54,4% em 1994, para 63,3% em 1999, e 64,3% em 2004, foi resultado de um conjunto de fatores: da redução absoluta do emprego formal do conjunto do setor Secundário e das médias e grandes empresas deste setor, no período 1994-1999; da expansão de 21% do emprego formal no conjunto do setor Terciário, impulsionada pela expressiva expansão (35,6%) do emprego formal em MPE no período 1994-1999; de um maior ritmo de expansão do emprego formal do setor Terciário, tanto no conjunto (30,1%) como no segmento de MPE (32,1%), mesmo no período (1999-2004), quando o desempenho do emprego no conjunto do setor Secundário não foi tão ruim (+ 23,6%) (veja Quadro 3.11).

Isso significa que a elevação da participação do setor Terciário no conjunto do emprego do setor formal foi não somente resultado de um ponto de partida de elevada participação do emprego nas MPEs, mas também de um ritmo maior de expansão do emprego formal no conjunto do setor, cujo progressivo crescimento do peso do emprego formal das MPEs contribuiu para sustentar, principalmente, no contexto dos maiores impactos negativos sobre o emprego formal no setor Secundário, no período 1994-1999[122].

Portanto, mesmo com o estancamento desse processo a partir de 1999, atualmente a estrutura ocupacional do setor formal é marcada fortemente por uma menor presença do emprego formal da média e da grande empresa do setor Secundário (3,9 milhões, ou cerca de apenas 16,3% do total de emprego formal, excluindo-se os funcionários públicos). Há pouco mais de dez anos, as médias e grandes empresas do setor Secundário empregavam 4,1 milhões de trabalhadores do setor formal, o que representava 22,6% do total do emprego formal (exclusive funcionários públicos). A estrutura ocupacional do setor formal, em 2004, era marcada também por 6,9 milhões de trabalhadores das médias e grandes empresas do setor Terciário (contra 5,0 milhões em 1994), ou 28,6% do total do emprego formal. Ou seja, excluindo os funcionários públicos e incluindo o setor Agropecuário (3,4%), as médias e grandes empresas empregavam, em 2004, 48,3% do total do emprego formal do país, proporção que era de 58,3% em 1994 (veja Quadro 3.11)[123].

---

(122) Segundo os dados do CEMPRE, as microempresas constituíram-se como o maior universo empregador do conjunto dos ocupados formais: em 1996 empregava (31,8%) somente menos que as grandes (37,9%). Com o maior ritmo de crescimento, já superava este segmento em 2002, 36,2% contra 33,0%.

(123) Os dados do CEMPRE mostram que o segmento de microempresas elevou sua participação de 31,8% para 36,2% no total da ocupação e o universo de pequenas empresas de 18,8% para 21%, entre 1996 e 2002. Juntos, portanto, somavam mais de 51% do emprego formal total, em 1996, e passaram para 57%, em 2002.

O segmento de micro e pequenas empresas, que era responsável por 39,9% do total do emprego formal no setor privado não agrícola, em 1994, passou a concentrar, em 2004, cerca de metade deste universo, no qual 26,7% são empregados do setor Secundário (32,1% em 1994) e 69% do setor Terciário (63,3% em 1994)[124]. Nesse sentido, embora o setor Terciário deva receber maior detalhamento e atenção na análise da situação do emprego formal em micro e pequenas empresas, a proporção de empregados no conjunto do setor Secundário — inclusive na Indústria de Transformação — é quantitativamente expressiva e qualitativamente relevante para a análise do emprego formal nas micro e pequenas empresas.

O emprego formal nas MPEs apresentou uma expansão de 65%, entre 1994 e 2004, e manteve o mesmo ritmo de expansão nos dois períodos considerados, cerca de 28%. Entretanto, enquanto ocorreu uma expansão de apenas 3,9% dos empregados no conjunto do setor formal, entre 1994--1999, a expansão dos empregados em MPE foi de 28% no período seguinte. Ou seja, entre 1999 e 2004, embora o emprego formal em MPE tenha crescido, cresceu também e praticamente na mesma proporção o emprego formal no conjunto do setor e, portanto, no universo das médias e grandes empresas. Com isso, observa-se que a situação foi muito diferente e menos desfavorável, entre 1999 e 2004, pois a expansão do emprego formal em micro e pequenas empresas, num contexto em que o emprego formal cresceu na mesma proporção nas grandes e médias empresas, não resultou numa deterioração do mercado formal de trabalho, numa sensível redução do peso do emprego na média e grande empresa, ao contrário do que ocorreu no período anterior[125].

A expansão do emprego formal nas MPEs não revela necessariamente um comportamento negativo do mercado de trabalho, quando

---

(124) Os dados do CEMPRE mostram que, no período 1996-2002, as microempresas cresceram muito mais no setor de Serviços (83%) e no Comércio (45%); no segmento de pequenas empresas, o setor de Serviços (56%) apresentou o maior ritmo de crescimento de unidades, mas pouco acima do ritmo de expansão do Comércio (55%). O ritmo de expansão das micro e pequenas unidades industriais foi bem menor.
(125) Os dados da PED (RMSP) mostra que foi expressiva a elevação da participação dos empregados em pequenos estabelecimentos na Região Metropolitana de São Paulo, principalmente entre 1989 e 2000. A participação dos ocupados em estabelecimentos com até cinco empregados elevou-se de 9,2% do total em 1989, para 13,5% em 2000; nos estabelecimentos com seis a 49 empregados a expansão dos empregados também foi expressiva, elevando sua participação de 17,5% para 26,6%, no mesmo período. No período 1999-2005, essa tendência de elevação da participação dos empregados em pequenos negócios na RMSP foi estancada, movimento influenciado principalmente pela redução da participação dos empregados em estabelecimentos com até cinco empregados. Apesar de a participação do emprego nesses estabelecimentos elevar-se entre 1999 (de 12,9%) e 2000 (para 13,5%), ela reduziu-se a partir de 2001 (para 12,4%), alcançando 12,2% em 2005 — o menor patamar desde 1996, e as participações anuais foram sempre menores do que no período 1997-1999.

acompanhada da expansão do conjunto do emprego, especialmente no setor Secundário. Enquanto no período 1994-1999, o emprego formal expandiu-se 14,8% nas MPEs do setor Secundário e reduziu-se 10% no conjunto do setor, no período 1999-2004 ele expandiu-se 19,4% nas MPEs deste setor, mas num contexto em que o conjunto do emprego formal no Secundário também se expandiu e numa taxa mais elevada (23,6%) do que o emprego formal no segmento de MPE do Secundário. No setor de Serviços, o ritmo de expansão do emprego formal foi maior no período 1999-2004 (30,1%) do que no período anterior (20,8%); entretanto, reduziu-se a diferença entre a expansão do emprego formal nas micro e pequenas empresas e no conjunto do setor de Serviços, o que mostra que foi ainda muito mais expressivo o crescimento do emprego na média e grande empresa do setor de Serviços no período 1999-2004.

O contexto mais favorável ao mercado formal de trabalho neste último período pode ser resumido pelos impactos dos seguintes movimentos: da redução absoluta do emprego nas médias e grandes empresas, no período 1994-1999, provocada pela redução absoluta do emprego formal no setor Secundário e lenta expansão no setor Terciário; da maior expansão do emprego formal industrial no período 1999-2004 em relação ao período anterior, que teve também impactos sobre o crescimento do emprego formal nas MPEs desse segmento; da continuidade do processo de expansão do emprego formal em MPE no setor de Serviços no período 1999-2004, mas num ritmo pouco superior ao crescimento do emprego no conjunto do setor, movimento distinto do ocorrido no período anterior (veja Quadro 3.11)[126].

3.3.1. O EMPREGO ASSALARIADO EM PEQUENOS NEGÓCIOS NO SETOR SECUNDÁRIO

No conjunto do setor Secundário, o comportamento do emprego formal nas MPEs apresentou grandes variações de acordo com o ramo de atividade considerado. Refletindo a crise que enfrenta desde os anos 1980, o setor da Construção Civil — que é fortemente marcado pela presença de empregados em micro e pequenas empresas — apresentou a menor taxa de expansão do emprego formal dentre os ramos de atividades mais importantes do setor Secundário. Entre 1994 e 2004, o emprego formal cresceu apenas 18% nas MPEs da Construção Civil, que continuou sendo o segmento onde concentrava-se a maior parcela de trabalhadores formais de MPE do setor Secundário.

---

(126) Os dados da PED para a RMSP mostram que a expansão dos pequenos negócios na RMSP, nos últimos 15 anos, foi resultado principalmente do comportamento dos anos 1990. Apesar do estancamento desse processo na presente década, mesmo nesse período os impactos foram ainda mais desfavoráveis do que a segunda metade dos anos 1980, quando ocorreu redução da participação dos assalariados do setor privado trabalhando em empresas com até 49 empregados, em relação ao total de assalariados do setor privado da RMSP.

TABELA 3.12
Empregados em micro e pequenas empresas do setor formal, segundo ramo de atividade.* Brasil, 1994, 1999 e 2004.

Ramos de Atividade	1994	1999	2004	1999/ 1994 (em %)	2004/ 1999 (em %)	2004/ 1994 (em %)
Construção Civil	535.800	603.465	633.562	12,6	5,0	18,25
Fabricação de Produtos Alimentares e Bebidas	245.737	306.776	351.445	24,8	14,6	43,02
Confecção de Artigos do Vestuário e Acessórios	227.656	264.874	362.551	16,3	36,9	59,25
Fabricação de Produtos de Metal – exclusive Máquinas e Equipamentos	134.408	166.358	235.140	23,8	41,3	74,94
Fabricação de Móveis e Indústrias Diversas	130.591	167.812	192.529	28,5	14,7	47,43
Fabricação de Produtos de Minerais não Metálicos	130.027	175.563	197.948	35,0	12,8	52,24
Fabricação de Produtos de Madeira	113.992	142.824	163.254	25,3	14,3	43,22
Fabricação de Artigos de Borracha e Plástico	104.379	124.793	163.013	19,6	30,6	56,17
Fabricação de Produtos Químicos	96.624	102.464	125.375	6,0	22,4	29,76
Preparação de Couros e Fabricação de Artefatos de Couro, e artigos	95.010	91.422	135.461	-3,8	48,2	42,58
Fabricação de Máquinas e Equipamentos	94.827	105.533	143.278	11,3	35,8	51,09
Edição, Impressão e Reprodução de Gravações	81.711	103.402	117.592	26,5	13,7	43,91
Total das principais atividades de MPE	1.990.762	2.355.286	2.821.148	18,3	19,8	41,71
Total dos ocupados em MPE no Secundário	2.431.635	2.791.624	3.334.129	14,8	19,4	37,11
Proporção em relação ao universo de MPE no Secundário	81,9	84,4	84,6	--	--	--

Fonte: RAIS/MTE. Elaboração própria. * Em 31 de dezembro de cada ano.

No conjunto dos 11 ramos de atividades que mais tinham empregados em MPE na Indústria de Transformação (a exceção é a Construção Civil) concentrava 73% do total de empregados formais em MPE no setor Secundário. Em todos esses principais ramos de atividade da Indústria de Transformação houve elevação do número de empregados formais, entre 1994 e 2004. Mesmo no período 1994-1999, somente o universo de MPE no ramo de Preparação de Couros e Fabricação de Artefatos de Couro apresentou redução absoluta do número de empregados; nos demais houve sempre variação positiva do emprego formal. Nesse caso, é bom lembrar que ocorreu redução absoluta do emprego formal no conjunto da Indústria de Transformação neste período.

As maiores taxas de expansão do emprego no segmento de MPE, no conjunto do período, ocorreram nos ramos de Fabricação de Produtos de Metal — exceto máquinas —, de Confecções de Artigos de Vestuário e Acessórios, de Fabricação de Artigos de Borracha e Plástico e de Fabricação de Produtos de Minerais não Metálicos[127]. Neste último ramo (53,8%) e no de Confecções (59,1%), eram elevadas as proporções do emprego em MPE no total do emprego formal de cada ramo. Com exceção do ramo de Fabricação de Artigos de Borracha e Plástico, os demais ramos que apresentaram elevado ritmo de expansão do emprego formal estão entre os cinco ramos em que há o maior montante de empregados em MPE na Indústria de Transformação. O desempenho desses ramos, com o aumento do emprego nas MPEs dos ramos de Fabricação de Produtos Alimentares e Bebidas e de Fabricação de Móveis, contribuíram de forma mais expressiva (com cerca de 75% do aumento do emprego) para a expansão do emprego em MPE no conjunto da Indústria de Transformação.

O ramo de Confecções de Artigos de Vestuário e Acessórios era o segundo da Indústria de Transformação, em termos de volume de emprego, e o primeiro em termos de maior concentração de empregados de MPE (59%). Com sua elevada taxa de expansão (60%), tornou-se o maior ramo empregador entre as MPEs da Indústria de Transformação em 2004. A expansão do emprego neste ramo de atividade foi muito maior entre 1999 e 2004. Neste período, as melhores condições de competitividade na exportação e no mercado interno — num segmento marcado pela concorrência em mercados competitivos em preços, com reduzidas barreiras (tecnológicas e de capital) à entrada e elevada intensidade de utilização da força de trabalho — devem ter contribuído para o seu melhor desempenho.

Ao contrário, no período 1994-1999, dentre os ramos mais geradores de emprego formal no segmento de MPE na Indústria de Transformação, o ramo

---

(127) Os dados do CEMPRE mostram que a Indústria perdeu participação em termos de número de empresas, entre 1996 e 2002, mas o número de empresas expandiu-se 34%. A média de ocupados por empresa no universo de pequenas empresas industriais reduziu-se de 39,5 em 1996 para 38,7 em 2002.

de Confecções somente apresentou um ritmo maior de expansão do emprego (16,3%) do que os ramos de Fabricação de Máquinas e Equipamentos (11,3%), de Fabricação de Produtos Químicos (6,0%) e de Preparação e Fabricação de Artefatos de Couro (– 3,8%). O comportamento desses quatro setores parece refletir, de forma mais sensível, os impactos da abertura comercial e sobrevalorização cambial que estimularam a elevação das importações e dificultaram as exportações, com os efeitos do reduzido ritmo de crescimento econômico sobre o consumo interno e o investimento no período 1994-1999, afetando também o emprego formal nas MPEs (veja Quadro 3.12).

A expansão do emprego formal nas MPEs nesses quatro ramos de atividade ocorreu num ritmo menor do que a média da expansão do emprego em MPE no setor Secundário, no período 1994-1999. Entretanto, no período seguinte todos eles apresentaram expansão significativa do emprego e acima da média do setor Secundário: com exceção do ramo de Fabricação de Produtos Químicos, a expansão foi quase o dobro da verificada no conjunto do setor Secundário, no período 1999-2004. Os ramos de Fabricação de Artigos de Borracha e Plástico e de Fabricação de Produtos de Metal apresentaram tendências semelhantes ao grupo anterior, embora com um ritmo de crescimento do emprego formal em MPE um pouco acima da média no período 1994-1999, mas apresentaram forte expansão do emprego e acima da média no período 1999-2004 (veja Quadro 3.12). O comportamento desses ramos reforça, portanto, as melhores condições de competitividade e produção interna no período 1999-2004, que favoreceu também a geração de emprego nas MPEs.

Outro grupo de cinco ramos de atividade da Indústria de Transformação apresentou um comportamento bem distinto. Nos ramos de Fabricação de Produtos Alimentares e Bebidas, de Fabricação de Móveis, de Fabricação de Produtos de Madeira, de Minerais não Metálicos e de Edição, Impressão e Reprodução de Gravações, o emprego formal apresentou expansão nas MPEs num ritmo superior à média do setor Secundário, no período 1994--1999, e também acima da média no conjunto do período 1994-2004. Todos eles apresentaram, entretanto, uma taxa de expansão do emprego formal em MPE menor do que a média do setor Secundário, no período 1999-2004.

No que se refere ao comportamento mais favorável do emprego formal nesses cinco ramos de atividades, no período 1994-1999, os quatro primeiros ramos de atividade apresentam algumas características que provavelmente significaram proteção maior à abertura comercial: dificuldades relativas aos custos de transportes na ampliação das importações e vantagens competitivas para o atendimento do mercado interno decorrentes da presença de matérias-primas e das vantagens associadas à intensidade no uso de força de trabalho mal remunerada, como são especialmente os casos dos ramos de Fabricação de Produtos de Minerais não Metálicos, Fabricação de Produtos de Madeira, Fabricação de Móveis e, em menor medida, no ramo de Produtos Alimentares e Bebidas.

No que se refere ao comportamento menos favorável do emprego formal em MPE desses setores no período 1999-2004, deve-se ressaltar que neles foi menor o efeito de recomposição da produção interna perdida com a abertura e sobrevalorização cambial — já que sofreram menos naquele período — e também menores os impactos da desvalorização cambial e do crescimento das exportações, já que as micro e pequenas empresas têm mais dificuldades de acesso aos mercados externos. Dessa forma, o comportamento do emprego formal nas MPEs desses ramos de atividade competitivos ficou mais dependente do comportamento do mercado interno, cuja expansão também foi muito lenta no período 1999-2004, além de enfrentar, em muitos casos, a concorrência das médias e grandes empresas, principalmente nos casos dos ramos de Produtos Alimentares e Bebidas e da Fabricação de Móveis.

No caso do ramo de Edição, Impressão e Reprodução de Gravações, além de ser um ramo marcado por atividades que não têm uma relação muito estreita com o comércio internacional, a expansão do emprego no período 1994-1999 deve ter sido influenciada pelos processos de terceirizações e subcontratações, que foram mais intensos nesse período, não sendo também estimulados pelo processo de crescimento das exportações no período 1999-2004. Neste ramo de atividade, muitas empresas estão inseridas em mercados e estruturas modernas e dinâmicas, podendo explorar "nichos" de mercados e alcançar maior nível de organização e estruturação. Nesses casos, muitas atividades podem ser compatíveis com melhores condições e relações de trabalho, ou seja, com um grau mais elevado de formalização das relações de trabalho do que o conjunto do segmento de MPE. Entretanto, o desempenho das micro e pequenas empresas na geração de empregos, nesse ramo de atividade, não foi muito diferente da média, ou seja, não foi muito mais elevado do que a expansão do emprego formal nas médias e grandes empresas.

A maior expansão do emprego formal no setor Secundário, no período 1994-2004, ocorreu no ramo de Fabricação de Produtos de Metal — exclusive máquinas e equipamentos — (75%), uma taxa de crescimento que foi fortemente influenciada pelo comportamento do período 1999-2004; o mesmo comportamento ocorreu no ramo de Máquinas e Equipamentos. Nesses ramos, além dos impactos da desvalorização cambial, da elevação das exportações e da recomposição de parte da produção interna, o avanço do processo de externalização da produção das médias e grandes empresas também deve ter contribuído para essa expansão. Esse parece também ser o caso do ramo de Fabricação de Artigos de Borracha e Plástico, que teve um comportamento semelhante.

Considerando que o segmento industrial apresenta, em geral, maiores barreiras à entrada e maior relação com os movimentos do comércio exterior do que diversas atividades dos setores do Comércio e dos Serviços, não surpreende que o emprego formal das MPEs daquele setor tenha apresentado queda no total do emprego formal de MPE, de 32,1% para 26,7%, entre 1994 e 2004 — o que ocorreu também para o conjunto do emprego formal do Secundário, de 36% para 30% — e que as micro e pequenas empresas tenham elevado sua participação no total do emprego no interior deste setor, no período 1994-1999 (37,3% para 47,5%), quando as mudanças estruturais afetaram fortemente as médias e grandes empresas. No período seguinte, mesmo com uma expansão mais favorável do emprego formal nas médias e grandes empresas e no conjunto do setor Secundário — tanto em relação ao período anterior como em relação à expansão do emprego formal das MPEs, o peso do emprego formal do setor Secundário apresentou uma leve queda no conjunto do emprego formal, menor do que a queda do emprego formal em MPE do Secundário, no conjunto do emprego formal de MPE (veja Quadros 3.11 e 3.12).

Embora entre as atividades industriais mais expressivas no segmento de microempresas, algumas se localizem em ramos em que é observada a existência de Arranjos Produtivos Locais (APLs), como na Confecção de Artigos do Vestuário e Acessórios (em várias regiões e, a partir dos anos 1990, com presença relevante no Nordeste), na Fabricação de Móveis e indústrias diversas e Fabricação de Produtos de Madeira (Indústria moveleira de Votuporanga — SP), Fabricação de Artigos de Couro (vários polos calçadistas), elas também enfrentaram as dificuldades características dos setores competitivos. As dificuldades devem ter sido ainda mais acentuadas nas MPEs que desenvolvem suas atividades de forma isolada nesses ramos de atividades, com piores condições de organização e de acesso ao mercado externo, e menor capacidade de se manter no mercado. Esse deve ser o caso também de, pelo menos, parte das atividades do ramo de Fabricação de Produtos de Metal.

Em geral, todos esses ramos de atividade da Indústria e também a Construção Civil apresentam índices reduzidos de concentração econômica, em relação ao pessoal ocupado. Entretanto, nos ramos de Produtos Alimentares e Bebidas, Preparação e Fabricação de Artefatos de Couro, Fabricação de Máquinas e Equipamentos, Fabricação de Produtos Químicos, Fabricação de Artigos de Borracha e Plástico é relativamente maior a presença da média e da grande empresa do que nos demais, de forma que a inserção de MPE em mercados altamente competitivos deve resultar também na utilização de um padrão rebaixado de utilização da força de trabalho, como forma de alcançar vantagens competitivas (veja Quadro 3.13).

A enorme oferta de força de trabalho nessas décadas de elevado desemprego e as reduzidas exigências de qualificação profissional na maioria dessas atividades, nas quais são mais importantes as participações relativas das MPEs industriais, facilitam a contratação sem carteira de trabalho, o pagamento de baixos salários, a vigência de menores pisos salariais negociados pelas categorias profissionais. As precárias condições de funcionamento de parte expressiva desses estabelecimentos e suas dificuldades econômico-financeiras também estão associadas ao elevado descumprimento da legislação social e trabalhista e à ausência de benefícios para os trabalhadores, assim como precárias condições de saúde e segurança no trabalho — que são geralmente mais relevantes nas atividades industriais do que no Comércio e nos Serviços.

Por outro lado, a expansão do emprego formal em ramos de atividade onde tradicionalmente é mais elevada a presença de micro e pequenas empresas, como nos ramos de Confecções, de Fabricação de Móveis e de Produtos de Madeira, de Fabricação de Produtos de Minerais não Metálicos e na Construção Civil, num contexto de elevado excedente de força de trabalho, também deve ter sido viabilizada pela utilização de padrões rebaixados de utilização da força de trabalho. Assim, a elevação do peso do emprego formal das micro e pequenas empresas no setor Secundário, no conjunto do período 1994-2004, e principalmente no período 1994-1999, além de elevar a precariedade das condições e das relações de trabalho, contribuiu também para a forte redução dos rendimentos do trabalho, que foi bastante expressiva no período 1997-2003.

QUADRO 3.13

Indicadores de concentração econômica em relação à variável do pessoal ocupado total das maiores empresas na indústria segundo grupo da classificação de atividades. Brasil — 2003 (em %).

Grupo da Classificação de Atividades	Indicadores de concentração econômica em relação à variável do pessoal ocupado total das:		
	4 maiores empresas	8 maiores empresas	12 maiores empresas
Fabricação de móveis e indústrias diversas	2,2	3,5	4,6
Fabricação de produtos de metal — exceto máquinas e equipamentos	2,0	3,5	4,7
Confecção de artigos do vestuário e acessórios	3,0	4,5	5,4
Construção	3,3	4,7	5,7
Fabricação de produtos de minerais não metálicos	3,1	5,3	7,0

Grupo da Classificação de Atividades	Indicadores de concentração econômica em relação à variável do pessoal ocupado total das:		
	4 maiores empresas	8 maiores empresas	12 maiores empresas
Fabricação de produtos de madeira	3,7	5,6	7,1
Edição, impressão e reprodução de gravações	4,3	7,2	9,3
Fabricação de produtos químicos	4,4	7,7	10,0
Fabricação de artigos de borracha e material plástico	5,2	8,4	10,4
Fabricação de máquinas e equipamentos	5,9	9,6	12,3
Fabricação de produtos alimentícios e bebidas	7,3	10,9	13,6
Preparação de couros e fabricação de artefatos de couros e calçados	11,7	17,6	21,5
Setores de Grande Concentração			
Fabricação de eletrodomésticos	82,8	99,4	99,8
Fabricação de automóveis, camionetas e utilitários	80,7	92,4	98,2
Fabricação de produtos derivados do petróleo	91,7	94,7	95,9
Fabricação de celulose e outras pastas para a fabricação de papel	65,1	87,0	93,3
Construção, montagem e reparação de aeronaves	79,7	86,8	89,4
Fabricação de produtos do fumo	56,0	75,4	83,5
Siderurgia	46,8	65,0	74,5
Produção de óleos e gorduras vegetais e animais	47,3	65,8	74,0
Fabricação de cimento	37,2	56,9	70,6
Fabricação de defensivos agrícolas	41,2	59,5	70,0
Fabricação de artefatos têxteis, incluindo tecelagem	46,9	56,4	61,5
Reciclagem de sucatas metálicas	46,2	51,7	55,5

Fonte: IBGE, Diretoria de Pesquisas, Cadastro Central de Empresas, 2003.

Por fim, cabe lembrar que, como há uma forte concentração do emprego assalariado sem carteira nas micro e pequenas empresas, aspecto não captado pelos dados da RAIS, nesses ramos de atividade da Indústria de Transformação também é elevada a participação de trabalhadores sem carteira nas MPEs[128]. No conjunto da Construção Civil e da Indústria de Transformação, havia cerca de 3,5 milhões de trabalhadores sem carteira de trabalho assinada em 2004. É muito provável que quase todos eles sejam empregados de micro e pequenas empresas deste setor, pois os dados da PNAD mostram que mais de 70% dos trabalhadores sem carteira estão ocupados em estabelecimento com até 10 empregados. Como nesses setores, o critério para a consideração de micro e pequena empresa contempla os estabelecimentos com até 99 empregados, a grande maioria dos trabalhadores sem carteira, registrados pela PNAD, empregados de estabelecimentos com 11 ou mais empregados deve ser empregado de estabelecimentos com até 99 empregados (veja Quadro 3.14). Portanto, é muito provável que, além dos 3,34 milhões empregados em MPE no setor formal, estejam também empregados os 3,5 milhões de trabalhadores sem carteira em MPE do setor Secundário, o que corresponde a um total de 6,84 milhões de empregados em MPE em 2004. Assim como verificado para o conjunto do setor formal, observa-se que houve um processo de estancamento, no período 1999-2004, do processo de expansão do universo de trabalhadores sem carteira no setor Secundário, que marcou fortemente os anos 1990 (veja Quadro 3.14).

Por outro lado, deve-se ressaltar que a queda da participação do emprego formal das MPEs do setor Secundário no conjunto do emprego de MPE do setor formal (de 32,1% para 26,7% no período 1994-2004), em função do maior ritmo de expansão do emprego formal no Comércio e nos Serviços, pode significar também uma precarização ainda maior do conjunto da estrutura ocupacional do setor formal, já que nestes setores de atividade parcela expressiva dos empregados do setor formal apresenta condições de trabalho e de remuneração ainda piores do que na maioria das MPEs do setor Secundário. A relações entre as participações no emprego e nos rendimentos mostram que a pequena empresa industrial gera, relativamente às médias e grandes, salários muito mais reduzidos. Essa diferença é maior na Indústria do que na Construção Civil e no Comércio. A elevação do emprego nas MPEs da Indústria, portanto, contribui de forma mais expressiva para rebaixar a estrutura de rendimentos deste setor de atividade e do conjunto dos rendimentos do segmento de MPE. Entretanto, essa contribuição é ainda maior no caso das MPEs do setor de Serviços.

---

(128) Segundo os dados do CEMPRE, nas microempresas do setor do Comércio, o número médio de ocupados por empresas é menor do que 2,0. Os estabelecimentos desses ramos da indústria de transformação apresentam um porte médio muito semelhante à média do conjunto do Comércio (2,0 ocupados por estabelecimento), que é menor do que a do conjunto das microempresas da Indústria de Transformação (3,5 ocupados por estabelecimento).

QUADRO 3.14
Empregados na ocupação principal sem carteira de trabalho assinada, por Categoria do emprego no setor Secundário. [1] **Brasil, 2002, 2003 e 2004.**

Grupamentos de atividade do trabalho principal	1990	2002	2003	2004	2004/ 2002
Construção	1.111.836	1.519.834	1.388.865	1.465.372	–3,6%
Indústria	1.606.600	1.977.292	1.915.961	2.030.022	2,7%
Indústria de Transformação	1.448.471	1.888.519	1.826.530	1.939.664	2,7%
Total	2.717.836	3.497.126	3.304.826	3.495.394	– 0,05%

Fonte: IBGE – Pesquisa Nacional por Amostra de Domicílios. Obs.: até 2003, exclusive a população da área rural de Rondônia, Acre, Amazonas, Roraima, Pará e Amapá. (1) Empregados de 10 anos ou mais de idade, no trabalho principal da semana de referência – exclusive militares e funcionários públicos estatutários.

3.3.2. O emprego assalariado em pequenos negócios no setor Terciário

No setor Terciário há uma grande concentração do total de empregados em micro e pequenas empresas no Brasil: o contingente era de 64%, em 1994, e subiu para 69%, em 2004[129]. Isso significa que nas MPEs das atividades de Serviços, em 2004, havia cerca de 5,3 milhões de empregados formais a mais do que no setor Secundário. Entretanto, aquele setor de atividade é muito heterogêneo, compreendendo uma enorme gama de atividades.

O emprego formal nas MPEs do Comércio representava, em 2004, quase metade de todo o emprego nas MPEs do setor Terciário e, desde 1994, era um montante maior do que todo o emprego formal em MPE na Indústria de Transformação. Em 1994, havia cerca de 2,3 milhões de empregados em MPE no setor formal no Comércio, contingente que aumentou para quase 3 milhões, em 1994, e para 4,3 milhões, em 2004. Esse ritmo de crescimento significou a elevação da participação do emprego formal nas MPEs do Comércio no conjunto das MPEs do setor Terciário, de 47,4% em 1994, para 49,4% em 2004; entretanto, ocorreu uma redução da participação entre 1994 e 1999 (para 45,8%). Apenas os empregados das MPEs do Comércio representavam, em 2004, 34% de todo o emprego formal das MPEs e 18% de todo o emprego formal do país — exclusive funcionários públicos (veja Quadro 3.15). A título de comparação, o emprego das MPEs na Indústria de Transformação não representava mais do que 12% do total do emprego formal do país naquele ano[130].

---

(129) Os dados do Cadastro Central de Empresas do IBGE (CEMPRE) mostram que todos os ramos de atividades do setor de Serviços encontram-se muito mais ocupados nas microempresas do que nas pequenas empresas. As pequenas empresas apresentam um número bem menor de unidades e cerca de metade dos ocupados, quando comparadas às microempresas. Isso também ocorre para o caso das pequenas empresas na Indústria de Transformação.

(130) Os dados do CEMPRE mostram que o Comércio é o setor onde mais se concentra as microempresas e que o setor de Serviços é o segundo. No Comércio e nos Serviços, em conjunto, encontravam-se cerca de 90% das principais microempresas formais brasileiras em 2002.

No conjunto do período 1994-2004, o emprego formal nas MPEs do Comércio expandiu-se 86%, e num ritmo ainda mais intenso no período 1999-2004 (42,2%), do que no período anterior (1994-1999). No Comércio Varejista, concentrava-se a maior parte dos empregados formais das MPEs (cerca de 1,6 milhão) do Comércio e do conjunto do setor Terciário, do qual eles representavam 34% do total de empregados formais em 1994, 31,5% em 1999, e quase 36% em 2004. Ou seja, o ritmo de expansão dos empregados em MPE no Comércio Varejista foi maior do que o da maioria dos outros setores e ramos de atividade, no período 1999-2004, e apresentou um comportamento menos favorável em termos de expansão do emprego formal no período 1994-1999.

Em razão da enorme diversidade de atividades, cerca de 740 mil empregados formais em MPE estavam classificados no ramo do Comércio Varejista de Outros Produtos, ou seja, de atividades não especificadas. Esse universo não somente é o que apresenta o maior número de empregados do Comércio, como também nele o emprego formal cresceu 120% entre 1994 e 2004, uma das maiores taxas de crescimento do emprego formal no setor do Comércio, alcançando 1,6 milhão de ocupados em 2004. A taxa de expansão desse ramo, que reúne diversas atividades não estruturadas do Comércio, somente não foi maior do que os vários ramos do setor do Comércio ligados ao complexo automotivo (veja Quadro 3.15).

Assim como quase todos os demais ramos do Comércio Varejista, esse universo de atividades não especificadas do Comércio Varejista apresentou um ritmo de expansão do emprego formal menor no período 1994-1999 (46%) do que no período seguinte (50%). Entretanto, dentre os diversos ramos do Comércio, foi o que apresentou o segundo maior ritmo de expansão no período 1994-1999 (46%), perdendo apenas para o Comércio a Varejo de Combustíveis, o que parece resultado daquele ramo reunir as atividades mais desorganizadas que proliferaram mais rapidamente com a elevação do desemprego e o ambiente econômico mais desfavorável deste período[131]. Com seu enorme peso no emprego formal do Comércio Varejista e com sua enorme taxa de expansão entre 1999-2004, seu crescimento contribuiu para que o conjunto do Comércio Varejista apresentasse um ritmo de expansão do emprego também maior no período 1999-2004 (veja Quadro 3.15).

---

(131) Segundo os dados do CEMPRE, no Comércio Varejista encontram-se inúmeras atividades que contam com barreiras à entrada muito reduzidas ou praticamente inexistentes, tais como determinados ramos e tipos de comércio varejista de produtos alimentícios, de artigos usados, armarinhos, reparação de objetos pessoais e domésticos. Mesmo considerando que parte desse universo é constituído por estabelecimentos mais organizados, como os estabelecimentos do comércio em *shopping center* e regiões centrais ou de renda mais elevada, a média de ocupados de apenas 1,9 por empresa e o fato de ser o único segmento do Comércio em que o número de ocupados cresceu na mesma proporção do número de empresas indicam que a expansão ocorreu nas menores unidades, provavelmente as mais precárias, como pequenas lojas, mercados, lanchonetes, oficinas instaladas em periferias, favelas ou mesmo em regiões centrais deterioradas.

Isso parece ser um indicativo de que o emprego formal das MPEs no Comércio Varejista sofreu os fortes impactos da desestruturação do mercado de trabalho nos anos 1990. Além disso, nesse segmento deve ter se concentrado grande parte do aumento do assalariamento sem carteira de trabalho assinada, cuja expansão foi mais intensa com o impacto das mudanças estruturais e do desemprego no período 1994-1999.

Comportamentos como o descrito para esse conjunto mal definidos de atividades agrupadas em Comércio Varejista de "Outros" Produtos foram ainda mais acentuados nas seguintes atividades: Comércio Varejista não especializado; Comércio Varejista de Tecidos, Artigos de Armarinho, Vestuário e Calçados; Comércio Varejista de Produtos Alimentícios, Bebidas e Fumo; e Comércio Varejista de Artigos Usados. E isso também indica os maiores impactos negativos desse período sobre o emprego formal das MPEs em segmentos mais desorganizados e com menores barreiras à entrada. Nestas atividades, a expansão do emprego assalariado sem carteira deve ter sido muito maior. Esses quatro ramos de atividade concentravam, em 2004, a maior parte do emprego formal em MPE do setor do Comércio (mais de 70%) e cerca de 35% do total de empregados formais do conjunto do setor de Serviços (veja Quadro 3.15).

O emprego formal do Comércio a Varejo de Combustíveis, uma atividade mais organizada do Comércio Varejista, apresentou um comportamento diferente: além de apresentar a segunda maior taxa de expansão do emprego formal (140%), dentre os ramos do Comércio, no conjunto do período 1994--2004, apresentou uma expansão maior do emprego formal no período 1994-1999 (92%) do que no período seguinte (25%).

Comportamento semelhante teve o ramo do Comércio, Manutenção, Reparação de Motocicletas e do ramo de Manutenção e Reparação de Veículos Automotores, que é muito heterogêneo em termos de grau de estruturação das micro e pequenas empresas — compreende desde as oficinas de revendedoras mais organizadas até as oficinas de fundo de quintal[132]. Esse comportamento deve refletir os impactos da expansão das vendas de automóveis e motocicletas, facilitadas pela redução da inflação e da expansão das vendas por meio de financiamento com prazos mais longos sobre o crescimento do emprego formal no complexo de comercialização e manutenção de veículos, onde é forte a presença de micro e pequenas

---

(132) Esse desempenho do conjunto dessas atividades ligadas ao complexo automobilístico parece refletir algumas características específicas do segmento, como o expressivo aumento da frota de veículos e da produção automobilística e de motocicletas, do comércio de veículos usados e da rede de oficinas e de postos de combustíveis. Mas é nesse segmento também que são classificadas as oficinas mecânicas, funilarias, autoelétricas, lojas e oficinas de acessórios, que devem constituir grande parte da expansão ocorrida nesse segmento, principalmente em função do elevado desemprego.

empresas. Mas também deve refletir os impactos do desemprego, em termos de expansão das atividades mais desorganizadas, principalmente nas atividades de reparação e manutenção. Comportamento semelhante ocorreu no ramo de Reparação de Objetos Pessoais e Domésticos, que, entretanto, não apresentou expressiva recuperação do emprego formal no período 1999-2004; mas neste caso, o maior crescimento, no período 1994-1999, deve estar refletindo ainda mais as estratégias de sobrevivência naquele contexto de desemprego crescente e transformações estruturais (veja Quadro 3.15).

A expansão do emprego formal também foi muito elevada nas MPEs do ramo de Comércio a Varejo e Atacado de Peças e Acessórios para Veículos Automotores, de 120% no período 1994-2004. Mas nesse ramo, o emprego formal nas MPEs cresceu mais lentamente no período 1994-1999 (33%) do que no período seguinte (66%), o que deve ser resultado do peso mais elevado das pequenas lojas de peças de automóveis mais estruturadas e do emprego assalariado comissionado e sem carteira, que sofreu fortemente os impactos da crise daquele período.

Em geral, o Comércio Atacadista não somente apresenta um montante bem menor de empregados formais em MPE do que no Comércio Varejista, como seu desempenho em termos de expansão do emprego formal foi muito pior no conjunto do período 1994-2004, principalmente pelo reduzido ritmo de crescimento no período 1994-1999, o que em alguns casos (Comércio Atacadista de Produtos Intermediários não Agropecuários e Comércio Atacadista de Mercadorias em geral) resultou em redução absoluta do emprego formal neste período. A exceção ocorreu no ramo do Comércio Atacadista de Máquinas, Aparelhos e Equipamentos para uso Agropecuário, onde o emprego formal de MPE expandiu-se 114% entre 1994-2004, fortemente influenciado pelo melhor desempenho do período 1999--2004, quando houve uma expansão muito maior das exportações do agronegócio, com a desvalorização cambial e o crescimento da demanda e dos preços de diversos produtos agrícolas.

O emprego formal em MPE, no Comércio Atacadista de Produtos Alimentícios, Bebidas e Fumo, apresentou um ritmo de expansão muito menor (51%) do que no Comércio Varejista desses mesmos produtos (103%), no conjunto do período 1994-2004. Seu crescimento foi também muito reduzido no período 1994-1999. Os ramos de Comércio Atacadista de Artigos de Uso Pessoal e Doméstico e Comércio Atacadista de Matérias--Primas Agrícolas, Animais Vivos e Produtos Alimentares para Animais apresentaram um comportamento semelhante, com ritmos ainda mais reduzidos de expansão do emprego formal em MPE, no período 1994-1999 (veja Quadro 3.15).

Quadro 3.15
Empregados em MPE, segundo ramos de atividades do Comércio.*
Brasil, 1994, 1999 e 2004.

Ramos de Atividade	1994		1999		2004		2004-1994	1999-1994	2004-1999
COMÉRCIO VAREJISTA E ATACADISTA	Abs	(1)	Abs	(1)	Abs	(1)	Var	Var	Var
Com. varejista de outros produtos	740.735	15,4%	1.081.355	16,6%	1.625.965	18,9%	120%	46%	50%
Com. varejista de tecidos, artigos de armarinho, vestuário e calçados	352.492	7,3%	432.173	6,6%	596.097	6,9%	69%	23%	38%
Comércio varejista não especializado	276.123	5,7%	327.537	5,0%	443.439	5,1%	61%	19%	35%
Com. varejista de produtos alimentícios, bebidas e fumo	155.785	3,2%	216.234	3,3%	316.393	3,7%	103%	39%	46%
Com. a varejo e por atacado de peças e acessórios para veículos automotores	109.476	2,3%	145.237	2,2%	240.960	2,8%	120%	33%	66%
Comércio atacadista de produtos alimentícios, bebidas e fumo	104.304	2,2%	119.920	1,8%	157.497	1,8%	51%	15%	31%
Comércio a varejo de combustíveis	94.412	2,0%	180.909	2,8%	226.773	2,6%	140%	92%	25%
Comércio atacadista de produtos intermediários não agropecuários	78.007	1,6%	62.551	1,0%	106.230	1,2%	36%	−20%	70%

Ramos de Atividade	1994		1999		2004		2004-1994	1999-1994	2004-1999
COMÉRCIO VAREJISTA E ATACADISTA	Abs	(1)	Abs	(1)	Abs	(1)	Var	Var	Var
Comércio atacadista de artigos de usos pessoal e doméstico	72.897	1,5%	76.916	1,2%	109.703	1,3%	50%	6%	43%
Comércio a varejo e por atacado de veículos automotores	62.386	1,3%	72.541	1,1%	85.256	1,0%	37%	16%	18%
Comércio atacadista de mercadorias em geral	64.419	1,3%	62.524	1,0%	69.500	0,8%	8%	-3%	11%
Manutenção e reparação de veículos automotores	61.877	1,3%	91.984	1,4%	118.501	1,4%	92%	49%	29%
Representantes comerciais e agentes do comércio	57.040	1,2%	59.770	0,9%	54.134	0,6%	-5%	5%	-9%
Reparação de objetos pessoais e domésticos	28.989	0,6%	40.675	0,6%	42.998	0,5%	48%	40%	6%
Comércio atacadista de mat.-primas agrícolas, animais vivos, prod. alimentares. para animais	17.499	0,4%	17913	0,3%	26.276	0,3%	50%	2%	47%
Comércio atacadista de máquinas, aparelhos e equipamentos para uso agro...	17.898	0,4%	22.471	0,3%	38.389	0,4%	114%	26%	71%

Ramos de Atividade	1994		1999		2004		2004-1994	1999-1994	2004-1999
COMÉRCIO VAREJISTA E ATACADISTA	Abs	(1)	Abs	(1)	Abs	(1)	Var	Var	Var
Comércio, manutenção e reparação de motocicletas, partes, peças e acessórios	10,720	0,2%	15,036	0,2%	30,634	0,4%	186%	40%	104%
Com. varejista de artigos usados	6,105	0,1%	4,157	0,1%	4,943	0,1%	−19%	−32%	19%
Outras atividades do comércio varejista	1,511	0,0%	3,143	0,0%	5,634	0,1%	273%	108%	79%
TOTAL	2.283.286	47,4	2.992.371	45,8	4.256.324	49,4	86%	31,0%	42,2%

Fonte: RAIS/MTE. Elaboração própria. (1) Participação em relação ao total de empregados formais em MPE do conjunto do Setor de Serviços. * Em 31 de dezembro de cada ano.

Uma característica importante do comportamento do emprego formal em MPE no Comércio Atacadista foi, portanto, a lenta expansão ou redução do emprego no período 1994-1999 e uma forte recuperação do ritmo de crescimento do emprego no período seguinte. Apenas o Comércio a Varejo e Atacado de Veículos Automotores — que apresentou uma reduzida taxa de crescimento do emprego formal no conjunto do período 1994-2004 — não apresentou uma taxa de crescimento do emprego formal em MPE expressivamente maior no período 1999-2004.

Os ramos do Comércio Atacadista são, em geral, mais estruturados do que os ramos do Comércio Varejista. O menor ritmo de expansão do emprego formal nas MPEs do primeiro ramo e a maior expansão do emprego formal nas MPEs deste último ramo de atividade apontam para um movimento que tornou o emprego formal, no conjunto das atividades do Comércio, ainda mais concentrado nas pequenas empresas menos estruturadas (veja Quadro 3.15).

O ramo de Representantes Comerciais e Agentes de Comércio foi um dos que apresentaram os piores desempenhos em termos de expansão do emprego formal em MPE; neste ramo ocorreu uma redução absoluta do montante de empregados, influenciada especialmente pelo desempenho do período 1999-2004. Provavelmente, seguindo as tendências de mudanças nas formas de contratação dos anos 1990, nesses casos muitos trabalhadores assalariados devem ter passado a prestar serviços como autônomos ou como pessoas jurídicas, contribuindo para reduzir os representantes comerciais assalariados.

Enfim, a enorme expansão do emprego formal no Comércio de Mercadorias e em Serviços de Reparação e Manutenção não deve ser vista, por si mesma, como um aspecto desfavorável para o mercado de trabalho brasileiro, num contexto de forte elevação do desemprego e de elevação do emprego sem carteira de trabalho. Mas considerando a redução do emprego formal em outras atividades — como na Indústria de Transformação —, cujo emprego é mais bem remunerado, os benefícios trabalhistas são mais abrangentes e também são, em geral, melhores as condições de trabalho, pode-se concluir que a elevação do peso do emprego em MPE no setor do Comércio expressa uma parcela importante do processo de desestruturação do mercado de trabalho brasileiro, principalmente no período 1994-1999. Considerando ainda a possibilidade de que a forte elevação do emprego sem carteira de trabalho assinada tenha concentrado em setores com elevada presença de MPE, como é o caso do Comércio, nesse ramo de atividade deve ter se concentrado uma parcela expressiva das ocupações precárias geradas nesses últimos 15 anos.

Por outro lado, no ramo de Serviços de Alojamento e Alimentação, o emprego formal em MPE apresentou uma expansão de 97,5%, entre 1994 e 2004, passando de 371 mil para 733 mil empregados, e elevando sua participação no total do emprego formal do setor de Serviços, de 7,7% para 8,5%. Essa expansão foi, em maior medida, resultado do maior crescimento do emprego no período 1994-1999 (veja Quadro 3.16). O conjunto dos empregados formais em MPE, no ramo de Restaurantes e Outros Estabelecimentos de Serviços de Alimentação, além de ter um peso muito maior no emprego formal do segmento de Alojamento e Alimentação, apresentou um ritmo ainda mais elevado de expansão (108%), relativamente ao emprego nas atividades em Estabelecimentos Hoteleiros e Outros Tipos de Alojamentos Temporários (64%), elevando sua participação no total do emprego formal do conjunto do setor de Serviços de 5,8% para 6,8%, no período 1994-2004 (veja Quadro 3.16).

O comportamento do ramo "Outros" Estabelecimentos de Serviços de Alimentação é muito influenciado pela distribuição/concentração de renda, pelas mudanças no padrão de consumo e no modo de vida da população urbana. A enorme concentração de renda no país, o avanço da urbanização e da metropolização, assim como a sofisticação do consumo das classes mais abastadas, continuaram impulsionando tanto o mercado para refeições rápidas e baratas fora dos domicílios, como o mercado para estabelecimentos mais sofisticados para as classes médias e altas. Como é um segmento muito marcado pela presença de pequenos negócios, o crescimento dessas atividades acabou refletindo quase que totalmente no aumento do emprego das micro e pequenas empresas. Entretanto, também marcado pela forte presença de estabelecimentos com reduzido grau de estruturação, o crescimento do emprego deve estar refletindo, em parte, estratégias de sobrevivência de desempregados e de pessoas sem perspectiva de encontrar um bom emprego. Deve estar refletindo o crescimento de pequenos negócios criados por empresários egressos, principalmente, da média e alta classe média, numa intensidade maior no período 1994--1999, mas deve-se ressaltar que parte desses impactos deve estar associada às lentas mudanças que impulsionam o crescimento do emprego em diversas atividades do setor de Serviços e que também contribuíram para o crescimento dessas atividades no período seguinte. Nestas atividades, o crescimento do emprego sem carteira de trabalho assinada também deve ter sido expressivo neste período.

QUADRO 3.16

Empregados em MPE, segundo ramos de atividade nos Serviços de Alojamento e Alimentação.* Brasil, 1994, 1999 e 2004.

Ramos de Atividade	1994		1999		2004		2004/1994	1999/1994	2004-1999
Alojamento e Alimentação	Abs	(1)	Abs	(1)	Abs	(1)	Var	Var	Var
Restaurantes e outros estabelecimentos de serviços de alimentação	280.120	5,8%	424.559	6,5%	583.599	6,8%	108%	52%	37%
Estabelecimentos hoteleiros e outros tipos de alojamento temporário	90.992	1,9%	127.420	2,0%	149.464	1,7%	64%	40%	17%
Total	371.112	7,7%	551.979	8,5%	733.063	8,5%	97,5%	48,7%	32,8%

Fonte: RAIS/MTE. Elaboração própria. (1) Participação em relação ao total de empregados formais em MPE do conjunto do Setor de Serviços. * Em 31 de dezembro de cada ano.

De certa forma, a demanda para o ramo Hoteleiro e outros tipos de alojamento temporário (pousadas, *campings* etc.) também é muito influenciada pela elevada concentração de renda, pelo avanço da urbanização, pelas mudanças do padrão de consumo, que ampliam, principalmente, as atividades de turismo da classe média. Mas também as atividades empresariais impulsionam o turismo de negócios. Entretanto, neste último caso, o peso dos médios e grandes hotéis é relevante, de forma que uma parte da expansão do ramo Hoteleiro gera empregos em empresas médias e grandes. Para a maior expansão do emprego formal em MPE, no período 1994-1999, neste ramo de atividade, deve também ter contribuído a sobrevalorização cambial do período, além da progressiva redução dos preços das passagens aéreas no Brasil.

Enfim, a elevação do emprego formal no conjunto do segmento de Alojamento e Alimentação, ainda que fortemente influenciada pelos problemas do mercado de trabalho, parece ser não somente resultado de mudanças de curto prazo, mas de tendências de longo prazo, em termos de expansão das atividades de lazer, cultura, turismo, eventos, entre outras, que têm impactos positivos sobre a ocupação deste segmento e que têm sido potencializadas num país com uma elevada concentração de renda. A qualidade do emprego gerado, entretanto, além do porte do estabelecimento, depende muito da oferta de força de trabalho, das qualificações profissionais exigidas em cada atividade e do processo de fiscalização em relação ao cumprimento dos direitos trabalhistas e sociais dos empregados. A elevada concentração de empregados de baixa renda nesse segmento (garçons, atendentes, carregadores, guias turísticos, faxineiras etc.) pode significar uma tendência de precarização do mercado de trabalho, considerando sua tendência de expansão no longo prazo; daí a importância da legislação trabalhista e da fiscalização, assim como das negociações sindicais para impedir que o crescimento da ocupação nesses ramos seja marcado pela elevação da precariedade das condições do trabalho no seu interior e no conjunto do setor de Serviços.

O emprego formal nas MPEs nas atividades de Serviços Prestados Principalmente às Empresas somava 363 mil em 1994; com uma expansão de 80%, até 2004, passou para 655 mil, apresentando um ritmo de crescimento maior no período 1994-1999. A maior parte do emprego nessas atividades encontra-se classificada em "Outras" Atividades de Serviços Prestados Principalmente às Empresas, cuja expansão também foi muito acima da média, de forma que, em 2004, estavam classificadas, nessa categoria, 307 mil pessoas, expansão que foi resultado, principalmente, do aumento no período 1994-1999. O segundo universo mais importante deste ramo de atividade é constituído pelas Atividades Jurídicas, Contábeis e de Assessoria Empresarial, que empregava, em MPE, 146.000 trabalhadores em 1994, que apresentando um crescimento concentrado no período 1994-1999 (22%), passou a empregar 175 mil trabalhadores com vínculos formalizados em MPE em 2004. Dentre esses casos, uma parcela da expansão deve ser resultado da externalização dessas atividades por parte das médias e grandes empresas e contratações de escritórios especializados que possuem empregados formalizados (veja Quadro 3.17).

Outras atividades com menor expressão no ramo dos Serviços Prestados Principalmente às Empresas, em termos de volume de emprego formal em MPE, apresentaram elevado ritmo de expansão, tais como: Ensaios de Materiais e de Produtos, Análise de Qualidade; Serviços de Arquitetura e Engenharia e de Assessoramento Técnico Especializado; Atividades de Investigação, Vigilância e Segurança; e Atividades de Seleção, Agenciamento e Locação de mão de obra.

A expansão do emprego formal em MPEs nessas diversas atividades dos Serviços Prestados Principalmente às Empresas, que resultou num aumento de cerca de 300 mil empregos formais nas MPEs desse ramo, ocorreu de forma mais concentrada no período 1994-1999 (52%) do que no período seguinte (19%). Além de serem atividades típicas de prestação de serviços terceirizados, o seu crescimento, nesse período de maior reorganização econômica, indica a maior relevância dos processos de subcontratação e terceirização na expansão do emprego de pequenas empresas no período 1994-1999. No caso das atividades ligadas aos serviços de segurança, a expansão do emprego formal reflete apenas uma parte da enorme expansão do emprego verificada nessas atividades nas últimas décadas, impulsionadas pela escalada da violência e pela incapacidade de as Unidades da Federação e da União realizarem os investimentos necessários à crescente demanda. Parte expressiva do crescimento do emprego nestas atividades ligadas à segurança encontra-se registrada nos serviços prestados às famílias e empregados autônomos e/ou sem carteira de trabalho assinada.

QUADRO 3.17
Empregados em MPE, segundo ramos de atividade nos Serviços Prestados Principalmente às Empresas*.
Brasil, 1994, 1999 e 2004.

Ramo de Atividade	1994		1999		2004		2004/ 1994	1999/ 1994	2004/ 1999
Serviços Prestados principalmente às Empresas	Abs	(1)	Abs	(1)	Abs	(1)	Var	Var	Var
Pesquisa e desenvolvimento das ciências físicas e naturais	986	0,0%	1.441	0,0%	2.065	0,0%	109%	46%	43%
Pesquisa e desenvolvimento das ciências sociais e humanas	639	0,0%	790	0,0%	881	0,0%	38%	24%	12%
Atividades jurídicas, contábeis e de assessoria empresarial	145.932	3,0%	174.977	2,7%	177.645	2,1%	22%	20%	2%

Ramo de Atividade	1994		1999		2004		2004/ 1994	1999/ 1994	2004/ 1999
Serviços Prestados principalmente às Empresas	Abs	(1)	Abs	(1)	Abs	(1)	Var	Var	Var
Serv. de arquitetura e engenharia e de assessoramento técnico espec.	18,643	0,4%	32,074	0,5%	47,491	0,6%	155%	72%	48%
Ensaios de materiais e de produtos, análise de qualidade	713	0,0%	1,400	0,0%	3,043	0,0%	327%	96%	117%
Publicidade	18,236	0,4%	21,941	0,3%	24,866	0,3%	36%	20%	13%
Seleção, agenciamento e locação de mão de obra	16,165	0,3%	29,983	0,5%	38,986	0,5%	141%	85%	30%
Atividades de investigação, vigilância e segurança	9,651	0,2%	16,925	0,3%	20,744	0,2%	115%	75%	23%
Atividades de imunização, higienização e de limpeza em prédios e em domicílios	22,172	0,5%	32,245	0,5%	32,549	0,4%	47%	45%	1%
Outras atividades de serviços prestados principalmente às empresas	130,075	2,7%	239,527	3,7%	306,893	3,6%	136%	84%	28%
TOTAL	363,212	7,50%	551,303	8,50%	655,163	7,70%	80%	52%	19%

Fonte: RAIS/MTE. Elaboração própria. (1) Participação em relação ao total de empregados formais em MPE do conjunto do Setor de Serviços. * Em 31 de dezembro de cada ano.

O emprego formal em MPE no ramo de Transportes e Comunicações representava 6,7% do total de empregados em MPE no setor Terciário, em 1994, quase 330 mil empregados. Sua participação no conjunto do emprego formal de MPE do Terciário reduziu-se até 1999 (para 5,9%) e depois voltou a crescer até 2004 (6,3%). Portanto, no conjunto do período, o crescimento do emprego formal em MPE nesse ramo de atividade (62%) foi menor do que o conjunto das atividades do setor Terciário (79%), desempenho que foi mais influenciado pelo crescimento no período 1999-2004, principalmente no ramo de Transporte Terrestre (veja Quadro 3.18).

Dentre as diversas atividades do ramo de Transportes e Comunicações, cerca de 2/3 encontravam-se classificadas em "Outros" Transportes Terrestres (214 mil), que cresceu menos no período 1994-1999 (14%) do que no período 1999-2004 (36%). A expansão do emprego nessas atividades e nas Atividades Auxiliares de Transporte deve estar refletindo, pelo menos em parte, a forte expansão do transporte alternativo, de transportadores com motocicletas (entregadores, *office-boy*) e pequenos veículos de transporte coletivo, além do crescimento do emprego resultante do aumento dos transportes associados à expansão do comércio exterior[133].

Nos outros dois ramos mais empregadores em MPE, Correios e Outras Atividades de Entrega e Atividades de Agências de Viagens, a expansão do emprego formal também foi menor no período 1994-1999. No caso dos Correios, os impactos do processo de concessão de agências ao setor privado devem ter refletido mais no aumento do emprego no período 1999-2004. Nas atividades de Telecomunicações, o emprego formal cresceu muito pouco (3%), no período 1994-2004, apresentando uma redução absoluta entre 1999 e 2004 (veja Quadro 3.18). Nesse caso, esse desempenho está refletindo o enorme enxugamento do nível do emprego ocorrido após o processo de privatizações, as modernizações tecnológicas fortemente implementadas nessas atividades, e também os processos de terceirizações, que eliminaram empregos e/ou resultaram na classificação de muitos trabalhadores dessas atividades em outras categorias.

O emprego formal em MPE, nas Atividades Imobiliárias e Serviços de Aluguel, representava 6,7% do total do emprego formal em MPE do conjunto do setor Terciário, proporção que foi reduzida entre 1994 e 2004 (para 6,3%). No conjunto, o emprego formal desse ramo de atividade cresceu mais no período 1994-1999 (37%) do que no período seguinte (23%). O emprego em Condomínios Prediais era a atividade com maior montante de emprego em MPE nesse ramo de atividade. A expansão do emprego nesta atividade foi expressiva no conjunto do período (69%), principalmente no período 1994-1999, passando de 247 mil em 1994, para 418 mil em 2004. Essa também é uma das atividades influenciadas pelas mudanças no padrão de consumo, no modo de vida e pelo avanço do processo de urbanização (veja Quadro 3.19).

---

(133) Segundo os dados do Cadastro Central de Empresas (CEMPRE/IBGE), houve uma forte expansão do número de microempresas nas atividades de transporte terrestre (116%), que passou de quase 52 mil para 112 mil, contribuindo para uma forte expansão também do número de ocupados (90%), de 125 mil para 238 mil, entre 1996 e 2002. O reduzido número médio de ocupados por empresa reduziu-se de 2,42 para 2,13, o que deve estar expressando, principalmente, o forte crescimento das atividades de mototáxi (*office-boy* e entregadores de pizza e outros alimentos), assim como de "perueiros" e de pequenas empresas de transporte de mercadorias (pequenas transportadoras, empresas de mudanças) e transporte de pessoas (táxis, empresas de transporte no setor de turismo) nas grandes cidades do país e nas áreas de maior dinamismo das atividades turísticas.

QUADRO 3.18
Empregados no setor formal em MPE, segundo ramos de atividade nos Serviços de Transportes e Comunicações.*
Brasil, 1994, 1999 e 2004.

Ramo de Atividade	1994		1999		2004		2004-1994	1999-1994	2004-1999
Transportes e Comunicações	Abs	(1)	Abs	(1)	Abs	(1)	Var	Var	Var
Transporte ferroviário interurbano	608	0,0%	436	0,0%	444	0,0%	-27%	-28%	2%
Outros transportes terrestres	214,263	4,5%	244,815	3,8%	333,900	3,9%	56%	14%	36%
Transporte dutoviário	48	0,0%	289	0,0%	279	0,0%	481%	502%	-3%
Transporte marítimo de cabotagem e longo curso	2,054	0,0%	1,417	0,0%	1,567	0,0%	-24%	-31%	11%
Outros transportes aquaviários	3,013	0,1%	4,086	0,1%	5,127	0,1%	70%	36%	25%
Transporte aéreo, regular	5,641	0,1%	4,973	0,1%	4,526	0,1%	-20%	-12%	-9%
Transporte aéreo, não regular	1,649	0,0%	1,734	0,0%	2,635	0,0%	60%	5%	52%
Transporte espacial	6	0,0%	16	0,0%	8	0,0%	33%	167%	-50%
Movimentação e armazenamento de cargas	11,020	0,2%	15,382	0,2%	21,512	0,2%	95%	40%	40%
Atividades auxiliares dos transportes	9,506	0,2%	21,103	0,3%	42,350	0,5%	346%	122%	101%
Atividades de agências de viagens e organizadores de viagens	25,348	0,5%	26,633	0,4%	32,546	0,4%	28%	5%	22%
Atividades relacionadas à organização do transporte de cargas	8,668	0,2%	8,931	0,1%	13,685	0,2%	58%	3%	53%
Correio e outras atividades de entrega	31,185	0,6%	39,518	0,6%	58,353	0,7%	87%	27%	48%
Telecomunicações	15,716	0,3%	18,959	0,3%	16,147	0,2%	3%	21%	-15%
Total	328,725	6,70%	388,292	5,90%	533,079	6,30%	62%	118%	137%

Fonte: RAIS/MTE. Elaboração própria. (1) Participação em relação ao total de empregados formais em MPE do conjunto do Setor de Serviços. * Em 31 de dezembro de cada ano.

Quadro 3.19
Empregados em MPE, segundo ramos de atividade nos Serviços de Atividades Imobiliárias e Serviços de Aluguéis*.
Brasil, 1994, 1999 e 2004.

Ramo de Atividade	1994		1999		2004		2004-1994	1999-1994	2004/1999
Atividades imobiliárias e serviços de aluguel	Abs	(1)	Abs	(1)	Abs	(1)	Var	Var	Var
Incorporação e compra e venda de imóveis	12462	0,3%	13,436	0,2%	22,534	0,3%	81%	8%	68%
Aluguel de imóveis	14,088	0,3%	15,121	0,2%	14,735	0,2%	5%	7%	-3%
Atividades imobiliárias por conta de terceiros	29,593	0,6%	33,642	0,5%	29,936	0,3%	1%	14%	-11%
Condomínios prediais	246,586	5,1%	346,426	5,3%	417,721	4,9%	69%	40%	21%
Aluguel de automóveis	6,265	0,1%	8,586	0,1%	11,228	0,1%	79%	37%	31%
Aluguel de outros meios de transporte	590	0,0%	1,214	0,0%	1,928	0,0%	227%	106%	59%
Aluguel de máquinas e equipamentos	7,870	0,2%	14,104	0,2%	25,602	0,3%	225%	79%	82%
Aluguel de objetos pessoais e domésticos	2,963	0,1%	5,308	0,1%	14,881	0,2%	402%	79%	180%
Total	320,417	6,70%	437,837	6,60%	538,565	6,30%	68%	37%	23%

Fonte: RAIS/MTE. Elaboração própria. (1) Participação em relação ao total de empregados formais em MPE do conjunto do Setor de Serviços. * Em 31 de dezembro de cada ano.

As atividades imobiliárias (incorporação, compra, venda e aluguéis de imóveis) conformam o segundo grupo de emprego formal em MPE mais importante, dentre as atividade dos Serviços Imobiliários, no qual o emprego formal passou de 56 mil em 1994 para 67 mil em 2004, com uma expansão maior no período 1994-1999. Em 1994, o conjunto dos ocupados nessas atividades representava apenas 1,2% do total dos empregados formais do setor Terciário, e teve sua participação reduzida para 0,8% em 2004 (veja Quadro 3.19).

No conjunto dos Serviços de Aluguéis (de automóveis e outros meios de transporte, máquinas e equipamentos, objetos pessoais e domésticos), a expansão do emprego formal em MPE foi ainda maior; elas empregavam apenas 17 mil em 1994 e passaram a empregar 54 mil pessoas em 2004, e elevaram sua participação de 0,4% do total do emprego formal em MPE no conjunto do setor de Serviços, em 1994, para 0,6%, em 2004. Nesse caso, a expansão foi muito maior no período 1999-2004 (veja Quadro 3.19).

Nos serviços de Educação (exclusive funcionários públicos estatutários) estavam empregados apenas 3,2% do total de empregados formais em MPE no conjunto dos empregados formais do setor Terciário. O emprego formal de MPE nas atividades de Educação era maior nos estabelecimentos de Ensinos Infantil e Fundamental, cuja expansão (124%) foi enorme no período 1994-2004, quando o total de empregados passou de 68 mil para 216 mil. Essa evolução foi resultado, principalmente, do comportamento do emprego no período 1994-1999 (124%), mas o ritmo de expansão também foi significativo no período posterior (42%). Esse ritmo de crescimento também reflete as mudanças na estrutura demográfica, nos padrões culturais e de vida e trabalho no meio urbano, mas expressa a forte concentração de renda e, principalmente, a enorme deterioração do ensino público brasileiro (veja Quadro 3.20).

QUADRO 3.20

Empregados em MPE, segundo ramos de atividade nos Serviços de Educação.*
Brasil, 1994, 1999 e 2004.

Ramo de Atividade	1994		1999		2004		2004-1994	1999-1994	2004-1999
Serviços de educação	Abs	(1)	Abs	(1)	Abs	(1)	Var	Var	Var
Educação infantil e ensino fundamental	68.013	1,4%	152.036	2,3%	215.736	2,5%	217%	124%	42%
Ensino médio	39.595	0,8%	70.727	1,1%	47.395	0,6%	20%	79%	-33%
Ensino superior	0	0,0%	9.613	0,1%	17.549	0,2%	–	–	83%
Educação profissional e outras ativ. de ensino	48.361	1,0%	78.354	1,2%	99.626	1,2%	106%	62%	27%
Total									

Fonte: RAIS/MTE. Elaboração própria. (1) Participação em relação ao total de empregados formais em MPE do conjunto do Setor de Serviços. * Em 31 de dezembro de cada ano.

No ramo de atividades de Educação Profissional e Outras Atividades de Ensino, a expansão do emprego formal em pequenos negócios também foi elevada (106%) e o total de empregados alcançou quase 100 mil em 2004. Nesse caso, deve-se ressaltar a importância não somente das atividades profissionalizantes do Sistema S (SENAI, SENAC, SESC etc.), mas principalmente dos grandes desembolsos e dos programas de formação e qualificação profissional financiados pelo fundo de Amparo ao Trabalhador (FAT), principalmente até o final dos anos 1990.

O emprego formal nos pequenos estabelecimentos de Ensino Médio apresentou o pior desempenho, com uma expansão de apenas 20%, no conjunto do período 1994-2004, e uma redução absoluta no período 1999-2004. O empobrecimento da classe média brasileira foi um dos fatores decisivos no fechamento de muitos estabelecimentos de ensino médio privado e na demissão de professores e funcionários. Entretanto, o conjunto do emprego formal, nos micro e pequenos estabelecimentos de Educação, manteve sua participação no conjunto do emprego formal do setor de Terciário (veja Quadro 3.20).

O emprego formal nas Atividades Associativas (com até 49 empregados) representava 3,4% do total de empregos formais em MPE no conjunto do setor Terciário, em 1994, e sua participação elevou-se para 4,1% em 2004, tendo crescido num ritmo mais rápido entre 1994 e 1999. Nesse período, ocorreu uma expansão de 74%, muito superior à média do conjunto do emprego formal nas atividades do setor Terciário (79%). Entre 1994 e 2004, ocorreu um aumento de 187 mil empregos formais, cuja grande maioria foi criada na categoria Outras Atividades Associativas, e deve refletir o avanço da formação de ONG, Cooperativas, OSCIP, entre outras[134]. O emprego formal nas Atividades Sindicais tem um peso menor no conjunto do emprego formal em MPE das Atividades Associativas e sua expansão ocorreu num ritmo menor, entre 1994 e 2004 (veja Quadro 3.21).

QUADRO 3.21
Empregados em MPE, segundo ramos de atividade nos Serviços de Atividades Associativas.* Brasil, 1994, 1999 e 2004.

Ramo de Atividade	1994		1999		2004		2004-1994	1999-1994	2004-1999
Atividades Associativas	Abs	(1)	Abs	(1)	Abs	(1)	Var	Var	Var
Atividades de organizações empresariais, profissionais e patronais	15.392	0,3%	20.394	0,3%	25.823	0,3%	68%	32%	27%
Atividades de organizações sindicais	32.558	0,7%	40.911	0,6%	44.187	0,5%	36%	26%	8%

(134) Segundo os dados do CEMPRE, o número de unidades classificadas como Atividades Associativas, com até 9 (nove) empregados, expandiu-se em 153%, entre 1996 e 2002. É interessante notar que, refletindo a especificidade de formação de empresas por grupos nesse segmento, somente nesse ramo de atividade dos Serviços ocorreu uma forte elevação do número médio de ocupados por empresa; em todos os demais segmentos (com exceção dos serviços sociais que manteve essa relação estável) houve uma redução do porte médio das unidades.

Ramo de Atividade	1994		1999		2004		2004-1994	1999-1994	2004-1999
Atividades Associativas	Abs	(1)	Abs	(1)	Abs	(1)	Var	Var	Var
Outras atividades associativas	115.997	2,4%	223.817	3,4%	280.538	3,3%	142%	93%	25%
Total	163.947	3,40%	285.122	4,30%	350.548	4,10%	114%	74%	23%

Fonte: RAIS/MTE. Elaboração própria. (1) Participação em relação ao total de empregados formais em MPE do conjunto do Setor de Serviços. * Em 31 de dezembro de cada ano.

Nos serviços de Saúde, estavam empregados 4,3% dos empregados formais em MPE (do setor privado) no setor Terciário. Apesar da expressiva expansão do emprego formal (42%) no período 1994-2004, esse ramo de atividade reduziu levemente sua participação no conjunto do emprego formal de MPE no setor Terciário. O número de ocupados passou de 208 mil em 1994 para 340 mil em 2004, a grande maioria empregada do ramo de Atividades de Atenção à Saúde (veja Quadro 3.22).

QUADRO 3.22

Empregados em MPE, segundo ramos de atividade nos Serviços de Saúde. *
Brasil, 1994, 1999 e 2004.

Ramo de Atividade	1994		1999		2004		2004-1994	1999-1994	2004-1999
Serviços de saúde	Abs	(1)	Abs	(1)	Abs	(1)	Var	Var	Var
Atividades de atenção à saúde	206,184	4,3%	310.555	4,8%	336,586	3,9%	63%	51%	8%
Serviços veterinários	2,178	0,0%	3,289	0,1%	3,748	0,0%	72%	51%	14%

Fonte: RAIS/MTE. Elaboração própria. (1) Participação em relação ao total de empregados formais em MPE do conjunto do Setor de Serviços. * Em 31 de dezembro de cada ano.

O emprego formal em MPE, no ramo de Intermediação Financeira, representava apenas 6,7% do total do emprego do setor de Serviços, em 1994, proporção que foi reduzida fortemente para 3,8% em 2004, principalmente em função do comportamento do emprego no período 1994-1999, quando apresentou uma redução líquida de emprego formal de 10%. A concentração do emprego no ramo de Intermediação Monetária — depósitos a vista — mostra que parte dos empregados de estabelecimentos bancários está classificada como empregados de pequenos estabelecimentos. Destes, uma parte deve ser empregados de pequenos bancos; entretanto, como a RAIS é uma pesquisa de estabelecimento, é muito provável que também alguns empregados dos grandes bancos estejam classificados como empregados de pequenos estabelecimentos. Como o emprego bancário vem sendo reduzido pelo avanço da automação bancária, esse comportamento influenciou a redução do emprego nessa atividade, que apresenta o maior peso do ramo Intermediação Financeira.

O emprego formal cresceu expressivamente em MPE, no segmento Outras Atividades de Intermediação Financeira (1.184%), nas Atividades de Planos de Saúde (88%) e nas Atividades Auxiliares de Seguros de Previdência Complementar (80%) e na Previdência Complementar (36%), no conjunto do período 1994-2004. Em geral, o crescimento foi maior no período 1994-1999 (veja Quadro 3.23).

QUADRO 3.23
Empregados em MPE, segundo ramos de atividade nos Serviços de Intermediação Financeira.* Brasil, 1994, 1999 e 2004.

Ramo de Atividade	1994		1999		2004		2004-1994	1999-1994	2004-1999
Intermediação Financeira	Abs	(1)	Abs	(1)	Abs	(1)	Var	Var	Var
Intermediação monetária — depósitos a vista	266,777	5,5%	229,221	3,5%	248,151	2,9%	−7%	−14%	8%
Intermediação não monetária — outros tipos de depósito	4,294	0,1%	2,695	0,0%	4,694	0,1%	9%	−37%	74%
Arrendamento mercantil	674	0,0%	440	0,0%	315	0,0%	−53%	−35%	−28%
Outras atividades de concessão de crédito	896	0,0%	5,281	0,1%	11,504	0,1%	1184%	489%	118%
Outras atividades de intermediação financeira não especificadas anteriormente	11,604	0,2%	6,518	0,1%	4,646	0,1%	−60%	−44%	−29%
Seguros de vida e não vida	12,159	0,3%	13,322	0,2%	10,014	0,1%	−18%	10%	−25%
Previdência complementar	3,883	0,1%	4,781	0,1%	5,283	0,1%	36%	23%	10%
Planos de saúde	4,071	0,1%	5,616	0,1%	7,661	0,1%	88%	38%	36%
Atividades auxiliares da intermediação financeira	11,540	0,2%	11,084	0,2%	11,971	0,1%	4%	−4%	8%

Ramo de Atividade	1994		1999		2004		2004-1994	1999-1994	2004-1999
	Abs	(1)	Abs	(1)	Abs	(1)	Var	Var	Var
Intermediação Financeira									
Atividades auxiliares dos seguros e da previdência complementar	10.718	0,2%	14.059	0,2%	19.272	0,2%	80%	31%	37%
Total	326.616	6,70%	293.017	4,50%	323.511	3,80%	-1%	-10%	10%

Fonte: RAIS/MTE. Elaboração própria. (1) Participação em relação ao total de empregados formais em MPE do conjunto do Setor de Serviços. * Em 31 de dezembro de cada ano.

O volume de emprego formal em MPE nas Atividades Culturais, de Lazer e Esportivas era de quase 100 mil em 2004, apenas 2,0% do total do emprego formal em MPE do conjunto do setor de Serviços. A expansão do emprego nesse ramo (64%) foi inferior à média do setor Terciário (79%), no período 1994-2004, de forma que a participação do emprego deste ramo de atividade foi levemente reduzida (para 1,9%) até 2004, mas o número de empregados formais elevou-se para 162 mil trabalhadores formais em MPE. No conjunto, o emprego formal em MPE, neste ramo de atividade, cresceu mais no período 1994-1999 (32%) do que no período seguinte (24%). As Atividades Desportivas e Outras Relacionadas ao Lazer eram as que mais empregavam em MPE, tendo apresentado um ritmo de expansão elevado (87%), entre 1994-2004, empregando em MPE quase 100 mil pessoas no final desse período. Dentre as outras atividades mais empregadoras em MPE, as Atividades de Rádio e de Televisão, Atividades Cinematográficas e de Vídeo, Outras Atividades Artísticas e de Espetáculos apresentaram um ritmo de expansão menor do emprego formal em MPE, abaixo da média do conjunto do ramo e do conjunto do setor de Serviços (veja Quadro 3.24).

Nas Atividades de Informática, apenas 39 mil pessoas estavam empregadas em MPE em 1994, mas a expansão do emprego foi expressiva (130%) até 2004, de forma que esse segmento elevou sua participação no total do emprego formal do setor Terciário, de 0,7% para 0,9%, e passou a empregar quase 90 mil pessoas[135]. A expansão do conjunto das atividades foi muito maior no período 1999-2004 (56%) do que no período anterior (47%). O emprego cresceu mais nas atividades de Consultoria em *Hardware*, Processamento de Dados e Manutenção e Reparação de Máquinas de Escritório e de Informática, mas todas as atividades do segmento apresentaram variação positiva do emprego formal em MPE (veja Quadro 3.25). Esse comportamento é indicativo da importância das mudanças estruturais, reflexos de mudanças na composição do produto, no padrão de consumo e de processos de inovações tecnológicas

---

(135) Segundo os dados do CEMPE, as microempresas nas atividades de informática e serviços relacionados apresentaram forte expansão (143%) e o número de empresas passou de 35.000 para 85.000, entre 1996 e 2002.

e criação de novos produtos e mercados, para a emergência de novos espaços e para o surgimento de pequenos negócios, como os de consultoria de *hardware* e *software*, manutenção de computadores, distribuição *on-line* de conteúdo eletrônico (jornais, revistas, *sites* de empresas, de instituições governamentais, de atividades associativas, de profissionais etc.). Nesse segmento, portanto, parecem ter sido abertas oportunidades de trabalho em ocupações um pouco melhores, com rendimentos mais elevados, mas com exigências de maior qualificação e, geralmente, marcadas pela prestação de serviços por encomenda.

QUADRO 3.24
Empregados em MPE, segundo ramos de atividade nas Atividades Culturais, de Lazer e Esportivas*. Brasil, 1994, 1999 e 2004.

Ramo de Atividade	1994		1999		2004		2004-1994	1999-1994	2004-1999
Atividade Culturais, de Lazer e Esportivas	Abs	(1)	Abs	(1)	Abs	(1)	Var	Var	Var
Atividades cinematográ-ficas e de vídeo	9.921	0,2%	11.417	0,2%	13.424	0,2%	35%	15%	18%
Atividades de radio e de televisão	24.459	0,5%	30.752	0,5%	34.268	0,4%	40%	26%	11%
Outras atividades artísticas e de espetáculos	9.904	0,2%	10.004	0,2%	12.456	0,1%	26%	1%	25%
Atividades de agencias de noticias	897	0,0%	959	0,0%	876	0,0%	-2%	7%	-9%
Atividades de bibliotecas, arquivos, museus e outras atividades culturais	856	0,0%	1168	0,0%	1.776	0,0%	107%	36%	52%
Atividades desportivas e outras relacionadas ao lazer	53.054	1,1%	76.196	1,2%	99.381	1,2%	87%	44%	30%
Total	99.091	2,0%	130.496	2,1%	162.181	1,9%	64%	32%	24%

Fonte: RAIS/MTE. Elaboração própria. (1) Participação em relação ao total de empregados formais em MPE do conjunto do setor Terciário. * Em 31 de dezembro de cada ano.

QUADRO 3.25
Empregados em MPE, segundo ramos de atividade nas Atividades de Informática.* Brasil, 1994, 1999 e 2004.

Ramo de Atividade	1994		1999		2004		2004-1994	1999-1994	2004-1999
Atividades de Informática	Abs	(1)	Abs	(1)	Abs	(1)	Var	Var	Var
Consultoria em *hardware*	1.667	0,0%	5.989	0,1%	10.580	0,1%	535%	259%	77%
Consultoria em *software*	10.338	0,2%	11.828	0,2%	10.727	0,1%	4%	14%	-9%
Processamento de dados	9.559	0,2%	12.631	0,2%	34.159	0,4%	257%	32%	170%

Ramo de Atividade	1994		1999		2004		2004-1994	1999-1994	2004-1999
Atividades de Informática	Abs	(1)	Abs	(1)	Abs	(1)	Var	Var	Var
Atividades de banco de dados e distribuição *on-line* de conteúdo eletrônico	867	0,0%	787	0,0%	1,195	0,0%	38%	-9%	52%
Manutenção e reparação de máquinas de escritório e de informática	5,759	0,1%	6,600	0,1%	11,882	0,1%	106%	15%	80%
Outras atividades de informática, não especificadas anteriormente	10,558	0,2%	19,072	0,3%	20,464	0,2%	94%	81%	7%
Total	38,748	0,7%	56,907	0,9%	89,007	0,9%	130%	47%	56%

Fonte: RAIS/MTE. Elaboração própria. (1) Participação em relação ao total de empregados formais em MPE do conjunto do setor Terciário. * Em 31 de dezembro de cada ano.

QUADRO 3.26

Empregados em MPE, segundo ramos de atividade em Outros Serviços.*
Brasil, 1994, 1999 e 2004.

Ramo de Atividade	1994		1999		2004		2004-1994	1999-1994	2004-1999
Outros Serviços	Abs	(1)		(1)		(1)	Var	Var	Var
Serviços pessoais	62,394	1,3%	92,175	1,4%	117,409	1,4%	88%	48%	27%
Serviços sociais	25,721	0,5%	44,395	0,7%	56,680	0,7%	120%	73%	28%
Limpeza urbana e esgoto e atividades relacionadas	6,849	0,1%	6,119	0,1%	9,545	0,1%	39%	-11%	56%
Serviços domésticos	3,183	0,1%	1,435	0,0%	9,543	0,1%	200%	-55%	565%
Outros	23.393	0,4	25.156	0,4%	13.069	0,2%	-44,1%	7,5%	-48%
Total	121.150	2,4%	169.280	2,6%	206.246	2,4%	70,2%	39,7%	21,8%

Fonte: RAIS/MTE. Elaboração própria. (1) Participação em relação ao total de empregados formais em MPE do conjunto do Setor de Serviços. * Em 31 de dezembro de cada ano.

O emprego formal, em micro e pequenas empresas, também apresentou expressiva expansão (88%) nas atividades de Serviços Pessoais, alcançando 117 mil empregados em 2004. Apesar de ser uma atividade muito caracterizada pelo trabalho autônomo, observa-se que o assalariamento tem aumentado nessa atividade, que representava 1,4% de todo o emprego formal de MPE no setor Terciário em 2004. O conjunto dos empregados formais em pequenas empresas no ramo de Serviços Sociais apresentou uma expansão ainda maior no período 1994-2004 (120%), alcançando 57 mil pessoas, apenas 0,7% do total de empregados formais do conjunto do setor Terciário em 2004. Nas atividades de Limpeza Urbana e Esgoto e Atividades relacionadas e nos Serviços Domésticos, o número de empregos formais era muito reduzido em pequenas empresas, representando apenas 0,1% do total do emprego formal do setor Terciário (veja Quadro 3.26).

O setor Terciário tem mais do que os 8,6 milhões de trabalhadores formais em MPE em 2004, pois muitos empregados nas MPEs desse segmento não têm carteira de trabalho assinada. No conjunto das atividades do Terciário estavam empregados 7,6 milhões de empregados sem carteira de trabalho assinada, cuja expansão foi significativa entre 2002 e 2004 (veja Quadro 3.19)[136]. Ainda que os dados não permitam comprovar que todos eles não estivessem empregados em micro e pequenas empresas, cujos critérios de classificação compreendem os empregados em estabelecimentos com até 49 empregados, pode-se inferir que uma parte substancial deste universo está empregado nas diversas atividades do setor de Serviços. Nesse caso, teríamos no universo de MPE no setor Terciário 8,6 milhões de empregados trabalhadores com vínculos formalizados e 7,6 milhões sem carteira de trabalho, um total de 16,2 milhões, um universo bem maior do que os 6,8 milhões do setor Secundário. Mas no conjunto teríamos cerca de 23 milhões de empregados assalariados, com e sem carteira assinada, em micro e pequenas empresas, em 2004, em atividades do setor privado não agrícola, no conjunto do país.

QUADRO 3.27
Empregados no trabalho principal sem carteira de trabalho assinada, por categoria do emprego no setor Terciário.[1] Brasil, 2002, 2003 e 2004.

Grupamentos de atividade do trabalho principal	2002	2003	2004	2004-2002
Comércio e reparação	2.636.067	2.658.717	2.826.336	7,2%
Alojamento e alimentação	632.330	655.154	701.657	11,0%

(136) Os dados da ENCIF mostraram que o universo de empregados nos pequenos empreendimentos informais urbanos era relativamente pequeno, tanto em 1997 (2,19 milhões) como em 2003 (2,25 milhões), e sua participação relativa foi ainda reduzida no total de ocupados, de 17% para 15,5%, no mesmo período. Cerca de 1,3 milhão eram trabalhadores sem carteira de trabalho assinada em 2003. Do total de ocupados, cerca de 70% estavam ocupados nas diversas atividades do Setor de Serviços, principalmente no Comércio de Mercadorias e nos Serviços de Reparação. Isso mostra que a maioria dos empregados sem carteira não está concentrada nesses empreendimentos mais precários, mas em micro e pequenas empresas pouco mais organizadas.

Grupamentos de atividade do trabalho principal	2002	2003	2004	2004-2002
Transporte, armazenagem e comunicação	628.900	640.533	645.451	2,6%
Administração pública	818.422	766.608	878.500	7,3%
Educação, saúde e serviços sociais	1.338.831	1.359.502	1.439.663	7,5%
Outros serviços coletivos, sociais e pessoais	952.631	782.095	1.101.503	15,6%
Total	7.007.181	6.862.609	7.593.110	8,4%

Fonte: IBGE — Pesquisa Nacional por Amostra de Domicílios. Obs.: até 2003, exclusive a população da área rural de Rondônia, Acre, Amazonas, Roraima, Pará e Amapá. (1) Empregados de 10 anos ou mais de idade, no trabalho principal da semana de referência — exclusive militares e funcionários públicos estatutários.

Finalmente, para facilitar a visualização das atividades mais importantes, em termos de empregos formais em MPE, no Quadro 3.28 estão organizadas as 25 atividades definidas que apresentavam o maior número de empregos formais, por ordem decrescente, nos setores Secundário e Terciário, em 2004. Essas atividades representavam 69% do total do emprego formal em MPE no Brasil. Dentre as mais importantes, observa-se a forte presença de diversas atividades do setor Terciário, da Construção Civil, da Indústria de Artigos de Vestuários e Acessórios e da Indústria de Produtos Alimentares e Bebidas. Foram também incluídas nesse quadro as estimativas dos trabalhadores sem carteira de trabalho assinada dos setores Secundário e Terciário.

QUADRO 3.28
Empregados em MPE, em atividades selecionadas. Brasil, 1994, 1999 e 2004.

	Ramos de Atividade	1994	1999	2004
1	Com. varejista de outros produtos	740.735	1.081.355	1.625.965
2	Construção Civil	535.800	603.465	633.562
3	Com. varejista de tecidos, artigos de armarinho, vestuário e calçados	352.492	432.173	596.097
4	Restaurantes e outros estabelecimentos de serviços de alimentação	280.120	424.559	583.599
5	Comercio varejista não especializado	276.123	327.537	443.439
6	Condomínios prediais	246.586	346.426	417.721
7	Confecção de Artigos do Vestuário e Acessórios	227.656	264.874	362.551
8	Fabricação de Produtos Alimentares e Bebidas	245.737	306.776	351.445
9	Atividades de atenção à saúde	206.184	310.555	336.586
10	Outros transportes terrestres	214.871	245.251	334.344
11	Com. varejista de produtos alimentícios, bebidas e fumo	155.785	216.234	316.393

	Ramos de Atividade	1994	1999	2004
12	Outras atividades associativas	115.997	223.817	280.538
13	Intermediação monetária — depósitos a vista	266.777	229.221	248.151
14	Com. a varejo e por atacado de peças e acessórios para veículos automotores	109.476	145.237	240.960
15	Fabricação de Produtos de Metal — exclusive Máquinas e Equipamentos	134.408	166.358	235.140
16	Fabricação de Produtos de Minerais não Metálicos	130.027	175.563	197.948
17	Fabricação de Móveis e Indústrias Diversas	130.591	167.812	192.529
18	Atividades jurídicas, contábeis e de assessoria empresarial	145.932	174.977	177.645
19	Fabricação de Produtos de Madeira	113.992	142.824	163.254
20	Fabricação de Artigos de Borracha e Plástico	104.379	124.793	163.013
21	Comércio atacadista de produtos alimentícios, bebidas e fumo	104.304	119.920	157.497
22	Fabricação de Máquinas e Equipamentos	94.827	105.533	143.278
23	Preparação de Couros e Fabricação de Artefatos de Couro, e artigos....	95.010	91.422	135.461
24	Fabricação de Produtos Químicos	96.624	102.464	125.375
25	Edição, Impressão e Reprodução de Gravações	81.711	103.402	117.592
A	Total das Atividades mais Empregadoras em MPE	5.205.536	6.632.112	8.579.639
B	Total de emprego formal em MPE (1)	7.567.403	9.744.274	11.495.454
	A/B	68,8%	68,0%	68,8%
	Estimativa do emprego sem carteira em MPE do Secundário	—	—	3.495.394
	Estimativa do emprego sem carteira em MPE do Terciário	—	—	7.593.110
	Total de empregados em MPE em 2004	—	—	23.033.959

Fonte: RAIS e PNAD. Dados extraídos das tabelas anteriores. (1) Exclui o emprego formal das MPEs do setor agropecuário.

Somente nos estabelecimentos com até 10 pessoas ocupadas, havia aproximadamente 12 milhões de empregados em 2004, segundo os dados da PNAD/IBGE (veja Quadro 3.29). Considerando a estimativa anterior de que havia no universo de MPE, em 2004, 23 milhões de empregados, os 11 milhões de empregados em MPE restantes, com e sem carteira, estariam incluídos no universo de pessoas que a PNAD registrou como ocupadas em estabelecimentos com 11 ou mais pessoas ocupadas. O que representa 53,4% do total de 20,6 milhões de empregados em estabelecimentos com 11 ou mais pessoas ocupadas.

Por esses cálculos, teríamos aproximadamente 9,6 milhões de empregados não agrícolas em médios e grandes estabelecimentos, por hipótese todos com carteira assinada. Por outro lado, os dados da RAIS apontavam a existência de 10,3 milhões de trabalhadores com carteira nas médias e grandes empresas, quando são excluídos os empregados do setor público e do setor Agropecuário da RAIS, para captar os empregados do setor privado. Dessa forma, a estimativa da existência de cerca de 23 milhões de empregados em micro e pequenas empresas, com e sem carteira de trabalho assinada, e de cerca de 9,6 milhões de empregados em médias e grandes empresas com carteira assinada — considerando as dificuldades metodológicas resultantes das limitações das fontes de dados e as importantes e variadas diferenças nas formas, período do universo de captação dos dados entre as duas pesquisas —, parece consistente, considerando também o total de 32,6 milhões de trabalhadores assalariados, com e sem carteira, apontados pela PNAD 2004 (veja Quadro 3.29).

QUADRO 3.29
Empregados de 10 anos ou mais, em atividade não agrícola, no setor privado, no trabalho principal na semana de referência, segundo o número de pessoas ocupadas no estabelecimento. Brasil, 2001 a 2004.

Numero de pessoas ocupadas no trabalho principal	Ano			
	2001	2002	2003	2004
Total	28.215.323	29.673.570	30.206.315	32.589.089
2 pessoas	2.174.201	2.337.437	2.258.767	2.293.422
3 a 5 pessoas	4.783.712	4.890.938	5.036.707	5.234.625
6 a 10 pessoas	3.954.210	4.034.413	4.255.259	4.447.231
11 pessoas ou mais	17.274.783	18.386.007	18.644.590	20.604.431
Sem declaração	28.417	24.775	10.992	9.380

Fonte: IBGE — Pesquisa Nacional por Amostra de Domicílios. Banco SIDRA. Síte do IBGE. 2006.
Nota: até 2003, exclusive a população da área rural de Rondônia, Acre, Amazonas, Roraima, Pará e Amapá.

Dessa forma, em 2004, no universo de assalariados do setor privado não agrícola, aproximadamente 70% seriam empregados de MPE — incluindo todos os empregados sem carteira de trabalho assinada —, e 30% seriam empregados de médias e grandes empresas com vínculos de empregos formalizados[137].

---

(137) Como um dado comparativo, na Região Metropolitana de São Paulo, 48% de todos os assalariados do setor privado trabalhavam em empresas com até 99 empregados. Considerando que nas demais metrópoles e regiões menos industrializadas e desenvolvidas, assim como nas pequenas cidades essa proporção deve ser maior, a estimativa de que aproximadamente 70% dos empregados não agrícolas trabalham em pequenos negócios parece razoável.

3.4. EMPREGADORES E TRABALHADORES POR CONTA PRÓPRIA: EMPREENDEDORES E ESTRATÉGIA DE SOBREVIVÊNCIA

Nos últimos 15 anos, um dos fenômenos mais notáveis no mercado de trabalho urbano brasileiro tem sido a elevação do número de pessoas ocupadas em atividades não assalariadas, ou seja, de um conjunto de pessoas que estão ocupadas como empreendedores sem empregados, como trabalhadores por conta própria e até mesmo pessoas que estão ocupadas em atividades sem remuneração[138]. Grande parte dessas atividades tem sido considerada, e classificada nas pesquisas, como pertencentes ao universo do setor informal. Entretanto, o conceito de informalidade não é muito preciso e, com a elevação do universo de atividades organizadas em torno do trabalho não assalariado, as limitações desse conceito para a compreensão dos problemas do mercado de trabalho tornaram-se maiores. O tradicional conceito de informalidade inclui, além dos trabalhadores assalariados sem carteira, os trabalhadores por conta própria, os empresários de pequenos negócios precários, as pessoas sem remuneração, os empregados domésticos etc.

Esse conceito de ocupações informais, portanto, pode abarcar tantos os trabalhadores sem carteira assinada das atividades minimamente estruturadas, como os ocupados em diferentes tipos de pequenos estabelecimentos (permanente em espaço público ou particular — de forma exclusiva para o desenvolvimento do negócio ou em domicílios —, provisório e ambulante principalmente em espaços públicos) sem nenhum tipo de registro, ou mesmo aqueles com algum tipo de registro (nas prefeituras, inscrição no INSS etc.), mas que não apresentam um mínimo de estruturação, com o descumprimento de diversas exigências legais e utilização de empregados sem carteira de trabalho. Pode abarcar também os empregados domésticos sem carteira de trabalho assinada e o enorme conjunto de trabalhadores por conta própria.

A utilização de um estabelecimento exclusivo (e adequado) para o desenvolvimento da atividade não é um aspecto suficiente para caracterizar um pequeno negócio como formal, e muitos trabalhadores neles ocupados podem estar inseridos precariamente no mercado de trabalho. Por outro lado, a ausência de estabelecimento não significa necessariamente que a atividade é informal, como, por exemplo, nos casos dos vendedores e representantes comerciais, profissionais de assessorias em diversas áreas, com registros de

---

(138) Esta situação tem levado alguns analistas a interpretar esse fato como expressão do aumento do empreendedorismo dos brasileiros, principalmente no contexto das transformações recentes no mercado de trabalho. Em muito casos, acabam por enfatizar mais a necessidade de implementar políticas que melhorem a situação dos "empreendedores" e muito menos que a grande maioria dessas atividades é resultado da necessidade de encontrar estratégias de sobrevivência, que são ocupações muito precárias e com baixos rendimentos, que não têm capacidade de se manter no mercado de forma mais organizada e com melhores rendimentos.

autônomos e até mesmo com pessoa jurídica formalizada. A atividade dos trabalhadores autônomos — embora possa ser, pelos critérios tradicionais, considerada informal — é muito heterogênea do ponto de vista da inserção no mercado de trabalho, dos rendimentos e das condições de trabalho. De um lado, muitas atividades autônomas assemelham-se e podem ser consideradas como pequenos negócios, apresentando para seus trabalhadores formas de inserção no mercado de trabalho até melhores, com rendimentos mais elevados, do que a de muitos assalariados e empregadores.

No Brasil, muitos trabalhadores autônomos têm registros em prefeituras locais, contribuem para a Previdência Social e também possuem empresas, juridicamente formalizadas, mas suas atividades não são desenvolvidas em estabelecimentos, enquanto outras atividades, desenvolvidas em estabelecimentos, não apresentam nenhum tipo de registro ou contribuição previdenciária, sendo desenvolvidas por proprietários sem empregados, com auxílio do trabalho familiar. Essas situações confundem-se também com aquelas caracterizadas por pequenos negócios que contam com poucos trabalhadores empregados e trabalho familiar, desenvolvidas em estabelecimentos ou no próprio domicílio do proprietário. Enfim, conformam um conjunto de atividades de pequenos negócios com reduzido grau de estruturação, para os quais a inexistência ou o tipo de formalização institucional, a existência ou não de estabelecimentos ou de empregados, geralmente, não são fatores decisivos para considerá-los empreendimentos formais e/ou geradores de boas condições de trabalho e de remuneração.

O grau de estruturação dessas atividades e as formas de inserção na estrutura de concorrência, tanto em termos de eficiência, produtividade, rendimentos, condições de trabalho, como em termos de suas relações com outras unidades produtivas, com o mercado consumidor e com os poderes públicos estabelecidos, pode ser utilizado como um critério mais esclarecedor para analisar o segmento de pequenos negócios, que é marcado por uma enorme heterogeneidade de situações: o trabalho autônomo precário e de baixo rendimento; o trabalho autônomo de profissional especializado e de alto rendimento; a pequena unidade produtiva estabelecida em prédios com boa infra-estrutura e localizada nas melhores regiões para o desenvolvimento de suas atividades, organizadas e lucrativas, independentes ou ligadas às médias e grandes empresas; as pequenas unidades mal estabelecidas em termos da infra estrutura, da localização do estabelecimento, da dependência de uma clientela de baixa renda, distantes das formas tecnológicas e organizacionais mais eficientes, com uma inserção precária na estrutura de concorrência — pressionada por suas relações com a grande empresa ou por sua reduzida capitalização e poder de mercado —, com padrões rebaixados de utilização da força de trabalho e/ou com reduzido grau de assalariamento.

Nesse sentido, interessa analisar a evolução das formas não assalariadas de ocupação e os empregadores de empresas não estruturadas, nos últimos 15 anos, enquanto ocupações não tipicamente capitalistas. Há dificuldades operacionais em separar os empregadores de empresas estruturadas, com volume de capital e de emprego assalariado suficientes para caracterizá-las tipicamente capitalistas, dos demais empregadores. Entretanto, neste trabalho, serão considerados empregadores não tipicamente capitalistas aqueles empregadores com volume reduzido de capital e de utilização de trabalho assalariado, cujo rendimento está muito mais associado ao seu trabalho do que ao rendimento derivado do comando sobre a propriedade (ou crédito) do capital e a exploração sobre a força de trabalho. Para operacionalizar esse conceito será utilizado como critério de classificação os empregadores com até cinco empregados como ocupados em atividades não tipicamente capitalistas[139].

A proporção de empregadores, no conjunto da população ocupada do setor privado não agrícola, elevou-se de 3,8% em 1993 para 4,5% em 1999. Considerando os patamares de participação dos empregadores, no total dos ocupados não agrícolas do final dos anos 1980, observa-se que a forte crise, do início dos anos 1990, contribuiu para um menor ritmo de expansão deste universo até 1993. Com as maiores taxas de crescimento econômico do período 1993-1996, a expansão do universo de empregadores ocorreu num ritmo maior, contribuindo para que sua participação na estrutura ocupacional aumentasse.

Entretanto, essa participação não se elevou a patamares muito maiores do que os alcançados no final dos anos 1980 (4,3%), mantendo praticamente estável entre 1999 e 2004, período de reduzido ritmo de crescimento econômico e de reduzida expansão da renda *per capita*. Assim, como destacado para o caso dos anos 1980, esses dados mostram que o universo de empregadores

---

(139) Para a análise dessa seção, além das informações sobre os empregadores e trabalhadores por conta própria da PNAD/IBGE, serão consideradas as informações da Pesquisa sobre a Economia Informal Urbana do IBGE, que realizou dois levantamentos, em 1997 e em 2003. As dificuldades decorrentes da heterogeneidade de situações dos pequenos negócios e do trabalho autônomo levou a Organização Internacional do Trabalho (OIT) a buscar uma definição conceitual, passível de operacionalização, para o universo de pequenos negócios informais. Baseado em metodologia definida pela OIT, o IBGE passou a realizar a Pesquisa da Economia Informal Urbana (ECINF), na qual o universo de pequenos negócios informais no meio urbano é constituído por **empreendimentos na área urbana com até cinco empregados e os pertencentes a trabalhadores por conta própria, independentemente de possuírem ou não constituição jurídica.** A PNAD também oferece informações para o conjunto do país, anualmente, mas somente para a situação dos trabalhadores que se declaram empregados de estabelecimentos com até 10 empregados. A ECINF é mais detalhada, já que oferece um amplo conjunto de informações sobre os empregadores de pequenos negócios não estruturados, dos trabalhadores por conta própria e diversas características dos negócios e das pessoas neles envolvidas.

foi negativamente influenciado no período de maior recessão e queda do PIB do início dos anos 1990. Sua recuperação foi fortemente influenciada pelo maior crescimento econômico do período 1993-1996, mantendo-se estável no período seguinte, em função da falta de oportunidades para a abertura de pequenos negócios, num contexto de taxas menores de crescimento econômico, que, entretanto, na ausência de queda do PIB — como entre 1990-1992 — não provocou impactos profundamente negativos. Ou seja, essa evolução mostra que há uma maior associação entre crescimento econômico e expansão do universo de empregadores; como o período 1990-2004 apresentou taxas médias mais reduzidas de crescimento econômico, o universo dos empregadores também apresentou uma expansão menor do que nos anos 1980.

Entre 1999 e 2004, o contexto econômico desestimulou a expansão do universo de empregadores, ainda que seu número absoluto continuasse crescendo (veja Quadro 3.30). Com esse desempenho, pode-se dizer que ocorreu uma elevação do peso de empregadores na estrutura ocupacional, se o ponto de comparação for o momento mais agudo da crise dos anos 1990 (1990-1992), mas comparando o final dos anos 1980 com o final dos anos 1990 e mesmo com os primeiros anos da presente década, observa-se que a evolução dos empregadores esteve muito associada ao pífio ritmo de crescimento econômico. Diante da maior expansão do universo de empregados no período 1999-2004, os empregadores muito provavelmente perderam expressão relativa no segmento de pequenos negócios nesse período.

QUADRO 3.30
Evolução dos empregadores não agrícolas, segundo participação na população ocupada não agrícola e tamanho da empresa. Brasil, 1992 a 1994.

	1992	1993	1995	1999
Número de Empregadores	–	1.835.885	–	2.453.606
% em relação ao total de ocupados não agrícolas	–	(3,8)	–	(4,5)
Empregadores em unidades com até 5 empregados	1.327.770	–	1.598.363	1.823.998
Empregadores em unidade com 6 a 10 empregados	241.262	–	285.402	333.346
Pop. Ocupada não agrícola	–	48.315.901	–	54.303.505
	2001	**2002**	**2003**	**2004**
Número de Empregadores	2.696.720	2.917.197	2.880.098	2.928.726
% em relação ao total de ocupados não agrícolas	(4,5)	(4,7)	(4,5)	(4,4)

	2001	2002	2003	2004
Empregadores em unidades com até 5 empregados	1.970.602	–	–	–
Empregadores em unidade com 6 a 10 empregados	316.349	–	–	–
Pop. Ocupada não agrícola	59.920.910	62.681.464	63.595.325	66.862.459

Fonte: PNAD. IBGE.

Nem todos esses empregadores comandam pequenos negócios não estruturados; entretanto, em 1999, havia 1.823.998 empregadores que comandavam negócios com até 5 (cinco) empregados, cerca de 74% do total de empregadores, proporção que era de 73,1% em 2001. Assim, pode-se estimar que do total de empregadores em 2004, cerca de 70%, ou aproximadamente 2 milhões de empregadores comandavam pequenos negócios com até 5 (cinco) empregados (veja Quadro 3.30). Os dados da Pesquisa da Economia Informal Urbana do IBGE (ECINF), que pesquisa os estabelecimentos informais no meio urbano com até cinco empregados, mostrou que havia 1,4 milhão de empregadores apenas nas atividades consideradas informais em 2003 (veja Quadro 3.31). Esse contingente de empregadores comandava apenas 2,1 milhões de trabalhadores assalariados, cerca de 800 mil com carteira e 1,3 milhão sem carteira assinada, o que representava uma média de 1,5 empregado por empregador (veja Quadro 3.3.2)[140].

Quadro 3.31
Empresas nãoagrícolas com até 5 (cinco) empregados, por tipo de empresa, segundo os grupos de atividade. Brasil, 2003.

Grupos de Atividade	Empresas não agrícolas com até 5 empregados Total	Empregador	Dois proprietários ou mais	Valor médio da receita mensal do Empregador (1)	Lucro médio
Total	10,525,954	1,239,050	181,473	6,033	2,360
Indústrias de Transformação e Extrativa	1,652,597	189,477	32,342	6,087	2,361
Construção Civil	1,812,185	170,803	7,357	2,344	1,195
Comércio e Reparação	3,505,441	452,991	64,345	8,058	2,500

(140) A ECINF registrou uma redução no contingente de empregadores de 7,7% entre 1997 — quando havia 1,568 milhão de empregadores — e 2003, último levantamento da pesquisa.

Grupos de Atividade	Empresas nãoagrícolas com até 5 empregados Total	Empregador	Dois proprietários ou mais	Valor médio da receita mensal do Empregador (1)	Lucro médio
Transporte, Armazenagem e Comunicações	837,297	54,647	4,981	6,675	2,974
Atividades Imobiliárias, Aluguéis e Serviços Prestados às Empresas	684,663	103,882	24,971	6,239	3,906
Educação, Saúde e Serviços Sociais	351,742	89,118	18,843	5,529	3,259
Outros Serviços Coletivos, Sociais e Pessoais	829,776	60,936	10,401	3,069	1,400
Outras Atividades	35,355	4,378	637	9,744	6,661
Atividades mal definidas	87,821	1,014	65	—	477

Fonte: IBGE, Diretoria de Pesquisas, Coordenação de Trabalho e Rendimento, Economia Informal Urbana 2003.
(1) Em reais de outubro de 2003.

Os dados da ECINF mostram que, em 2003, apenas 29% dos empregadores da economia informal urbana estavam no setor Secundário e 71% no Terciário, principalmente nos Setores de Comércio e Reparação (42%). Do total de empregadores, 15% dividiam o negócio com outros proprietários e 71% não tinham mais do que dois empregados (veja Quadro 3.31). O valor médio mensal da receita dos empregadores informais urbanos era de R$ 6.000,00 em outubro de 2003. Com as despesas diversas e os gastos com pelo menos um empregado, o lucro médio dos empregadores era de apenas R$ 2.360,00 (veja Quadro 3.31).

O valor médio das instalações dos empregadores da economia informa urbana, imóveis, barracas ou *trailers* (R$ 49.000,00), das ferramentas ou utensílios do trabalho (R$ 2.254,00), das máquinas (R$ 9.385,00), móveis e equipamentos (R$ 7.501,00), dos veículos utilizados nos negócios (R$ 19.740,00) era de apenas R$ 29.330,00. No conjunto de todos os empreendimentos (de empregadores e conta própria), o valor médios das instalações (imóveis, barracas e *trailers*) era de R$ 26.144,00, das ferramentas ou utensílios de trabalho era de R$ 751,00, das máquinas

R$ 3.323,00, dos móveis e equipamentos R$ 3.522,00, dos veículos R$ 15.400,00 [141].

Quadro 3.32
Empresas do setor informal urbano, por número de pessoas ocupadas, segundo os grupos de atividade e o tipo de empresa. Brasil, 2003.

Grupos de atividade e tipo de empresa	Empresas do setor informal Total	Número de Pessoas Ocupadas				
		2	3	4	5	Mais de 5
Total	10,335,962	1,264,095	400,267	208,153	103,985	78,199
Empregador	1,239,050	592,105	303,348	171,118	97,431	75,048
Indústrias de Transformação e Extrativa	189,477	80,363	42,754	29,054	22,377	14,929
Construção Civil	170,803	116,138	29,612	10,278	6,265	8,509
Comércio e Reparação	452,991	190,700	125,099	76,222	32,267	28,702
Serviços de Alojamento e Alimentação	111,805	41,529	35,431	19,405	9,488	5,952
Transporte, Armazenagem e Comunicações	54,647	34,635	10,828	3,761	3,371	2,052
Atividades Imobiliárias, Aluguéis e Serviços Prestados às Empresas	103,882	46,998	25,323	14,987	11,181	5,394
Educação, Saúde e Serviços Sociais	89,118	52,648	15,757	6,601	8,345	5,766
Outros Serviços Coletivos, Sociais e Pessoais	60,936	25,873	17,301	10,329	4,063	3,370
Outras Atividades	4,378	2,272	1,231	428	74	373
Atividades mal definidas	1,014	949	11	54	–	–

Fonte: IBGE, Diretoria de Pesquisas, Coordenação de Trabalho e Rendimento, Economia Informal Urbana 2003.

Do total de empregadores, somente 57% (708 mil) desenvolviam suas atividades em lojas ou oficinas, os demais, mais de 500 mil empregadores,

---

(141) Em 1997, o universo da economia informal urbana era marcado muito mais pelas atividades dos homens (64%), dos trabalhadores das regiões Sudeste (46,6%) e Nordeste (25,5%), pelo reduzido grau de instrução, pela baixa proporção de empresas com constituição jurídica. Os 4,6 milhões de mulheres representavam 36% desse universo, mas 62% do total dos trabalhadores não remunerados e apenas 27% dos empregadores. Mas elas representavam 47% dos trabalhadores com carteira assinada e apenas 29% dos trabalhadores sem carteira. No universo de mulheres, 67% eram trabalhadoras por conta própria — mesma proporção do que a dos homens —, apenas 9% eram empregadoras (14% entre os homens); 9% assalariadas com carteira (6% entre os homens); 8% sem carteira (11% entre os homens) e 7% não remuneradas (2% entre os homens).

desenvolviam suas atividades no próprio domicílio, no domicílio de clientes, no domicílio de sócios, em veículos e vias públicas (veja Quadro 3.33). Mais de 70 mil empregadores desenvolviam suas atividades de forma ocasional ou eventual, e mais de 150 mil desenvolviam-nas em menos de 11 meses. Somente pouco mais de 100 mil empregadores aderiram ao Simples (Sistema Integrado e Simplificado de Pagamento de Tributos), mais da metade no setor de Comércio e Reparação.

QUADRO 3.33

Empresas do setor informal, por tipo de empresa, segundo o local de funcionamento. Brasil, 2003.

Local de funcionamento	Empregador
Total	**1,239,050**
Só no domicílio	**214,568**
Local exclusivo	179,444
Não tem local exclusivo	34,155
Sem declaração	969
Só fora do domicílio	**980,117**
Loja, oficina	693,444
Domicílio de cliente	187,687
Domicílio do sócio	1,318
Veículo	42,848
Via pública	41,971
Outros	11,826
Sem declaração	1,022
No domicílio e fora do domicílio	**44,366**
Loja, oficina	14,576
Domicílio de cliente	18,344
Domicílio do sócio	129
Veículo	2,098
Via pública	3,323
Outros	5,758
Sem declaração	139
Sem declaração	–

Fonte: IBGE, Diretoria de Pesquisas, Coordenação de Trabalho e Rendimento, Economia Informal Urbana 2003.

Nesses pequenos negócios informais, a subcontratação, parcial ou total, também é importante para as atividades dos empregadores, pois cerca de 22%

deles trabalham por encomenda ou subcontrato, principalmente na Indústria, na Construção e no Comércio e Reparação. Esses dados mostram que há no Brasil um estoque de empregadores com uma inserção muito precária na estrutura produtiva e de concorrência, descapitalizados, com baixos rendimentos. Dessa forma, o crescimento do número de empregadores, de forma mais acentuada nos anos 1990, contribuiu para piorar ainda mais as condições de trabalho e de rendimentos desses empresários de micronegócios formais e informais.

A expressiva elevação do número de empregadores, num contexto de reduzido ritmo de crescimento econômico e de lenta expansão dos mercados, após 1995, provocou uma redução da renda média dos empregadores de pequenos negócios. A renda média dos empregadores com até cinco empregados, segundo os dados da PNAD, elevou-se de R$ 1.367,00, em 1992, para R$ 1.834,00 em 1995, um aumento real de 34,2%. Entretanto, até 2001, a renda real desses empregadores de pequenos negócios reduziu-se para R$ 1.495,00, ou seja, uma redução real de 18,5%. A queda da renda real foi menor no período 1999-2001 do que no período 1995-1999 (veja Quadro 3.34). Isso indica que o menor ritmo de crescimento de empregadores, após 1999, contribuiu para que a concorrência entre eles não continuasse provocando fortes quedas nas suas remunerações.

QUADRO 3.34
Evolução da renda média dos empregadores não agrícolas segundo tamanho da empresa. Brasil, 1992, 1995, 1999 e 2001.

Ano	1 a 5 empregados		6 a 10 empregados	
	Rend Méd1	Var (%)2	Rend Méd1	Var (%)2
1992	1.367,39	-	2.013,15	–
1995	1.834,56	34,2	2.572,05	27,8
1999	1.566,56	(14,6)	2.448,78	(4,8)
2001	1.495,88	(4,5)	2.491,84	(1,8)
1992 a 2001	128,49	9,4	478,69	23,8

Fonte: PNAD — IBGE. (1) Valores em setembro/2001 — INPC/IBGE corrigido em julho/94 para 31,4%. (2) Percentual de crescimento entre o ano de referência e o ano-base anterior.

Enfim, pode-se considerar que a expansão do número de empregadores nos últimos 15 anos, e especialmente nos anos 1990, resultou da forte desestruturação do mercado de trabalho e da busca de uma estratégia de sobrevivência. Nesse sentido, ainda que os cerca de 2 milhões de empresários que comandavam empresas com até 5 (cinco) empregados, em 2004, não apresentassem, necessariamente, a mesma situação precária dos empregadores captados pela ECINF, pode-se estimar que pelo menos cerca de 1,5 milhão de empregadores comandavam pequenos negócios muito precários.

Por outro lado, no que se refere ao universo dos trabalhadores por conta própria no Brasil, observa-se que ele não somente é muito mais amplo, abrangendo aproximadamente 14 milhões de trabalhadores (em 2004), como também é muito heterogêneo[142]. As formas de inserção no mercado de trabalho, as condições de trabalho e de remuneração são muito diferenciadas. As situações precárias em que muitos trabalhadores desenvolvem suas atividades as tornam mais assemelhadas às situações de desemprego disfarçado do que à situação de empreendedores de pequenos negócios. São milhões de trabalhadores sem qualificação profissional, cujo valor dos instrumentos de trabalho ou o volume de "capital" com que operam são insignificantes, trabalhando em ramos de atividade ou mercados sem barreiras à entrada, que os colocam em uma situação de precária inserção na estrutura ocupacional[143].

Entretanto, muitas atividades por conta própria apresentam características que as aproximam de pequenos negócios com alguma organização, desde aquelas desenvolvidas por trabalhadores com alguma qualificação profissional até aquelas que, mesmo sendo iniciadas como estratégias de sobrevivência, vão sendo consolidadas como atividades permanentes e um pouco mais estruturadas: vendedores e representantes comerciais, profissionais da construção civil, profissionais técnicos em

---

(142) Além da heterogeneidade, são fortes as desigualdades regionais no conjunto da economia informal urbana. Em 1997, as regiões Sudeste e Sul concentravam, proporcionalmente, os melhores indicadores desse universo. Na região Sudeste estavam 62% das pessoas com curso superior completo; 58% das empresas na maior faixa de receita (5.000 reais ou mais); 54% dos empregados com carteira assinada; 52,7% das empresas com constituição jurídica; 50% dos empregadores e apenas 27,5% dos ocupados sem instrução ou com menos de um ano de estudo. Na região Sul estavam 16% dos trabalhadores da economia informal urbana, que representavam 25% dos trabalhadores com carteira assinada; 24% das empresas com constituição jurídica; 19% das empresas na maior faixa de receita e dos trabalhadores com curso superior completo. No Nordeste estavam 49% das pessoas sem nenhuma instrução; 43% dos trabalhadores não remunerados; apenas 12% das pessoas com curso superior completo e apenas 12% das empresas na maior faixa de receita. No Norte estavam apenas 5,1% dos ocupados; 3,6% das empresas na maior faixa de receita; apenas 2,1% dos trabalhadores com carteira assinada; 1,7% daqueles que tinham curso superior completo. A região Centro-Oeste é a que apresenta o menor grau de dispersão, onde estavam 7,5% dos trabalhadores da economia informal urbana.
(143) São trabalhadores que desenvolvem atividades, principalmente, por meio do comércio ambulante de mercadorias, nas residências, ruas, praças, faróis, praias, em locais de realização de eventos e de aglomerações populacionais. Dentre as atividades de prestação de serviços no próprio domicílio ou em local designado pelo tomador (domicílio, empresa etc.) muitas atividades também são muito mais assemelhadas ao trabalho precário do que ao empreendimento de um pequeno negócio, desenvolvidas temporariamente diante da falta de oportunidade de melhor ocupação, como, por exemplo, as atividades de faxineiras, manicures, cabeleireiras, jardineiros não qualificados, lavadores de automóveis, transporte eventual de pessoas e mudanças etc.

serviços residenciais e empresariais de reparação de máquinas e aparelhos eletroeletrônicos; profissionais de assessoria empresarial e tecnológica, comerciantes com estabelecimentos permanentes (para camelôs e artesãos, bancas de revistas, *trailers* de comércio de alimentos em locais públicos) etc.

Essa situação dificulta a separação entre os trabalhadores autônomos que devem ser classificados no universo de ocupações precárias, associados a "pequenos negócios" sem a mínima estruturação e aqueles que podem ser classificados como trabalhadores não assalariados, cuja ocupação é muito mais semelhante a um pequeno negócio com alguma estruturação, com melhor inserção na estrutura ocupacional e produtiva, com melhores rendimentos e condições de trabalho. Por isso, a análise buscará apontar as tendências mais gerais da evolução do trabalho por conta própria e não remunerado, ao longo do período 1990-2004, procurando, na medida do possível, diferenciar essas situações, em termos de volume de ocupados e das principais características desses dois grupos de trabalhadores por conta própria.

O trabalho por conta própria aumentou sua expressão no meio urbano de forma muito mais intensa nos anos 1990 e no conjunto dos últimos 15 anos do que nos anos 1980[144]. Os dados da PNAD/IBGE, para o conjunto das atividades não agrícolas do país, mostram que a participação dos trabalhadores por conta própria elevou-se de 20,7% para 22,3% no conjunto da estrutura ocupacional, entre 1993 e 1999. Neste período, seu ritmo de expansão (21%) somente foi menor do que o dos empregadores (33,7%), e foi muito maior do que o dos trabalhadores na construção para o próprio uso (-14,2%), dos empregados (8,2%), dos não remunerados (5,9%), e, em menor medida, do que o ritmo de expansão dos trabalhadores domésticos (15,7%) e do conjunto dos ocupados não agrícolas (12,4%) (veja Quadro 3.35).

No período 1999-2004, a expansão dos trabalhadores por conta própria (15,1%) foi menor do que a expansão do conjunto dos ocupados não agrícolas (23,1%) e também foi menor do que a expansão do emprego doméstico (21,3%), dos empregados (29,1%) e dos empregadores (17,4%). Com isso, foi reduzida a participação dos trabalhadores por conta própria no conjunto da estrutura ocupacional não agrícola, de 22,3% para 20,8% — patamar próximo ao de 1993. A expansão do universo dos empregados, acima da média do conjunto dos ocupados, neste período, contribuiu para que o peso do trabalho por conta própria não fosse ainda maior. O universo dos trabalhadores por conta

---

(144) A ausência de informações para os anos de 1980 e 1981 dificultam a análise, mas os dados da PNAD, referentes ao período 1982-1989, mostram que a elevação da participação relativa dos trabalhadores por conta própria foi menor nos anos 1980 do que nos 1990.

própria, no entanto, apresentou uma expansão maior do que os trabalhadores não remunerados (-15,1%) e dos trabalhadores na construção para o próprio uso (- 13,1%), pois nesses casos ocorreram reduções absolutas do número de ocupados (veja Quadros 3.35 e 3.36). Portanto, o universo de trabalhadores por conta própria expandiu-se num ritmo maior (20,9%), no período 1993--1999, quando o emprego assalariado cresceu apenas 8,2%, e menos no período seguinte (15,1%), quando o emprego assalariado expandiu-se num ritmo bem superior (29,1%).

No período 1993-1999, a maior expansão do trabalho por conta própria — o que vale também para a expansão da maior parte do universo dos empregadores — está muito mais associada à menor capacidade de absorção de empregados no setor formal nas médias e grandes empresas, no mesmo período, pois o emprego formal nas micro e pequenas empresas elevou-se num ritmo até mais elevado do que o trabalho por conta própria. No período seguinte, a maior expansão do emprego formal nas grandes empresas, no mesmo ritmo do aumento do emprego formal nas micro e pequenas empresas, contribuiu para que o ritmo de expansão do trabalho por conta própria fosse menor do que no período anterior e menor do que o ritmo de expansão do emprego assalariado e do conjunto dos ocupados entre 1999 e 2004 (veja Quadros 3.35, 3.36 e o 3.21).

QUADRO 3.35
População ocupada não agrícola, segundo a posição na ocupação principal.
Brasil, 1993 e 1999.

Posição na Ocupação	1993 (1)	1999 (2)	Var 1993-1999 (em %)
Conta própria	10.009.558 (20,7)	12.104.061(2) (22,3)	20,9
Não remunerados	1.802.717 (3,7)	1.908.845 (3,5)	5,9
Trabalhadores na construção para o próprio uso	133.661 (0,3)	114.674 (0,2)	- 14,2
Trabalhadores Domésticos	4.608.996	5.334.533	15,7
Empregadores	1.835.885	2.453.606	38,6
Empregados	29.925.084	32.387.786	8,2
Pop. Ocupada não agrícola total	48.315.901 (100,0)	54.303.505 (100,0)	12,4

Fonte: (1) IBGE,PNAD, 1993. Exclusive as pessoas da zona rural de Rondônia, Acre, Amazonas, Roraima, Pará e Amapá. (2) PNAD, 1999. Síntese de Indicares. Brasil. Rio de Janeiro, IBGE, 2000. 1 CD-ROM. Exclusive as pessoas da zona rural de Rondônia, Acre, Amazonas, Roraima, Pará e Amapá.

QUADRO 3.36
População ocupada, segundo a posição na ocupação principal.
Brasil, 1999-2004.

Posição na Ocupação	1999 (1)	2001 (2)	2002 (2)	2003 (2)	2004 (2)	2004-1999
Conta própria	12.104.061 (22,3)	12.734.928	13.327.767	13.631.552	13.932.432 (20,8)	15,1
Não remunerados	1.908.845 (3,5)	1.764.533	1.798.654	1.788.068	1.620.784 (2,4%)	−15,1
Trabalhadores na construção para o próprio uso	114.674	147.249	149.082	117.543	99.633	−13,1
Trabalhadores Domésticos	5.334.533	5.891.227	6.110.060	6.154.621	6.472.484	21,3
Empregadores	2.453.606	2.696.720	2.917.197	2.880.098	2.928.726	19,4
Empregados	32.387.786 (59,6)	36.686.253	38.378.704	39.023.443	41.808.400	29,1
Pop. Ocupada não agrícola	54.303.505 (100,0)	59.920.910 (100,0)	62.681.464 (100,0)	63.595.325 (100,0)	66.862.459 (100,0)	23,1

Fonte: (1) PNAD, 1999. Síntese de Indicares. Brasil. Rio de Janeiro, IBGE, 2000. 1 CD-ROM. (2) IBGE. PNAD, 1994, Banco SIDRA. *Site* do IBGE. Até 2003, exclusive as pessoas da zona rural de Rondônia, Acre, Amazonas, Roraima, Pará e Amapá.

A expansão do trabalho por conta própria foi também verificada nas principais metrópoles brasileiras, onde o crescimento do número de trabalhadores por conta própria foi expressivo. Nas seis regiões metropolitanas investigadas pela PME, a elevação da participação dos trabalhadores por conta própria na estrutura ocupacional foi ainda maior: elevou-se de 17,6% em 1989, para 23,2% em 1999. Nesse período, ocorreu um acréscimo de quase um milhão de trabalhadores por conta própria nessas metrópoles (veja Quadro 3.37).

Na RMSP, a participação relativa dos trabalhadores por conta própria elevou-se também num ritmo muito intenso: de 15,3% para 19,8% no período 1989-1999. O número de trabalhadores autônomos passou de 966.000 em 1989, para 1.672.000 em 2005, um acréscimo de cerca de 700 mil somente na Região Metropolitana de São Paulo. Nesta região, dentre os que foram classificados como desempregados, entre 1990 e 2005, ocorreu um acréscimo de 355.000 trabalhadores desempregados em situação de desemprego oculto pelo trabalho precário, ou seja, desenvolvimento de algumas atividades, "bicos", como estratégia de sobrevivência diante do desemprego (veja Quadro 3.38).

QUADRO 3.37
População ocupada, segundo posição na ocupação. Regiões Metropolitanas, 1989-2002.

Ano (1)	Empregadores	Conta própria	Assalariados com carteira assinada	Assalariados sem carteira	Total de ocupados
1989	724.349 4,5	2.827.468 17,6	9.354.900 58,1	3.034.483 18,8	16.099.040 (100,0)
1990	754.742 4,6	3.079.159 18,6	9.389.339 56,8	3.140.491 19,0	16.527.565 (100,0)
1992	623.720	3.138.039	7.681.790	3.296.212	14.893.780
1994	626.000	3.288.915	7.633.867	3.556.952	15.257.680
1995	685.297	3.480.212	7.837.047	3.815.326	16.007.830
1996	787.805	3.659.907	7.575.341	4.079.946	16.281.541
1997	769.103	3.740.456	7.580.404	4.106.301	16.369.419
1999	786.973 4,8	3.782.735 23,2	7.305.044 44,8	4.288.146 26,3	16.314.587 (100,0)
2000	802.829	3.998.408	7.367.376	4.779.845	17.136.462
2001	715.771	3.982.730	7.712.764	4.626.141	17.330.978
2002	728.315 4,1	3.948.776 22,4	7.968.421 45,1	4.862.621 27,5	17.654.325 (100,0)

Fonte: IBGE/PME. (1) Maio de cada ano.

Mais da metade dos trabalhadores autônomos encontram-se, geralmente, no setor de Serviços e cerca de ¼ no setor do Comércio. Foi principalmente no setor de Serviços que se expandiu o trabalho por conta própria na Região Metropolitana de São Paulo; do total dos autônomos, a parcela que desenvolvia atividades no setor de Serviços elevou-se de 52,7%, em 1989, para 62,1% em 1999. Ao mesmo tempo, foi reduzida na Indústria e no Comércio (veja Quadros 3.37 e 3.39).

No período pós-1999, de taxas médias mais elevadas de crescimento econômico e menor crescimento da PEA, o ritmo de expansão do trabalho por conta própria foi menor; no conjunto das seis metrópoles investigadas pela PME, a sua participação caiu no conjunto da estrutura ocupacional de 23,2% em 1999, para 22,4% em 2002. Na RMSP, elevou-se de 19,8% para 20,4%, entre 1999 e 2005. Nesta região, a menor expansão do trabalho por conta própria esteve associada a uma elevação dos trabalhadores por conta própria no setor da Indústria e a uma redução no Comércio e nos Serviços. Esse movimento indica uma melhoria na situação do universo dos trabalhadores por conta própria que, entretanto, pode ser reflexo de uma expansão maior dos processos de subcontratação na Indústria, ou seja, do fato de que parte do crescimento da demanda por força de trabalho no setor industrial poderia estar sendo contratada de forma mais precária. De qualquer forma, a parcela dos trabalhadores por conta própria desenvolvendo atividades na Indústria ainda era menor em 2005 do que em 1989, o que reflete o expressivo aumento desses trabalhadores no setor de Serviços ao longo do período 1990-2005 (veja Quadros 3.37 e 3.38).

QUADRO 3.38
Estimativa dos ocupados, segundo posição na ocupação no trabalho principal e desempregados por tipo de desemprego. Região Metropolitana de São Paulo 1989-2005. (1)

Ano	Total de Ocupados	Assalariados com carteira assinada (2)	Assalariados sem carteira assinada	Conta Própria	Desempregados Ocultos pelo Trabalho Precário	PEA
1989	6.311.000 (100,0)	3.364.000 53,3	555.000 8,8	966.000 15,3	118.000 1,9	7.049.000 —
1990	6.397.000	3.499.000	550.000	934.000	111.872	7.053.000
1991	6.387.000	3.155.000	568.000	1.137.000	896.000	7.283.000
1992	6.392.000	3.119.000	562.000	1.112.000	286.026	7.485.000
1993	6.549.000	2.993.000	603.000	1.179.000	—	7.778.000
1994	6.592.000	3.052.000	606.000	1.126.000	—	7.746.000
1995	6.989.000	3.145.000	755.000	1.286.000	—	8.052.000
1996	6.939.000	3.053.000	763.000	1.353.000	305.398	8.163.000
1997	7.106.000	2.992.000	853.000	1.386.000	—	8.360.000
1998	7.027.000	2.986.000	843.000	1.405.000	—	8.580.000
1999	7.106.000 (100,0)	2.897.000 40,8	868.000 12,2	1.406.000 19,8	399.050 5,6	8.735.000 —
2000	7.420.000	2.968.000	1.002.000	1.573.000	—	9.093.000
2001	7.603.000	3.132.000	1.140.000	1.559.000	—	9.193.000
2002	7.549.000	3.088.000	1.034.000	1.578.000	—	9.424.000
2003	7.637.000 (100,0)	3.215.000 42,1	1.054.000 13,8	1.566.000 20,5	456.480 6,0	9.510.000 —
2004	7.707.000 (100,0)	3.129.000 41,8	1.048.000 13,6	1.657.000 21,5	493.000 6,4	9.707.000 —
2005	8.196.000 (100,0)	3.401.000 41,5	1.115.000 12,2	1.672.000 20,4	467.000 5,7	9.911.000 —

Fonte: SEP. Convênio SEADE-DIEESE. Pesquisa de Emprego e Desemprego. (1) Dados para março de cada ano. (2) Exclui os Empregados Domésticos.

Esses indicadores relativos ao comportamento do trabalho por conta própria no período 1999-2005, no conjunto do país e nas mais importantes metrópoles brasileiras, mostram que os impactos negativos sobre o mercado de trabalho, que exigiram a busca de estratégias de sobrevivência diante do desemprego, foram muito piores no período 1990-1999, principalmente em razão do menor ritmo de crescimento econômico e dos maiores impactos das mudanças estruturais e do desemprego[145].

QUADRO 3.39
Distribuição dos autônomos, segundo setor de atividade
Região Metropolitana de São Paulo, 1985-2005.

Ano	Autônomos				
	Total	Indústria	Comércio	Serviços	Outros
1989	100,0	14,6	26,9	52,7	5,8
1990	100,0	13,1	29,3	51,9	5,7
1991	100,0	12,4	27,9	55,9	3,8
1992	100,0	12,3	28,2	54,5	5,0
1993	100,0	12,4	26,7	56,9	4,0
1994	100,0	11,7	28,1	56,0	4,2
1995	100,0	11,2	27,7	56,7	4,4
1996	100,0	11,2	26,9	57,8	4,2
1997	100,0	10,8	25,6	60,0	3,6
1998	100,0	10,2	25,6	61,4	2,8
1999	100,0	11,9	24,0	62,1	2,0
2000	100,0	11,7	22,7	63,1	2,5
2001	100,0	11,7	23,4	61,0	3,8
2002	100,0	12,5	23,5	59,7	4,3
2003	100,0	12,9	23,8	59,4	4,0
2004	100,0	12,6	23,3	60,5	3,7
2005	100,0	13,2	22,7	60,6	3,4

Fonte: SEP. Convênio SEADE-DIEESE. Pesquisa de Emprego e Desemprego.

A maior expansão dos trabalhadores por conta própria, no período 1993-1999, não resultou numa queda de renda média real até 1995, quando a remuneração média mensal desse segmento era 24,2% maior do que em 1992 (veja Quadro 3.40). Entretanto, refletindo uma parte do período em que foi forte a expansão do número de trabalhadores por conta própria,

---

(145) A elevação da participação dos trabalhadores com carteira assinada e o menor ritmo de expansão dos trabalhadores com carteira assinada refletem, entre 1999 e 2002, nas seis regiões metropolitanas investigadas pelo país, uma situação menos desfavorável para o mercado de trabalho brasileiro no período 1999-2005, relativamente ao conjunto dos anos 1990. Na RMSP, a participação dos assalariados com carteira assinada elevou-se de 40,8% em 1999, para 41,5% em 2005; e a de assalariados sem carteira que elevou-se de 8,8%, em 1989, para 12,2% em 1999, manteve-se nesse patamar em 2005. Como resultado, o número de trabalhadores com carteira assinada aumentou cerca de 500 mil, enquanto o número de trabalhadores sem carteira aumentou menos (270 mil) na RMSP, entre 1999 e 2005.

num contexto de menor ritmo de crescimento econômico e maior elevação do desemprego — no período 1997-1999 —, a renda média dos autônomos começou a declinar e era menor em 1999 do que em 1995; uma queda real de 8,5%, que se manteve, pelo menos, entre este ano e 2001 (– 4,2%).

TABELA 3.40
Renda média dos ocupados por conta própria não agrícolas. Brasil, 1992 a 2001.

Ano	Conta Própria	
	Renda Média1	Var (%)2
1992	512,42	–
1995	636,66	24,2
1999	582,71	(8,5)
2001	558,22	(4,2)
1992 a 2001	45,81	8,9

Fonte: PNAD — IBGE. (1) Valores em setembro/2001 — INPC/IBGE corrigido em julho/94 para 31,4%. (2) Percentual de crescimento entre o ano de referência e o ano-base anterior.

A Pesquisa da Economia Informal Urbana (ECINF), realizada pelo IBGE, mostrou que a grande maioria dos empreendimentos informais urbanos era organizada apenas pelo trabalhador por conta própria, o "empreendedor" sem empregados. Contemplando pequenas unidades produtivas e os trabalhadores por conta própria do meio urbano, a ECINF apontou a existência de quase 9,5 milhões de empreendimentos informais urbanos em 1997, que ocupavam 12,9 milhões de pessoas, cerca de 22% da PEA urbana (veja Quadro 3.41). Dentre esses, cerca de 8,6 milhões eram trabalhadores por conta própria[146]. Com uma expansão de 10,5% em 2003, os trabalhadores por conta própria somavam 9,5 milhões[147]. Essa foi a principal modificação na estrutura ocupacional dos pequenos negócios informais urbanos: um aumento de quase um milhão de trabalhadores por conta própria, cuja participação no total de ocupados do universo compreendido pela Pesquisa Informal Urbana elevou-se de 66,7% em 1997, para 68,6% em 2003[148].

(146) Somente 13% dos empreendimentos informais apresentavam constituição jurídica; a maior proporção de empresas nessa situação encontrava-se nos setores do Comércio de Mercadorias (24%), seguido por Alojamento e Alimentação (24%), Serviços Auxiliares da Atividade Econômica (15%) e Indústria de Transformação (13%); na Construção Civil (1,0%) e nos Serviços de Transporte (3%) praticamente eram insignificantes as proporções de empresas com constituição jurídica.
(147) As "empresas" de conta própria representavam mais de 80% dos empreendimentos informais urbanos em todos os setores de atividade em 1997. Havia uma proporção um pouco maior de empresas de empregadores nos Serviços Técnicos e Auxiliares, nos Serviços de Alojamento e Alimentação, na Indústria de Transformação e no Comércio de Mercadorias; as maiores proporções de empresas de conta própria encontravam-se nos Serviços de Transportes, nos Serviços de Reparação, Pessoais, Domiciliares e de Diversões e na Construção Civil.
(148) A proporção de "empreendedores" com constituição jurídica (CNPJ) era pequena em 1997

Entre 1997 e 2003, o ritmo de expansão dos pequenos negócios informais (9,1%) e dos trabalhadores ocupados neste segmento (7,7%) foi menor do que o ritmo de expansão da PEA urbana (16%), resultando na redução da participação dos ocupados nesse segmento de 22% da PEA para 20,3%. Nesse período, o contingente de trabalhadores por conta própria também aumentou, mas num ritmo mais lento na RMSP, de 7,5%. Nas seis regiões metropolitanas investigadas pela PME (IBGE), o universo de trabalhadores por conta própria aumentou 7,9% entre 1996 e 2002. Essas comparações mostram que não houve uma explosão da economia informal urbana no período 1997-2003; o crescimento desse universo está muito associado ao crescimento do trabalho por conta própria. Realizada somente nesses anos, a ECINF captou uma parte do período (1997-1999) em que o mercado de trabalho ainda apresentava um comportamento muito negativo e uma parte do período cujo comportamento do mercado de trabalho brasileiro era menos desfavorável (2000-2003).

QUADRO 3.41
Empreendimentos do setor informal, por número de pessoas ocupadas nos estabelecimentos. Brasil, 1997 e 2003.

Período	Total de Empreendimentos	Número de pessoas ocupadas					
		1	2	3	4	5	+ de 5
1997	9.477.973	7.545.317	1.155.450	389.016	196.352	109.681	81.114
2003	10.335.962	8.281.263	1.264.095	400.267	208.153	103.985	78.199
Var (em %)	9,1	9,8	9,4	2,9	6,0	(-) 5,2	(-) 3,6

Fonte: IBGE; ECINF de 1997 e de 2003.

Em 2003, do total de 13,9 milhões de trabalhadores ocupados na economia informal urbana, além dos 9,5 milhões de trabalhadores por conta própria, a ECINF registrou 1,45 milhão de empregadores, 2,13 milhões de trabalhadores assalariados e 707 mil ocupados sem remuneração (veja Quadro 3.42)[149]. Todos esses trabalhadores são também captados pela PNAD/IBGE. Essa

---

(apenas 13%), reduzindo-se ainda mais em 2003 (11,6%). Em 1997, 34% dos empreendedores apresentavam algum tipo de inscrição ou registro em órgãos municipais. Em 2003, quase 2/3 desses empreendimentos tinham suas atividades realizadas somente fora do domicílio; 27,2% eram desenvolvidas no próprio domicílio e apenas 7,6% eram desenvolvidas nas duas situações.
[149] Tanto em 1997 (91,8%) como em 2003 (92,4%), os empreendimentos informais urbanos com até duas pessoas ocupadas representavam a esmagadora maioria de todos os empreendimentos informais urbanos. A média de ocupados por empreendimentos urbanos informais era inferior a 1,4 em 1997 e ainda foi reduzida para 1,34 em 2003. A expansão dos empreendimentos informais urbanos nesse período foi motivada principalmente pela expansão do trabalho por conta própria e de pequenos negócios que ocupavam apenas o "empreendedor" e, algumas vezes, um ajudante — não necessariamente assalariado.

pesquisa, no entanto, permite analisar algumas características do universo de trabalhadores por conta própria e não remunerados do país.

Em primeiro lugar, como a pesquisa trata de pequenos negócios informais urbanos, é muito provável que o conjunto dos 9,5 milhões de trabalhadores por conta própria registrados em 2003 tenha uma inserção muito precária no mercado de trabalho. Esse poderia ser um critério de classificação para os trabalhadores por conta própria: considerar os trabalhadores por conta própria registrados pela ECINF, como a parcela de trabalhadores com inserção precária no mercado de trabalho, dentre os 13,6 milhões de trabalhadores por conta própria registrados pela PNAD em 2003. Todavia, antes é importante analisar algumas das características desse universo de trabalhadores por conta própria captados pela ECINF, para avaliar a importância da participação de trabalhadores por conta própria melhor inseridos na economia informal urbana.

Entre 1997 e 2003, a elevação da participação dos trabalhadores por conta própria, a redução da participação dos empregadores e empregados e a forte expansão das atividades não remuneradas (+ 37%), no total de ocupados em empreendimentos informais urbanos, apontam uma tendência de elevação do peso de atividades informais mais associadas ao trabalho e às estratégias de sobrevivência, ou seja, aquelas mais profundamente marcadas pela falta de um mínimo de estruturação, ainda piores do que o conjunto do universo dos empreendedores da economia informal urbana (veja Quadros 3.41 e 3.42)[150].

QUADRO 3.42
Pessoas ocupadas nas empresas informais por posição na ocupação, segundo grupos de atividade. Brasil, 1997 e 2003.

Pessoas Ocupadas	Total	Conta própria	Empregador	Empreg. com carteira	Empreg. sem carteira	Não remunerado
Total 1997	12.870.421 (100,0)	8.589.588 66,7	1.568.954 12,2	874.043 6,8	1.320.682 10,3	517.153 4,0
Total 2003	13.860.868 (100,0)	9.514.629 68,6	1.448.629 10,5	797.300 5,8	1.338.349 9,7	706.963 5,1
Var (%)	7,7	10,8	- 7,7	- 8,8	1,3	36,7

Fonte: IBGE; ECINF de 1997 e de 2003.

(150) O movimento de redução do grau de assalariamento aponta também para uma evolução que tornou esse segmento de pequenos negócios informais cada vez mais marcado pelo trabalho por conta própria e não remunerado e no qual é cada vez menos importante o universo de empregadores e empregados. Isso pode ser resultado do fato de que alguns empreendimentos informais com maior grau de assalariamento, que cresceram e progrediram nesse período, deixaram o segmento de pequenos negócios informais e engrossaram o segmento dos pequenos negócios formais. Também pode refletir um pequena melhoria na possibilidade de encontrar emprego assalariado em empresas um pouco mais organizadas, principalmente após 2000.

Os dados da ECINF mostram que, em 2003, aproximadamente 34% dos trabalhadores por conta própria estavam no Setor Secundário, 16% na Indústria de Transformação e 18% na Construção Civil. Os dois terços restantes desenvolviam suas atividades no setor Terciário, sendo que somente no ramo do Comércio de Mercadorias e Serviços de Reparação localizavam-se 33% do total dos trabalhadores por conta própria pesquisados pela ENCIF (veja Quadro 3.43). Apenas 2% dos trabalhadores por conta própria tinham um ou mais sócios em seus negócios[151].

QUADRO 3.43
Empresas nãoagrícolas com até 5 (cinco)empregados, por tipo de empresa, segundo os grupos de atividade, número de proprietários e rendimento mensal.
Brasil, 2003.

Grupos de atividade	Tipo de empresa conta própria	Dois proprietários ou mais	Rendimento mensal dos trabalhadores por conta própria em Reais (1)
Total	9,186,103	181,473	671
Indústrias de Transformação e Extrativa	1,450,664	32,342	416
Construção Civil	1,639,749	7,357	516
Comércio e Reparação	2,998,000	64,345	674
Serviços de Alojamento e Alimentação	611,256	17,532	408
Transporte, Armazenagem e Comunicações	779,152	4,981	880
Atividades Imobiliárias, Aluguéis e Serviços Prestados às Empresas	568,554	24,971	1,582
Educação, Saúde e Serviços Sociais	255,461	18,843	1,178
Outros Serviços Coletivos, Sociais e Pessoais	766,222	10,401	508
Outras Atividades	30,236	637	2,003
Atividades mal definidas	86,807	65	296

Fonte: IBGE, Diretoria de Pesquisas, Coordenação de Trabalho e Rendimento, Economia Informal Urbana 2003.
(1) Valores de outubro.

Nessas atividades por conta própria, as maiores receitas médias mensais eram obtidas pelos trabalhadores nas Atividades Imobiliárias, Aluguéis

---

[151] Independente da posição na ocupação, a mulher tinha uma presença maior na economia informal urbana no Comércio de Mercadorias (34%, contra 24% entre os homens), nos Serviços de Reparação, Pessoais, Domiciliares e de Diversão (21%, contra 16% entre os homens); na Indústria de Transformação (17%, contra 12% entre os homens); e nos Serviços Técnicos e Auxiliares da Atividade Econômica (14%, contra 9% entre os homens).

e Serviços Prestados às Empresas (R$ 1.988,00), no ramo de Transportes, Armazenagem e Comunicações (R$ 1.624,00), no Comércio e Reparação (R$ 1.592,00), nos ramos da Educação, Saúde e Serviços Sociais (R$ 1.266,00). O rendimento médio também era maior nas Atividades Imobiliárias, Aluguéis e Serviços Prestados às Empresas (R$ 1.582,00); entretanto, o segundo ramo com maior rendimento médio era a Educação, Saúde e Serviços Sociais (R$ 1.178,00), e o terceiro o ramo de Transporte, Armazenagem e Comunicações (R$ 880,00). Ou seja, no ramo de Comércio e Reparação, apesar de receita relativamente elevada, com a dedução da despesa, o rendimento médio dos trabalhadores por conta própria cai para um patamar próximo à média do conjunto dos trabalhadores por conta própria, que é muito reduzido, de R$ 671,00 (veja Quadros 3.43 e 3.44). Mas em outros ramos, os trabalhadores por conta própria apresentam rendimentos ainda menores, como o ramo de Alojamento e Alimentação (R$ 408,00), a Indústria de Transformação e Extrativa (R$ 416,00), os "Outros" Serviços Coletivos, Sociais e Pessoais (R$ 508,00) e a Construção Civil (R$ 516,00).

QUADRO 3.44

Valor médio da receita, das empresas do setor informal que tiveram receita, por tipo de empresa, segundo os grupos de atividade. Brasil, 2003.

Grupos de Atividade	Valor médio da receita e das despesas, das empresas do setor informal que tiveram receita (R$) (1)	
	Conta própria	
	Receita	Despesa
Total	1,164	813
Indústrias de Transformação e Extrativa	712	413
Construção Civil	521	194
Comércio e Reparação	1,592	1,296
Serviços de Alojamento e Alimentação	1,069	770
Transporte, Armazenagem e Comunicações	1,624	1,029
Atividades Imobiliárias, Aluguéis e Serviços Prestados às Empresas	1,988	683
Educação, Saúde e Serviços Sociais	1,266	436
Outros Serviços Coletivos, Sociais e Pessoais	713	288
Outras Atividades	2,496	1,010
Atividades mal definidas	482	617

Fonte: IBGE, Diretoria de Pesquisas, Coordenação de Trabalho e Rendimento, Economia Informal Urbana 2003.
(1) Valores de outubro.

QUADRO 3.45

Empresas do setor informal, por tipo de empresa, segundo o funcionamento do negócio e o número de meses que funcionou nos últimos 12 meses. Brasil, 2003.

Funcionamento do negócio e número de meses que funcionou nos últimos 12 meses	Tipo de empresa	
	Conta própria	Empregador
Total	9.096.912	1.239.050
Funcionamento do negócio		
Todos os meses do ano	8.052.422	1.168.528
Sazonal	691.893	61.998
Eventual	348.485	7.669
Sem declaração	4.112	856
Número de meses que funcionou nos últimos 12 meses		
Até 3 meses	351.228	19.232
De 4 a 6 meses	441.126	25.565
De 7 a 11 meses	1.025.343	108.054
12 meses	7.266.949	1.085.183
Sem declaração	12.266	1.017

Fonte: IBGE, Diretoria de Pesquisas, Coordenação de Trabalho e Rendimento, Economia Informal Urbana 2003.
(1) Valores de outubro.

Em parte, os reduzidos rendimentos dos trabalhadores por conta própria também se devem ao fato de que uma parte (11,4%) desenvolve atividades sazonais e eventuais, proporção ainda maior nos casos daqueles que trabalham até 11 meses por ano (20%) e dos que trabalham por encomenda ou por subcontrato (20%), exclusiva ou parcialmente, principalmente na Indústria de Transformação e Extrativa, na Construção Civil, nas Atividades Imobiliárias, Serviços de Aluguéis e Serviços Prestados às Empresas (veja Quadros 3.45 e 3.46).

Do total de 9 milhões de trabalhadores autônomos, 5,6 milhões trabalhavam no domicílio sem local exclusivo, no domicílio de cliente ou de sócio, veículo ou via pública. Apenas 1,4 milhão trabalhavam exclusivamente em loja ou oficina e outros 51 mil dividiam o trabalho na loja ou oficina com o trabalho no domicílio. Impressiona também o fato de que eram 3,2 milhões de trabalhadores que desenvolviam suas atividades em domicílios de clientes, 640 mil em veículos e 960 mil em vias públicas, ou seja, 4,8 milhões de trabalhadores que buscavam trabalho nas ruas ou em domicílios de clientes (veja Quadro 3.47).

No que se refere aos valores do "capital" empregado pelos trabalhadores por conta própria, observa-se que, em geral, são bem reduzidos. Os 620 mil imóveis, barracas ou *trailers* utilizados pelos trabalhadores por conta própria apresentavam um valor médio de apenas R$ 16.878,00. As ferramentas ou utensílios utilizados tinham um valor médio de R$ 530,00, as máquinas R$ 1.638,00, os móveis e equipamentos R$ 2.198,00 e os veículos R$ 14.324,00 (veja Quadro 3.48).

QUADRO 3.46

Empresas do setor informal, por grupos de atividade, segundo o tipo de empresa e a existência de trabalho por encomenda ou subcontrato. Brasil, 2003.

Tipo de empresa e existência de trabalho por encomenda ou subcontrato	Empresas do setor informal					
	Total	Grupos de atividade				
		Indústrias de Transformação e Extrativa	Construção Civil	Comércio e Reparação	Serviços de Alojamento e Alimentação	Transporte, Armazenagem e Comunicações
Conta própria	9.096.912	1.441.103	1.638.037	2.950.813	607.302	776.774
Não trabalha por encomenda ou subcontrato	7.232.990	782.035	1.313.726	2.498.567	569.778	655.159
Trabalha por encomenda ou subcontrato	1.862.249	658.945	323.228	452.060	37.445	121.555
Exclusivamente	1.089.385	387.492	205.061	235.288	16.580	83.680
Principalmente	376.032	142.889	66.755	82.345	4.969	17.230
Parcialmente	396.281	128.564	51.412	134.251	15.896	20.645
Sem declaração	551	–	–	176	–	–
Tipo de empresa e existência de trabalho por encomenda ou subcontrato	Empresas do setor informal					
	Grupos de atividade					
	Atividades Imobiliárias, Aluguéis e Serviços Prestados às Empresas	Educação, Saúde e Serviços Sociais	Outros Serviços Coletivos, Sociais e Pessoais	Outras Atividades	Atividades mal definidas	
Conta própria	551.585	252.017	762.815	29.658	86.807	
Não trabalha por encomenda ou subcontrato	401.283	229.242	687.477	24.287	71.436	
Trabalha por encomenda ou subcontrato	150.161	22.775	75.337	5.371	15.371	
Exclusivamente	93.051	16.425	40.514	2.903	8.391	
Principalmente	36.274	3.689	16.407	1.630	3.843	
Parcialmente	20.557	2.565	18.416	838	3.137	
Sem declaração	279	96	-	-	-	

Fonte: IBGE, Diretoria de Pesquisas, Coordenação de Trabalho e Rendimento, Economia Informal Urbana 2003.

A precariedade do trabalho desse universo também pode ser expressa pelo fato de que mais de 2,24 milhões de trabalhadores não utilizam nem equipamentos nem instalações, quase metade deles desenvolve atividades no ramo do Comércio e Reparação, 14% na Indústria de Transformação e Extrativa e 10% na Construção Civil (veja Quadro 3.48). Também pode ser expressa pelo fato de que 57% dos trabalhadores por conta própria "não registram nada" contabilmente (veja Quadro 3.49)[152].

Quadro 3.47
Empresas do setor informal, por tipo de empresa, segundo o local de funcionamento. Brasil, 2003.

Local de funcionamento	Conta própria
Total	**9.096.912**
Só no domicílio	**2.602.584**
Local exclusivo	1.316.690
Não tem local exclusivo	1.284.845
Sem declaração	1.050
Só fora do domicílio	**5.748.692**
Loja, oficina	1.407.419
Domicílio de cliente	2.659.623
Domicílio do sócio	7.570
Veículo	627.161
Via pública	863.408
Outros	167.548
Sem declaração	15.963
No domicílio e fora do domicílio	**744.155**
Loja, oficina	51.239
Domicílio de cliente	531.085
Domicílio do sócio	1.080
Veículo	14.512
Via pública	91.280
Outros	49.897
Sem declaração	5.062

Fonte: IBGE, Diretoria de Pesquisas, Coordenação de Trabalho e Rendimento, Economia Informal Urbana 2003.

---

(152) Chama a atenção também o fato de que parcela expressiva desse segmento apresenta um reduzido grau de instrução formal. Segundo os dados da ECINF de 1997, do total de pessoas ocupadas nos empreendimentos informais urbanos, 46% tinham o primeiro grau incompleto e 67% não tinham completado o segundo grau; 15% tinham o segundo grau completo e menos de 10% tinham o superior completo ou incompleto. O grau de instrução das mulheres era melhor do que o dos homens; uma proporção maior de mulheres tinha o segundo grau completo (20% contra 13% dos homens) e o superior completo ou incompleto (11% contra 8% dos homens); uma proporção menor (68%) não tinha o segundo grau completo (contra 77% dos homens).

Quadro 3.48
Empresas do setor informal que utilizam equipamentos e/ou instalações próprias e valor dos equipamentos e/ou instalações, por tipo de empresa, segundo os tipos de equipamentos e/ou instalações. Brasil, 2003.

Tipos de equipamentos e/ou instalações	Empresas do setor informal (conta própria) que utilizam equipamentos e/ou instalações próprias (1)	Valor dos Equipamentos e ou Instalações (1.000 reais)	Valor Médio (em Reais)
Imóveis, barracas ou *trailers*	619.390	10.455.289	16.878,00
Ferramentas ou utensílios de trabalho	3.113.264	1.650.772	530,00
Máquinas	1.367.047	2.239.785	1.638,00
Móveis e equipamentos	1.774.123	3.900.174	2.198,00
Veículos utilizados no negócio	963.372	13.800.206	14.324,00
Outros	547.323	10.995.561	20.089,00

Fonte: IBGE, Diretoria de Pesquisas, Coordenação de Trabalho e Rendimento, Economia Informal Urbana 2003. (1) Exclusive as empresas do setor informal que não informaram o valor dos equipamentos e/ou instalações próprias.

Quadro 3.49
Empresas do setor informal, por grupos de atividade, segundo o tipo de empresa e a utilização de equipamentos e/ou instalações. Brasil, 2003.

Tipo de empresa e utilização de equipamentos e/ou instalações	Empresas do setor informal					
	Total	Grupos de atividade				
		Indústrias de Transformação e Extrativa	Construção Civil	Comércio e Reparação	Serviços de Alojamento e Alimentação	Transporte, Armazenagem e Comunicações
Conta própria	9.096.912	1.441.103	1.638.037	2.950.813	607.302	776.774
Utilizam equipamentos e/ou instalações próprios	6.155.099	1.036.545	1.281.418	1.668.892	458.024	582.940
Só utilizam equipamentos e/ou instalações alugados ou cedidos	681.588	73.363	125.363	213.696	50.909	79.520

Tipo de empresa e utilização de equipamentos e/ou instalações	Empresas do setor informal					
		Grupos de atividade				
	Total	Indústrias de Transformação e Extrativa	Construção Civil	Comércio e Reparação	Serviços de Alojamento e Alimentação	Transporte, Armazenagem e Comunicações
Não utilizam equipamentos e/ou instalações	2.245.060	322.988	230.290	1.065.041	97.335	114.269
Sem declaração	15.165	8.207	966	3.184	1.034	45

Fonte: IBGE, Diretoria de Pesquisas, Coordenação de Trabalho e Rendimento, Economia Informal Urbana 2003.

O baixo grau de organização desses trabalhadores por conta própria pode ser expresso pelo fato de que apenas 8,4% deles são filiados a algum sindicato ou órgão de classe, situação que é ainda pior na Construção Civil (1,4%), nos ramos de Serviços de Alojamento e Alimentação (2,3%) e na Indústria de Transformação e Extrativa (3,6%). Entretanto, nos Serviços de Educação, Saúde e Serviços Sociais (34,8%), nas Atividades Imobiliárias (32,3%) e no ramo de Transporte, Armazenagem e Comunicações (19,6%), as participações relativas dos filiados a sindicatos ou outros órgãos eram muito mais elevadas (veja Quadro 3.51).

QUADRO 3.50
Empresas do setor informal, por grupos de atividade, segundo o tipo de empresa e a forma de contabilidade. Brasil, 2003.

Tipo de empresa e forma de contabilidade	Empresas do setor informal					
		Grupos de atividade				
	Total	Indústrias de Transformação e Extrativa	Construção Civil	Comércio e Reparação	Serviços de Alojamento e Alimentação	Transporte, Armazenagem e Comunicações
Conta própria	**9.096.912**	**1.441.103**	**1.638.037**	**2.950.813**	**607.302**	**776.774**
Não registra nada	5.179.930	909.946	1.299.603	1.379.134	319.618	470.027
Registra sozinho	3.304.939	486.535	318.825	1.250.565	235.963	268.621
Tem contador que faz o controle	570.643	41.516	13.749	309.248	50.631	31.398
Outra forma	31.040	1.582	4.174	8.035	931	6.366
Sem declaração	10.360	1.523	1.687	3.831	159	362

Fonte: IBGE, Diretoria de Pesquisas, Coordenação de Trabalho e Rendimento, Economia Informal Urbana 2003.

Por outro lado, apenas 3,1% do total dos trabalhadores por conta própria estavam organizados em cooperativas e 4,4% em firma individual, os demais não tinham nenhuma forma de constituição jurídica. O trabalho em cooperativas estava mais presente no ramo de Atividades Imobiliárias, Serviços de Aluguel e Serviços Prestados às Empresas. Também era um pouco mais elevada do que a média nos Serviços de Alojamento e Alimentação e no Comércio e Reparação. No caso das Atividades Imobiliárias, a maior concentração de trabalho cooperado deve refletir principalmente os empregados de condomínios prediais que são classificados nesse ramo de atividade, inclusive os trabalhadores da área de segurança (veja Quadro 3.51).

Quadro 3.51
Empresas do setor informal, por grupos de atividade, segundo o tipo de empresa e os indicadores de formalização.
Brasil, 2003.

Tipo de empresa e indicadores de formalização	Empresas do setor informal					
	Total	Grupos de atividade				
		Indústrias de Transformação e Extrativa	Construção Civil	Comércio e Reparação	Serviços de Alojamento e Alimentação	Transporte, Armazenagem e Comunicações
Conta própria						
Filiação a sindicato ou órgão de classe						
Filiado	760.951	53.068	22.825	177.946	13.523	152.791
Não filiado	8.332.886	1.387.489	1.615.213	2.771.719	593.778	623.718
Participação dos filiados no total	8,4%	3,6%	1,4%	6,0%	2,3%	19,6%
Tipo de constituição jurídica						
Firma individual	372.389	29.284	6.044	230.470	36.734	19.751
Sociedade ou cooperativa	282.038	24.932	8.267	130.925	19.264	19.162
Não tem	8.435.194	1.386.764	1.623.318	2.585.418	549.911	737.862
Sem declaração	7.291	123	409	4.000	1.392	-

Tipo de empresa e indicadores de formalização	Empresas do setor informal				
	Grupos de atividade				
	Atividades Imobiliárias, Aluguéis e Serviços Prestados às Empresas	Educação, Saúde e Serviços Sociais	Outros Serviços Coletivos, Sociais e Pessoais	Outras Atividades	Atividades mal definidas
Conta própria					
Filiação a sindicato ou órgão de classe					
Filiado	177.919	87.188	66.757	7.390	1.544
Nãofiliado	373.595	163.969	695.874	22.268	85.264
	32,3%	34,8%	8,8%	25,5%	1,7%
Tipo de constituição jurídica					
Firma individual	32.164	3.427	11.816	2.445	255
Sociedade ou cooperativa	46.867	10.038	17.713	4.767	104
Não tem	471.371	238.552	733.102	22.447	86.448
Sem declaração	1.183	–	184	–	–

Fonte: IBGE, Diretoria de Pesquisas, Coordenação de Trabalho e Rendimento, Economia Informal Urbana 2003.

Enfim, a ECINF não capta o total de trabalhadores por conta própria do país, mas apenas aqueles que se organizam em estabelecimentos com até 5 (cinco) empregados da economia informal urbana. Os dados da PNAD, para o ano de 2003, apontavam um número muito maior (13,6 milhões) de trabalhadores por conta própria não agrícolas do que os 9,5 milhões captados pela ECINF. Assim, pode haver um número muito maior de trabalhadores por conta própria em situação semelhante a esse universo captado pela ECINF. No entanto, as informações detalhadas dessa pesquisa podem ajudar na definição de um critério para delimitar o universo de trabalhadores por conta própria desenvolvendo atividades muito desestruturadas e com baixos rendimentos.

Por um lado, é relevante o fato de que 5,2 milhões de trabalhadores não registram nenhuma operação contábil, mas há uma situação intermediária em que mais de 3 milhões de trabalhadores registram sozinhos suas operações. Isso indica que as atividades de mais de 5 milhões de trabalhadores são muito desorganizadas e devem ser de baixo rendimento. Por outro lado, os trabalhadores por conta própria com ou sem constituição jurídica, com receita até na faixa de R$ 2.000,00, devem ser trabalhadores autônomos de baixa renda e inseridos precariamente na estrutura ocupacional, pois desta receita ainda são deduzidas as despesas, de forma que a grande maioria nessa situação apresenta um reduzido rendimento mensal. Esse critério de classificação claramente apresenta arbitrariedades, mas parece sensato supor que, tendo ou não constituição jurídica, aqueles que apresentam uma receita bruta de até R$ 2.000,00 pertencem ao núcleo mais desestruturado dentre os trabalhadores por conta própria. Nessa situação estariam cerca de 7,7 milhões de trabalhadores pesquisados registrados pela ECINF.

Já a maioria daqueles que apresentam constituição jurídica e receita acima de R$ 2.000,00 deve desenvolver atividades mais organizadas, embora uma parte possa ter também rendimentos reduzidos. Entretanto, a opção por esse critério, ainda que possa superestimar o número de trabalhadores por conta própria com precária inserção ocupacional, tem a vantagem de tornar mais segura a estimativa de que aproximadamente 1,1 milhão de trabalhadores por conta própria — dos quais 360 mil apresentam constituição jurídica e 300 mil têm uma receita acima de R$ 5 mil — parecem ter uma inserção ocupacional bem melhor do que os demais, indicando uma forma mais estruturada de trabalho por conta própria e provavelmente um trabalho mais qualificado. No Quadro 3.52, pode-se observar que a área cinza corresponde à estimativa dos trabalhadores por conta própria com uma precária inserção ocupacional; a área azul corresponde aos melhores inseridos.

QUADRO 3.52

Empresas do setor informal, por constituição jurídica, segundo o tipo de empresa e as classes de valores da receita e despesa. Brasil, 2003.

Tipo de empresa e classes de valores da receita (R$) (1)	Empresas do setor informal			
	Total	Constituição jurídica		
		Possui	Não possui	Sem declaração
Conta própria	9.096.912	660.434	8.435.194	1.284
1 a 100	866.225	889	865.337	–
101 a 200	1.005.596	3.332	1.002.194	70
201 a 300	1.098.925	8.592	1.090.333	–
301 a 500	1.573.641	23.781	1.549.676	184
501 a 1 000	1.971.032	89.013	1.881.896	123
1 001 a 2 000	1.182.281	154.542	1.027.739	–
2 001 a 5 000	806.791	226.744	580.047	–
5 001 ou mais	307.344	134.275	173.068	–
Sem receita	146.974	6.094	140.880	–
Sem declaração	138.102	13.172	124.023	907

Fonte: IBGE, Diretoria de Pesquisas, Coordenação de Trabalho e Rendimento, Economia Informal Urbana 2003.

Por último, a análise da população não remunerada mostra que sua participação na estrutura ocupacional não agrícola reduziu-se entre 1993 (3,7%) e 1999 (3,5%), e muito mais no período 1999-2004 (para 2,4%). Neste último ano, a PNAD/IBGE registrou cerca de 1,6 milhão de trabalhadores não remunerados no meio urbano, enquanto a ECINF em 2003 registrou a presença de apenas 700 mil na economia informal urbana[153]. Em geral, os trabalhadores não remunerados são ajudantes a auxiliares em pequenos negócios, já que nas empresas mais organizadas, nas médias e grandes empresas, a estrutura organizacional não comporta esse tipo de ocupação. Dessa forma, serão todos considerados como trabalhadores de pequenos negócios com uma precária inserção ocupacional.

O número de empregados nas micro e pequenas empresas do setor formal (11,9 milhões em 2004, excluindo-se o setor Agropecuário) e o número estimado de trabalhadores sem carteira de trabalho nas micro e pequenas empresas são muito mais elevados do que o número de assalariados (com e sem carteira) nos pequenos empreendimentos informais urbanos (2,1 milhões em 2003). Dessa forma, é no segmento de assalariados em MPE onde concentra-se a problemática das relações de trabalho nos pequenos negócios, ou seja, as questões relacionadas às relações entre empregados e empregadores e ao cumprimento dos direitos trabalhistas. Ainda mais considerando que nas empresas do setor formal há um contingente enorme de trabalhadores assalariados sem carteira de trabalho assinada.

Por outro lado, os dados da ECINF mostraram que não há, no conjunto dos empreendimentos informais urbanos, um expressivo grau de assalariamento, aspecto que marca todos os setores de atividade, de forma que a maior relevância em termos de empregados assalariados ocorre, principalmente, nos setores que apresentam maior peso na estrutura ocupacional dos empreendimentos informais urbanos, como o Comércio e Reparação, a Indústria de Transformação e Extrativa, os Serviços de Alojamento e Alimentação e a Construção Civil. Nesses ramos de atividade com maior importância nos pequenos negócios informais, a problemática do cumprimento dos direitos trabalhistas e das relações de trabalho merece maior atenção. De qualquer forma, os problemas trabalhistas nos empreendimentos informais urbanos estão muito mais associados às condições de trabalho, de remuneração, de proteção social e previdenciária dos trabalhadores por conta própria e, em menor medida, aos problemas relacionados às relações de trabalho entre empregados e empregadores.

---

(153) A elevação dos trabalhadores sem remuneração na economia informal urbana (+ 190 mil), entre 1997 e 2003, revela uma provável deterioração das relações de trabalho; entretanto, uma parcela substancial desses trabalhadores é conformada pelo trabalho de membros da própria família do "empreendedor".

Por outro lado, o período coberto pelos dois levantamentos da ECINF é insuficiente para captar uma tendência definitiva em relação ao ritmo de expansão dos empreendimentos informais urbanos nos anos 1990, de maior impacto do reduzido crescimento e das transformações estruturais, e no período 2000-2005, de menor crescimento do trabalho autônomo; embora a lenta expansão desses empreendimentos informais possa estar revelando já os impactos menos desfavoráveis desse último período sobre a expansão dos ocupados em pequenos negócios, principalmente nos mais desestruturados. A ECINF aponta um ritmo de crescimento, dos ocupados em pequenos negócios informais, bem menor do que a expansão dos ocupados no universo das micro e pequenas empresas formais num período semelhante, que foi superior a 40%, entre 1996 e 2002. A expansão do universo das micro e pequenas empresas formais neste último período também foi muito superior, cerca de 56%. Enquanto o número de empreendimentos informais urbanos aumentou 858 mil entre 1997 e 2003, o número de micro e pequenas empresas formais aumentou em 1,8 milhão, entre 1996 e 2002, sendo que somente no segmento das microempresas formais com 0 (zero) até 4 (quatro) empregados ocorreu um aumento de 1,5 milhão de unidades.

Portanto, se fosse considerado apenas o universo da ECINF e seu comportamento no período 1997-2003, como expressão dos pequenos negócios não estruturados, a conclusão a que se chegaria é que ocorreu uma elevação do grau de formalização dos pequenos negócios no Brasil[154]. Entretanto, é preciso considerar que muitos pequenos negócios não estruturados e provavelmente muitos autônomos de baixa renda que não aparecem na ECINF, porque essa pesquisa capta somente os empreendimentos com até 5 (cinco) ocupados, aparecem nas estatísticas do setor formal, como no RAIS/MTE, e/ou na PNAD/IBGE. Ou seja, uma parcela expressiva dos pequenos negócios não estruturados é captada pelas informações do setor formal.

Finalmente, o conjunto de dados analisados parece apontar para uma tendência mais lenta de expansão do universo de trabalhadores por conta própria na economia informal e uma tendência de maior crescimento do emprego em pequenos negócios formalizados — não necessariamente estruturados — que foi maior também do que o ritmo de expansão do conjunto dos trabalhadores por conta própria, apontado pelos dados da PNAD. E

---

(154) Marcado cada vez menos por empregadores e assalariados, a evolução da situação ocupacional do universo pesquisado pela ECINF mostra que não houve uma modificação ou intensificação da problemática do descumprimento dos direitos trabalhistas nos pequenos negócios informais urbanos, de forma que a precariedade existente nas relações de trabalho em 1997, nesse universo, pelo menos quantitativamente não foi expressivamente alterada. Portanto, apesar da situação de precariedade dos empregados — principalmente dos sem carteira assinada —, a problemática trabalhista desse segmento está mais fortemente associada às precariedades das condições de trabalho, à instabilidade e reduzidos rendimentos e à ausência de proteção social da maioria dos trabalhadores por conta própria, que somavam 9,5 milhões em 2003.

esse comportamento é muito mais claro no período 1999-2004, de forma que ocorreu não somente uma tendência de elevação do grau de formalização dos pequenos negócios, com o maior ritmo de expansão das micro e pequenas empresas formais, pelo menos em termos jurídicos e tributários, como a tendência neste último período foi de crescer mais rapidamente o emprego assalariado nos pequenos negócios captados pelos dados do setor formal (RAIS/MTE), do que o emprego assalariado na economia informal urbana, ou seja, nos estabelecimentos com até 5 (cinco) ocupados no meio urbano, e do que a expansão do trabalho por conta própria e do trabalho não remunerado. Assim, as questões trabalhistas em pequenos negócios, como se pode visualizar no Quadro 3.53, estão muito mais associadas ao enorme volume de assalariados, ou seja, é muito mais uma questão das condições e relações de trabalho dos assalariados dos pequenos negócios e, em menor medida, dos trabalhadores por conta própria, dos não remunerados e dos empregadores de negócios precários.

QUADRO 3.53

Quadro Resumo — Empregados com e sem carteira de trabalho assinadas em MPE, empregadores em atividades com baixa organização e rendimentos, trabalhadores por conta própria de baixa renda e trabalhadores não remunerados. Brasil, 2003 e 2004 (em milhões).

Setor de Atividade	Empregados em MPE com carteira	Empregados de MPE sem carteira	Empregadores com baixa organização e rendimentos	Conta própria de baixa renda	Não remunerados	Total
Secundário	3,3	3,5	0,4	n.d.	n.d.	—
Terciário	8,6	7,6	1,1	n.d.	n.d.	—
Total	11,9	11,1	1, 5	7,7	1,6	48,2

Fonte: Dados extraídos das tabelas anteriores.

Capítulo 4

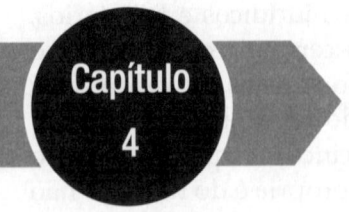

OCUPAÇÃO EM PEQUENOS NEGÓCIOS NO BRASIL: DETERIORAÇÃO DA ESTRUTURA OCUPACIONAL, PROBLEMAS TRABALHISTAS E POSSIBILIDADES DE POLÍTICAS PÚBLICAS

4.1. O SIGNIFICADO DAS MUDANÇAS NA ESTRUTURA OCUPACIONAL DOS PEQUENOS NEGÓCIOS NUM PERÍODO DE ESTAGNAÇÃO ECONÔMICA E MUDANÇAS ESTRUTURAIS

As análises dos capítulos anteriores mostraram que, no período 1980--2004, ocorreu uma significativa elevação da participação dos ocupados em pequenos negócios na estrutura ocupacional não agrícola brasileira. Essa elevação foi resultado do maior ritmo de expansão das diversas formas de ocupação em pequenos negócios, principalmente em relação ao emprego assalariado na média e na grande empresa.

Num período marcado por reduzidas taxas médias de crescimento econômico, essa expansão foi ainda maior no momento em que foram combinados os efeitos do baixo crescimento — e de seus impactos cumulativos sobre o desemprego — com um conjunto de mudanças estruturais associadas ao processo de abertura comercial com valorização cambial (1994-1999), que contribuíram para fazer avançar diversas formas de reorganização econômica e reestruturação produtiva.

A expressiva expansão do universo de ocupados em pequenos negócios reflete um conjunto de importantes movimentos no período 1980-2004: a tendência de desemprego crescente, principalmente nos anos 1990; a transferência de empregos das grandes e médias para as menores unidades produtivas; as novas relações entre empresas de distintos portes; as novas formas de contratação de força de trabalho, por meio da contratação de "pessoas jurídicas", cooperativas e trabalho autônomo para as empresas; a forte expansão de atividades do setor Terciário passíveis de ser desenvolvidas em pequena escala.

Esses processos impulsionaram a expansão das estratégias de sobrevivência no meio urbano, principalmente, por meio do trabalho por conta própria de baixa renda no Comércio de Mercadorias e em diversas atividades da Prestação de Serviços Pessoais. Também impulsionaram o crescimento do trabalho autônomo para as empresas, a abertura de "firmas individuais" e de cooperativas, em função das novas "estratégias" das empresas, no sentido de contratarem "pessoas jurídicas" em vez de assalariados. Impulsionaram a abertura de maiores espaços aos pequenos negócios — por meio dos processos de desverticalização, subcontratação, terceirização, franquias, parcerias etc. —, aspectos importantes tanto para a expansão do número de empregadores como dos assalariados com e sem carteira no segmento de pequenos negócios. As diversas mudanças na estrutura produtiva e social, relativas ao avanço da urbanização e crescimento da população urbana, nas formas de sociabilidade e nos padrões de consumo, nesse longo período, também abriram espaços para a expansão de pequenos negócios no meio urbano. Isso viabilizou a expansão de pequenos negócios na produção industrial, mas principalmente nas diversas atividades do setor Terciário.

Numa sociedade marcada por uma extrema desigualdade — de propriedade, de renda e de padrões socioculturais —, num longo período de relativa estagnação econômica e enorme desemprego, o processo de incorporação da população nesse movimento de expansão do segmento de pequenos negócios também foi muito desigual.

Diante do desemprego elevado, à parcela da população trabalhadora empobrecida, com menor grau de instrução e qualificação profissional, universo que compreende grande parte dos jovens brasileiros, restou inserir-se nos circuitos mercantis urbanos em espaços marcados pela concorrência imperfeita, sem qualquer tipo de barreiras à entrada, como são os casos do Segmento IA, da tipologia proposta no capítulo 1: vendedores ambulantes nas praças, em faróis, praias, com seus carrinhos na venda de alimentos; jovens entregadores de materiais de propagandas nos faróis, nos bares e restaurantes; "guardadores" de automóveis e seguranças de ruas; prestadores de serviços no próprio domicílio, como as manicures e cabeleireiras, vendedores de roupas e produtos de beleza ou objetos contrabandeados, prestadores de serviços de baixa qualificação no domicílio do tomador, como os limpadores de terrenos, jardineiros, lavadores de carros etc.

Com pouca qualificação profissional e instrução formal e sem nenhum "capital" acumulado, esta parcela dos trabalhadores e jovens desempregados não conseguiu nem mesmo ter acesso a outras formas menos precárias de trabalho, como as representadas pelas atividades do Segmento IB, da tipologia proposta. Outros trabalhadores portadores daqueles requisitos, associados às trajetórias pessoais ou familiares, conseguiram se estabelecer em locais relativamente fixos, em espaços públicos, para o desenvolvimento de suas atividades: nos camelódromos; nas feiras para artesãos; no comércio de alimentos em veículos ou em *trailers;* nos bares, mercadinhos, salões de barbeiro e cabeleireiro, armarinhos, oficinas de reparo e manutenção de objetos de uso pessoais e de automóveis, localizados nas regiões de comércio mais empobrecidas das periferias das cidades, nas favelas e em zonas centrais deterioradas. Entretanto, parcela da população mais empobrecida também foi incorporada neste segmento como ajudantes, auxiliares, membros da família ou empregados sem carteira de trabalho, mal remunerados ou sem remuneração, ou mesmo como vendedores autônomos de produtos ou serviços de pequenas empresas locais e regionais.

Nestes segmentos (IA e IB), com a forte presença do trabalho autônomo, familiar e dos empresários e um reduzido grau de assalariamento, os problemas trabalhistas estão muito mais associados à instabilidade e baixos rendimentos, às precárias condições de trabalho e à falta de proteção social, trabalhista e previdenciária do que aos problemas decorrentes das relações de trabalho entre empregado e empregador. Esse aspecto é importante para diferenciar os problemas e as possibilidades de elaboração de políticas públicas para seu enfrentamento. A legislação trabalhista e as instituições criadas para fiscalizar ou exigir o seu cumprimento (Delegacias Regionais do Trabalho, Justiça do Trabalho) têm seu sentido assentado num padrão de trabalho assalariado, não sendo, portanto, aplicável e nem eficaz na maioria dos problemas relativos ao mundo do trabalho nessas atividades desenvolvidas em pequenas escala e, em grande medida, pelo trabalho não assalariado.

Outra parcela de trabalhadores autônomos e empreendedores ou empregadores, com maior qualificação profissional, algum capital e proprietários de seus instrumentos ou ferramentas de trabalho, puderam ocupar melhores espaços, mesmo nesse longo período de lenta expansão da renda urbana. Espaços abertos também em mercados geralmente marcados pela concorrência imperfeita, por ausência de ganhos expressivos de economias de escala e por reduzidas barreiras à entrada, em termos de capital e tecnologia, mas significativos em termos de qualificação profissional, tais como: profissionais especializados na prestação de serviços em diversas atividades (segurança, eletrônica e informática, manutenção de veículos, consultores de negócios, especialistas em manutenção de equipamentos de uso industrial, construção civil, vendedores e representantes comerciais, profissionais de mídia, da *internet*, das telecomunicações etc.); comerciantes que se estabeleceram em regiões mais valorizadas para o comércio (vias principais, regiões centrais valorizadas, *shopping centers*), em negócios franqueados e/ou em atividades sofisticadas de consumo das classes médias e altas; além dos profissionais liberais, com seus monopólios representados pelo diploma de curso superior e, geralmente, algum apoio familiar para iniciar suas atividades.

As oportunidades abertas (ou criadas) nestas atividades, classificadas na tipologia proposta como integrantes do Segmento IC, apesar de representar uma melhor inserção ocupacional, em função de melhor ponto de partida desses trabalhadores — em termos de instrução formal, de qualificação profissional, de idade e experiência profissional, de patrimônio financeiro ou sociocultural familiar — também sofreram os fortes impactos negativos da concorrência representada pela própria expansão do número de profissionais, afetando fortemente diversas camadas da classe média, num contexto de lenta expansão da renda urbana, fatores que contribuíram para o processo de mobilidade social descendente verificado neste período. Mas nestas atividades, muitos pequenos empresários puderam contar com a utilização de assalariados mal remunerados, geralmente sem carteira de trabalho assinada e sem direitos sociais e trabalhistas, com uma estrutura de tributos favorecida, o que contribuiu para que muitos prosperassem e enriquecessem, mesmo neste período de lento crescimento econômico. Nesse segmento, com maior presença de assalariados, já é marcante a presença de problemas trabalhistas associados aos vínculos de emprego: problemas associados aos baixos e instáveis rendimentos de parcela dos seus ocupados, mas também aos problemas trabalhistas decorrentes das relações entre empregados e empregadores, que são geralmente marcados por um elevado grau de ilegalidade, cujo ponto de partida é a contratação sem carteira de trabalho assinada.

Em várias atividades produtivas, cuja presença dos pequenos negócios independentes ocorre ao lado da grande e da média empresa, em mercados competitivos em preços ou em mercados mais concentrados liderados por um conjunto reduzido de grandes empresas, principalmente em vários ramos da Indústria de Transformação e do Comércio atacadista e varejista, a expansão da ocupação em pequenos negócios dependeu muito do comportamento setorial e dos impactos favoráveis e desfavoráveis de cada momento do período 1980-2004. Nestes casos, também foram abertas oportunidades para novos empresários; entretanto, o fato mais relevante é que nestas atividades com maiores barreiras à entrada (capital e tecnológica), a expansão do número de ocupados esteve muito mais associada à expansão do trabalho assalariado do que do número de empregadores. Com exceção das atividades modernas e dinâmicas, utilizando força de trabalho altamente qualificada e bem remunerada — de expressão reduzida nos pequenos negócios numa estrutura produtiva e social como a brasileira, mas com promissora trajetória —, as demais atividades desenvolvidas com elevada participação do trabalho assalariado contaram, geralmente, com um enorme excedente de força de trabalho — ampliado nessas décadas de elevado desemprego — e com um padrão rebaixado de utilização da força de trabalho, como forma de enfrentar suas desvantagens competitivas, ainda mais num contexto de lenta expansão dos mercados. Neste segmento, caracterizado na tipologia proposta como Segmento IIA, concentrou-se grande parte dos problemas trabalhistas associados às relações de trabalho.

O conjunto de transformações, do período 1980-2004, também abriu muitas oportunidades para a abertura de pequenos negócios em relações de dependência com as médias e grandes empresas nos processos de subcontratação, terceirização, franquias, contratação de cooperativas, parcerias e contratação de "pessoas jurídicas" (formas ilegais de contratação de empregados). Por um lado, esse processo abriu oportunidades para a expansão do universo de empregadores, para a expansão dos pequenos negócios já existentes, para a criação de novas formas de pequenos negócios. Essas oportunidades também puderam ser aproveitadas por ex-empregados demitidos de médias e grandes empresas e do setor público, por empresários egressos das classes média e alta, com maior grau de instrução e/ou qualificação profissional — em alguns casos com alta especialização/qualificação — com algum capital, capacidade empresarial e relações sociais que os colocaram em posições privilegiadas para empreender esses novos negócios. Mesmo entre os empregadores, essa situação é consideravelmente heterogênea: desde funcionários públicos, por exemplo, que abriram negócios sobre os quais não tinham o menor conhecimento e não conseguiram se manter no mercado, até pesquisadores ou ex-funcionários altamente qualificados que aproveitaram oportunidades para empreender negócios em segmentos modernos, dinâmicos, com tecnologia sofisticada e demanda garantida pelas relações com as médias e grandes empresas que lhes proporcionaram uma melhor capacidade de se manter no mercado. Em muitos casos, na abertura de pequenos negócios em redes de franquias, a propriedade de um montante significativo de capital foi decisiva para que alguns pequenos empresários pudessem aproveitar boas oportunidades.

Entretanto, neste segmento, classificado na tipologia proposta como Segmento IIIB, o assalariamento também apresentou um ritmo de expansão expressivo, de forma que muitos problemas trabalhistas associados às relações de contratação, ao cumprimento da legislação, aos baixos salários e benefícios trabalhistas também se concentraram neste segmento. A existência de um elevado excedente de força de trabalho, ampliado com o crescente desemprego no período 1980-2004, é um aspecto que ampliou, no Brasil, as formas de contratações ilegais e a utilização de um padrão rebaixado de emprego assalariado nestes pequenos negócios. Em muitos casos, as relações de dependência com as maiores empresas foram fatores que acentuaram essas precariedades; pressionadas pelas condições estabelecidas nas relações de subcontratação e terceirização, muitos pequenos negócios buscaram ajustar suas condições de custos, rebaixando ainda mais a remuneração e piorando as condições de trabalho de seus empregados.

Caso semelhante ao anterior também esteve presente naqueles pequenos negócios que estabelecem relações com outros pequenos negócios, em aglomerações setoriais, em relações de interdependência e cooperação.

No Brasil, a situação de elevado excedente de força de trabalho facilita a estratégia destes segmentos em assentar algumas de suas condições de competitividade no trabalho mal remunerado; ainda mais considerando os problemas da estrutura produtiva, de crédito, de desenvolvimento tecnológico e outros aspectos relativos à conformação sociocultural do país e as modestas políticas públicas de apoio ao segmento de pequenos negócios. Essas condições não favorecem a construção de vantagens competitivas assentadas, principalmente, nos ganhos de especialização, cooperação e nas flexibilidades — que são peculiares aos pequenos negócios. Dessa forma, o emprego assalariado nesses pequenos negócios também apresenta um elevado grau de ilegalidade e de precarização. Emblemático, neste sentido, são vários polos produtivos (de confecções, calçados e outros), como os transferidos para algumas cidades do Nordeste brasileiro nos anos 1990, onde predominam elevada intensidade no uso do trabalho, contratações ilegais, baixos salários, precárias condições de saúde e segurança no trabalho.

Portanto, no período 1980-2004, a elevação do peso dos ocupados em pequenos negócios na estrutura ocupacional não agrícola, não somente pelas importantes mudanças setoriais do emprego que também a impulsionaram — como a redução relativa do setor Secundário e a elevação do setor Terciário —, ocorreu num contexto de profundas mudanças, geralmente com diversos impactos negativos sobre a estrutura ocupacional e as condições e relações de trabalho no segmento de pequenos negócios, tais como: elevação das ocupações de trabalhadores autônomos de baixa renda e com precárias condições de trabalho; transformação de ex-empregados em bons postos de trabalho, nas médias e grandes empresas e no setor público, em autônomos ou empregadores malsucedidos de pequenos negócios; expansão do universo de profissionais especializados e pequenos negócios industriais, comerciais e em diversas atividades concorrendo em mercados estagnados; ampliação dos laços de dependência e subordinação dos pequenos negócios ao grande capital; ampliação do assalariamento em piores postos de trabalho, associados a menores rendimentos e benefícios; relações de trabalho mais problemáticas — marcadas pela ilegalidade, fraudes, piores condições de saúde e segurança no trabalho —, além da ausência de proteção social e trabalhista.

A expansão da ocupação em pequenos negócios, portanto, não expressa apenas uma tendência de deterioração da estrutura ocupacional ocorrida no período 1980-2004, mas uma tendência de deterioração das condições e das relações de trabalho, no interior do próprio segmento dos pequenos negócios que, pelo seu peso crescente, expressa uma parte importante da tendência de desestruturação do mercado de trabalho brasileiro, delineada principalmente a partir dos anos 1990.

Vários problemas trabalhistas são mais acentuados no universo dos pequenos negócios, desde aqueles decorrentes da sua concentração em diversos setores e ramos de atividade, como os relativos às condições de trabalho, aos rendimentos, às relações de trabalho, à capacidade de organização sindical e representação de interesses, aos benefícios trabalhistas, às condições de saúde e segurança no trabalho, entre outros.

Considerando também as maiores dificuldades econômico-financeiras, as desvantagens peculiares aos pequenos negócios e o seu menor poder de mercado, os impactos da maior proliferação de pequenas unidades e do acirramento da concorrência entre elas, num contexto de crise econômica e de lenta expansão da renda e dos mercados, não somente contribuíram para agravar diversos problemas trabalhistas no universo dos pequenos negócios, como para ampliar o debate e aprofundar os interesses de empresários em torno da ideia de uma reforma trabalhista que promova um conjunto de regulações específicas, mais flexíveis, para as relações de trabalho no segmento de pequenos negócios. Na seção seguinte, apresenta-se uma síntese dos principais problemas trabalhistas identificados atualmente nos pequenos negócios. Na terceira seção, são discutidos, brevemente, alguns aspectos do debate acerca do diagnóstico e de propostas de políticas públicas para melhorar as condições e relações de trabalho neste universo.

4.2. Problemas trabalhistas no segmento de pequenos negócios

Os diversos problemas trabalhistas enfrentados pelo segmento de pequenos negócios ampliaram-se profundamente, paralelamente à enorme expansão deste segmento nos últimos 25 anos. Ainda que nesse período também tenham sido abertas oportunidades econômicas para o incremento de micro e pequenas empresas eficientes em alguns segmentos — produtivas e lucrativas —, a dinâmica principal de expansão de pequenos negócios esteve marcada, nesse contexto de reduzida expansão dos mercados, pelo surgimento de unidades ainda menores e mais precárias, processo principalmente explicado por uma profunda desestruturação do mercado de trabalho brasileiro, principalmente em função das mudanças ocorridas no período 1990-1999, num contexto de reduzido crescimento, que fez explodir o desemprego e restringiu a expansão de boas oportunidades de incorporação em termos de emprego, condições de trabalho e de remuneração, tornando também a abertura de pequenos negócios uma necessária estratégia de sobrevivência.

Muitos pequenos negócios e empresas juridicamente constituídas e formalizadas surgiram motivadas pelo aumento dos processos de terceirização e de subcontratação, nos quais é comum o aparecimento de ex-empregados de médias e grandes unidades como empresários prestadores de serviços ou fornecedores de seus antigos patrões. Novas empresas, que mesmo não representando uma situação mais precária para seus proprietários, puderam contribuir para criar condições de trabalho mais rebaixadas para seus empregados, relativamente às anteriores ocupações de muitos trabalhadores que foram demitidos das médias e grandes empresas.

A enorme expansão do número de pequenos negócios dificultou a sobrevivência da maioria deles, e a histórica taxa de mortalidade manteve-se muito elevada, com impactos negativos sobre o desemprego e o agravamento dos problemas trabalhistas. Com a expressiva expansão do emprego, com e sem carteira assinada, que elevou a participação dos ocupados no segmento dos pequenos negócios no conjunto da estrutura ocupacional, neste segmento concentrou-se a maior parte das precariedades das condições e das relações de trabalho. São problemas que vão desde a geração de piores postos de trabalho, com menores rendimentos e benefícios, elevado grau de informalidade nas relações de trabalho, piores condições de saúde e segurança no trabalho e que se estendem às questões relacionadas à legislação trabalhista e à Justiça do Trabalho, à fiscalização e multas, ao acesso a informações sobre a legislação trabalhista e previdenciária e que, em geral, remetem a discussões de políticas específicas para o segmento.

Enquanto no universo de empresas com mais de 10 empregados observa-se a prevalência de um emprego padronizado, nas empresas com até 10 trabalhadores — tipicamente microempresa — há um evidente padrão de emprego marcado pela precariedade: elevada proporção de trabalhadores sem carteira assinada e que não contribuem para a previdência; baixo grau de sindicalização; rotatividade no emprego mais elevada, menores salários médios (47% inferior ao salário médio pago nas empresas com mais de 10 trabalhadores); menor proporção de trabalhadores recebendo vale-transporte e auxílio-alimentação (CESIT/SEBRAE 2005).

No conjunto dos pequenos negócios, observa-se um menor grau de assalariamento, o que aponta para uma expressiva participação dos empresários e sócios (membros da família) e do trabalho por conta própria, ou seja, para o fato de que em grande parte deles não há emprego assalariado. Nos setores de Comércio e Serviços, onde concentra-se a maior parte dos pequenos negócios brasileiros, os dados mostram que menos de 60% dos ocupados são assalariados. Nas médias e grandes empresas destes ramos, o grau de assalariamento atinge quase 100% dos ocupados (CESIT/SEBRAE 2005).

A atual precariedade das relações de trabalho nos pequenos negócios que contam com expressivo trabalho assalariado não é, em grande medida, reflexo da utilização de formas atípicas e legais de contratação (contrato a prazo determinado, a tempo parcial): os vínculos formalizados são em grande maioria contratos por tempo indeterminado, com jornadas acima de 40 horas. De modo geral, também nas MPEs, a legislação e as convenções coletivas de cada categoria profissional são os balizadores da regulamentação do trabalho. Embora a legislação trabalhista seja um determinante importante das condições de trabalho da maior parcela dos ocupados em pequenos negócios, que é empregada com ou sem carteira de trabalho, o elevado grau de descumprimento da legislação nos segmentos mais desorganizados contribui para que, no conjunto, os trabalhadores nem mesmo sejam protegidos pelos direitos fundamentais (CESIT/SEBRAE 2005).

Para os empregados assalariados no universo de pequenos negócios, o salário mínimo é um referencial, um determinante importante da remuneração, cujo aumento do seu valor poderia contribuir para reduzir a enorme diferença de salários em relação às médias e grandes empresas. Entretanto, a política de salário mínimo, no conjunto do período 1980-2004, também não contribuiu de forma significativa para reduzir essa diferença. Além disso, nas convenções coletivas — efetivamente realizadas por categoria econômica e não por tamanho de empresa — de cada categoria profissional, a situação de menor competitividade dos pequenos negócios, em diferentes setores e ramos de atividade é, geralmente, utilizada como referência e argumento para rebaixar os benefícios e a remuneração do trabalhador de MPE de várias categorias. Dentre as poucas cláusulas de convenções coletivas que diferenciam benefícios e rendimentos dos trabalhadores das micro e pequenas empresas, em relação às médias e grandes, observa-se que é mais comum a existência de um menor piso salarial para as MPEs e, em alguns casos, também um montante menor de Participação nos Lucros e Resultados (PLR) (CESIT/SEBRAE 2005).

A legislação trabalhista e as negociações e convenções coletivas definem um patamar mínimo de remuneração, de benefícios e de direitos de cada categoria. Esses patamares são incapazes de reduzir sensivelmente a diferenciação das condições de trabalho das micro e pequenas empresas, em relação às médias e grandes, determinada pelo mercado. Isso ocorre pelo simples descumprimento da legislação trabalhista ou pelo estabelecimento de cláusulas de convenções coletivas mais desfavoráveis aos trabalhadores das MPEs. Também é importante o fato de que nos acordos por empresas, realizados posteriormente às convenções coletivas — que geralmente são realizados apenas nas maiores empresas —, os patamares de remuneração e de benefícios são, em geral, melhorados para os trabalhadores da grande empresa. Por outro lado, nas micro e pequenas empresas é expressivo o número de trabalhadores que realizam horas extras de trabalho. Com salários mais baixos e menores benefícios é importante, para o trabalhador, elevar seu rendimento; para a empresa é também muito útil, ampliando a flexibilidade na utilização do tempo do trabalho (CESIT/SEBRAE 2005).

Os trabalhadores de MPE também recebem menos benefícios trabalhistas do que os das médias e grandes empresas. Mesmo assim, nas empresas mais organizadas e para os trabalhadores com carteira assinada, observa-se a existência de benefícios de transporte (vale-transporte), alimentação e, em menor medida, convênios médicos e odontológicos. A reduzida presença de vários benefícios trabalhistas decorre não apenas das maiores dificuldades financeiras das menores empresas e da inexistência de acordos e convenções coletivas que garantam melhores benefícios aos trabalhadores, mas também da ausência de programas públicos adequados ao segmento de pequenos negócios que possam estimular a concessão de benefícios aos trabalhadores.

Provavelmente um dos maiores exemplos, nesse sentido, é o Programa de Alimentação do Trabalhador (PAT). Dentre os vários problemas enfrentados por esse programa, importa aqui mencionar que ele não tem sido adequado para a participação das micro e pequenas empresas, em especial daquelas atualmente participantes do SIMPLES. A baixa adesão das MPEs ao programa é um de seus principais problemas, para o qual contribui a inadequação do sistema de incentivos fiscais, que acaba excluindo grande quantidade de empregados do setor formal — público-alvo do programa. São excluídas, dessa forma, pequenas empresas que apresentam condições muito precárias para desenvolver programas alimentares próprios para seus trabalhadores[155].

Também são mais precárias as condições de saúde e segurança no trabalho nas micro e pequenas empresas, situação que tem sido agravada com a expansão deste universo em meio à estagnação e às mudanças ocorridas principalmente desde o início dos anos 1990. A precariedade das condições de saúde e segurança no trabalho foi acentuada com a intensificação dos processos de reestruturação produtiva e de avanço dos processos de terceirização, subcontratação e maior informalização das relações de trabalho, que contribuíram para ampliar a transferência de riscos ocupacionais e ambientais das médias e grandes empresas em direção às unidades de menor porte. Assim, foi transferido o ônus financeiro dos riscos laborais, justamente às empresas com menor capacidade de suportá-lo. Com isso, concentrou-se ainda mais nas MPEs parte expressiva do ciclo de geração de lesões à saúde humana, expondo os trabalhadores das menores unidades produtivas a condições de trabalho mais degradantes e a maiores riscos em relação a sua saúde e integridade física (CESIT/SEBRAE 2005)[156].

---

(155) Além da sistemática de incentivos fiscais inadequados, que impedem o desconto das despesas realizadas com o PAT nas MPEs, este programa apresenta outros problemas, tais como: o elevado custo de operacionalização das modalidades mais comumente utilizadas (elevadas taxas cobradas sobre os cupons/tíquetes); precariedade no sistema de inspeção da qualidade da alimentação fornecida aos beneficiários do PAT. Para uma análise detalhada desta questão veja, CESIT/SEBRAE (2005).
(156) Na área de Saúde e Segurança do Trabalho também não há uma legislação específica para

A Justiça do Trabalho, embora cumpra um papel fundamental para grande parte dos trabalhadores de MPE, não garante os direitos da maioria dos empregados de micro e pequenas empresas, seja pelo fato de eles somente recorrerem à Justiça após o final do vínculo empregatício com as empresas — em proporção bem menor do que os trabalhadores de médias e grandes empresas —, ou ainda porque demoram muito para receber seus direitos, principalmente em função de dificuldades relacionadas à execução das sentenças. Como já destacamos, para uma parcela importante dos trabalhadores dos pequenos negócios, os trabalhadores por conta própria, a legislação trabalhista e a Justiça do Trabalho têm um papel muito menos relevante. Outros problemas estão associados à inexistência de uma garantia efetiva de acesso à Justiça: dificuldades de atendimento pelas defensorias públicas; dificuldades de obtenção de Justiça Gratuita e de Assistência Judiciária — muitas MPEs não têm condições de arcar com os custos do processo; dificuldades quanto ao acesso ao duplo grau de jurisdição, pelas dificuldades colocadas pelos depósitos recursais; inexistência de espaços de discussão setorial bi ou tripartite, na busca de formas e mecanismos preventivos e de cumprimento da legislação trabalhista e dos programas de segurança e saúde no trabalho; prestação jurisdicional demorada, onerosa, especialmente para os mais necessitados[157]. Além disso, observa-se uma qualificação precária das Câmaras de Conciliação Prévia e custo elevado das Câmaras de Mediação e Arbitragem. Esses aspectos contribuem para as dificuldades de pagamento das dívidas trabalhistas (execuções trabalhistas) e para insolvências e falências de MPE.

A legislação atual não prevê um tratamento específico ao segmento de MPE, no que se refere ao sistema de multas, nas áreas trabalhista e previdenciária. Há apenas uma pequena diferenciação, segundo o número de empregados e a natureza da infração, que provoca uma reduzida diferenciação no valor das multas entre empresas de diferentes portes. Os valores aplicados nas punições atingem mais fortemente as MPEs do que as grandes e médias empresas, se comparados ao montante de capital ou de faturamento de cada uma delas, ou seja, a progressividade existente é insuficiente para penalizar

---

o segmento de MPE; observa-se a inexistência de políticas públicas que facilitem a realização de investimentos (na aquisição de máquinas protegidas ou para instalação de dispositivos e equipamentos de proteção); não há uma política adequada de disseminação de informações para os empresários, e a falta de conhecimento técnico e da legislação pertinente piora o quadro. Sobre uma análise detalhada nos problemas de SST nas MPEs, veja CESIT/SEBRAE (2005).

(157) Em relação à Justiça do Trabalho, praticamente não há tratamento específico para o segmento de MPE, aspecto presente nas reivindicações de empresários de pequenos negócios. Além disso, as Defensorias Públicas não estão funcionando em todas as regiões do país. A atual legislação não contempla adequadamente o benefício da Justiça Gratuita e Assistência Judiciária para pessoas jurídicas e empresários que não têm condições de arcar com os custos do processo. A ampliação da Assistência Judiciária para titulares de MPE nem mesmo vem sendo discutida, ao contrário da Justiça Gratuita, que já apresenta muitos casos de atendimento de empresários de MPE. Veja CESIT/SEBRAE (2005), para uma análise detalhada sobre essas questões.

as empresas segundo a capacidade financeira e econômica de cada uma. Diferentemente das grandes empresas, com sua maior capacidade financeira e organizativa e com seus funcionários ou escritórios contratados de advocacia, as MPEs têm maiores dificuldades para recorrer contra as autuações nas áreas trabalhistas e previdenciárias. Isso geralmente ocorre porque é elevado, para as MPEs, o custo de contratação de profissional especializado para realizar o serviço e, principalmente, por conta da exigência do depósito recursal no valor total da multa. As dificuldades são ainda aumentadas pela inexistência de um sistema de parcelamento das multas[158].

Em função das especificidades das MPEs, observa-se também um conjunto de dificuldades relativas ao cumprimento da legislação trabalhista e previdenciária, que está associado à desinformação dos empresários do setor, diante da excessiva burocracia e da complexidade de vários procedimentos. Relativamente às médias e grandes empresas, que apresentam uma estrutura administrativa suficientemente organizada para responder a essas exigências, as MPEs geralmente apresentam diversas dificuldades para ter acesso, gerenciar e atualizar as informações necessárias para o cumprimento da legislação (trabalhista, previdenciária, sanitária e outras relativas à SST), muitas vezes deixadas em plano muito inferior, diante de outras importantes tarefas para a precária estrutura administrativa. Esta situação não somente contribui para elevar o descumprimento da legislação e elevar as despesas das MPEs, mas, principalmente, desperdiça a utilização de instrumentos importantes para a prevenção de irregularidades, que têm importantes impactos financeiros negativos sobre as MPEs, sobre a redução da arrecadação de encargos trabalhistas e previdenciários e, pior ainda, não evita acontecimentos posteriormente irreversíveis, como os acidentes de trabalho, lesões, casos de invalidez e seus impactos também negativos e irreversíveis sobre a previdência social[159].

Portanto, considerando esses e outros problemas trabalhistas no segmento de MPE, as especificidades e desvantagens competitivas do segmento — associadas às diversas formas de inserção precária e subordinadas na estrutura de concorrência — revelam, em muitos casos, uma situação incompatível com a elevação do padrão de remuneração e de condições de trabalho. É evidente que essa não é a situação de todas as MPEs; uma parcela não somente tem

---

(158) Em geral, as pequenas empresas são mais penalizadas, porque a forma atual de cálculo dos valores das multas tende a impor, proporcionalmente, maior ônus às empresas com menor número de funcionários — que têm maiores dificuldades para cumprir adequadamente a legislação trabalhista e previdenciária e para melhorar as condições de saúde e segurança no trabalho, além da menor capacidade de pagamento. Para uma análise detalhada destas questões, veja CESIT/SEBRAE (2005).
(159) A relação custobenefício desses programas informativos é tão positiva econômica e socialmente que em vários países da União Europeia há agências públicas especializadas na disseminação de informações e apoio consultivo às MPEs, em especial nas questões relativas à segurança e saúde no trabalho. Veja CESIT/SEBRAE (2005).

condições e garante o patamar mínimo de direitos dos trabalhadores; outra parcela, mesmo tendo melhores condições econômico-financeiras, aproveita-se da situação de enorme oferta de força de trabalho e de elevada informalidade/ ilegalidade no segmento e mantém um padrão reduzido de remuneração e elevada informalidade nas relações de trabalho, não cumprindo sequer o padrão mínimo de direitos assegurados pela legislação trabalhista.

Esta situação de diferenciação da remuneração e das condições de trabalho do segmento de micro e pequenas empresas, relativamente às demais empresas, não somente expressa a pior situação econômico-financeira, as especificidades das empresas deste segmento, o elevado desemprego, a ineficácia dos sistemas de fiscalização — que têm sido desmontados — em milhões de pequenos negócios, mas também o fato de que seus empregados apresentam menor capacidade de organização no local de trabalho e nos sindicatos e, portanto, têm menor capacidade de pressão e de negociação, inclusive de traduzir seus interesses específicos nas negociações coletivas e de restringir o elevado grau de informalidade nas relações de trabalho. Essa tendência de maior precariedade nas condições e relações de trabalho no segmento de pequenos negócios, presente naqueles que desenvolvem suas atividades em estabelecimentos, formalmente regularizadas como pessoas jurídicas, é ainda mais grave nos pequenos negócios informais. Nestes, é ainda mais elevado o descumprimento de muitas exigências legais (abertura de empresas, pagamento de impostos, cumprimento das legislações trabalhista, previdenciária, sanitária, das normas de saúde e segurança no trabalho).

Portanto, a expansão do emprego nos pequenos negócios, em grande medida, reflete uma realidade, num universo muito heterogêneo, de um segmento que passou a ser, relativamente, mais precário, com maior participação de empresas menos organizadas e com menor produtividade. A expansão da ocupação neste segmento, no período 1980-2005, num contexto de relativa estagnação econômica, contribuiu para agravar os problemas trabalhistas e deteriorar os rendimentos, as condições e relações de trabalho dos ocupados em pequenos negócios. Esta situação tem contribuído para ampliar o debate acerca da necessidade de reforma na área trabalhista e de ampliação das políticas públicas para o segmento de pequenos negócios.

4.3. Problemas trabalhistas, reformas e políticas públicas: o debate em torno da questão trabalhista nos pequenos negócios

No Brasil, não há um padrão de regulação trabalhista específico ao segmento de micro e pequenas empresas. O marco legal que rege as relações de trabalho nesse segmento é o mesmo que rege as relações do conjunto dos empregados, um padrão de regulação do trabalho consolidado há várias décadas. Nem mesmo as importantes mudanças legais ocorridas na Constituição Federal de 1988, e suas posteriores regulamentações, foram capazes de criar um arcabouço institucional específico, no que se refere à legislação trabalhista e às relações de trabalho nos pequenos negócios. Um número reduzido de medidas, com pouca importância, foram implementadas nos anos 1990, destinando-se especificamente às questões trabalhistas em MPE. Os objetivos da implementação do SIMPLES não visaram a alcançar mudanças na área trabalhista. Entretanto, a eliminação dos encargos sociais sobre a folha de salários teve impactos sobre questões trabalhistas. Outras medidas implementadas, nos anos 1990, afetaram de forma marginal a legislação trabalhista para o segmento de MPE, o que de certa forma pode ser interpretado como resultado de a Constituição Federal não permitir tratamento diferenciado e simplificado na esfera trabalhista às micro e pequenas empresas[160]. Também no Governo Lula foi encaminhado o projeto do "Super Simples", com impactos sobre os direitos trabalhistas. Entretanto,

> "as poucas novidades do projeto de lei do 'super simples' são, na realidade, medidas redutoras de direitos ou de fontes financiadoras de políticas públicas: dispensa de pagamentos das contribuições sindicais ...; dispensa do pagamento das entidades privadas de serviço social e de formação profissional vinculadas ao sistema sindical; redução dos depósitos ao FGTS para 0,5% ....; dispensa do pagamento de 'expurgos' pelos Planos Econômicos Collor e Verão.... Essas novidades, porém, importam redução de fontes de financiamento de organizações políticas ..., de financiamento de políticas públicas de formação profissional..., de políticas públicas habitacionais (caso do FGTS) e, ainda, redução de direitos dos trabalhadores... (FGTS). (...). Claramente, trata-se de uma medida, como afirmamos anteriormente, que visa à redução de custos, por meio de redução de direitos, e não pode ser apresentada e defendida veladamente como uma medida simplificadora." (CESIT/SEBRAE 2005).

Considerando os vários problemas trabalhistas apontados no segmento de MPE, na seção anterior, observa-se que foi dada pouca atenção ao segmento de micro e pequenas empresas, tanto no que se refere a legislações específicas, como a políticas públicas voltadas a questões trabalhistas.

---

(160) Uma dessas medidas foi implementada, em 1999, com o Estatuto das Micro e Pequenas Empresas, garantindo fiscalizações trabalhista e previdenciária de cunho pedagógico e com prioridade para prestar informações e orientações às MPEs, assim como o critério da dupla visita, antes da lavratura do auto de infração. O Estatuto das Micro e Pequenas Empresas também dispensou as MPEs de algumas obrigações relacionadas à área trabalhista (dispensa de livro de registro, de empregar estagiários etc.). São medidas desburocratizadoras, praticamente sem importância no que se refere ao padrão de regulação do trabalho no Brasil. Para uma análise detalhada desta questão, veja CESIT/SEBRAE (2005).

O conjunto de políticas públicas, implementadas nos últimos 20 anos, ainda que muito modesto se comparado aos seus congêneres em vários países desenvolvidos, destinou-se principalmente à melhoria da situação econômico-financeira das micro e pequenas empresas, num contexto de crise econômica, sem, no entanto, apresentar a mesma dimensão — em termos de programas e recursos públicos — e os mesmos objetivos, para a melhoria das condições e relações de trabalho neste segmento, que concentra a maior parte das precárias condições e relações de trabalho do país.

Num cenário de implementação de um conjunto de medidas liberais na área trabalhista, de estagnação econômica, de deterioração das condições econômica-financeiras de parcela expressiva do segmento de MPE, de explosão do desemprego e desestruturação do mercado e das relações de trabalho, os problemas trabalhistas, relativos ao segmento de micro e pequenas empresas, foram tratados com relevância nas discussões recentes sobre as reformas sindical e trabalhista, ganhando inclusive espaços específicos de discussão no Fórum Nacional do Trabalho.

Estabeleceu-se uma profunda polêmica em torno de questões relativas tanto ao diagnóstico dos problemas trabalhistas neste segmento, como em relação às formas de superá-los, principalmente opondo adeptos de propostas de formas específicas de flexibilização dos direitos e das relações de trabalho — que deveriam constituir um regime já denominado de "Simples Trabalhista" para as MPEs — a defensores de reformas que promovam melhorias das condições e relações de trabalho no segmento, sem a eliminação dos direitos trabalhistas fundamentais e a criação (ou legalização) de "trabalhadores de segunda categoria".

Num cenário de deterioração geral das condições e das relações de trabalho no Brasil, com impactos ainda mais concentrados nos pequenos negócios, torna-se cada vez mais evidente a necessidade de promover a melhoria das condições de trabalho no universo dos pequenos negócios. As dificuldades dos pequenos negócios, neste contexto econômico adverso, também têm sido objeto de demandas de reformas e de novas políticas públicas, por parte dos empresários. Na perspectiva liberal, a flexibilização das relações de trabalho, a eliminação da garantia de vários direitos trabalhistas e a redução do custo do trabalho aparecem como medidas importantes para melhorar as condições econômico-financeiras do segmento de MPE, e são também apresentadas como favoráveis aos trabalhadores.

Entretanto, deve-se enfatizar que, da mesma forma que a melhoria da situação econômico-financeira dos pequenos negócios não garante necessariamente a melhoria das condições de trabalho, determinadas mudanças no padrão de regulação do trabalho podem não ter impactos necessariamente positivos sobre a situação econômico-financeira deste segmento. Por isso, é bastante polêmica a discussão acerca de propostas de mudanças nas relações e condições de trabalho como forma de melhorar, ao mesmo tempo, a situação econômico-financeira das empresas e superar o quadro de precariedade do mundo do trabalho nas MPEs. Claramente, essas duas questões podem não ser resolvidas a partir de uma mesma medida ou de um mesmo conjunto de políticas.

A busca de melhorias na situação econômico-financeira, a partir de determinadas mudanças na questão trabalhista, pode, inclusive, piorar ainda mais as condições de trabalho, assim como certas mudanças e melhorias na questão do trabalho, por si só, poderiam levar as MPEs a enfrentar maiores problemas econômico-financeiros. Percebe-se, portanto, que de certa forma são questões que evidenciam interesses antagônicos, que não podem ser facilmente resolvidas e superadas. Por um lado, a simples proposição de um conjunto de medidas legais para a superação do quadro de precariedade das condições do trabalho, na ausência de profundas mudanças no ambiente macroeconômico e em questões estruturais, provavelmente resultaria na elevação do custo das MPEs, na piora de suas condições econômico--financeiras e de competitividade, ou seja, num cenário incompatível com as melhorias das condições de trabalho. Por outro lado, a ênfase na superação das dificuldades econômico-financeiras das MPEs, por meio de medidas legais que levem ao rebaixamento do padrão de direitos de uma parcela dos trabalhadores, criando categorias distintas de trabalhadores, provavelmente resultaria na piora das condições de trabalho e de vida, que já são péssimas no segmento de trabalhadores de MPE, situação injusta e indefensável num contexto de reivindicações de políticas que melhorem a situação econômica--financeira das empresas.

Assim, diante de uma situação econômica estrutural, na qual interagem um enorme contingente de pequenos negócios muito precários e elevado desemprego e excedente de força de trabalho, não há saídas mágicas e fáceis para a melhoria do conjunto do segmento, a partir da promoção de reformas do quadro institucional que melhorem significativamente, ao mesmo tempo, a situação das empresas e dos trabalhadores, sem que se altere esse quadro econômico estrutural adverso. Vale dizer, sem que haja profundas transformações na estrutura produtiva que possam melhorar o ambiente econômico — externo às empresas — para o conjunto das MPEs, permitindo também que parte delas eleve seu grau de organização, sua produtividade (mudanças no interior das empresas) e sua capacidade de garantir um padrão mais elevado de remuneração e de condições de trabalho. O êxito nestes últimos aspectos ou mesmo a viabilidade de sua implementação são improváveis num quadro de relativa estagnação econômica, pois, ao contrário, esse contexto é um dos principais determinantes dessa situação estrutural adversa. A viabilidade e a efetiva melhoria da situação econômico-financeira e das condições e relações de trabalho no segmento de MPE estão, portanto, fortemente associadas à promoção de mudanças no quadro institucional, num contexto de crescimento econômico sustentado e de melhorias no conjunto da estrutura produtiva.

Como a economia brasileira vive há 25 anos numa situação de relativa estagnação, o agravamento do quadro de precariedade das condições de trabalho nas MPEs e de crescente descontentamento de trabalhadores com seus rendimentos e suas condições de trabalho, avança, lado a lado, com o descontentamento dos empresários em relação às exigências da legislação trabalhista e previdenciária, cujo núcleo foi implementado há mais de 60 anos. Assim, na ausência de uma alternativa para a melhoria do conjunto da economia e da sociedade brasileira, a situação econômica tende a piorar para os segmentos mais frágeis — trabalhadores e empresários dos pequenos negócios mais precários — e as divergências de interesses tendem a acirrar-se. A ausência de um ambiente macroeconômico virtuoso restringe as possibilidades de encontrar mudanças que, ao mesmo tempo, melhorem as condições de trabalho e a situação econômico-financeira das MPEs.

Portanto, não se deve menosprezar a importância do fato de que o debate em torno das causas dos problemas do mundo do trabalho nas MPEs, assim como de sua relação com as possibilidades de prosperidade ou não das MPEs, em torno das propostas de mudanças das relações de trabalho seja — nesse contexto econômico, estrutural e conjuntural, adverso — marcado por posições que, claramente, revelam muito mais a defesa de soluções particulares de uma parte em detrimento da outra. Ou seja, pela ausência de propostas e soluções eficazes e eficientes para o conjunto do segmento das MPEs, a partir das quais a melhoria da situação dos trabalhadores seja acompanhada da melhoria da situação das empresas e vice-versa[161].

Nesse debate, as posições da vertente liberal — que geralmente apoia e é apoiada pelos empresários de MPE e de médias e grandes empresas — apontam criticamente para o excesso de leis, regras e normas decorrentes das legislações trabalhista e previdenciária, o elevado custo dos encargos sociais sobre a folha de salários, a rigidez da legislação trabalhista e sua inadaptabilidade à realidade das MPEs, além de diversos problemas em relação à Justiça do Trabalho e aos limites impostos à composição e resolução dos conflitos trabalhistas em espaços negociados no âmbito privado[162]. São

---

(161) Nesse sentido, cabe relatar uma inusitada proposta de um representante sindical patronal nacional, empresário de pequena empresa, em reunião realizada no âmbito de pesquisa realizada pelo CESIT em Convênio com o SEBRAE nacional. Na sua perspectiva, a melhor política pública para o segmento seria: "imposto zero e direito trabalhista zero".

(162) Essa perspectiva liberal geralmente tem seus expoentes nos quadros técnicos da CNI e FIESP, assim como é representada por vários economistas, juristas e sociólogos, como José Pastore, Hélio Zylberstein, entre outros. Veja CESIT/SEBRAE (2005).

críticas que têm como foco a institucionalidade, a regulação do mercado de trabalho, o patamar mínimo de direitos definidos pela legislação trabalhista, a Justiça do Trabalho, o peso do financiamento da seguridade social sobre a folha de salários.

Entretanto, o diagnóstico e as propostas de mudanças dessa vertente, em geral, decorrem de análises que praticamente dispensam uma avaliação da situação estrutural da economia brasileira, na qual as MPEs estão inseridas, e que visam, portanto, muito menos a buscar compreender e transformar essa realidade — que define a situação precária em que nascem, sobrevivem e perecem as MPEs — e muito mais a reivindicar mudanças no quadro institucional, como se essas pudessem, por si mesmas, num quadro econômico extremamente adverso, melhorar a situação econômica das MPEs. Nesta perspectiva, geralmente aceitam ou não contestam adequadamente os enormes efeitos perversos da situação macroeconômica e estrutural da economia brasileira sobre o segmento de pequenos negócios e orientam-se não somente por princípios liberais, mas por uma lógica microeconômica[163].

Dentre os vários problemas apontados pelos empresários de MPE — assim como pelos grandes empresários —, o ponto central é a crítica à legislação trabalhista. A legislação do trabalho no Brasil, principalmente a CLT, seria muito extensa e rígida, e incompatível com o atual dinamismo do mercado e das relações de trabalho, além de conter muitos artigos supérfluos e ultrapassados, que deveriam ser revistos e/ou eliminados[164]. Essa situação tornaria muito complicada, em especial, a vida dos empresários de MPE. Nessa lógica, uma CLT "mais enxuta" (com menos artigos) e uma legislação trabalhista "mais moderna", ou mesmo uma legislação trabalhista simplificada (e diferenciada) para as MPEs (Simples Trabalhista), seriam medidas desburocratizadoras e simplificadoras que contribuiriam para a geração de empregos e para a formalização das relações de trabalho nas MPEs[165].

---

(163) A perspectiva desse trabalho não nega os evidentes problemas enfrentados pelos empresários das MPEs, muitas de suas justas reivindicações e a necessidade de implementar um conjunto importante de mudanças para melhorar as condições de trabalho e a situação econômico-financeira do segmento de MPE. No entanto, é preciso mostrar os problemas decorrentes das propostas que essa vertente liberal tem apresentado como solução para os problemas das MPEs, a ineficácia dessas propostas e seus impactos perversos sobre o mundo do trabalho.

(164) Segundo a nota técnica da CNI, por exemplo, "a regulação das relações de trabalho no Brasil é antiga, extensa e paternalista (...) A Consolidação das Leis do Trabalho (CLT) se estende por mais de 900 artigos que fixam o grosso dos direitos e deveres e deixam muito pouco espaço à negociação entre as partes". Veja SAISSE, Simone. A regulação do trabalho no Brasil: obstáculo ao aumento da renda e do emprego. Brasília: CNI, janeiro de 2005. Veja também CESIT/SEBRAE (2005).

(165) Pastore, por exemplo, afirma que "se o governo está realmente interessado em estimular o emprego, ele deveria tomar iniciativas no sentido de reduzir as enormes despesas que a legislação atual impõe para descontratar um trabalhador". PASTORE, José. Criando empregos por lei. Artigo publicado no jornal "O Estado de São Paulo". São Paulo, 5 de outubro de 2004, apud CESIT/SEBRAE (2005).

Essa crítica e as reivindicações decorrentes revelam apenas a superfície dos problemas e dos interesses neles envolvidos. Claramente, o que está sendo identificado como problema é o custo decorrente do cumprimento da legislação trabalhista. É claro que no conjunto dos custos trabalhistas das pequenas empresas, alguma parcela pode dever-se às despesas decorrentes de excesso de burocracia ou de exigências supostamente desnecessárias, ultrapassadas, que ainda estariam previstas na legislação. Mas é claro também que a maior parcela do custo decorrente da legislação trabalhista é determinada pelo padrão mínimo de direitos (irrenunciáveis) dos trabalhadores, com os quais se busca assegurar um mínimo de proteção trabalhista e social. Assim, não é surpreendente que tanto alguns analistas, como certas reivindicações de empresários, sob a proteção do discurso simplificador e desburocratizador, apontem para mudanças no décimo terceiro salário, FGTS, férias, aviso--prévio, entre outras.

Em princípio, não há discordâncias em relação à necessidade de eliminar possíveis aspectos da legislação trabalhista que representem excesso de regulamentação, de burocratização e que estejam ultrapassados, provocando custos desnecessários às MPEs. Mas esse não é o centro da questão e, talvez por isso mesmo, não se tenha observado a elaboração de propostas importantes de efetiva simplificação e desburocratização da legislação trabalhista, nem para o segmento de pequenas empresas e nem para o conjunto dos empregados. Apesar de todas as afirmações e da defesa, por parte de estudiosos da vertente liberal e de empresários, da necessidade de simplificar e desburocratizar as relações trabalhistas em MPE — o que, segundo esta vertente, não significaria a retirada de direitos trabalhistas —, a apresentação recente do projeto do "Super Simples" pelo Governo Lula — uma reivindicação do segmento empresarial — não trouxe nenhuma medida relevante nesse sentido, principalmente que cumprisse esse papel sem a retirada de direitos dos trabalhadores. Esse é um caso exemplar, portanto, no sentido de comprovar que não é fácil encontrar medidas que simplifiquem e desburocratizem procedimentos, elevem a produtividade e a eficiência das empresas, sem reduzir ou retirar direitos, direta ou indiretamente, e que facilitem a vida dos ocupados em pequenos negócios.

Por isso, mais comum tem sido a proposição de medidas que caminham para a eliminação de direitos, veladamente ou não. O centro das críticas, do debate acadêmico e das divergências de interesses de empresários e de trabalhadores — de MPE e das demais empresas — é a garantia, por lei, de um conjunto de direitos dos trabalhadores e os custos a eles associados. As críticas à extensão, à rigidez e à inadequação da legislação trabalhista são críticas à imposição, por lei, de um conjunto de direitos dos trabalhadores que são vistos como custos difíceis de serem suportados por algumas empresas e, em especial, pelas MPEs e que, portanto, na visão dos empresários deveriam ser negociados. Decorre daí a defesa, ainda que não expressa, de reformas que levem a um padrão de regulação trabalhista mais negociado (em convenções ou acordos coletivos) do que legislado.

A simplificação e a desburocratização — como aparecem na ideia da criação de um "Simples Trabalhista" — convertem-se na terminologia que, muitas vezes de forma velada, significa a redução do espaço de influência da legislação e de alguns direitos fundamentais que ela assegura a todos os trabalhadores. Significa reduzir a regulação e a regulamentação do Estado para que as relações — assimétricas entre empresários e trabalhadores — tornem mais simples, rápida e menos custosa a definição dos direitos e benefícios dos trabalhadores e, ao mesmo tempo, do custo do trabalho das empresas. Se, no pano de fundo, há uma avaliação dos adeptos dessa vertente liberal de que o custo do trabalho é rígido e elevado, obviamente o suposto nas reivindicações de um padrão mais negociado é o objetivo de reduzir custos do trabalho em detrimento dos direitos dos trabalhadores.

Em primeiro lugar, deve-se refutar esse livro considerando que a flexibilização para o caso específico dos trabalhadores das micro e pequenas empresas, a partir da implementação de um "Simples Trabalhista", além de injusta para um conjunto de trabalhadores que já apresenta piores condições de remuneração e de trabalho e reduzida capacidade de organização, de pressão e de negociação, promoveria a criação de trabalhadores de distintas categorias, caminhando, portanto, no sentido contrário dos preceitos de igualdade dos trabalhadores, quanto aos seus direitos trabalhistas fundamentais, garantidos na Constituição Federal.

O tratamento favorecido que a Constituição Federal atribui às MPEs — reconhecendo suas desvantagens econômicas nas esferas tributária, previdenciária, administrativa e de crédito, mas não em questões trabalhistas — deve ser visto como uma forma de promover a redução das desigualdades, não somente entre o grande e o pequeno empresário, entre a grande e a pequena empresa, mas de viabilizar melhores condições para que as MPEs também assegurem os direitos fundamentais dos trabalhadores, reduzindo as diferenças entre os trabalhadores da grande e os da pequena empresa. Ao contrário, a implementação de um regime específico aos trabalhadores de MPE, com um padrão rebaixado de direitos trabalhistas fundamentais ("Simples Trabalhista"), significaria a sanção e o estímulo à existência de trabalhadores de distintas categorias e, portanto, à situação de enorme desigualdade entre os trabalhadores.

Na perspectiva liberal, a suposta rigidez excessiva da legislação trabalhista brasileira precisaria ser revista em nome do combate ao desemprego e da busca de um maior crescimento econômico. Entretanto, deve-se lembrar de que o Brasil é um país que apresenta grande flexibilidade quanto às possibilidades de contratação, alocação, remuneração e despedida dos trabalhadores, ocupando, aliás, uma posição de destaque entre os países com maior rotatividade de mão de obra. E isso ocorre exatamente pela ausência de limites legais à despedida, que a transforma numa mera questão de indenização monetária, num mercado de trabalho marcado por um elevado excedente de força de trabalho[166].

Além disso, no Brasil a remuneração passou a ser objeto de "livre negociação" entre as partes, a partir de 1995, promovendo uma queda no poder de compra dos salários, mais acentuada nos momentos mais agudos de crise econômica. Também não se pode afirmar que a negociação coletiva não é incentivada em nosso ordenamento jurídico, à medida que ela é uma etapa prévia e sua frustração é precondição para que a Justiça do Trabalho intervenha no conflito coletivo de trabalho (com mais ênfase a partir da Emenda n. 45, que a transforma em árbitro público e condiciona sua intervenção ao mútuo consentimento das partes). Também a própria Constituição Federal de 1988 permite a redução salarial e a compensação da jornada de trabalho por meio de acordo ou convenção coletiva[167]. Assim, em seus aspectos mais relevantes, o sistema brasileiro apresenta grande flexibilidade nas relações de emprego, expresso pelos indicadores *records* de rotatividade no emprego (CESIT/SEBRAE 2005).

Algumas experiências internacionais mostram, no entanto, que o tratamento diferenciado às MPEs pode ser aprofundado — como é em vários países desenvolvidos —, mas em esferas que não levem à geração de maior desigualdade social e no mercado de trabalho, como ocorreria com a criação de um tratamento diferenciado à MPE na esfera trabalhista. A ampliação, extensão e melhoria dos instrumentos e do conjunto de políticas públicas às MPEs — tributária, creditícia, tecnológica etc. —, de forma favorecida em relação às grandes e médias empresas, são formas de reduzir e não de elevar a desigualdade na estrutura produtiva e social, que devem contribuir também para que a melhoria da situação das MPEs possa refletir-se na melhoria do padrão de remuneração e de condições de trabalho de seus trabalhadores.

Em função dos baixos níveis de produtividade, mesmo com o pagamento de menores salários e benefícios trabalhistas, nas micro e pequenas empresas, o peso do custo do trabalho no custo total tende a ser maior do que nas empresas de maior porte. Entretanto, deve-se destacar que no segmento das MPEs é mais baixo o grau de assalariamento do que nas médias e grandes empresas.

---

(166) Recente pesquisa realizada pelo Prof. José Dari Krein mostra que os empresários utilizam-se cada vez mais dos contratos de experiência como forma de flexibilizar as contratações e demissões. Isso também tem contribuído para manter elevada a rotatividade no emprego.
(167) Observa-se também a permissão da modulação da jornada de trabalho por meio do banco de horas, combinada, ainda, com a negociação dos turnos ininterruptos de revezamento.

Esse aspecto tem expressiva importância sobe o peso dos encargos sociais e sobre as possibilidades de reduzi-lo ou torná-lo mais flexível. Em subsetores de atividades em que é muito baixa a participação do trabalho assalariado nas MPEs, a questão do custo do trabalho e dos encargos sociais, assim como da suposta rigidez das relações de trabalho, é ainda menos relevante.

Em vários segmentos de MPE — especialmente em alguns setores que já são participantes do SIMPLES ou daqueles que apresentam baixa participação do trabalho assalariado, elevada participação de firmas individuais, de sócio--proprietários e de maiores participações das retiradas nas despesas com pessoal —, o custo do trabalho não apresenta participação muito elevada nas respectivas estruturas de custos. Assim, o impacto direto de uma "nova" redução dos encargos sociais não seria tão importante na redução de custos dessas MPEs[168]. Reduções maiores nas despesas das MPEs, advindas de reduções do custo do trabalho, teriam de contar com a eliminação total dos encargos sociais ou com a eliminação de direitos dos trabalhadores ou redução salarial. Teriam ainda impactos menos relevantes nas empresas já participantes do SIMPLES e naquelas com reduzida participação do emprego assalariado[169].

Como ressaltamos, a questão central das críticas à legislação e ao patamar mínimo de direitos, garantido em lei, decorre da busca da redução dos custos trabalhistas com a eliminação ou flexibilização desses direitos. Nas MPEs, esses custos trabalhistas são fortemente determinados pela influência do

---

(168) Por exemplo, uma redução de 20% dos encargos sociais representaria uma redução de apenas 0,2% das despesas totais do conjunto do Comércio e de 1,2% no ramo dos Serviços. Com os impactos indiretos, a redução das despesas poderia ser maior, mas para isso ocorrer, seria necessário contar com a redução de preços de mercadorias, insumos e matérias-primas, ou seja, de transferência da redução de despesas das MPEs para seus preços que, em certa medida, são também custos de outras MPEs. Mesmo assim, a redução não ocorreria na mesma proporção da redução dos encargos sociais ou dos salários, pois parte expressiva das mercadorias compradas pelas MPEs, dos insumos utilizados e das matérias-primas, é comprada de médias e grandes empresas ou são serviços prestados pelo setor público, que não teriam encargos reduzidos e, portanto, preços reduzidos por esse motivo. A redução dos encargos sociais, especialmente do INSS, pode ter um efeito importante sobre a redução de despesas dos subsetores que mais empregam força de trabalho. Entretanto, essa redução teria impactos negativos sobre a Previdência Social e o financiamento da Seguridade Social, requerendo a existência de fontes alternativas de contribuição previdenciária. Aliás, esse foi um dos motivos mais utilizados como argumentos para a restrição à extensão do SIMPLES a todo o segmento do setor de Serviços. Veja CESIT/SEBRAE (2005).

(169) "Mesmo assim, uma redução de 20% no rendimento dos empregados nas MPEs, não reduziria em mais de 4% as despesas de nenhum ramo de atividade do Comércio. Por exemplo, embora os encargos tivessem maior importância no setor de Serviços e, em especial, naqueles ramos que apresentam uma proporção maior do custo do trabalho nas despesas totais, a redução de encargos sociais, de direitos dos trabalhadores ou dos rendimentos teriam um impacto reduzido sobre as despesas das MPEs, mas poderiam significar a piora das condições de trabalho e de remuneração do segmento de trabalhadores que já apresentam menores rendimentos, poucos benefícios trabalhistas e piores condições de trabalho." Veja CESIT/SEBRAE (2005).

salário mínimo e pisos salariais das categorias — que definem a remuneração — e pelas despesas decorrentes do cumprimento dos direitos trabalhistas e sociais (férias e um terço de férias, décimo terceiro salário, FGTS e multa em caso de despedida sem justa causa, aviso-prévio) e do pagamento dos encargos sociais (INSS, contribuições ao Sistema S, seguro acidentes de trabalho, salário-educação). Para uma parcela expressiva das MPEs que são integrantes do SIMPLES, os encargos sociais já foram retirados da folha de salários, não constituindo mais um custo trabalhista. Assim, observa-se que a demanda por mudanças na legislação buscam não apenas a redução de encargos sociais, mas modificações ou eliminações nos direitos fundamentais dos trabalhadores. Eliminados os encargos sociais sobre a folha de salários e contando com o pagamento de baixos salários — em função do excedente de força de trabalho, de menores pisos salariais e de um reduzido valor do salário mínimo —, o que resta de possibilidade para a maior compressão e redução dos custos trabalhistas são esses direitos fundamentais. Descumpridos por uma parcela expressiva das MPEs, as mudanças flexibilizadoras ou eliminadoras desses direitos cumpririam o papel de legalizar a situação de empresas que atualmente reduzem os custos trabalhistas também com o desrespeito a esse conjunto básico de direitos. Qual seria o limite, o fundo do poço, dessa perspectiva que, ao contrário de buscar a redução do custo do trabalho por meio da elevação da produtividade, mesmo contando com o pagamento de baixos salários, requer novas e sucessivas reduções de encargos sociais e direitos trabalhistas? Na ausência de melhorias no ambiente econômico e na situação econômico-financeiro das MPEs, o caminho não seria a eliminação completa de todos os direitos sociais e trabalhistas e a definição da remuneração e das condições de trabalho por um mercado de trabalho que conta com um enorme excedente de força de trabalho e, portanto, que aprofunda ainda mais a desigualdade na relação de contratação entre empregadores e empregados? Alcançado o fundo do poço — expressão de condições de trabalho ainda piores —, em que variável estaria assentada o ajuste das MPEs às condições estruturais adversas que têm de enfrentar? Ou seja, com o agravamento dessas questões estruturais, nem mesmo uma progressiva desregulamentação e eliminação de direitos e redução de custos trabalhistas poderiam compensar a deterioração econômico-financeira de parcela expressiva das MPEs.

Por isso, é fundamental dar destaque aos impactos do quadro macroeconômico e estrutural mais geral sobre a situação das MPEs, para compreender os problemas do mundo do trabalho deste segmento, e considerar essas questões como referências fundamentais na elaboração de sugestões de melhorias e de novas políticas públicas para o segmento de MPE.

As medidas que têm por objetivo fortalecer as MPEs, de reduzir suas desvantagens competitivas em relação às médias e grandes empresas — que possuem maior capacidade financeira, tecnológica e poder de mercado —, devem ter também o objetivo de criar mínimas condições de organização produtiva e de custos compatíveis com a melhoria das condições de trabalho, e não de promover a compatibilização das condições de trabalho às precárias condições produtivas e financeiras de parcela expressiva das MPEs.

As políticas públicas para as MPEs no Brasil são limitadas se comparadas a várias experiências internacionais. A avaliação do conjunto de políticas implementadas para o segmento de MPE em diversos países desenvolvidos indica que no Brasil é necessário avançar nesse sentido. Em vários países da União Europeia, Estados Unidos, Japão, Coreia, entre outros, observa-se um vasto e diferenciado conjunto de políticas de proteção e de apoio aos pequenos negócios e destinação de significativos montantes de recursos públicos para o segmento (CESIT/SEBRAE 2005). A diferente realidade econômica nos países desenvolvidos, em termos de estrutura produtiva, inserção no comércio internacional, renda *per capita*, de montante de recursos para investimentos, de pesquisa e desenvolvimento tecnológico, de condições de financiamento a taxa de juros reduzidas, contribui também para melhorar a competitividade sistêmica do segmento de MPE e facilitar a implementação de importantes políticas de crédito e financiamento, de apoio aos distritos industriais, aos polos tecnológicos, às exportações, às compras governamentais. São políticas voltadas para um segmento que, nos países desenvolvidos, é muito mais estruturado do que em países como o Brasil — que conta com uma enorme parcela de pequenos negócios precários, com elevada desorganização, baixíssima produtividade, na maior parte inviável economicamente.

Nesse quadro de precariedade, a ampliação dos instrumentos de apoio ao segmento de MPE justifica-se no sentido de reduzir não somente a assimetria existente nas condições de produtividade, competitividade, remuneração, benefícios e condições de trabalho entre as pequenas e grandes empresas, mas também de uma redução da desigualdade no próprio interior do universo de pequenas empresas. A defesa de um conjunto ampliado de políticas públicas de apoio às MPEs justifica-se não somente pela importância econômica desse segmento na estrutura produtiva e ocupacional brasileira, mas também pela necessidade de criar melhores condições para elevar a organização, a produtividade, a renda *per capita*, a formalização das relações de trabalho e a melhoria das condições de vida de mais da metade da população brasileira — empresários e trabalhadores — que depende das atividades desse segmento. Ou seja, além dos impactos e benefícios econômicos, as políticas públicas voltadas a esse segmento apresentam um grande potencial em termos de melhorias das condições sociais do país.

Nesse sentido, quando se tem como pressuposto fundamental promover mudanças para melhorar o conjunto do segmento, compatibilizando a melhoria da situação econômica-financeira das MPEs com a melhoria das condições do mundo do trabalho, observa-se que a estruturação do segmento das MPEs e de seu mundo do trabalho é um grande desafio para o país. De fato, não é tarefa fácil conciliar tais objetivos, pois a melhor eficiência econômica e a elevação do padrão das condições e das relações de trabalho desse segmento — marcado por tantas desvantagens competitivas e precariedades no mundo do trabalho — somente serão alcançadas por medidas que tenham como resultado, ao mesmo tempo, por meio de um processo virtuoso e interdependente, a elevação da eficiência, da produtividade, dos salários e das condições e relações de trabalho. Num país marcado por um enorme excedente de força de trabalho, isso requer medidas eficazes, tanto no plano da legislação trabalhista como na estrutura e nos mecanismos de fiscalização — que devem ser reforçados e aprimorados. Sem a superação deste contexto de 25 anos de relativa estagnação econômica, também não parece nada provável que esse objetivo possa ser alcançado.

A defesa das políticas públicas para o segmento de MPE, portanto, envolve a consideração de um conjunto de questões relativas a seus objetivos e sua eficácia, ou seja, relativas à definição de quais são as políticas mais apropriadas para o segmento de MPE no Brasil, no atual contexto socioeconômico, tarefa nada trivial. Neste sentido, é necessário, pelo menos, qualificar algumas questões que são centrais para o delineamento de políticas públicas para o segmento de pequenos negócios, tendo em vista a melhoria das condições e das relações de trabalho[170].

Uma primeira questão importante refere-se à ideia de criar um regime especial de trabalho para os empregados do segmento de pequenos negócios, um "Simples Trabalhista". Esta criação somente contribuiria para sancionar as enormes desigualdades existentes no mercado de trabalho e na sociedade brasileira. Além disso, passaria a considerar legais as práticas atuais de descumprimento da legislação trabalhista e social, não apresentando avanço no sentido de melhorar efetivamente as condições e relações de trabalho no segmento de micro e pequenas empresas. Este segmento concentra grande parte da precariedade das condições e das relações de trabalho no Brasil e, portanto, uma política eficaz deve contribuir para melhorar concretamente

---

(170) "O reconhecimento das possibilidades de contribuição das pequenas empresas para o desempenho econômico e para a geração de emprego e renda tem justificado a dotação, por parte de muitas instituições nacionais e internacionais, de uma significativa parcela de recursos para o apoio ao desenvolvimento de PEs. Não está resolvida, no entanto, a questão do como, e quais meios utilizar, no emprego de tais recursos. É fundamental avaliar a relativa eficiência das diferentes medidas de apoio e promoção, mas a tarefa não é fácil, porque o assunto subjacente da viabilidade e continuidade dessas empresas, uma vez instaladas, continua bastante obscuro. A avaliação é necessária mesmo quando se trata do apoio às PEs, tendo como justificativa sua possível contribuição para atenuar os efeitos do desemprego. Em qualquer situação é inquestionável que o apoio às PEs só será válido e terá resultados se elas forem economicamente viáveis. Viabilidade entendida como 'estar apta a garantir a continuidade no mercado'.". (NEIT, 1998: 7)

o mundo do trabalho neste segmento. Seria injustificável uma política que, com o objetivo de apoiar o segmento de pequenos negócios, apenas validasse legalmente esse quadro de precariedade, visando a melhorar as condições de funcionamento deste segmento, de uma forma que poderia levar à melhoria das condições para o segmento de empresários em detrimento das condições de trabalho, que já são extremamente precárias.

Uma segunda questão importante refere-se aos condicionantes para a destinação de recursos públicos, por meio de diversas formas de tratamento diferenciado, de incentivos tributários, creditícios, compras governamentais etc. Neste aspecto, um ponto decisivo é não permitir que os beneficiários deste tratamento diferenciado e favorecido continuem descumprindo as legislações trabalhista, social e previdenciária. Os direitos dos trabalhadores são, da mesma forma que o tratamento diferenciado e favorecido às micro e pequenas empresas, garantidos nos planos constitucional e infraconstitucional. Não se pode ampliar as políticas de tratamento favorecido ao segmento, em nome dos princípios constitucionais e legais, sem exigir que seus beneficiários cumpram rigorosamente seus deveres exigidos legalmente.

Não se trata de exigir contrapartidas das micro e pequenas empresas aos programas e aos recursos públicos destinados ao segmento, por meio da formalização dos vínculos trabalhistas e cumprimento de todo o conjunto da legislação trabalhista, social e previdenciária. Isso já é uma exigência legal que dispensa outras medidas para seu cumprimento. Trata-se de impedir que as empresas que não cumpram a legislação tenham acesso aos benefícios das políticas públicas. Excluir, por um período considerável, as micro e pequenas empresas autuadas pelo descumprimento da legislação, da possibilidade de participar dos programas que garantam tratamento favorecido e diferenciado e de ter acesso aos recursos públicos é uma forma importante para impedir que as práticas ilegais acrescentem vantagens competitivas, beneficiando os que contribuem para a precariedade das condições e relações de trabalho, em detrimento daqueles que cumprem a lei e contribuem para elevar o padrão trabalhista. Nesta perspectiva, os recursos públicos contribuiriam para melhorar as condições de trabalho e de funcionamento do conjunto do universo de pequenos negócios, e também para inibir estratégias de concorrência que tornam ainda mais problemáticas, não somente as condições e as relações de trabalho, mas o desenvolvimento das atividades do segmento de pequenos negócios. Medidas, neste sentido, já são implementadas, para o conjunto das empresas, em relação ao trabalho escravo e aos débitos tributários.

Outra questão fundamental na discussão sobre os condicionantes das políticas públicas é considerar a heterogeneidade do segmento e direcionar os incentivos e recursos públicos apenas para os segmentos que apresentem capacidade de permanecer no mercado, com níveis de eficiência econômica compatíveis com o cumprimento das exigências legais e com trajetórias promissoras de desenvolvimento. Vale dizer, não é defensável a destinação de recursos públicos para segmentos de pequenos negócios inviáveis economicamente, ou seja, que se mantêm no mercado principalmente pelas práticas trabalhistas ilegais, com a utilização de um padrão muito rebaixado de utilização da força de trabalho, ou aos segmentos marcados pelo trabalho por conta própria motivados por precárias estratégias de sobrevivência. Além de ineficazes, podem contribuir para manter a desigualdade e a dualidade do mercado de trabalho, não se justificando economicamente e nem para manter empregos precários. A esses segmentos é mais adequada a promoção de políticas sociais[171]. Nesta perspectiva, não são recomendáveis programas que tenham o potencial de abranger indiscriminadamente o segmento de micro e pequenas empresas. É preciso avançar no diagnóstico dos problemas e do potencial de cada segmento produtivo, no universo de pequenos negócios, para definir aqueles que devem ser alvos de políticas públicas e delinear os programas mais adequados para cada segmento.

A demanda por programas mais abrangentes e maior volume de recursos públicos será tanto mais legitimada quanto mais apropriadamente forem delineadas as motivações e os resultados esperados de tais intervenções. Neste sentido, também não parece legítimo e desejável que os impactos de políticas públicas acabem favorecendo muitos pequenos negócios altamente rentáveis, num país marcado por elevada concentração de renda. A legitimação social e política do tratamento diferenciado e da ampliação das políticas públicas ao segmento de MPE, assim como da regulação do mundo do trabalho, estão relacionadas ao tipo de sociedade que se pretende constituir. Num país marcado pela pobreza e por uma desigualdade social insuportável, não parece haver caminho melhor para a legitimação, a viabilização e a eficácia de tais políticas, concretizando um efetivo tratamento diferenciado às MPEs, do que fundamentá-las no interesse público, na busca da estruturação do segmento como um todo, isto é, buscando promover eficiência econômica, estruturação das relações de trabalho, com melhorias para as condições de vida de empresários e trabalhadores de MPE.

---

(171) "Medidas de apoio às PEs que de alguma forma sinalizem certa condescendência diante das práticas subjacentes a 'vantagens' dessa natureza [trabalho mal remunerado e de baixa qualificação], aceitando-as como inevitáveis e 'mal menor' em uma situação de grave desemprego, não vão além de ações de curto prazo com resultados modestos. Além disso, podem conduzir a uma indesejável dualidade no mercado de trabalho — de um lado, empregos estáveis, de baixa qualidade e mal remunerados; de outro, ocupações mais estáveis, bem remuneradas e com qualidade de vida no trabalho. Essa dualidade nada de positivo pode oferecer em termos das mudanças de natureza estrutural que hoje se exige de empresas e governos. Diante disso, expectativas quanto ao potencial de emprego (a que salários e de que qualidade?) por si só não justificariam maior atenção às PEs no âmbito dos objetivos de um conjunto de medidas de política industrial. Caberia, talvez, discutir a questão na esfera das políticas sociais. Sempre seria difícil, de qualquer forma, justificar um apoio especial que de alguma forma viesse a favorecer tal dualidade." (NEIT, 1998: 10-11)

Neste sentido, cabe ressaltar outra questão fundamental: em muitos casos, a melhoria das condições e das relações de trabalho no segmento de pequenos negócios não será alcançada se um conjunto de medidas específicas na área trabalhista não for implementado. Considerando a heterogeneidade e as especificidades do segmento de pequenos negócios no Brasil, é importante tornar mais abrangente, destinar maior volume de recursos públicos e delinear programas específicos ao segmento de pequenas empresas, a exemplo do enorme conjunto de programas e do elevado dispêndio de recursos públicos nas políticas implementadas em vários países desenvolvidos, especialmente na União Europeia.

Algumas propostas de mudanças legais e institucionais e novos programas para os pequenos negócios, tendo em vista os problemas específicos na área trabalhista, foram colocadas em debate como resultado de recente pesquisa realizada pelo CESIT em convênio com o SEBRAE Nacional: adequação dos incentivos fiscais à estrutura tributária das micro e pequenas empresas participantes do SIMPLES ou no regime de lucro presumido — como os benefícios concedidos no âmbito do Programa de Alimentação do Trabalhador, cuja questão já é alvo de estudos no Ministério do Trabalho e Emprego — ; medidas que ampliem e melhorem o acesso à Justiça e à Justiça do Trabalho, por parte de empresários e empregados das micro e pequenas empresas; criação do fundo de execução trabalhista; promoção de espaços de composição de conflitos entre os atores, assentados em novos pressupostos, como a valorização da negociação coletiva e formas gratuitas e voluntárias de comissões de conciliação; ampliação dos programas de qualificação profissional para trabalhadores de micro e pequenas empresas; melhorias da situação de saúde e segurança no trabalho, por meio da implementação de sistemas coletivos, com representação tripartite, para o segmento de pequenos negócios; sistema ampliado e melhor estruturado de fiscalização, assentado nos princípios já em vigor da fiscalização pedagógica, de caráter preventivo, informativo e também punitivo; promoção de um sistema de multas mais equitativo, assentado no princípio da progressividade e da diferenciação por tamanho da empresa e fatores de risco (nos casos de SST); criação de agência e de um sistema público de informações para a área trabalhista; mecanismos para aumentar a representatividade e participação política do segmento das micro e pequenas empresas na elaboração das políticas públicas, nos fundos de financiamento e nas negociações coletivas; políticas de regulamentação e fiscalização adequadas para os casos de subcontratação, terceirização, das atividades das cooperativas de trabalho, das formas de contratação de empregados como "pessoas jurídicas prestadoras de serviços", e também delimitando o poder e as responsabilidades solidárias das empresas contratantes, na transferência de riscos às empresas menores (CESIT/SEBRAE 2005).

Outra questão fundamental está associada ao fato de que parcela não desprezível das dificuldades do segmento de pequenos negócios está associada ao enorme poder de mercado e a diversas formas de concorrência predatória da grande empresa, nacional e estrangeira, e do grande capital financeiro. No Brasil, praticamente não se observa medidas de regulamentação de funcionamento e localização das grandes cadeias de lojas e hipermercados, visando a proteger os pequenos negócios da concorrência predatória, a exemplo do que já ocorre em países desenvolvidos. A proliferação sem controle dos hipermercados, das grandes cadeias de lojas de departamentos, bem como a abertura do grande comércio nos finais de semana, feriados e no período noturno, são, sem dúvida, bons exemplos de dinâmicas capazes de destruir milhares de pequenos negócios. E esse potencial já foi reconhecido em outros países, tanto que passaram a impor controles sobre os interesses do grande capital mercantil, afirmando os interesses públicos em detrimento de interesses de poucos e poderosos grupos privados.

Nestes casos, a melhoria das condições de funcionamento de pequenos negócios não requer, necessariamente, a destinação de recursos públicos, de incentivos e subsídios, mas a pressão política e o posicionamento dos empresários de pequenos negócios e do poder público, no sentido de restringir legalmente diversas práticas predatórias de concorrência das grandes empresas, responsáveis pela destruição do espaço de sobrevivência de milhares de pequenos negócios e milhões de empregos. Nesse sentido, é necessário avançar nos estudos e na implementação de políticas específicas de proteção às MPEs que tenham como objetivo impedir a concorrência predatória da grande empresa. Não se trata de defender a restrição ao dinamismo econômico, financeiro e tecnológico da grande empresa em setores fundamentais para a elevação dos ganhos de produtividade, elevação da competitividade da estrutura produtiva e desenvolvimento econômico. Mas, sim, de explorar as possibilidades de uma regulação pública da concorrência nas atividades em que seus efeitos perversos sobre a sociedade tenham como contrapartida apenas a afirmação de lucros e de interesses muito particulares de alguns grupos econômicos.

Ainda que seja necessário avançar no desenho e na implementação de políticas públicas específicas e capazes de melhorar a eficiência econômica e as condições e relações de trabalho no segmento de pequenos negócios, a viabilidade de muitas delas e, principalmente, a eficácia em termos de melhorias significativas para esse segmento, somente poderão ser alcançadas por meio de melhorias no desempenho da economia, da retomada de um crescimento econômico sustentado. Esse contexto de crescimento econômico é decisivo não somente para criar um ambiente favorável à sobrevivência e à prosperidade das MPEs, mas também para criar um cenário propício à aprovação e implementação de políticas e de recursos públicos necessários para apoiar esse segmento. Nesse contexto, por um lado, promove-se a ampliação dos mercados e da renda nacional, melhorando as condições para a expansão de pequenos negócios mais estruturados. Por outro lado, a redução do desemprego contribui para reduzir os impactos negativos sobre a proliferação do trabalho por conta própria e de "empreendedores" de pequenos negócios precários, melhorando as condições de concorrência com a redução relativa dos "ofertantes" de produtos e serviços. A redução do desemprego e do excedente de força de trabalho também pode contribuir para diminuir os impactos negativos sobre os salários, as condições e relações de trabalho e o enfraquecimento dos sindicatos.

O desenvolvimento de novas políticas públicas para o segmento terá de contar com a destinação de um maior volume de recursos públicos, a exemplo do que ocorre em vários países. Entretanto, as atuais restrições fiscais e monetárias decorrentes do regime de política econômica dificultam a ampliação dos gastos públicos, assim como têm sido responsáveis pela prática de cobrança de taxa de juros exorbitantes, até mesmo em vários programas especiais de crédito às micro e pequenas empresas e às atividades do setor informal. Sem a ampliação de transferências de recursos para o segmento de micro e pequenas empresas, por meio de incentivos e subsídios, fiscais e creditícios, é difícil imaginar políticas eficazes na promoção de melhorias na eficiência econômica e nas relações e condições de trabalho. O custo do financiamento dos recursos necessários à concessão de maiores benefícios às MPEs pelo Poder Público deve, portanto, ser repartido com segmentos sociais que se encontram em melhor situação do que os envolvidos nas atividades das MPEs, como as médias e grandes empresas, os proprietários de grandes fortunas e propriedades e os detentores de alta renda. A superação de um conjunto de problemas que envolve mais da metade da população trabalhadora requer profundas mudanças estruturais no conjunto da economia e da sociedade brasileiras.

Considerações Finais

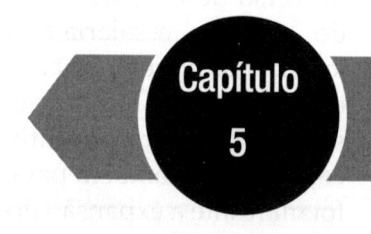

Capítulo 5

A ruptura com a trajetória de elevado e o sustentado crescimento econômico do período da industrialização brasileira, expressa pelas reduzidas taxas médias de crescimento econômico dos últimos 25 anos, provocou fortes impactos na expansão do universo de ocupados em pequenos negócios. As elevadas taxas de desemprego, principalmente a partir do início dos anos 1990, refletindo a relativa estagnação econômica, foi um dos principais determinantes desta expansão.

As mudanças estruturais ocorridas nos anos 1990, principalmente pelos seus impactos no período 1994-1999, foi outro fator importante na expansão do universo de ocupados em pequenos negócios. O conjunto de transformações estruturais, decorrentes da abertura comercial com sobrevalorização cambial e de diversos impactos da reorganização econômica e produtiva, também provocou importantes mudanças na estrutura ocupacional, nas relações entre as grandes empresas e o universo de pequenos negócios, nas formas de contratação de trabalhadores, além de contribuir para que o emprego formal apresentasse um reduzido ritmo de expansão — com impactos ainda mais negativos no emprego da grande empresa.

As mudanças na estrutura produtiva e social, nas formas de sociabilidade, nos padrões de consumo, associadas à continuidade do processo de urbanização e crescimento da população, provocando impactos, principalmente, sobre a expansão nas atividades do setor Terciário e do meio urbano, conformam outro aspecto importante para a expansão dos pequenos negócios.

Numa estrutura marcada pelo excedente estrutural de força de trabalho, esse contexto de elevação do desemprego e de lenta expansão do mercado e da renda interna contribuiu para que essa expansão do universo de ocupados em pequenos negócios fosse marcada por uma forte expansão das ocupações associadas às estratégias de sobrevivência, por meio do trabalho por conta própria precário e de baixo rendimento e também pela expansão do universo de empregadores — para a qual também foi importante o conjunto de mudanças estruturais que abriram novos espaços para o surgimento de pequenos negócios.

Os impactos do baixo crescimento econômico e das mudanças estruturais dos anos 1990 também contribuíram para elevar o peso do assalariamento do universo de ocupados em pequenos negócios, diante do fraco desempenho do emprego assalariado nas grandes empresas, principalmente daquelas localizadas no setor Secundário. Aliado às mudanças estruturais dos anos 1990 e aos impactos das transformações recorrentes, que o capitalismo provoca sobre a estrutura produtiva e social, os impactos da estagnação econômica contribuíram também para a expansão da ocupação no setor Terciário, no qual foi marcante a expansão do universo de ocupados em pequenos negócios.

Como resultado dessas transformações, o peso dos ocupados em pequenos negócios elevou-se no interior da estrutura de emprego do setor privado não agrícola. Esse movimento foi muito mais influenciado pela combinação de reduzidas taxas de crescimento econômico com importantes mudanças estruturais no período 1994-1999. Em função dos efeitos cumulativos da expansão dos ocupados em pequenos negócios, mesmo com os impactos menos desfavoráveis das mudanças ocorridas a partir da desvalorização cambial e do maior ritmo de crescimento das exportações — e dos impactos positivos sobre a relação emprego/produto e sobre a expansão do emprego formal e na grande empresa —, o patamar atingido pelo universo de ocupados em pequenos negócios, apesar de apresentar tendências de redução no período 1999-2004, manteve-se elevado, em níveis superiores ao do início dos anos 1980.

Esse movimento de expansão dos pequenos negócios foi também um movimento que expressou a deterioração do mercado de trabalho nos anos 1980 e uma profunda desestruturação do mercado e das relações de trabalho nos anos 1990. A expansão da ocupação nos pequenos negócios expressa a expansão de um conjunto de ocupações marcadas fortemente pelo trabalho precário da maioria dos trabalhadores por conta própria; pelo crescimento do universo de empregadores desenvolvendo atividades, em grande medidas, ineficientes do ponto de vista econômico, com reduzida produtividade, baixos rendimentos, menor grau de assalariamento e gerando piores postos de trabalho, menores rendimentos aos empregados ou atividades sem remuneração aos ajudantes e membros da família; pela expansão do emprego assalariado sem carteira assinada. Em geral, a expansão de um universo de ocupações também marcadas pela falta de proteção trabalhista, social e previdenciária.

A expansão do universo dos ocupados em pequenos negócios também foi resultado da forte expansão do emprego formal neste universo, em detrimento do emprego formal das médias e grandes empresas. As mudanças na composição setorial do emprego formal e segundo o porte das empresas promoveram uma significativa expansão relativa de piores postos de trabalho no setor formal, associados a menores rendimentos. Impactos que foram ainda mais negativos diante da predominância dos períodos em que essa expansão ocorreu paralelamente à redução da importância do emprego formal nas grandes empresas.

Portanto, após o mais longo período de relativa estagnação econômica da história do Brasil urbano e industrial, esse movimento de expansão dos ocupados em pequenos negócios representou a inversão das tendências que vinham sendo progressivamente delineadas no período da industrialização: avanços significativos do peso do emprego assalariado e formalizado, forte expansão do emprego nas médias e grandes empresas, abertura de espaços para o surgimento e permanência de pequenos negócios estruturados e com perspectivas de expansão, contenção do ritmo de expansão das atividades desenvolvidas como estratégias de sobrevivência no meio urbano — que conformavam um quadro menos desfavorável diante do rápido crescimento do produto e da renda urbana.

A expansão do universo dos ocupados em pequenos negócios também colocou novos problemas para o atual mundo do trabalho no Brasil. Parcela expressiva das atividades desse universo não apresenta eficiência econômica e viabilidade de se manter no mercado; resulta em precárias condições de trabalho, de remuneração e proteção social e trabalhista, tanto para a maioria dos trabalhadores por conta própria, como para parte expressiva dos empregadores e dos empregados. Nestes aspectos, as diferenças não são tão importantes entre muitos trabalhadores por conta própria e empreendedores do pequeno comércio e da prestação de serviços nas áreas mais empobrecidas, nas favelas e periferias das cidades. As precárias condições de trabalho, os baixos rendimentos, a ausência de perspectiva de aposentadoria, a falta de proteção em casos de doença e acidentes de trabalho, além das precárias condições de vida e da falta de perspectiva de encontrar um bom emprego são aspectos que os aproximam.

Também os aproximam as poucas chances de que suas atividades possam ser alvos de políticas públicas orientadas para melhorias na estrutura produtiva, voltadas para a promoção da eficiência econômica, da elevação da produtividade e da melhoria do padrão de trabalhista, já que os "empreendimentos", nestes casos, são, em geral, marcados por atividades ineficientes, cujas trajetórias não são promissoras, em termos de alcançar melhores patamares produtivos, nem com o apoio de políticas específicas. Os trabalhadores naquelas condições aproximam-se também pela necessidade de que sejam apoiados pelas políticas sociais, e pela dependência da mudança no contexto macroeconômico, no sentido de que esta possa promover um ciclo de crescimento econômico sustentado, em ritmo suficiente para a abertura de empregos assalariados, movimento que também contribuiria para eliminar grande parte dessas formas precárias de pequenos "empreendimentos" urbanos.

Em outros casos, as mudanças ocorridas no período analisado provocaram problemas trabalhistas em função da expansão de "novas" formas de contratação de trabalhadores como "pessoas jurídicas", de cooperativas, de empresas terceirizadas. Nessa situação, não somente encontra-se parcela de trabalhadores submetidos a precárias condições de trabalho, baixos rendimentos e ausência de proteção trabalhista, como também boa parte das formas de contratação e das relações de trabalho está assentada em procedimentos fraudulentos, tanto em relação aos direitos dos trabalhadores, como em relação aos aspectos relativos às contribuições sociais e previdenciárias. São casos que requerem reflexão sobre novas formas de regulamentação das relações de trabalho e das responsabilidades de empresas contratantes e contratadas quanto às questões trabalhistas. Requerem também maior eficácia na fiscalização e nas punições já previstas atualmente na legislação.

A expansão do emprego assalariado sem carteira de trabalho assinada, que é um emprego do universo de pequenos negócios, também contribuiu para aprofundar as dificuldades para a solução do problema do assalariamento sem carteira. A ausência de um mínimo de estruturação em parcela expressiva dos pequenos negócios que utilizam trabalho assalariado, a reduzida produtividade, os níveis salariais assentados no salário mínimo, são indicativos de que muitos destes pequenos negócios somente serão capazes de cumprir todos os direitos trabalhistas, sociais e previdenciários com a melhoria de seus padrões de eficiência econômica e com melhor aparelhamento e maior rigor do sistema de fiscalização. Mesmo com a implementação de um sistema de tributação favorecido e simplificado, nos anos 1990, para milhões de pequenos negócios que puderam participar do SIMPLES, a eliminação dos encargos sociais sobre a folha de salários não resultou na eliminação do emprego assalariado sem carteira nas pequenas empresas. Ao contrário, os representantes dos pequenos empresários passaram a defender, no contexto da discussão sobre reforma sindical e trabalhista, medidas que visam à retirada também de direitos dos trabalhadores, como propostas de eliminação do FGTS, diluição do décimoterceiro no pagamento dos salários, contratos por dois anos sem registro em carteira, legislação trabalhista especial para os trabalhadores de pequenos negócios. Isso é evidência também de que muitos empresários de pequenos negócios, submetidos à estagnação econômica, aos juros altos e com precárias formas de organização e níveis de estruturação, continuam pensando em assentar suas condições de sobrevivência num padrão rebaixado de utilização da força de trabalho que, entretanto, passe a ser sancionado como legal, por mudanças na legislação trabalhista.

A expansão do emprego formal assalariado em pequenos negócios representou uma perda de qualidade dos postos de trabalho da estrutura de emprego do setor formal, que contribui para a redução dos rendimentos e dos benefícios trabalhistas da parcela dos trabalhadores incorporada em relações de trabalho mais estruturadas. A menor capacidade das pequenas empresas em pagar salários melhores, a pressão nas negociações para que os pisos salariais de diversas categorias sejam diferenciados — menores — para as pequenas empresas, a menor presença de benefícios trabalhistas nas áreas de alimentação, planos de saúde, participação nos lucros e resultados, além dos maiores problemas associados à saúde e segurança no trabalho, também são aspectos que contribuem para deteriorar o conjunto da estrutura de emprego do setor formal. Esses aspectos, inclusive, exigem reflexões acerca da adequação e eficácia das atuais políticas de incentivos fiscais nessas questões — que geralmente beneficiam mais as empresas de maior porte —, assim como reflexões sobre os impactos das atuais regulamentações sobre as multas e sobre as condições de saúde e segurança no trabalho nas pequenas empresas, além de vários procedimentos relativos à Justiça do Trabalho. Exige também a reflexão sobre a necessidade de novas políticas e de ampliação dos recursos públicos nas áreas de saúde e segurança no trabalho e de promoção de um sistema de informações relativos às questões trabalhistas, aos empresários e trabalhadores de pequenos negócios.

São questões complexas e abrangentes, relativas a um conjunto de ocupados que representa metade dos trabalhadores brasileiros. As transformações do capitalismo contemporâneo e a ausência de soluções para a questão da relativa estagnação econômica em que a economia brasileira se encontra há décadas têm contribuído para agravar os históricos problemas estruturais da economia e da sociedade brasileiras. Essas questões, portanto, terão poucas chances de serem solucionadas sem que a economia brasileira alcance novamente o caminho do crescimento econômico sustentado e que a sociedade seja capaz de enfrentar os diversos problemas associados à extrema desigualdade de riqueza, de renda, de padrões socioculturais e de poder político.

REFERÊNCIAS BIBLIOGRÁFICAS

ANCE-CEDEFOP. *European Centre for the Development of Vocational Training (1994), Business Starts-Ups in the EC:* Support Programmes, Paris-Berlin.

ARISTIZABAL, Miguel B. M. *Políticas de Microcredito:* Experiência y retos. Seminário e Crédito Popular/ICC Porto Sol, mimeo, Porto Alegre, 1997 (mimeo).

AUDRETSCH, David B. *et alli. SMES in Europe 2003.* Observatory of European SMEs, n. 7, 2003.

BALTAR, P. E. A; DEDECCA. C.S. *O Mercado de Trabalho nos anos 80:* balanço e perspectivas. Campinas, 1992 (mimeo).

_____ ; HENRIQUE, W. *Mercado de Trabalho, Precarização e Exclusão no Brasil.* Campinas, 1993 (mimeo).

_____ ; e GUIMARÃES NETO, L. *Mercado de Trabalho e Crise.* ANPEC/PNPE/UNICAMP, Campinas, 1987.

BALTAR, P. E. A.; PRONI, M. Flexibilidade do trabalho, emprego e estrutura salarial no Brasil. *Cadernos CESIT,* n. 15. Campinas, IE/CESIT: 1995.

_____ ; WENRIQUE, H. Emprego e renda na crise contemporânea no Brasil; In: OLIVEIRA, Carlos Alonso Barbosa de *et alli* (orgs.). *O mundo do trabalho.* São Paulo: Scritta, 1994.

BELLUZZO, L.G.M. *Financiamento Externo e Déficit Público.* IESP/FUINDAP. Textos para discussão n. 15. São Paulo, set. 1988.

_____ . O declínio de Breton Woods e a emergência dos Mercados Globalizados. In: *Economia e Sociedade,* Campinas, jun. 1995.

BLS. Bureau of Labor Statistics (BLS). Suplementary Tables U. S. Department of Labor. Office of Productivity and Tecchonology. September 2002.

BNDES (2000). *Apoio do BNDES às Micro, Pequenas e Médias Empresas.* FINAME/DEREM. 2000. Disponível em: <www.bndes.gov.br/conhecimento/especial/pme>

BOTELHO, Marisa dos Reis Azevedo. *Políticas de apoio às pequenas e médias empresas industriais:* uma avaliação a partir da experiência internacional. Tese de Doutoramento apresentada ao Instituto de Economia da Universidade Estadual de Campinas, Campinas, 1999.

BRADEN, B. R. & HYLAND, S. L. Cost of employee compensation in public and private sectors. *Montly Labor Review,* May 1993.

CACCIAMALI, M. C. *Um estudo sobre o setor informal urbano e formas de participação na produção.* Tese de Doutoramento. São Paulo: USP, 1982.

_____ . *Setor informal urbano e formas de participação na produção.* São Paulo: IPE/USP, 1993.

_____ . A expansão do mercado de trabalho não regulamentado e setor informal no Brasil. *Estudos Econômicos,* v. 19, 1989.

_____. *A economia informal 20 anos depois*. Indicadores Econômicos, Porto Alegre: FEE, 1992.

CANO, Wilson. *Desequilíbrios regionais e concentração industrial no Brasil*. Campinas: IE/Unicamp, 1998.

CARNEIRO, R. de M. *Crise, Estagnação e Hiperinflação*. A economia brasileira nos anos 80. Tese de Doutoramento apresentada ao Instituto de Economia da UNICAMP. Campinas: UNICAMP, 1991.

CESIT (1994). *Emprego, Salário, Rotatividade e Relações de Trabalho em São Paulo*. Relatório de Pesquisa. Campinas: UNICAMP, 1994 (mímeo).

CESIT/SEBRAE. *Problemas Trabalhistas nas Micro e Pequenas Empresas*. Convênio CESIT/SEBRAE. Campinas/Brasília, 2005 (mimeo).

CONSTANZI, R. N. *Evolução do emprego formal no Brasil (1985- 2003) e implicações para as políticas públicas de geração de emprego e renda*. Texto para Discussão n. 1039. IPEA. Brasília, set. 2004.

COUTINHO, L.G. A terceira revolução industrial e tecnológica: as grandes tendências de mudança. Economia e Sociedade, n. 1. *Revista do Instituto de Economia da UNICAMP*. Campinas, ago. 1992.

CRUZ, P. R. D. C. *Endividamento Externo e Transferência de Recursos Reais ao Exterior:* os setores público e privado na crise dos anos oitenta. Texto para discussão. IE/UNICAMP, n. 24. Campinas, 1993.

DEDECCA, Cláudio. *Racionalização econômica e trabalho no capitalismo avançado*. Campinas, SP: IE/UNICAMP., 1999. (Coleção Teses)

DIEESE. *Pesquisa de Condições Gerais de Vida da Grande São Paulo*. São Paulo, 1984.

DRAIBE. S. *Rumos e metamorfoses*. O estado e a industrialização no Brasil — 1930/1960. Rio de Janeiro: Paz e Terra, 1985.

EATWEL, J. Desemprego em escala mundial. *Revista Economia e Sociedade*, Campinas (6): 25-43, jun. 1996.

EIM. *Economish Institut voor het Midden-en Kleinbedrijf (199)*. The European Observatory for SMEs, Zoetermeer, the Netherlands; OCDE, Key Issues For Labour Market and social Policies(Part Two).

_____. *Business & Policy Research*. Estimativas baseadas na Eurostat's Structural Business Statistics and Eurostat's SME Database e também na European Economy, Supplement A, May 2003, and OECD: Economic Outlook, n. 71, June 2003.

EUROSTAT. *Enterprises in Europe*. CEC. Second Report, 1992.

EZQUERRO, Teodoro. *El entorno fiscal de las pequeñas y la medianas empresas en la Unión Europea*, 1995.

FADE/UFPE. *Projeto Informalidade e Metrópole*. Relatório final. Convênio SEBRAE/FADE-UFPE. Recife, fev. 2003.

GONÇALVES, A.; KOPROWSKI, S. *Pequena empresa no Brasil*. São Paulo: EDUSP, 1995.

GONÇALVES, CARLOS E. N. *A Pequena e Média Empresa na Estrutura Industrial Brasileira (1949-1970)*.Tese de doutoramento apresentada ao Instituto de Filosofia e Ciências Humanas da Universidade Estadual de Campinas. Campinas, 1976.

GONÇALVES, R. Globalização e emprego. *Revista Brasileira de Comércio Exterior (RBCE)*, n. 46, jan./mar. 1996.

HILFERDING, R. *O capital financeiro*. São Paulo: Nova Cultural, 1985.

HOBSON, J. A. *A evolução do capitalismo moderrno*. São Paulo: Abril Cultural, 1985.

IBGE, Diretoria de Pesquisas, Coordenação de Serviços e Comércio. *Pesquisa Anual de Comércio 2001 e Pesquisa Anual de Serviços 2001*.

_____. *As micro e pequenas empresas comerciais e de serviços no Brasil — 2001*. Estudos e pesquisas. Informação econômica, n. 1. Rio de Janeiro: IBGE, 2003.

_____. *Cadastro Central de Empresas*. Rio de Janeiro, 2002.

_____. *Diretoria de Pesquisas, Departamento de População e Indicadores Sociais*. Pesquisa Sindical 1992/2001.

_____. *Diretoria Técnica, Departamento de Estatísticas Industriais, Comerciais e dos Serviços*. Tabela extraída de: Anuário estatístico do Brasil, 1980. Rio de Janeiro: IBGE, v. 41, 1981.

_____. *Diretoria Técnica, Departamento de Estudos e Indicadores Sociais*. Tabela extraída de: Anuário estatístico do Brasil 1980. Rio de Janeiro: IBGE, v. 41, 1981.

_____. ENCIF. *Pesquisa da Economia Informal Urbana*. IBGE. Rio de Janeiro, 1997.

_____. ENCIF. *Pesquisa da Economia Informal Urbana*. IBGE. Rio de Janeiro, 2003.

_____. *Estatísticas Históricas do Brasil*. IBGE, Rio de Janeiro, vários anos.

_____. *Pesquisa Anual do Comercio e Pesquisa Anual de Serviços*. 2001.

_____. *Pesquisa Nacional por Amostra de Domicílios — PNAD*. Rio de Janeiro.

_____. *Séries Estatísticas Retrospectivas*. v. 3/3, p. 73. Tabela 3.3. Extraída de PORTUGAL JUNIOR, 1988.

IEI/UFRJ e MTB. *O mercado de trabalho brasileiro — estrutura e conjuntura*. Brasília, 1987.

LENIN, V. I. *O imperialismo:* fase superior do capitalismo. São Paulo: Global, 1991.

LOVEMAN, G.; SENGENBERGER, W. *The Re-emergence of Small-Scale Production:* An International Comparison. Small Business Economics, v. 3. n. 1. *Apud Key Issues for Labour Markets and social Policies*. OECD, 1991.

MARCHESE, Osmar O. *O impacto do Imposto sobre Produtos Industrializados na Economia das Pequenas e Médias Indústrias*. Tese de Doutoramento apresentada ao Instituto de Filosofia e Ciências Humanas da Universidade Estadual de Campinas. Campinas, 1976.

MARGLIN, S. A. A idade de ouro do capitalismo: um réquiem inspirado por Keynes. In: SWAELEN, E. J. A. (org.). *John M. Keynes:* Cinquenta Anos da Teoria Geral. Rio de Janeiro: INPES/IPEA, 1989.

MARSHALL, A. *Princípios de Economia.* São Paulo: Abril Cultural, 1982.

MARX, Karl. *Resultados do Processo de Produção Imediata.* Capítulo VI Inédito de O Capital. São Paulo: Moraes, 1985.

_____. *O Capital.* Crítica da Economia Política. São Paulo: Difel, 1985.

MATTOSO, J. *A desordem do Trabalho.* São Paulo: Scritta, 1995.

MEDEIROS, C. *Padrões de industrialização e ajuste estrutural:* um estudo comparativo dos regimes salariais em capitalismos tardios. Tese de Doutoramento apresentada ao Instituto de Economia da UNICAMP. Campinas: IE/UNICAMP, 1993.

MELLO, J. M. Cardoso. *O capitalismo tardio.* São Paulo: Brasiliense, 1984.

_____. Consequências do Neoliberalismo. *Revista Economia e Sociedade,* n. 1. Instituto de Econoia da UNICAMP, ago. 2002.

MEZZERA, J. *Obstaculos al Desarrollo de las Micro e Pequeñas Empresas.* Texto para discussão. IPEA/USP/OIT, 1997 (mimeo).

MTE. *Relação Anual de Informações Sociais — RAIS.* Brasília, 2002.

_____. *Secretaria de Inspeção do Trabalho — SIT.* Departamento de Ficalização do Trabalho — DEFIT, 2004

_____. *Relatórios do Ministério do Trabalho e Emprego.* Brasília, mar. 2005

NEIT/UNICAMP. *Estudo da competitividade de cadeias integradas.* Relatório Parcial. Campinas, 1998 (mimeo).

OECD. *Employment Outlook.* Paris, July, 1992.

_____. *Regulatory reform for smaller firms.* OECD Publications, Paris, France. Disponível em: <http.//www.oecd.org>

_____ *SBS Expert Meeting "Towards better Structural Business and SME Statistics".* OECD, Statistics Directorate, 3-4 november 2005. La Muette Room 4.

_____. *Small business, job creation and growth:* facts, obstacles and best practices. OECD Publications, Paris, France. Disponível em: <http.//www.oecd.org>

_____ *SMEs:* Employment, Innovation and Growth. The Washington Workshop. Paris, France. Disponével em: <http.//www.oecd.org>

_____. *Taxation and small businesse.* Paris, France. Divison of fiscal Affairs. OECD Publications. Disponível em: <http.//www.oecd.org>

_____. *Key Issues for Labour Markets and social Policies.* Eurostat, SME Database

OFFE, C. *Capitalismo Desorganizado.* Transformações Contemporâneas do Trabalho e da Política. São Paulo: Brasiliense, 1986.

OGLEY, Adrian. *Small business:* tax incentives v compliance costs. 1999.

OLIVEIRA, Carlos Alonso Barbosa de. *O processo de industrialização*: do capitalismo originário ao atrasado. Tese de Doutoramento. Campinas, IE/Unicamp, 1985.

_____ . Formação do mercado de trabalho no Brasil. In: OLIVEIRA, Marco Antonio (Org.). *Economia & Trabalho*: Textos Básicos. Campinas, IE/Unicamp, 1998.

OLIVEIRA, M. A. *Política Trabalhista e Relações de Trabalho no Brasil*: Da Era Vargas ao Governo FHC. Tese de Doutoramento apresentada ao Instituto de Economia da UNICAMP. 2002.

PASTORE, José. *Encargos sociais no Brasil e no mundo*. São Paulo: USP, 1994 (mimeo).

_____. *Flexibilização do Mercado de Trabalho e Contratação Coletiva*. São Paulo: LTr, 1994.

_____. Criando empregos por lei. *O Estado de São Paulo*, São Paulo, 5 de out. 2004

POCHMANN, M. *Economia global e flexibilização dos direitos trabalhistas*. Campinas, 1995

_____ . *A Década dos Mitos*. São Paulo: Contexto, 2001.

PORTUGAL JUNIOR. *Crescimento Acelerado e Absorção de força de Trabalho no Brasil*. Dissertação de Mestrado apresentada no Instituto de Economia da UNICAMP. Campinas: UNICAMP, 1988.

PUGA, Fernando Pimentel. Experiências de apoio às micro pequenas e médias empresas nos Estados Unidos, na Itália e em Taiwan. In: BNDES. *Textos para Discussão n. 75*. Rio de Janeiro, fev. 2000.

QUADROS, Valdir. Crise do Padrão de Desenvolvimento no Capitalismo Brasileiro — Breve Histórico e Principais Características. *Cadernos do CESIT*, n. 6. Campinas: Instituto de Economia, UNICAMP.

QUIJANO, Anibal. La formación de um universo marginal em las ciudades de América Latina. In: CASTELLS, Manuel. *Imperialismo y urbanizacion en América Latina*. Barcelona: Gustavi Gilli, 1973.

REYNOLDS, P. D. & STOREY, D. J. *Regional Characteristics Affecting Small Business Formation*. A Cross-national Comparison. ILE Notebook n. 18, Local. Initiatives for Employment Creation Programme. OECD, Paris, 1993.

SAISSE, Simone. *A regulação do trabalho no Brasil*: obstáculo ao aumento da renda e do emprego. Brasília: CNI, jan. 2005.

SANTOS, A. L. Encargos Sociais e Custo do Trabalho no Brasil. In: OLIVEIRA, C. A. Barbosa de; MATTOSO, J. E. L. (orgs.). *Crise e trabalho no Brasil*. Modernidade ou volta ao passado? São Paulo: Scritta, 1996.

SATO, Ademar Kyotoshi. *Pequenas e médias empresas no pensamento econômico*. Dissertação de Mestrado. Campinas: DEPE/IFCH/UNICAMP, 1977.

SCHWENKEN, H. *Migração, trabalho e gênero na União Europeia*. Seminário apresentado no Instituto de Economia da UNICAMP. Campinas, mar. 2006.

SEADE/DIEESE. *Pesquisa de Emprego e Desemprego — PED*. São Paulo: vários anos.

SEBRAE. *Fatores condicionantes e taxa de mortalidade de empresas*. Brasília: Editora do SEBRAE, 1999.

_____ . *A Questão Trabalhista nas MPE's Paulistas*. Relatório de Pesquisa. São Paulo, fev. 2001.

_____ . *Boletim Estatístico de Micro e Pequenas Empresas*. Observatório SEBRAE. Brasília, 2005.

_____ . *Coletânea Estatística de Micro e Pequena Empresa*. Disponível em: <http://www.oecd.org>

SECRETARIA DA RECEITA FEDERAL. *Carga tributária no Brasil*. Texto para Discussão n. 4, jul. 1999.

SENGENBERGER, W. Economic and social Perspectives of Small Enterprises, *Labour and Society*, v. 13, n. 3, 1988.

SOUZA, Maria Carolina F. A. de. *Pequenas e médias empresas na reestruturação industrial*. Edição SEBRAE. Brasília, 1995.

SOUZA, Maria Carolina F. A. de; SUZIGAN, W. et alli. *Inserção competitiva das empresas de pequeno porte*, MICT, 1988.

SOUZA, Paulo Renato de. *Empregos, salários e pobreza*. Campinas: Hucitec, 1980. (Série Teses e Pesquisa)

STEINDL, Josef. *Small and Big Business — Economic Problems of the Size of Firms*. Brasil: Blackwell Oxford, 1945.

_____ . *Maturidade e Estagnação no Capitalismo Americano*. São Paulo: Abril Cultural, 1983.

_____ . *Pequeno e grande capital*. Problemas Econômicos do tamanho das empresas (com o Post- Scriptum de 1972). São Paulo: Hucitec/UNICAMP, 1990.

TAVARES, M.C. Além da Estagnação. In: *Da substituição de importações ao capitalismo financeiro*. Rio de Janeiro, Zahar, 1973.

TAVARES, M.C.; SOUZA, P. R. Emprego e salários no Brasil. *Revista de Economia Política*. São Paulo: Brasiliense, 1981.

TOKMAN, Victor. Las relaciones entre los sectores formal e informal. Uma exploración sobre su naturaleza. *Revista de La Cepal*, Santiago, 1. sem., 1978.

URIARTE. *A flexibilidade*. São Paulo: LTr, 2002.

VIOL, A. L.; RODRIGUES, J. J. *Tratamento Tributário da Micro e Pequena Empresa no Brasil*. Coordenação-Geral de Estudos Econômico-Tributários.